21世纪全国高等院校通用教材

经济法教程

廖善康　莫小春　主　　编
王　希　卢艳宁　副主编

中国财经出版传媒集团
中国财政经济出版社

图书在版编目（CIP）数据

经济法教程/廖善康，莫小春主编．—北京：中国财政经济出版社，2016.8
21世纪全国高等院校通用教材
ISBN 978-7-5095-6912-2

Ⅰ.①经…　Ⅱ.①廖…②莫…　Ⅲ.①经济法-中国-高等学校-教材
Ⅳ.①D922.29

中国版本图书馆CIP数据核字（2016）第192173号

责任编辑：蔡　宾　　　　责任校对：杨瑞琦
封面设计：邹海东　　　　版式设计：董生平

中国财政经济出版社 出版
URL：http://www.cfeph.cn
E-mail：cfeph@cfeph.cn
（版权所有　翻印必究）
社址：北京市海淀区阜成路甲28号　邮政编码：100142
营销中心电话：88190406　北京财经书店电话：64033436　84041336
北京财经印刷厂印刷　各地新华书店经销
787×1092毫米　16开　20.5印张　443 000字
2016年9月第1版　2016年9月北京第1次印刷
定价：39.00元
ISBN 978-7-5095-6912-2/D·0431
（图书出现印装问题，本社负责调换）
本社质量投诉电话：010-88190744
打击盗版举报热线：010-88190492，QQ：634579818

前言

社会主义市场经济是法治经济，要求人们的经济活动必须依法进行，才能取得预期效果，达到预期目的。在社会主义市场经济不断完善和发展的情况下，学习和掌握经济法有助于我们更好地从事经济管理活动。

本教材的定位是遵循培养实用型经济法律人才的教学规律和要求，突出经济法律的实用性、应用性和可操作性的特点，结合实例深入浅出地介绍了经济法的基本理论，突出介绍了规范市场经济主体及活动的法律规范、涉外经济活动的法律规范，最后介绍了经济纠纷解决的法律基本知识。使学生能够了解我国经济法律制度的相关规定，在以后的工作和生活中，能够正确地思考和分析并解决相关经济法律问题。

本教材的特色主要体现在以下三个方面：

第一，针对性强。针对目前一些教材使用对象过于宽泛而笼统，同时存在理论与实践相脱节的现象，本教材注重学以致用和学生考证的针对性，力求使高职高专学生能了解经济法律的基本知识，注重案例分析和教学互动，提高学生分析问题和解决问题的能力。

第二，实用性高。本教材在注重理论的同时，密切联系现实经济生活，注重提高学生的法治意识。每章节大多以实际生活发生的真实案例导入开篇，每章的具体内容框架中根据难易程度和重要性加入了实训题，目的是开拓学生思维，培养他们运用所学法律知识分析和解决问题的能力，使学生通晓与经济活动相关的法律及维护自身合法权益的途径和方法，提高其在经济活动中正确运用法律武器的能力。

第三，操作性强。本教材特别强调提高学生在经济活动中运用法律的实务能力，因此要求教师和学生在课程教学过程中要积极主动参与案例的准备和讨论，通过多种形式的案例研究和社会实践提高分析问题和解决经济纠纷的实际操作能力。

本教材是由广西经济管理干部学院和柳州铁道职业技术学院从事经济法教学实践多年的教师认真、严谨、数易其稿完成的，由广西经济管理干部学院廖善康教授、莫小春副教授担任主编，由广西经济管理干部学院王希副教授和卢艳宁副教授担任副主编。本教材的具体分工如下：第一章、第二章和第十一章由莫小春编写；第三章由龙毓亮编写；第四章、第六章、第九章、第十章由廖善康编写；第五章由卢艳宁编写；第七章由王希编写；第八章由彭在芳编写。

本教材适用于非法学专业的大学生学习经济法及其爱好钻研经济法的自学者使用。

在本教材的编写过程中，编者参考并汲取了国内外许多学者的理论观点、著作和研究成果，还有全国司法考试、会计师职业资格考试等历年相关试题，在此深表谢意。本教材得以出版，得益于广西经济管理干部学院领导以及其他同事的大力支持，在此一并表示谢意。

由于编者的水平有限，书中难免存在错漏和不当之处，敬请各位专家、教授、学者和读者批评指正。

编　者

2016 年 5 月

目录

第一章 经济法基础理论 …………………………………………………（ 1 ）
  知识要求 …………………………………………………………………（ 1 ）
  技能要求 …………………………………………………………………（ 1 ）
  第一节 经济法概述 ………………………………………………………（ 1 ）
    一、我国经济法的产生和发展 ………………………………………（ 1 ）
    二、经济法的概念和调整对象 ………………………………………（ 3 ）
    三、经济法的基本原则 ………………………………………………（ 5 ）
  第二节 经济法的渊源和地位 ……………………………………………（ 6 ）
    一、经济法的渊源 ……………………………………………………（ 6 ）
    二、经济法的地位 ……………………………………………………（ 8 ）
  第三节 经济法律关系 ……………………………………………………（ 9 ）
    一、经济法律关系的概念和特征 ……………………………………（ 9 ）
    二、经济法律关系的构成 ……………………………………………（ 10 ）
    三、经济法律关系的产生、变更和终止 ……………………………（ 13 ）
  本章提要 …………………………………………………………………（ 14 ）
  基本概念 …………………………………………………………………（ 14 ）
  简答题 ……………………………………………………………………（ 14 ）
  案例分析题 ………………………………………………………………（ 14 ）
  教学互动 …………………………………………………………………（ 15 ）

第二章 公司法 …………………………………………………………（ 16 ）
  知识要求 …………………………………………………………………（ 16 ）
  技能要求 …………………………………………………………………（ 16 ）
  第一节 公司法概述 ………………………………………………………（ 17 ）
    一、公司法的概念与性质 ……………………………………………（ 18 ）
    二、公司的概念和法律特征 …………………………………………（ 19 ）
    三、公司的分类 ………………………………………………………（ 20 ）

四、公司法的基本制度 …………………………………………………（21）
  五、公司董事、监事、高级管理人员的任职资格和义务 ………………（29）
 第二节　有限责任公司 ………………………………………………………（31）
  一、有限责任公司的概念和法律特征 …………………………………（33）
  二、有限责任公司的设立 ………………………………………………（34）
  三、有限责任公司的股东 ………………………………………………（35）
  四、有限责任公司的股权转让 …………………………………………（37）
  五、有限责任公司的组织机构 …………………………………………（38）
 第三节　一人有限责任公司和国有独资公司 ………………………………（41）
  一、一人有限责任公司 …………………………………………………（42）
  二、国有独资公司 ………………………………………………………（43）
 第四节　股份有限公司 ………………………………………………………（44）
  一、股份有限公司的概念和法律特征 …………………………………（46）
  二、股份有限公司的设立 ………………………………………………（46）
  三、股份有限公司的组织机构 …………………………………………（48）
  四、股份有限公司的股份发行 …………………………………………（51）
  五、股份有限公司的股份转让 …………………………………………（54）
  六、上市公司组织机构的特别规定 ……………………………………（55）
 第五节　公司债券 ……………………………………………………………（55）
  一、公司债券的概念和种类 ……………………………………………（55）
  二、公司债券的发行 ……………………………………………………（56）
  三、公司债券的转让 ……………………………………………………（58）
  四、可转换债券 …………………………………………………………（58）
 第六节　外国公司的分支机构 ………………………………………………（58）
  一、外国公司的分支机构的法律特征 …………………………………（58）
  二、外国公司的分支机构的设立和撤销 ………………………………（59）
 本章提要 ………………………………………………………………………（60）
 基本概念 ………………………………………………………………………（60）
 简答题 …………………………………………………………………………（60）
 案例分析题 ……………………………………………………………………（60）
 教学互动 ………………………………………………………………………（64）

第三章　合伙企业法 …………………………………………………………（65）

 知识要求 ………………………………………………………………………（65）
 技能要求 ………………………………………………………………………（65）
 第一节　合伙企业法概述 ……………………………………………………（65）
  一、合伙的概念和特征 …………………………………………………（65）

二、合伙的分类 …………………………………………………（66）
 　　三、合伙企业法概述 ……………………………………………（67）
 　第二节　合伙企业概述 ……………………………………………（68）
 　　一、合伙企业的概念和特征 ……………………………………（68）
 　　二、合伙企业的内部关系 ………………………………………（69）
 　　三、合伙企业的外部关系 ………………………………………（73）
 　　四、合伙企业的入伙与退伙 ……………………………………（74）
 　　五、合伙企业的解散和清算 ……………………………………（77）
 　第三节　普通合伙企业 ……………………………………………（79）
 　　一、普通合伙企业的设立 ………………………………………（79）
 　　二、普通合伙企业的财产和分配 ………………………………（82）
 　　三、特殊的普通合伙企业 ………………………………………（84）
 　第四节　有限合伙企业 ……………………………………………（85）
 　　一、有限合伙企业的设立 ………………………………………（85）
 　　二、有限合伙企业的事务执行 …………………………………（86）
 　本章提要 ……………………………………………………………（87）
 　基本概念 ……………………………………………………………（87）
 　简答题 ………………………………………………………………（88）
 　案例分析题 …………………………………………………………（88）
 　教学互动 ……………………………………………………………（90）

第四章　个人独资企业法 …………………………………………（91）

 　知识要求 ……………………………………………………………（91）
 　技能要求 ……………………………………………………………（91）
 　第一节　个人独资企业法概述 ……………………………………（91）
 　　一、个人独资企业法的概念 ……………………………………（91）
 　　二、个人独资企业法的立法宗旨 ………………………………（92）
 　　三、个人独资企业法的适用范围 ………………………………（92）
 　第二节　个人独资企业概述 ………………………………………（93）
 　　一、个人独资企业的概念和法律特征 …………………………（93）
 　　二、个人独资企业的设立 ………………………………………（95）
 　　三、个人独资企业的解散 ………………………………………（97）
 　　四、个人独资企业的清算 ………………………………………（97）
 　第三节　个人独资企业的事务管理 ………………………………（99）
 　　一、个人独资企业的权利和义务 ………………………………（99）
 　　二、个人独资企业的事务管理 …………………………………（100）
 　本章提要 ……………………………………………………………（101）

基本概念 …………………………………………………………………（101）
 简答题 ……………………………………………………………………（102）
 案例分析题 ………………………………………………………………（102）
 教学互动 …………………………………………………………………（103）

第五章　合同法 …………………………………………………………（105）
 知识要求 …………………………………………………………………（105）
 技能要求 …………………………………………………………………（105）
 第一节　合同法概述 ……………………………………………………（106）
  一、合同概述 ……………………………………………………………（106）
  二、合同法概述 …………………………………………………………（107）
 第二节　合同的订立 ……………………………………………………（108）
  一、合同订立的程序 ……………………………………………………（109）
  二、合同的内容 …………………………………………………………（112）
  三、合同的形式 …………………………………………………………（113）
 第三节　合同的效力 ……………………………………………………（114）
  一、合同的效力概述 ……………………………………………………（115）
  二、合同生效 ……………………………………………………………（115）
  三、合同欠缺生效要件的法律后果 ……………………………………（116）
  四、合同被确认无效和被撤销后的法律责任 …………………………（118）
 第四节　合同的履行 ……………………………………………………（119）
  一、合同履行的规则 ……………………………………………………（120）
  二、合同履行中的抗辩权 ………………………………………………（122）
  三、合同履行的保全 ……………………………………………………（123）
  四、合同的担保 …………………………………………………………（124）
 第五节　合同的变更和转让 ……………………………………………（127）
  一、合同的变更 …………………………………………………………（128）
  二、合同的转让 …………………………………………………………（128）
 第六节　合同的权利义务终止 …………………………………………（129）
  一、合同的权利义务终止的概念 ………………………………………（129）
  二、合同的权利义务终止的原因 ………………………………………（129）
 第七节　违约责任 ………………………………………………………（132）
  一、违约责任的概念和特征 ……………………………………………（132）
  二、违约责任的承担方式 ………………………………………………（133）
  三、免责事由 ……………………………………………………………（134）
  四、责任竞合 ……………………………………………………………（135）
 本章提要 …………………………………………………………………（135）

基本概念 …………………………………………………………（135）
　　简答题 ……………………………………………………………（136）
　　案例分析题 ………………………………………………………（136）
　　教学互动 …………………………………………………………（137）

第六章　票据法 ……………………………………………………（138）

　　知识要求 …………………………………………………………（138）
　　技能要求 …………………………………………………………（138）
　　第一节　票据法概述 ……………………………………………（138）
　　　一、票据法的概念和特征 ……………………………………（138）
　　　二、我国票据法的沿革 ………………………………………（139）
　　　三、票据法的立法宗旨 ………………………………………（140）
　　第二节　票据概述 ………………………………………………（140）
　　　一、票据的概念和法律特征 …………………………………（140）
　　　二、票据行为 …………………………………………………（142）
　　　三、票据权利 …………………………………………………（144）
　　　四、票据抗辩 …………………………………………………（148）
　　　五、票据伪造和变造 …………………………………………（149）
　　第三节　汇票 ……………………………………………………（150）
　　　一、汇票概述 …………………………………………………（151）
　　　二、汇票出票 …………………………………………………（152）
　　　三、汇票背书 …………………………………………………（153）
　　　四、汇票承兑 …………………………………………………（155）
　　　五、汇票保证 …………………………………………………（157）
　　　六、汇票付款 …………………………………………………（158）
　　　七、汇票追索权 ………………………………………………（159）
　　第四节　本票与支票 ……………………………………………（160）
　　　一、本票 ………………………………………………………（162）
　　　二、支票 ………………………………………………………（163）
　　本章提要 …………………………………………………………（164）
　　基本概念 …………………………………………………………（164）
　　简答题 ……………………………………………………………（165）
　　案例分析题 ………………………………………………………（165）
　　教学互动 …………………………………………………………（167）

第七章　知识产权法 ………………………………………………（168）

　　知识要求 …………………………………………………………（168）

技能要求 …………………………………………………………………（168）
　　第一节　知识产权法概述 ……………………………………………（169）
　　　　一、知识产权的概念和特征 ………………………………………（169）
　　　　二、知识产权法概述 ………………………………………………（169）
　　第二节　著作权法 ……………………………………………………（170）
　　　　一、著作权法概述 …………………………………………………（171）
　　　　二、著作权的主体、客体、内容 …………………………………（172）
　　　　三、著作权的取得和保护 …………………………………………（174）
　　第三节　商标法 ………………………………………………………（177）
　　　　一、商标法概述 ……………………………………………………（178）
　　　　二、商标注册 ………………………………………………………（179）
　　　　三、商标权的内容 …………………………………………………（182）
　　　　四、商标权的法律保护 ……………………………………………（183）
　　第四节　专利法 ………………………………………………………（185）
　　　　一、专利法概述 ……………………………………………………（185）
　　　　二、专利权的主体、客体和内容 …………………………………（185）
　　　　三、专利权的取得 …………………………………………………（188）
　　　　四、专利的实施 ……………………………………………………（190）
　　　　五、专利权的法律保护 ……………………………………………（191）
　　本章提要 ………………………………………………………………（193）
　　基本概念 ………………………………………………………………（193）
　　简答题 …………………………………………………………………（193）
　　案例分析题 ……………………………………………………………（193）
　　教学互动 ………………………………………………………………（194）

第八章　市场管理法 ………………………………………………………（195）
　　知识要求 ………………………………………………………………（195）
　　技能要求 ………………………………………………………………（195）
　　第一节　反不正当竞争法 ……………………………………………（195）
　　　　一、反不正当竞争法概述 …………………………………………（197）
　　　　二、不正当竞争行为的概念和种类 ………………………………（198）
　　第二节　产品质量法 …………………………………………………（203）
　　　　一、产品质量法概述 ………………………………………………（204）
　　　　二、产品质量的监督检查 …………………………………………（205）
　　　　三、生产者、销售者的产品质量责任和义务 ……………………（206）
　　　　四、违反《产品质量法》的法律责任 ……………………………（207）
　　第三节　消费者权益保护法 …………………………………………（211）

一、消费者权益保护法概述 …………………………………………………… (211)
    二、消费者的权利 ……………………………………………………………… (212)
    三、经营者的义务 ……………………………………………………………… (214)
    四、消费者权益争议的解决 …………………………………………………… (216)
    五、侵犯消费者权益的法律责任 ……………………………………………… (218)
  第四节　广告法 …………………………………………………………………… (220)
    一、广告法概述 ………………………………………………………………… (221)
    二、广告准则与广告活动 ……………………………………………………… (221)
    三、广告管理体制 ……………………………………………………………… (225)
    四、违反《广告法》的法律责任 ……………………………………………… (225)
本章提要 ……………………………………………………………………………… (226)
基本概念 ……………………………………………………………………………… (226)
简答题 ………………………………………………………………………………… (227)
案例分析题 …………………………………………………………………………… (227)
教学互动 ……………………………………………………………………………… (227)

第九章　会计法和审计法 …………………………………………………………… (228)

知识要求 ……………………………………………………………………………… (228)
技能要求 ……………………………………………………………………………… (228)
  第一节　会计法 …………………………………………………………………… (228)
    一、会计法概述 ………………………………………………………………… (229)
    二、会计核算 …………………………………………………………………… (231)
    三、会计监督 …………………………………………………………………… (234)
    四、会计机构和会计人员 ……………………………………………………… (236)
    五、违反会计法的法律责任 …………………………………………………… (238)
  第二节　审计法 …………………………………………………………………… (239)
    一、审计法概述 ………………………………………………………………… (240)
    二、审计机关 …………………………………………………………………… (242)
    三、审计人员 …………………………………………………………………… (245)
    四、审计程序 …………………………………………………………………… (246)
    五、违反审计法的法律责任 …………………………………………………… (247)
本章提要 ……………………………………………………………………………… (248)
基本概念 ……………………………………………………………………………… (248)
简答题 ………………………………………………………………………………… (248)
案例分析题 …………………………………………………………………………… (248)
教学互动 ……………………………………………………………………………… (250)

第十章 劳动法 …………………………………………………………（251）

　　知识要求 ……………………………………………………………（251）
　　技能要求 ……………………………………………………………（251）
　　第一节　劳动法概述 ………………………………………………（252）
　　　　一、劳动法的概念和调整对象 …………………………………（252）
　　　　二、劳动法的适用范围 …………………………………………（254）
　　　　三、劳动者的权利和义务 ………………………………………（254）
　　第二节　劳动合同 …………………………………………………（257）
　　　　一、劳动合同的概念和分类 ……………………………………（258）
　　　　二、劳动合同的订立 ……………………………………………（259）
　　　　三、劳动合同的履行 ……………………………………………（262）
　　　　四、劳动合同的变更 ……………………………………………（263）
　　　　五、劳动合同的解除 ……………………………………………（264）
　　　　六、劳动合同的终止 ……………………………………………（267）
　　　　七、集体合同 ……………………………………………………（268）
　　第三节　劳务派遣和非全日制用工 ………………………………（271）
　　　　一、劳务派遣 ……………………………………………………（271）
　　　　二、非全日制用工 ………………………………………………（273）
　　第四节　劳动争议的处理 …………………………………………（274）
　　　　一、劳动争议的概念和范围 ……………………………………（275）
　　　　二、劳动争议处理机构 …………………………………………（276）
　　　　三、劳动争议的处理程序 ………………………………………（276）
　　本章提要 ……………………………………………………………（279）
　　基本概念 ……………………………………………………………（279）
　　简答题 ………………………………………………………………（279）
　　案例分析题 …………………………………………………………（279）
　　教学互动 ……………………………………………………………（281）

第十一章 经济纠纷解决机制 …………………………………………（282）

　　知识要求 ……………………………………………………………（282）
　　技能要求 ……………………………………………………………（282）
　　第一节　和解和调解 ………………………………………………（282）
　　　　一、和解 …………………………………………………………（282）
　　　　二、调解 …………………………………………………………（283）
　　第二节　仲裁 ………………………………………………………（287）
　　　　一、仲裁的概念和特征 …………………………………………（287）

二、仲裁法及其适用范围 …………………………………………（288）
　　三、仲裁的基本原则 ………………………………………………（289）
　　四、仲裁机构和仲裁协议 …………………………………………（291）
　　五、仲裁程序 ………………………………………………………（294）
　　六、涉外仲裁的特别规定 …………………………………………（297）
　第三节　民事诉讼 ……………………………………………………（298）
　　一、民事诉讼概述 …………………………………………………（298）
　　二、民事诉讼时效 …………………………………………………（299）
　　三、民事诉讼管辖 …………………………………………………（302）
　　四、民事诉讼程序 …………………………………………………（304）
　　五、民事诉讼证据 …………………………………………………（307）
本章提要 …………………………………………………………………（310）
基本概念 …………………………………………………………………（310）
简答题 ……………………………………………………………………（310）
案例分析题 ………………………………………………………………（310）
教学互动 …………………………………………………………………（312）

参考文献 ………………………………………………………………（313）

第一章

经济法基础理论

【知识要求】 通过本章的学习，了解我国经济法产生和发展的过程、经济法的概念和渊源。熟悉经济法的调整对象和基本原则、经济法律关系的构成。掌握经济法的基本原则和经济法律关系的构成。

【技能要求】 通过本章的学习，能够应用经济法基本原理分析和解决实际问题，并指导自身合法从事经济行为。

第一节 经济法概述

一、我国经济法的产生和发展

（一）1992年以前我国的经济法立法概况

新中国于1949年成立后，为了处理民主革命时期的遗留问题和巩固发展社会主义公有制及进行社会主义建设，我国颁布了大量的经济法律法规，如《土地改革法》、

《私营企业暂行条例》、《预算决算暂行条例》、《机关、国营企业、合作社签订合同契约的暂行办法》等。在进入全面社会主义建设时期之后，我国的经济立法继续发展。但随后在"左"倾思想的影响下，经济立法工作受到了严重干扰。直至1961年，我国开始贯彻"调整、巩固、充实、提高"的方针，经济立法工作才在原有的基础上得到了进一步加强。这一时期，全国人民代表大会常委会批准颁布了一些单行经济法规。如《国家征用土地办法》、《华侨投资于国营华侨投资公司的优待办法》等。此外，国务院及其所属部委还制定和颁布了大量有关国民经济管理工作方面的单行经济法规。但是，此时的经济法尚未以一门专业法学和独立的法律部门的形式出现，所谓"经济法"只是行政全面控制经济的法律表现，是计划经济的工具，它主要调整国家在组织领导经济生活中的纵向关系，其实质是经济领域中的行政关系，它往往与党的政策混为一体。因此，这时的经济法不是现代意义上的经济法。

十一届三中全会以后，我国工作重心转移到以经济建设为中心的社会主义现代化建设上来，中央推行经济体制改革并不断深入。在这期间，全国人大及其常委会通过的法律达104部，其中经济法48部，约占50%；国务院发布或者批准的法规596部，其中经济法规425部，约占71%，平均每年颁布33部经济法规；地方人大及其常委会发布的地方性法规2,483部，其中经济法规611部，约占25%，平均每年发布47部经济法规。内容涉及企业管理、国有资产管理、财政、税收、金融、市场、计划、自然资源、价格、环境保护等诸多领域。这些法律法规主要包括1979年的《中国合资经营企业法》；1980年的《个人所得税法》和《关于开展和保护社会主义竞争的暂行规定》；1981年的《外国企业所得税法》；1984年的《森林法》；1985年的《草原法》和《会计法》；1986年的《外资企业法》、《渔业法》、《矿产资源法》、《土地管理法》；1987年的《价格管理条例》；1988年的《全民所有制工业企业法》和《中外合作经营企业法》；1990年的《乡村集体所有制企业条例》；1991年的《烟草专卖法》和《外商投资企业和外国企业所得税法》；1992年的《全民所有制工业企业转换经营机制条例》等。

伴随着经济立法的不断发展，中国经济法学的研究也是从无到有，并不断深入，产生了各种经济法学理论。最终，经济法作为一个独立的法律部门初步形成。

（二）中国经济法的快速发展时期（1992年至今）

1992年10月，党的十四大确立了我国实行社会主义市场经济体制改革的目标。由此，我国经济法进入全新的快速发展期。国家围绕推进改革和建立社会主义市场经济法律体系颁布了大量的经济法律法规。如1993年国务院颁布《全国第三产业发展规划基本思路》，1994年制定了《九十年代国家产业政策纲要》，1995年国家计委等三个部门发布了《指导外商投资方向暂行规定》；1993年颁布《公司法》、《会计法》、《反不正当竞争法》、《消费者权益保护法》、《产品质量法》，1994年颁布了《预算法》和《审计法》，1995年修改颁布《税收征收管理法》、《中国人民银行法》和《商业银行法》，1997年3月国务院发布《反倾销和反补贴条例》，1998年颁布《证券法》，2008年8月1日实施《反垄断法》。在这一时期，我国经济法的概念才开始与西方资本主义国家经济法的概念接轨，即"经济法是国家规制市场经济的法律"，经济立法的前景从模糊走向清晰，立法规划逐步系统化。学界基本认可了"经济法学"的独立学科地位以及经济法独立法律部门的身份，虽然学界在经济法的研究对象、经济法理论体系、经济法基本范畴等方面仍存在诸多争议，但是这种百花齐放、百家争鸣的学术局面也恰恰大大地促进了我国经济法学走向繁荣。

二、经济法的概念和调整对象

（一）经济法的概念和特征

到目前为止，对于经济法的概念，经济法学界仍未能达成统一的认识。根据经济法的调整对象和立法宗旨，我们认为，经济法是指保障国家集体经济和社会公共利益而对社会经济生活进行干预、管理和协调的所有法律规范的总称。与其他法律相比，经济法具有以下特征：

1. 规制性

经济法的规制性是指为了实现宏观调控目标和立法目的，经济法所具有的积极的促进、奖励和消极的限制、惩罚相结合的特征。它并不只限于狭义的"管制"，而是在转变传统法律观念的基础上，从广义上去理解。任何统治阶级要想有效地实施对国民经济的组织、领导和管理，就必须按照不同时期的经济形式和经济任务的要求，结合当时经济的实际情况，对应地制定颁布促进性和限制性、奖励性和惩罚性相结合的经济法律法规，以此来引导各种经济活动的开展，维护经济发展的良好秩序和创造最佳的社会经济环境。

经济法的促进性是经济法所特有的个性，它主要是指通过鼓励和认可某种作为或者不作为的法律规定，以达到促进和支持某种经济法律关系的建立和发展的目的。而限制性主要是指通过限制、禁止某种作为或者不作为的法律规范，来实现或者禁止某种经济行为和经济法律关系的发生和存在的目的。

经济法的奖励性主要是指对贯彻执行经济法律规范并且有突出成效的，给予奖励。而惩罚性是指对于违反经济法律法规规定的要承担相应的责任，受到法律的制裁。惩罚性并不是经济法所特有的，但是其和奖励性相结合，就成了经济法的一大特点。

2. 经济性

经济法的调整具有降低社会成本，增进总体收益，从而使主体行为及结果更为"经济"。

3. 现代性

经济法的现代性主要体现在经济法的产生和经济法的内在要求。从经济法的产生来看，经济法是现代市场经济发展到一定阶段出现政府干预的特定历史条件下产生的。20世纪30年代以来，以美国为代表的西方国家普遍实行国家干预，制定了大量的经济政策，但是由于经济政策先天就不具备现代经济法规范政府干预的职能，从而很容易使政府干预的滥用，导致政府干预的失灵。在这样的背景下，现代经济法作为解决"政府失灵"的有效手段得到了进一步的发展和完善。从经济法的内在要求来看，经济法不仅是政府干预经济的有效手段，也是对政府干预的约束和规范，是政府干预法制化和市场有序的必然要求。

4. 平衡协调性

经济法的平衡协调性是指经济法综合运用各种措施，使市场主体的行为与政府的干预行为保持适度的平衡，以实现相互冲突的利益在社会总体利益下得到满足而显现出来的一种相对稳定的静态特征。经济法作为规范和约束政府干预的法，平衡协调性是它的主要特征，其主要体现在调节方式和追求目标两个方面。在调整方式上，经济法运用各种手段平衡协调市场主体的行为和政府的干预行为，使两者的行为都符合市场经济客观规律的要求，从而促进经济健康协调地发展。在追求目标上，经济法平衡各种相互冲突的利益，以达到社会总体利益的平衡，而不是片面地强调一方的利益。

5. 政策性

现代社会，无论是发达的资本主义国家还是社会主义国家，为达到一定的经济目标都制定了一系列的经济政策，这些政策主要通过使其法律化来实现的。这些法律既不同于民事法律规范，也不同于纯粹运用国家公权力运行的行政法规范，既带有明显的政策性，又具有国家强制力，是特定社会经济生活的行为准则。经济法的政策性主要体现在经济法根据国家意志的需要赋予了经济政策法的效力，即使经济政策法律化，并根据经济政策的变化而变化。在经济法的执法和司法方面也都受到经济政策的影响。经济法体现经济政策，随着国家经济政策的变化及时进行修改，并保持一定的灵活性。

小练习

"经济法"与"经济法规"的含义是（　　）。
A. 相同的　　　B. 通用的　　　C. 不相同的　　　D. 相类似的

（二）经济法的调整对象

经济法的调整对象是指经济法所干预、管理和调控的具有社会公共性的经济关系。经济法的调整对象包括以下四类：

1. 市场主体调控关系

市场主体调控关系是指国家从维护社会公共利益出发，在对市场主体的组织和行为进行必要干预过程中而发生的社会关系。在市场经济条件下，各类市场主体的法律地位是平等的，不存在任何依附关系。但是，这并不意味着市场主体可以为所欲为、我行我素，国家不对他们进行任何调控。为了满足社会日益增长的物质文化需要和全局性、社会公共性利益的需要，国家必须对市场主体的组织及其活动进行必要的、适度的调控。这方面的法律有公司法、外商投资企业法、合伙企业法和个人投资法等。

2. 宏观经济调控关系

宏观经济调控关系是指国家从全局和社会公共利益出发，在对关系国计民生的重大经济因素实行全局性的调控过程中和其他社会组织所发生的关系。宏观经济调控关系主要包括产业调节、计划、财政、金融、投资、国有资产管理等方面的关系。这方面的法律有证券法、票据法、破产法、金融法、保险法、房地产法、环境法和自然资源法等。

3. 市场秩序调控关系

市场秩序调控关系是指国家在培育和发展市场体系过程中，为了维护国家、经营者和消费者的合法权益而对市场主体的市场行为进行必要干预而发生的社会关系。在市场经济条件下，国家要培育和发展的市场体系不仅要着眼于满足经济个体的自身利益的需要，还要着眼于满足其他经济个体以及全局的和社会公共利益的需要，而这种需要单靠私权的力量是难以满足的，必须同时依靠体现公权力的经济法的作用才能形成。考察任何一个国家的情况都能发现，最能影响市场秩序的是垄断、限制竞争、不正当竞争、假冒伪劣产品以及其他损害其他消费者和经营者利益的行为。这方面的法律有反垄断法、反不正当竞争法、消费者权益保障法和产品质量法等。

4. 社会分配关系

社会分配关系是指国家在参与国民收入分配的过程中形成的经济关系。经济法并非调整所有的国民收入分配关系。由于国家对国民收入的分配是通过初次分配，如果从法律关系上去分析，国民收入分配实际上是一种利益或者财富在不同主体之间的转移，因合意和有偿而产生的分配关系通常是在国民收入的初次分配中产生，因强制和无偿而产生的分配关系通常是在国民收入的再分配中产生。在市场经济体制中，民法和经济法都对国民收入分配关系进行调整。一般而言，因权力交易而产生的分配关系由民法调整，因公权而产生的强制性分配则由经济法调整。但民法对于初次分配关系的调整有其自身的局限性，极可能对微观层面上的分配不公正和宏观层面上的分配不合理无能为力，因此经济法对初次分配也存在着干预空间。由此可以认为，经济法所调整的社会关系既包括在分配过程中所发生的全部社会关系，也包括在初次分配中所发生的需要由国家干预的部分分配关系。这方面的法律有财政法、税法、计划法、产业政策法、价格法、会计法和审计法等。

三、经济法的基本原则

经济法的基本原则是指经济法应有的基本精神、基本理念，是对经济立法、经济司法以及经济法学研究具有指导作用和适用价值的根本思想。在我国建立社会主义市场经济体制过程中，确立经济法的基本原则，对健全经济法律体系具有重要的基础作用。

(一) 社会本位原则

经济法在对产业调节、固定资产投资、货币发行、产品质量控制、消费者权益保护等关系进行调整时，要以社会经济效益、公共利益为本位。与此同时，任何市场主体在进行市场行为时，都不能一味地为追求自身利益的最大化而忽视损害社会的经济效益。

（二）经济效益原则

提高经济效益是我国经济工作的重点和归宿，也是国家干预经济运行和经济立法的终极价值目标。因此，无论是市场主体规制法、市场秩序规制法、宏观调控法，还是社会分配调控法，都要把促进和保障企业的经济效益和社会经济效益摆在首位。

（三）平衡协调原则

平衡协调原则是由经济法的社会性和公私交融性的特征所决定的一项普遍原则。平衡协调原则要求必须正确处理国家和企业之间的利益关系，国家和劳动者个人之间的利益关系，企业和劳动者个人之间的利益关系，中央和地方之间的利益关系。

（四）绿色发展原则

绿色发展是我国现代化建设需要考虑的重大课题。经济的发展必然要求大规模的开发利用资源，大规模的开发利用和生产又导致大量废弃物的排放，这就与科学发展观和绿色发展相冲突。因此，经济法必须把绿色发展的战略思想、价值理念融合到自身的价值范畴当中，不能为了眼前的利益而牺牲长远利益。

第二节 经济法的渊源和地位

【案例导读】

判例不是经济法的渊源

某律师在代理一起经济纠纷诉讼案件中，为支持自己的观点，向法院提出：前年，本省高级人民法院在处理一起类似的经济纠纷案件中作出的判决，与自己的观点一致。但该律师提出的这个依据并未被法庭所采纳。

【分析提示】

我国是成文法国家，判例不是我国经济法的渊源。该律师提到的省高级人民法院的判决属于判例，不能作为司法审判的依据。

一、经济法的渊源

经济法的渊源是指经济法的存在和表现形式。我国法的渊源基本上都是制定法，经济法也不例外。经济法的渊源具体包括以下七种：

（一）宪法

宪法是经济法的基本渊源，宪法是国家的根本大法，由全国人民代表大会制定，具有最高的法律效力。经济法以宪法为渊源，主要是从中汲取有关国家经济制度的精神和基本规范，例如，"中华人民共和国的社会主义经济制度的基础是生产资料的社会主义公有制，即全民所有制和劳动群众集体所有制"；"国家实行社会主义市场经济。国家加强经济立法，完善宏观调控"；"国有企业在法律规定的范围内有权自主经营"；"中华人民共和国公民有依照法律纳税的义务"等等。

（二）法律

法律是经济法的重要渊源，是由全国人民代表大会及其常务委员会制定的规范性文件，法律在地位和效力上仅次于宪法。以法律形式表现的经济法律规范是经济法的主体和核心组成部分。

（三）法规

法规是经济法的重要渊源。法规包括行政法规和地方性法规，其效力仅次于宪法和法律。行政法规是国务院为执行法律规定和履行宪法规定的行政管理职权需要而制定的规范性文件。地方性法规是省、自治区、直辖市等的人民代表大会及其常务委员会根据本行政区域的具体情况和实际需要，在不同宪法、法律、行政法规相抵触的前提下制定的规范性文件。经济特区所在地的市的人民代表大会及其常务委员会也可以根据全国人民代表大会的授权决定制定法规。

（四）规章

规章包括国务院部门规章和地方政府规章。部门规章是指国务院各部、委员会、中国人民银行、审计署和具有行政管理职能的直属机构，根据法律和国务院的行政法规、决定、命令，在本部门的权限范围内制定的规章，其主要形式是命令、指示、规章等。地方政府规章是指省、自治区、直辖市和较大的市的人民政府根据法律、行政法规和本省、自治区、直辖市的地方性法规制定的规章。规章是法律、行政法规的补充，对正确适用和执行法律、行政法规具有重要意义。

（五）民族自治地方的自治条例和单行条例

民族自治地方的自治条例和单行条例是指民族自治地方的人民代表大会依照当地民族的政治、经济和文化的特点，依法制定的自治条例和单行条例。民族自治地方的自治条例和单行条例可以依照当地民族的特点，对法律和行政法规的某些规定作出变通规定，但不得违背法律或者行政法规的基本原则，不得对宪法和民族区域自治法的规定以及其他有关法律、行政法规专门就民族自治地方所作的规定作出变通规定。民族自治地方的自治条例和单行条例主要适用于本民族自治地方。

（六）司法解释

司法解释是指最高人民法院在总结审判实践经验的基础上发布的指导性文件和法律解释。例如最高人民法院颁发的《最高人民法院关于适用〈中华人民共和国公司法〉若干问题的规定》、《关于适用〈中华人民共和国合同法〉若干问题的解释》、《关于审理票据纠纷案件若干问题的规定》等。

（七）国际条约和协定

国际条约和协定是指我国作为国际法主体缔结或参加的国际条约、双边或多边协定及其他具有条约、协定性质的文件。国际条约和协定在我国生效后，对我国国家机关、公民、法人或者其他组织具有法律约束力。

小练习

下列规范性文件中，属于部门规章的有（　　）。
A. 全国人民代表大会常务委员会制定的《中华人民共和国公司法》
B. 国务院制定的《中华人民共和国外汇管理条例》
C. 中国证券监督管理委员会制定的《上市公司信息披露管理办法》
D. 中国人民银行制定的《人民币银行结算账户管理办法》

二、经济法的地位

经济法的地位是指经济法在整个法的体系中的地位。

（一）经济法是一个独立的法律部门

判断一个法律部门是否为独立的部门，关键看其是否有特定的调整对象。经济法只调整本国经济运行过程中发生的经济关系，不调整其他经济关系，更不调整非经济关系。因此，经济法是一个独立的法律部门。

（二）经济法是一个重要的法律部门

一个法律部门的重要性如何取决于该法作用的大小。随着市场经济的不断发展，经济法的地位变得越来越重要。当前，我国市场经济的发展还不完善，不正当竞争和地方保护主义等影响公平市场经济构建的现象还不时发生，而政府为了实现市场的有序繁荣，制定了大量的经济政策和法律法规，体现了经济法日益重要的作用。

第三节

经济法律关系

经济法律关系三要素在实践中的运用

1998年8月,为了应对亚洲金融危机,香港特区政府动用近千亿港元入市操作,香港金管局推出7项技术性措施,集中在港元兑美元的兑换保证和有关银行港元流动资金贴现方面的新措施两个方面。1998年9月7日,为了严格治市纪律,强化金融监管,香港特别行政区财政司公布了严格香港证券及期货市场纪律的30条措施。这30项新措施的实施涉及联合交易所、期货交易所、香港中央结算有限公司、证券及期货事务监察委员会和财经事务局五个机构。香港特别行政区政府财金司的官员表示,这些措施用于增强货币及金融系统抵御国际投机者跨市场操纵的能力。

【分析提示】

经济法律关系包含主体、内容和客体三个基本要素。在上述实例中,香港特别行政区政府为了应对亚洲金融危机,在外汇交易市场、证券市场和期货市场出台的系列管理措施属于香港政府的经济管理活动,伴随着这些调控措施的出台,产生了一个新的经济法律关系。在这个法律关系中,法律主体是出台政策的香港特别行政区政府以及在香港外汇市场、证券市场和期货市场上进行交易的市场主体。法律关系的客体是一种经济行为,即特区政府通过对资本市场的宏观调控,从而规避金融风险的行为。法律关系的内容则包括权利和义务两个方面,一方面是特别行政区政府依照自己的经济职权和新出台的措施对资本市场进行经济管理的权利,另一方面则是在香港外汇市场、证券市场和期货市场上进行交易的市场主体服从政府的管理规定,依法进行交易的义务。

一、经济法律关系的概念和特征

经济法律关系是指由经济法律规范所确认的,在国家经济管理和协调发展经济活动过程中所产生的权利义务关系。

经济法律关系和民事法律关系、行政法律关系、刑事法律关系等是并列的法律关系。经济法律关系具有以下特征:

1. 经济法律关系是经济管理关系和经济协作关系相统一的法律关系

经济法调整的经济管理关系和经济协作关系之间尽管有差别,但它们又是有机联系、相互统一的,是统一在社会经济关系中的两个不可分割的方面。

2. 经济法律关系以经济权利和经济义务为内容

任何法律关系都是以当事人之间一定的权利义务关系为内容。在经济法律关系中的两个不可分割的方面则是以经济权利和经济义务为内容,否则不是经济法律关系。这种经济权利和经济义务直接反映当事人之间的经济利益,体现了经济性。

3. 经济法律关系除法律规定允许采用口头形式外,均应采用书面形式

经济法律关系的产生、变更一般采用法定的书面形式来表示,以体现经济法律关系的稳定性和严肃性,并作为将来可能发生争议的处理依据。

二、经济法律关系的构成

经济法律关系由主体、客体和内容构成,该三要素缺一不可。在某个具体法律关系中,其中一要素发生变更,原来的法律关系也会随之发生变化。

(一) 经济法律关系的主体

经济法律关系的主体,又称经济法主体,是指参与经济法律关系,依法享有经济权利和承担经济义务的当事人。

经济法律关系的主体是经济法律关系的先决条件和中心环节。在经济法律关系中,享有经济权利的一方是权利主体,承担经济义务的一方为义务主体。根据权利义务相一致的原则,一般情况下,没有只享有经济权利不承担经济义务的当事人,也没有只承担经济义务不享有经济权利的当事人。

经济法律关系的主体是由经济法所规定的,即根据法律法规的规定或者特别授权而取得。超越了法律规定或者认可的范围,就不受经济法的规范和保护。经济法律关系的主体分为以下四类:

1. 国家机关

国家机关包括国家权力机关和国家行政机关。国家权力机关作为经济法律关系主体的资格直接来自于我国宪法和有关组织法的规定。国家行政机关是行使政府行政权力组织、管理和调控国民经济活动的专门机关。国家行政机关参与经济法律关系通过以下方式实现,一是通过间接管理国民经济的方式调节经济运行实现,二是通过直接或者间接参与经济活动的方式来实现。

2. 经济组织

经济组织是指从事生产经营或者服务性业务的经济实体。这类组织既包括法人,也包括不具备法人条件、不享有法人资格的其他经济实体。经济组织作为经济法律关系的主体,一方面为实现营利目的从事各类生产经营活动与其他经济组织或者其他社会组织

等形成经济法律关系,另一方面在经济管理活动中与国家机关形成经济法律关系。

3. 其他社会组织

其他社会组织是指以从事文化教育、科学技术、医疗卫生等公益性专业活动为目的的组织,这类组织为了实现自身的社会职能必然要进行一系列的经济活动,如物资采购活动等,从而成为经济法律关系的一方主体。

4. 公民、个体工商户和农村承包经营户

当公民依法从事特定生产经营或者服务性活动时,一般以个体工商户或者农村承包经营户的身份出现。在经济管理活动中,参与经济法律关系不局限于个体工商户和农村承包经营户,如在外汇兑换、税收等活动中,公民也可以成为经济法律关系的主体。

小练习

下列选项中,(　　)可以成为经济法的主体。
A. 政府　　B. 各类企业　　C. 非营利组织　　D. 外国人

(二) 经济法律关系的客体

经济法律关系的客体是指经济法主体享有的经济权利和承担的经济义务所共同指向的对象。

经济法律关系的客体是主体通过经济法律关系所追求的经济目标和经济利益。经济法律关系客体必须具备以下三个条件:①必须是经济法主体可以控制、支配的事物;②必须是国家经济法律、法规允许进入经济法律关系成为其客体的物或行为;③经济法律客体应该是能体现一定的物质利益、经济效益或者是可以借以获得一定的经济利益的物或行为。据此,可知,经济法律关系的客体包括经济行为、物、智力成果、人格和身份等。

1. 经济行为

经济行为是指经济法律关系的主体为了实现一定的经济目的,行使其经济权利或者履行其经济义务,在参与经济法律关系的过程中所进行的各种经济活动。经济行为包括经济管理主体的经济管理行为和经济活动主体的一般经济行为。例如,制定规章、决策、指示、执行命令、组织协调、监督、处罚等行为属于经济管理行为。企业内部的日常管理、竞争行为等则属于一般经济行为。

2. 物

物是指可以为人们控制和支配,具有一定经济价值并以物质形态表现出来的物体。在经济法律关系中的物主要包括生产资料、生活资料,流通物、限制流通物和禁止流通物,公有财产和私有财产,税赋、费用和利润,固定资产和流动资产等。作为经济法律关系客体的物必须与宏观调控或者市场规制因素相联系。

3. 智力成果

智力成果是指人们创造的能够带来经济价值的脑力劳动成果。又称知识产品，如科学发明、技术成果、学术论著等。智力成果作为经济法律关系的客体，其法律表现形式主要为商标权、专利权、专有技术等。

4. 人格和身份

人格和身份在特定条件下可以构成经济法律关系的客体，例如在消费者权益保护和反不正当竞争等法律关系中，会涉及产品的质量监督、公民的人格和名誉等问题。

（三）经济法律关系的内容

经济法律关系的内容是指经济法主体享有的经济权利和承担的经济义务。

1. 经济法律关系的权利

经济法律关系的权利又称为经济权利，是指经济法律关系主体在国家经济调节管理活动中，依法可以为或者不为一定行为，要求他人为或者不为一定行为的资格。不同的经济法律关系主体享有不同的经济法权利。具体包括：（1）国家经济决策权。具体表现为国家经济发展方针、战略和经济政策制定权，计划权，重大经济措施决定权。（2）组织实施权。主要包括命令权，禁止权，许可权，核准、确认权，撤销、免除权，检查监督权，奖惩权等等。（3）经济纠纷与经济违法犯罪调处权。主要表现为国家经济管理机关的调解权，有关主管机关对一般经济违法行为的查处权，国家司法机关对经济纠纷和经济违法犯罪的检察权和审判权。（4）依法生产经营权。（5）民主监督权。（6）获得救济权。即经济活动主体在进行经济活动时，其合法权益受到非法侵害时，可以依法获得救济的权利。

2. 经济法律关系的义务

经济法律关系的义务又称为经济义务，是指经济法律关系主体在国家协调经济运行过程中，依法所承担的必须为或不为一定行为的责任。具体包括：（1）依法行使经济管理权的义务。经济管理主体必须依法行使管理权，不得滥用职权。违反了此项义务，则应当承担相应的法律责任。（2）积极执行国家经济方针政策的义务。国家对社会经济的发展制定有一定的发展计划，每个时期有不同的建设重点，所以方针政策的方向、措施也会不一样。而经济管理主体必须根据国家调整的经济方针政策来执行。（3）接受其他经济法律关系主体监督的义务。（4）遵守国家法律法规的义务。经济活动的主体必须按照经济法律法规的规定进行经济活动，不得违反经济法律规范的规定，否则将会受到经济管理主体的惩罚。（5）依法纳税的义务。依法纳税是每个公民和经济组织应尽的法定义务。经济活动主体应当根据税法的规定，向税务机关申报和缴纳税金。（6）服从经济管理主体管理的义务。经济活动主体在进行经济活动中，应当接受国家工商、税务、价格、质检等机关的监督检查，服从其依法进行的各种管理活动。

小练习

1. 下列不属于经济法律关系客体的是（　　）。

A. 物　　B. 经济行为　　C. 客观事件　　D. 专有技术

2. 经济权利主要内容包括（　　）。

A. 国家机关对行使经济管理职能时依法享有的权利

B. 所有者对其财产依法享有的独立支配权

C. 企业进行生产经营活动时依法享有的权利

D. 经济法主体的合法权益受到侵犯时依法享有要求侵权人停止侵权行为和要求国家机关保护其合法权益的权利

E. 公民的民事权利能力

三、经济法律关系的产生、变更和终止

（一）经济法律关系产生、变更和终止的含义

1. 经济法律关系的产生

经济法律关系的发生是指经济法律关系主体之间形成一定的经济权利和经济义务关系。

2. 经济法律关系的变更

经济法律关系的变更是指已形成的经济法律关系在主体、客体和内容等方面发生变化。无论是部分变更，还是全部变更，都会形成一种新的经济法律关系。

3. 经济法律关系的终止

经济法律关系的终止是指经济法律关系主体之间的经济权利和经济义务关系的消灭。经济法律关系可以因为当事人的协议或者双方履行义务完毕而终止，也可以是因为不可抗力、意外事件或者一方当事人依法单方宣告行为而终止。

（二）经济法律关系产生、变更和终止的原因

经济法律关系产生、变更和终止是因为经济法律事实的存在而发生的。经济法律事实是指依法能够引起经济法律关系产生、变更和终止的客观现象。

经济法律事实根据是否以当事人的意志为转移，可以分为经济法律事件和经济法律行为。

经济法律事件是指经济法律法规规定的，能够引起经济法律关系发生、变更和终止，不以当事人的意志为转移的客观事件。经济法律事件可以是自然现象，如地震、台风、洪水以及由自然原因引起的火灾，也可以是社会现象，如战争、社会动乱等。自然现象称为绝对事件，社会现象称为相对事件。

经济法律行为是指能够引起经济法律关系发生、变更和终止的经济法主体有意识的活动，它是引起经济法律关系发生、变更与终止的最普遍的法律事实。经济法律行为分为合法行为和违法行为。合法行为是指符合经济法律规范的行为，包括经济管理行为、经济活动行为和经济司法行为。例如企业登记、反垄断查处、签订经济合同、提起诉讼等。违法行为是指违反经济法律规范的行为或做经济法禁止的行为。例如经济管理主体

滥用经济管理权的行为、经济活动主体偷税、漏税等。

小练习

1. 下列各项中，属于经济法律关系产生的事实事件的是（　　）。
   A. 签订合同　　B. 承兑汇票　　C. 发生地震　　D. 发行债券
2. 下列各项中，不属于法律事实中事件范围的是（　　）。
   A. 经济管理行为　　　　　　B. 签订合同
   C. 战争　　　　　　　　　　D. 擅自发行股票

本章提要

1. 基本概念

（1）经济法是一个独立而重要的法律部门。

（2）经济法的渊源主要来源于制定法。

（3）经济法律关系由主体、内容和客体构成。引起经济法律关系产生、变更和消灭的原因有行为和事件。

2. 简答题

（1）简述经济法的基本原则。

（2）简答经济法的特征。

（3）简述经济法的调整对象。

（4）简述经济法律关系的内容。

3. 案例分析题

【案情】

A食品厂冒充某知名奶粉企业，生产伪劣奶粉并且在市场上销售。这一行为被该知名企业发现，该知名企业遂投诉至有关政府管理部门。有关政府管理部门责令A食品厂登报道歉，要求其赔偿知名企业的经济损失，并且对其处以罚款。

根据上述事实，分析本案件中发生的主要法律关系是否属于经济法律关系？请说明理由。

【分析提示】

本案中的有关政府管理部门和A食品厂之间的关系应当被界定为经济法律关系。本案中，政府在履行其对市场进行微观管理的经济职能的过程中与违反经济法规的A

食品厂之间发生的关系是经济法的调整对象之一。因此，在经济法调整之下形成的法律关系就应该是经济法律关系。

4. 教学互动

利用课余时间调查了解经济法在实践中发挥的重要作用及其具体体现。

第二章

公 司 法

【知识要求】

通过本章的学习，了解公司、有限公司、股份公司的概念和特征。公司合并和分立的种类。公司增资和减资情形，公司的解散事由。股份转让的一般要求。公司财务会计制度的基本要求。公司破产、解散与清算的法律规定。外国公司的分支机构的设立和撤销。熟悉有限责任公司和股份有限公司的设立条件。公司董事、监事、高级管理人员的任职资格。发行公司债券的条件。公司利润分配。掌握股东代表诉讼的构成要件和法律后果。公司资本与资产、股东出资的法律要求、股东出资责任。公司债券与股票的联系和区别，债券发行行为的合法性判断。

【技能要求】

通过本章的学习，能够对实践中公司合并、分立的法律效力等问题作出分析认定。能够运用所学的公司收益分配制度的原理和规定对公司的分配行为的合法性作出分析判断。

第一节 公司法概述

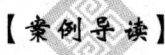

新公司法实施后首例涉外"公司僵局"纠纷审结

1995年康和国际发展有限公司（以下简称为"康和公司"）购买北京富新制冷有限公司（以下简称为"富新公司"）原股东匈牙利布达佩斯富云责任有限公司的股份，成为富新公司股东之一，营力公司系富新公司的另一股东。2003年7月，康和公司与营力公司重新修订并签署了富新制冷的《公司章程》。该章程规定，公司董事会由5名董事组成，其中营力公司委派3名，康和公司委派2名，董事长由营力公司委派。公司设总经理1名，由董事会聘请并任命。双方之一不履行合同或者公司章程义务，其他一方提出警告仍不纠正时，任何一方有权依法终止合资。2005年7月，富新制冷原董事长兼总经理任期已到，为选举新的董事长及总经理，康和公司派驻富新制冷的2名董事建议召开董事会。但召开董事会的通知遭到营力公司委派的3名董事拒绝。康和公司认为，营力公司委派的董事拒不出席董事会，且拒绝重新委派董事，致使富新公司长期处于无法定代表人、无总经理的尴尬处境，极大地阻碍了公司的正常经营，致使公司根本无法运作，公司及股东的权益遭受极大的损害。故康和公司诉至法院要求终止与营力公司的合资关系；对双方合资成立的公司富新公司进行注销清算，并要求营力公司承担本案全部诉讼费用。

营力公司辩称，营力公司与康和公司双方认可的在1992年8月8日签订的合资经营企业合同中订有仲裁条款。该条款明确约定：凡因执行本合同所发生的一切争议，协商不能，应提交北京对外经济贸易仲裁委员会裁决。因此，请求裁定驳回康和国际发展有限公司起诉，告之向仲裁机构申请仲裁。

法院最终判决终止康和国际发展有限公司与北京市营力集团公司签订的《北京富新制冷有限公司合同》，驳回康和公司其他诉讼请求。

【分析提示】

《公司法》第182条规定，"公司经营管理发生严重困难，继续存续会使股东利益受到重大损失，通过其他途径不能解决的，持有公司全部股东表决权10%以上的股东，可以请求人民法院解散公司。"

一、公司法的概念与性质

(一) 公司法的概念

公司法是指调整公司在设立、运营、变更和解散过程中所发生的社会关系的法律规范的总称。公司法的概念有广义和狭义之分。广义的公司法则是指调整公司组织关系、规范公司行为的法律规范的总称，其表现形式不仅包括《公司法》，还包括《公司登记管理条例》等。狭义的公司法仅指《公司法》这一形式意义上的规范性文件。

我国现行《公司法》是1993年12月29日第八届全国人民代表大会常务委员会第五次会议，自1994年7月1日起施行。此后，随着经济体制改革的不断深入和社会主义市场经济体制的建立并逐步完善，我国先后于1999年、2004年、2005年、2013年对公司法进行了修订，现行版本的公司法是由全国人民代表大会常务委员会于2013年12月28日发布，并于2014年3月1日起施行。

(二) 公司法的调整对象

公司法的调整对象是指公司在设立、运营、变更和解散过程中所发生的社会关系。具体而言，公司法的调整对象包括以下四种社会关系：

(1) 公司的内部财产关系。公司的内部财产关系是指公司的发起人与股东之间、股东相互之间、发起人相互之间以及公司与股东之间在公司的设立、运营、变更、解散等过程中所形成的具有经济内容的社会关系。

(2) 公司的外部财产关系。公司的外部财产关系是指公司在开展生产经营活动过程中和其他市场经营主体之间所发生的交易关系以及由此所产生的其他社会关系。如发行公司债券或者公司股票。

(3) 公司的内部组织管理关系。公司的内部组织管理关系是指公司的内部组织机构之间、公司和股东之间的管理和协作关系。

(4) 公司的外部组织管理关系。公司的外部组织管理关系是指公司在设立、运营、变更和解散过程中和有关国家管理机关之间所形成的经济管理关系。如公司的设立审批、登记，股份与公司债的发行审批、交易管理，公司财务会计的检查监督等。

(三) 公司法的性质

1. 公司法兼具组织法和行为法的双重性质

公司法作为组织法，主要是指公司法要规范和调整公司的设立、变更、解散，公司章程，公司的组织机构，股东的权利与义务，公司的名称、住所、权利能力和行为能力等事项。

公司法作为行为法，是指公司法规定了与公司组织具有直接关系的一些公司行为，如股票和债券的发行与转让、公司资本的增加和减少、公司的财务管理等。

2. 公司法兼具实体法和程序法的双重性质

公司法作为实体法，主要体现在公司法规定了参与公司活动的各类主体的资格条件、权利义务及其法律责任，如有关公司内部组织机构的规定，有关法定代表人、股东、董事、经理、监事等人的权利义务和法律责任。

公司法作为程序法，主要体现在公司法规定了保障权利实现和追究法律责任的程序。

3. 公司法兼具强制法和任意法的双重性质

为了保障交易的安全，保护股东和债权人的合法权益，维护社会经济秩序，越来越多的国家倾向于规定具有管理性质的强制法规范，以体现国家对公司组织活动的干预，如公司章程、法定公积金、注册资本、公司债券和股票的发行等。

公司法作为商法的重要组成部分，许多条款都体现了私法自治的任意性规范，如设立公司的类型、选择投资的行业、出资的形式、股份转让的条件等。

二、公司的概念和法律特征

公司是指依照法定条件和程序设立的，以营利为目的的企业法人。一般而言，公司具有以下法律特征：

1. 公司是依法成立的企业法人

公司的主体资格是法律赋予的，公司的设立、变更、解散都必须依照法律规定的条件和程序进行。凡在我国境内设立的公司，其公司章程、资本、组织机构、活动原则等都必须合法，且必须依照我国《公司法》、《公司登记管理条例》及其他相关法律、法规所规定的条件和程序办理工商登记手续，领取营业执照。

公司是具有法人资格的企业法人。公司独立的法律人格体现在两个方面：一是公司具有独立的财产，享有法人财产权，有自己的名称、组织机构和经营场所；二是公司能够以自己的名义独立地参与经济活动和诉讼活动，并能独立地对外承担法律责任。

2. 公司是以营利为目的的企业法人

公司的营利性实质上是股东设立公司的目的的反映。公司只有以营利为目的，实现公司利益的最大化，才能让股东收回投资，并进而实现盈利。公司的营利性特征已为世界上许多国家和地区的公司立法所确认，从而成为公司的基本特征。

3. 公司以股东的投资行为为基础设立

公司设立必须具备的法定条件之一是达到法定的注册资本，而注册资本来源于股东的投资，即由股东按照法定和章程约定的出资方式及约定比例出资形成，因此，没有股东的投资行为就不能设立公司。

三、公司的分类

（一）无限责任公司、有限责任公司、两合公司、股份有限公司和股份两合公司

以公司股东的责任范围为标准，公司分为无限责任公司、有限责任公司、两合公司、股份有限公司和股份两合公司。无限责任公司简称为无限公司，是指不论出资额的多少，全体股东均对公司的债务承担无限连带责任的公司。当公司资产不足以清偿债务时，公司的债权人可以向公司的全体股东或者任何一个股东要求清偿全部债务。有限责任公司简称为有限公司，是指由一定人数的股东所组成的，股东以其出资额为限对公司承担责任，公司以其全部资产对公司债务承担责任的企业法人。两合公司是指根据公司股东之间的约定，一部分股东承担有限责任，另一部分股东承担无限责任的公司。前者仅以出资额为限对公司的债务承担责任，而后者对公司的所有债务承担无限连带责任。股份有限公司简称为股份公司，是指由一定人数以上的股东发起成立的，公司全部资本分为等额股份，股东以其所持有的股份对公司承担责任，公司以其全部资产对公司的债务承担责任的企业法人。股份两合公司是指由部分对公司债务承担无限连带责任的股东和部分仅以其所持股份为限对公司债务承担责任的股东共同组成的公司。我国目前没有股份两合公司。

（二）一人公司和多人公司

以公司股东人数为标准，公司分为一人公司和多人公司。一人公司是指只有一个股东的公司。多人公司是指由两个或者两个以上的股东所组成的公司。

（三）上市公司和非上市公司

以股票是否上市流通为标准，公司分为上市公司和非上市公司。上市公司是指所发行的股票在证券交易所上市交易的股份有限公司。非上市公司是指其股票没有上市和没有在证券交易所交易的股份有限公司。

（四）母公司和子公司

以公司之间的控制依附关系为标准，公司分为母公司和子公司。母公司是指拥有其他公司一定数额的股份或者根据协议能够实际控制、支配其他公司的人事、财务、业务等事项的公司。母公司最基本的特征不在于是否持有子公司的股份，而在于其是否参与子公司的业务经营。子公司是指一定数额的股份被另一公司所持有或者根据协议被另一公司实际控制、支配的公司。子公司具有独立的法人资格，是一个独立的企业法人，拥有自己所有的财产、公司名称、公司章程和董事会，能够独立对外开展活动和承担责任。但是，在涉及公司利益的重大决策或者重大人事安排上，仍要由母公司决定。

（五）总公司和分公司

以公司之间的隶属关系为标准，公司分为总公司和分公司。总公司又称为本公司，是指在组织和业务上管辖其他公司、具有法人资格的公司。分公司是指在组织和业务上受其他公司管辖的公司。

总公司通常先于分公司成立。分公司是总公司的分支机构，是总公司的组成部分，在法律上不具有独立的主体地位和法人资格，不能独立对外承担法律责任，分公司的全部债务由总公司承担。

（六）本国公司和外国公司

以公司的国籍为标准，公司分为本国公司和外国公司。本国公司是指依照本国法律登记成立而具有本国国籍的公司。外国公司是指根据外国法律在本国境外成立的公司。

（七）封闭式公司和开放式公司

以股份是否公开发行和转让为标准，公司分为封闭式公司和开放式公司。封闭式公司是指公司股份全部由设立公司的股东拥有，并且其股份不能在证券市场上自由转让的公司。开放式公司又称为上市公司，是指可以公开向社会募集股份，且其股份可以在证券市场公开自由转让的公司。

（八）人合公司、资合公司和人合兼资合公司

以公司的信用基础为标准，公司分为人合公司、资合公司和人合兼资合公司。人合公司是指公司的同时设立与运营以股东个人信用为基础的公司，其对外活动的信用主要取决于股东个人的信用状况，而非公司的资本或资产状况。资合公司是指公司的设立与运营主要以公司的资本和资产状况而非股东个人信用为基础的公司。人合兼资合公司是指公司的设立和运营同时依赖股东个人信用和公司资本或者资产状况的公司。

小练习

关于子公司的财产性质、法律地位、法律责任等问题，下列说法中正确的是（ ）。

A. 子公司的财产所有权属于母公司，但子公司可以独立使用
B. 当子公司的财产不足以清偿债务时，母公司仅对子公司的债务承担补充清偿责任
C. 子公司具有独立的法人资格
D. 子公司进行诉讼活动时可以以自己的名义进行

四、公司法的基本制度

（一）公司名称和住所

1. 公司名称

公司名称是指公司在生产经营活动中用以相互区别的固定称呼。公司名称是公司人格特定化的标志，它是公司章程绝对必要记载事项之一。公司名称具有唯一性，即一个公司只能有一个名称。公司名称一般由以下四个部分构成：

(1) 公司注册机关的行政级别和行政管理范围。全国性的公司、国务院或其授权的机关批准的大型进出口或企业集团等，经核准可以在名称中使用"中国"、"中华"或者冠以"国际"、"全国"、"国家"等字样。其他公司，除历史悠久的驰名字号（如王府井商场股份有限公司）和外商投资的公司外，都必须在名称中冠以公司所在地省、市、县的行政区划名称。公司有正当理由的，可以将地名作为字号，如"北京"、"天山"等；但是县级以上行政区划的名称，如"北京市"等不得作为公司的字号。

(2) 公司的行业和经营特点。公司名称中不得单独使用"发展"、"开发"等字样来表示其行业或经营特点，使用"实业"字样的公司，应拥有三个以上的生产、科技型企业。

(3) 商号（字号）。商号（字号）是公司名称的核心内容，也是公司名称中当事人唯一可以自主选择的内容。商号应当由两个以上的汉字或者少数民族文字组成。公司名称中不得含有有损国家和社会公共利益，可能对公众造成欺骗或误解的内容或文字，不得含有政党名称、党政军机关名称、群众组织名称、社会团体名称和部队番号等。公司的名称不得与同一登记机关所辖区域内已登记的同行业公司的名称相同或者近似。此外，公司名称的使用应注意不得出现禁止使用的内容或者文字，对于限制使用的内容或者文字应当经过特定的审批手续审批。

(4) 公司的组织形式。依法设立的公司都必须在公司名称中标明"有限责任公司"或者"股份有限公司"字样。

我国公司法对公司名称实行强制注册制，即公司名称权的取得以设立登记为要件，公司名称变更必须办理变更登记。公司名称的登记管理实行预先核准制度，即所有的公司在申请设立以前，都必须首先申请名称预先核准。

小练习

1. 以下公司名称中不符合法律规定的是（   ）。
A. 某有限责任公司的名称为北京市寰球建筑工程公司
B. 某有限责任公司的名称为天津市环亚商贸有限公司
C. 某股份有限公司的名称为上海市欧陆电子股份公司
D. 某有限责任公司的分公司的名称为辽宁省西点建材有限公司

2. 甲、乙、丙、丁、戊拟共同组建一有限责任公司，以商品批发为主。甲、乙、丙、丁分别为未来的公司取一个名称，其中可以采用的是（   ）。
A. 北京大地商贸公司
B. 北京666商品贸易有限责任公司
C. 中国北京商品贸易国际发展有限责任公司

D. 北京汇通商品贸易有限责任公司

2. 公司住所

公司住所是指公司的主要办事机构所在地。公司的主要办事机构在公司登记时确定。公司有多个办事机构的，一般以公司总部所在地为公司的主要办事机构所在地。

公司住所记载于公司章程才具有法律效力，是公司注册登记的必要事项之一。公司住所变更必须履行法定的变更登记手续，否则不得对抗第三人。

确定公司住所具有重要意义：一是确定诉讼管辖地和诉讼文书送达地；二是确定公司登记机关。

（二）公司章程

公司章程是指公司设立所必须具备的、规定公司名称、宗旨、资本、组织机构及其活动准则的基本法律文件。公司章程是公司的内部自治规则。公司章程是由全体发起人或者股东共同协商制定，或者由部分发起人或者股东协商制定，经其他发起人或者股东签字同意，并经全体发起人或者股东签名盖章的书面协议。

公司章程具有以下法律特征：

1. 法定性

公司章程的法律地位、主要内容、修改程序和效力都由法律强制规定，任何公司都不得违反。公司章程是公司设立的必备条件之一，无论是设立有限责任公司还是设立股份有限公司，都必须由全体股东或发起人订立公司章程，并且必须在公司设立登记时提交公司登记机关进行登记。

2. 真实性

公司章程记载的内容必须是客观存在与实际相符的事实。

3. 自治性

公司的自治性体现在以下三个方面：（1）公司章程作为一种行为规范，不是由国家而是由公司依法自行制订的，是公司股东意思表示一致的结果。（2）公司章程是一种法律以外的行为规范，由公司自己来执行，无须国家强制力来保证实施。（3）公司章程作为公司的内部规章，其效力仅及于公司和相关当事人，而不具有普遍的约束力。

4. 公开性

公开性主要是针对股份有限公司而言。股份有限公司的公司章程内容不仅要对投资人公开，还要对包括债权人在内的一般社会公众公开。

公司章程的具体内容因公司种类、公司经营范围和经营方式的不同而有所区别，包括以下三项内容：（1）绝对必要记载事项，即公司章程中必须记载的事项，缺少其中任何一项或者任何一项记载不合法，将会导致整个章程的无效。（2）相对必要记载事项，即对于法律规定的某些事项，由章程的制定者决定是否记载于公司章程，一旦记载于公司章程即发生法律效力。（3）任意记载事项，即法律虽无明文规定，但制定者经过协商记载于公司章程不违反强行法规定和公序良俗的事项。

公司章程生效后,对公司、全体股东和公司的董事、监事、高级管理人员具有约束力,他们必须按照章程的规定享有权利并承担义务。

(三) 公司资本

1. 公司资本的概念和法律特征

公司资本是指公司成立时由章程所确定的由股东出资构成的财产总额。

股东可以用货币出资,也可以用实物、知识产权、土地使用权等可以用货币估价并可以依法转让的非货币财产作价出资;但是,法律、行政法规规定不得作为出资的财产除外。对作为出资的非货币财产应当评估作价,核实财产,不得高估或者低估作价。法律、行政法规对评估作价有规定的,从其规定。

在实际中,公司资本主要有以下四种形态:(1)注册资本。注册资本是指在公司登记机关登记的全体股东认缴的资本总额。根据我国《公司法》规定,有限责任公司的注册资本为在公司登记机关登记的全体股东认缴的出资额;采取发起设立方式的股份有限公司,其注册资本为在公司登记机关登记的全体发起人认购的股本总额;采取募集设立方式的股份有限公司,其注册资本为在公司登记机关登记的实收股本总额。(2)实收资本。实收资本是指根据公司章程的规定或者股东的约定,股东实际交付的出资额。(3)催缴资本。催缴资本是指股东已经认购但尚未缴纳股款,公司可以随时向股东催缴的那部分资本。(4)认缴资本。又称为发行资本,是指公司实际已向股东发行的资本总额,即股东承诺以货币或非货币方式认购的资本总额。认缴资本可能等于注册资本,也可能小于注册资本,但不可能超过注册资本。

公司资产又称为公司财产,是指公司在其存续期间可供支配的公司全部财产权利的总额,包括股东出资所形成的公司的自有财产和公司在生产经营过程中通过各种途径取得的各种财产。一般而言,公司资产总会大于公司资本,但是公司资产处于不断的变动之中,当公司经营不善导致资不抵债时,公司资产也有可能会小于公司资本。

2. 公司资本的原则

(1) 资本确定原则。资本确定原则是指公司设立时应在公司章程中明确载明公司资本总额,并由发起人认足或者募足。

(2) 资本维持原则。资本维持原则又称为资本充实原则,是指公司在其存续期间,应当保持与其资本额相当的财产。

我国《公司法》关于资本维持原则的规定主要体现在以下九个方面:①股东不得抽逃出资。②公司法定公积金不足以弥补以前年度亏损的,在依照规定提取法定公积金之前,应当先用当年利润弥补亏损。③除法律另有规定外,公司不得成为对所投资企业的债务承担连带责任的投资人。④有限责任的初始股东对现金以外的出资价值负有保证责任。⑤公司分配当年税后利润时,应当提取利润的10%列入公司的法定公积金。⑥无利润不得分配股利。⑦股票发行的价格不得低于其票面的面值。⑧公司原则上不得回购本公司的股票。⑨公司不得接受本公司的股票质物。

(3) 资本不变原则。资本不变原则是指非经法定程序,不得任意增加或者减少公司资本。根据我国公司法的规定，资本不变原则体现在以下三个方面：①公司增加或者减少资本必须经股东会决议通过。②公司增加或者减少资本必须依法申请办理变更登记。③公司减少注册资本时必须编制资产负债表及财产清单。

小练习

甲乙丙三人共同组建一有限责任公司。公司成立后，甲将其20%股权中的5%转让给第三人丁，丁通过受让股权成为公司股东。公司成立2年后，甲乙丁三人发现由丙出资的机器设备的实际价值明显低于公司章程所认缴的数额。下列表述错误的是（　　）。

A. 由丙补交其差额，甲乙丁三人对其承担连带责任
B. 丙应当向甲乙丁承担违约责任
C. 由丙补交其差额，甲、乙对其承担连带责任
D. 丙应当向甲、乙承担违约责任

（四）公司财务会计制度

公司财务会计制度是公司财务制度和会计制度的统称，是指法律法规和公司章程中所确立的一系列公司财务会计规章制度。

公司应当依照法律、行政法规和国务院财政部门的规定建立本公司的财务会计制度。公司除法定的会计账册外，不得另立会计账册。同时，对公司的资产，不得以任何个人名义开立账户储存。公司违反《公司法》规定，在法定的会计账簿以外另立会计账簿的，由县级以上人民政府财政部门责令改正，处5万元以上50万元以下的罚款。

1. 公司的财务会计报告

公司的财务会计报告是反映公司一定期间财务状况和经营成果的总结性文件。根据《公司法》规定，有限责任公司和股份有限公司应当在每一会计年度终了时编制财务会计报告，并依法经会计师事务所审计。公司在依法向有关主管部门提供的财务会计报告等材料上作虚假记载或者隐瞒重要事实的，由有关主管部门对直接负责的主管人员和其他直接负责人员处3万元以上30万元以下的罚款。

有限责任公司应当依照公司章程规定的期限将财务会计报告送交各股东。股份有限公司的财务会计报告应当在召开股东大会年会的20日前置备于本公司供股东查阅；公开发行股票的股份有限公司必须公告其财务会计报告。

2. 公司利润的分配

根据《公司法》的规定，公司应当按照以下顺序进行利润分配：（1）弥补亏损。根据我国企业所得税法规定，纳税人发生年度亏损的，可以用下一年度的所得弥补；下一年度的所得不足以弥补的，可以逐年延续弥补，但是弥补期限最长不得超过5年。（2）缴纳所得税。（3）提取法定公积金。公司分配当年税后利润时，应当提取利润的

10%列入公司法定公积金。公司法定公积金累计额为公司注册资本的50%以上的,可以不再提取。(4)提取任意公积金。公司从税后利润中提取法定公积金后,经股东会或股东大会决议,可以提取任意公积金。(5)向股东分配利润。有限责任公司依照股东出资比例进行分配。股份有限公司依照股东持有的股份比例进行分配,但股份有限公司章程规定不按持股比例分配的除外。

(五) 公司设立

1. 公司设立的概念

公司设立是指公司设立人依照法定的条件和程序,为组建公司并取得法人资格而必须采取和完成的法律行为。

公司设立是公司成立的前提,公司成立是公司设立的目标和结果。公司设立和公司成立具有以下两点区别:(1)公司设立是一种法律行为,公司成立则是设立人取得公司法人资格的一种事实状态或者公司设立行为的法律后果。(2)公司设立阶段,公司尚不具有法人资格,不能以公司法人名义进行法律行为,设立阶段产生的债权债务由设立人承担;公司成立后则取得法人主体资格,能够以自己的名义进行法律行为,产生的债权债务由公司承担。

公司成立后无正当理由超过6个月未开业的或者开业后自行停业连续6个月以上的,可以由公司登记机关吊销其营业执照。

2. 公司设立的方式

公司设立的方式分为发起设立和募集设立。发起设立是指由发起人认购公司应发行的全部股份而设立公司。募集设立是指由发起人认购公司应发行股份的一部分,其余股份向社会公开募集或者向特定对象募集而设立公司。

我国有限责任公司的设立采取发起设立方式,股份有限公司的设立既可以采取发起设立的方式也可以采取募集设立的方式。

3. 公司设立的登记

公司设立应当向工商行政管理机关提出申请,办理登记。

设立公司应当申请名称预先核准。法律、行政法规规定设立公司必须报经批准,或者公司经营范围中属于法律、行政法规规定在登记前须经批准的项目的,应当在报送批准前办理公司名称预先核准,并以公司登记机关核准的公司名称报送批准。

设立有限责任公司,应当由全体股东指定的代表或者共同委托的代理人向公司登记机关申请名称预先核准;设立股份有限公司,应当由全体发起人指定的代表或者共同委托的代理人向公司登记机关申请名称预先核准。申请名称预先核准,应当提交下列文件:(1)有限责任公司的全体股东或者股份有限公司的全体发起人签署的公司名称预先核准申请书。(2)全体股东或者发起人指定代表或者共同委托代理人的证明。(3)国家工商行政管理总局规定要求提交的其他文件。

预先核准的公司名称保留期为6个月。预先核准的公司名称在保留期内,不得用于从事经营活动,不得转让。

（六）公司合并、分立、清算和解散

1. 公司合并

公司合并是指两个或者两个以上的公司依照法律规定结合为一个公司的法律行为。公司合并有吸收合并和新设合并两种类型。

吸收合并是指两个或两个以上的公司合并，其中一个公司吸收其他公司后存续，被吸收的公司解散，可以公式化为 A + B = A/B。

新设合并是指两个或者两个以上的公司合并后设立一个新的公司，原合并各方解散的公司合并，可以公式化为 A + B = C。

公司合并应当由合并各方签订合并协议，并编制资产负债表及财产清单。公司应当自作出合并决议之日起 10 日内通知债权人，并于 30 日内在报纸上公告。债权人自接到通知书之日起 30 日内，未接到通知书的自公告之日起 45 日内，可以要求公司清偿债务或者提供相应的担保。

公司合并后，合并各方的债权、债务由合并后存续的公司或者新设的公司承继。

2. 公司分立

公司分立是指一个公司依照法律规定的条件和程序拆分为两个或者两个以上公司的法律行为。公司分立有派生分立和新设分立两种形式。派生分立是指公司将其一部分或若干部分分出而成立一个或数个新公司，原公司存续的分立形式，可以公式化为 A = A + B。新设分立是指公司以其全部财产分别成立两个或两个以上的新公司，原公司解散的分立形式，可以公式化为 A = B + C。

公司分立后，其财产作相应的分割，并应当编制资产负债表和财产清单。公司应当自作出分立决议之日起 10 日内通知债权人，并于 30 日内在报纸上公告。公司分立前的债务由分立后的公司承担连带责任。但是，公司在分立前与债权人就债务清偿达成的书面协议另有约定的除外。

公司合并或者分立，登记事项发生变更的，应当依法向公司登记机关办理变更登记；公司解散的，应当依法办理注销登记；设立新公司的，应当依法办理设立登记。

小练习

白阳有限公司分立为阳春有限公司和白雪有限公司之后，在对原债权人甲的关系上，下列说法错误的是（　　）。

A. 白阳公司应在作出分立决议之日起 10 日内通知甲
B. 甲在接到分立通知书后 30 日内，可要求白阳公司清偿债务或提供相应的担保
C. 甲可向分立后的阳春公司与白雪公司主张连带清偿责任
D. 白阳公司在分立前可与甲就债务偿还问题签订书面协议

3. 公司解散

公司解散是指已经成立的公司因公司章程或者法律规定的特定事项发生，而使公司的法人资格归于消灭。

根据《公司法》第180条的规定，公司解散的原因主要有以下五种情形：

（1）公司章程规定的营业期限届满或者公司章程规定的其他解散事由出现。公司有上述情形的，可以通过修改公司章程而存续。公司依照规定修改公司章程的，有限责任公司须经持有2/3以上表决权的股东通过，股份有限公司须经出席股东大会会议的股东所持表决权的2/3以上通过。

（2）股东会或者股东大会决议解散。

（3）因公司合并或者分立需要解散。

（4）公司因依法被吊销营业执照、责令关闭或者被撤销而解散。

（5）人民法院依法予以解散。公司经营管理发生严重困难，继续存续会使股东利益受到重大损失，通过其他途径不能解决的，持有公司全部股东表决权10%以上的股东，可以请求人民法院解散公司。

公司解散的法律后果主要体现在三个方面：①因合并或者分立而解散的，其法人资格消灭，其权利义务由存续公司或者新设公司继受，其他原因的解散，公司进入清算阶段，法人资格仍然存在。②公司解散后，其行为能力受到限制，不得开展与清算无关的经营活动。③公司解散后，公司的机关停止行使权利，其与公司的权利义务关系终止，将由清算组对外代表公司。

4. 公司清算

公司清算是指公司解散后，清结公司债权债务，分配公司剩余财产，并向公司登记机关申请注销登记，使公司法人资格归于消灭的法律行为。

根据《公司法》规定，公司因合并或者分立解散时无须进行清算，其他原因导致公司解散的，均须经过清算程序。

在我国，因破产而解散的公司适用破产清算程序，除此之外的其他事由解散后进行清算的，一律按《公司法》规定的程序进行清算。

（1）成立清算组。公司解散后，应当在解散之日起15日内成立清算组。有限责任公司由股东组成清算组，股份有限公司由股东大会确定的人员组成清算组。逾期不成立清算组的，债权人可以申请人民法院指定有关人员组成清算组，人民法院应当受理该申请，并及时指定人员组成清算组。清算组在清算期间行使下列职权：①清理公司财产，分别编制资产负债表和财产清单。②通知、公告债权人。③处理与清算有关的公司未了结的业务。④清缴所欠税款。⑤清理债权、债务。⑥处理公司清偿债务后的剩余财产。⑦代表公司参与民事诉讼活动。

（2）催报债权。清算组应当自成立之日起10日内通知债权人，并于60日内在报纸上公告。债权人应当自接到通知书之日起30日内，未接到通知书的自公告之日起45日内，向清算组申报其债权。债权人申报债权，应当说明债权的有关事项，并提供证明材料。清算组应当对债权进行登记。在申报债权期间，清算组不得对债权人进行清偿。

（3）清理公司财产。清算组负责清理公司财产。清算组在清理财产时，应当编制资产负债表和财产清单，进而制定清算方案，并报股东会、股东大会或者人民法院确认。如果清算组在清理公司财产、编制资产负债表和财产清单后，发现公司财产不足清偿债务的，应当依法向人民法院申请宣告破产。公司经人民法院裁定宣告破产后，清算组应当将清算事务移交给人民法院。

（4）清偿公司债务。公司财产能够清偿公司债务的，清算组应当先拨付清算费用，然后按下列顺序进行清偿：①支付职工工资、社会保险费用和法定补偿金。②缴纳所欠税款。③清偿公司债务。

（5）分配剩余财产。在支付清算费用和清偿公司债务后，清算组应将剩余的公司财产分配给股东。有限责任公司按照出资比例进行分配；股份有限公司按照持有的股份比例进行分配。

（6）清算终结。公司清算结束后，清算组应当制作清算报告，报股东会、股东大会或者人民法院确认，并报公司登记机关申请注销登记，公司法人资格终止。

小练习

因公司章程所规定的营业期限届满，山东蒙玛电子有限公司进入清算程序。关于该公司的清算，下列说法，（　　）是错误的。

A. 在公司逾期不成立清算组时，公司股东可直接申请法院指定组成清算组

B. 公司在清算期间，由清算组代表公司参加诉讼

C. 债权人未在规定期限内申报债权的，则不得补充申报

D. 法院组织清算的，清算方案报法院备案后，清算组即可执行

5. 法律责任

公司在合并、分立减少注册资本或者进行清算时，不依照《公司法》规定通知或者公告债权人的，由公司登记机关责令改正，对公司处以1万元以上10万元以下的罚款。

公司在进行清算时隐匿财产，对资产负债表或者财产清单作虚假记载或者在未清偿债务前分配公司财产的，由公司登记机关责令改正，对公司处以隐匿财产或者未清偿债务前分配公司财产金额5%以上10%以下的罚款；对直接负责的主管人员和其他直接责任人员处以1万元以上10万元以下的罚款。

公司在清算期间展开与清算无关的经营活动的，由公司登记机关予以警告，没收违法所得。

五、公司董事、监事、高级管理人员的任职资格和义务

1. 董事、监事、高级管理人员的任职资格

董事、监事、高级管理人员的任职资格包括积极资格和消极资格。前者是指具备何种条件可以担任董事、监事、经理；后者是指在哪些条件下不得担任董事、监事、高级

管理人员。

根据《公司法》第146条的规定，有下列情形之一的，不得担任公司的董事、监事、高级管理人员：

（1）无民事行为能力或者限制民事行为能力。

（2）因贪污、贿赂、侵占财产、挪用财产或者破坏社会主义市场经济秩序，被判处刑罚，执行期满未逾5年，或者因犯罪被剥夺政治权利，执行期满未逾5年。

（3）担任破产清算的公司、企业的董事或者厂长、经理，对该公司、企业的破产负有个人责任的，自该公司、企业破产清算完结之日起未逾3年。

（4）担任因违法被吊销营业执照、责令关闭的公司、企业的法定代表人，并负有个人责任的，自该公司、企业被吊销营业执照之日起未逾3年。

（5）个人所负数额较大的债务到期未清偿。

公司违反上述规定选举、委派董事、监事或者聘任高级管理人员的，该选举、委派或者聘任无效。董事、监事、高级管理人员在任职期间丧失民事行为能力的，公司应当解除其职务。

2. 董事、监事、高级管理人员的义务

（1）忠实义务和勤勉义务。

（2）不得利用职权收受贿赂或者其他非法收入，不得侵占公司的财产。

（3）不得挪用公司资金。

（4）不得将公司资金以其个人名义或者以其他个人名义开立账户存储。

（5）不得违反公司章程的规定，未经股东会、股东大会或者董事会同意，将公司资金借贷给他人或者以公司财产为他人提供担保。

（6）除公司章程规定或者股东会、股东大会同意外，不得与本公司订立合同或者进行交易。

（7）不得接受他人与公司交易的佣金归为己有。

（8）不得擅自披露公司秘密。

董事、高级管理人员违反上述第3项到第8项规定所得的收入应当归公司所有。董事、监事、高级管理人员执行公司职务时违反法律、行政法规或者公司章程的规定，给公司造成损失的，应当承担赔偿责任。

小练习

某股份有限公司计划招聘1名新董事参与本公司经营活动，以下4人成为候选人，不具备不得担任高管人员任职资格禁止条件的候选人是（　　）。

A. 经营能力一流，口才尤佳，但因酷爱行为艺术曾在夜半裸奔遭人非议的赵某

B. 曾担任一家长期经营不善的洗浴中心董事，到任后仅一个上午该公司即破产的钱某

C. 曾因强奸罪被判刑10年，现已释放3年，靠在街头卖烤白薯为生的孙某

D. 现任某市医院当妇科大夫的李某

第二节

有限责任公司

【案例导读】

宋余祥诉上海万禹国际贸易有限公司等公司决议效力确认纠纷案

上海万禹国际贸易有限公司（以下简称为上海万禹公司）于2009年3月11日成立，注册资本为人民币100万元，宋余祥与高标股权比例分别为60%和40%。2012年9月，上海万禹公司增资9,900万元，由杭州豪旭公司认缴上述增资，根据验资报告，截至2012年9月14日，上海万禹公司已收到杭州豪旭公司缴纳的9,900万元。增资后，各股东股权比例为杭州豪旭公司99%、宋余祥0.6%、高标0.4%。后宋余祥发现，2012年9月14日，杭州豪旭公司通过六家案外公司——上海京地建材有限公司、上海津行投资管理有限公司、上海齐脉实业有限公司、上海圣英投资有限公司、上海久岑建设工程有限公司、上海子月实业有限公司将9,900万元资金汇入杭州豪旭公司在上海新开设的中国银行账户。同日，杭州豪旭公司再将上述9,900万元汇入上海万禹公司的验资账户。9月17日，杭州豪旭的相关工作人员和上述垫资公司的人员利用网银把验资账户中的9,900万元再汇入杭州燕拓进出口贸易有限公司（以下简称"杭州燕拓公司"）和宁波海曙风动贸易有限公司（以下简称"宁波海曙公司"）的中国银行账户中，金额分别为4,900万元及5,000万元。上述两笔款项再于同日分别汇回六家垫资公司中的两家——上海京地建材有限公司、上海子月实业有限公司的账户。上述汇款操作所需的网银密码事先就掌握在垫资公司的手中。宋余祥发觉杭州豪旭公司抽逃资金的行为后，多次要求其补足出资。上海万禹公司亦于2013年12月27日向杭州豪旭公司发送了《催告返还抽逃出资函》，要求杭州豪旭公司补足抽逃出资，否则将解除其股东资格。

2014年3月25日，宋余祥作为上海万禹公司的执行董事，依法召集上海万禹公司2014年度临时股东会会议，宋余祥、高标及杭州豪旭公司委托代理人参加会议。宋余祥、高标认为杭州豪旭公司的行为已构成抽逃出资，经上海万禹公司催告后拒不返还。故上海万禹公司作出股东会决议，解除杭州豪旭公司股东资格。以上事项表决结果：同意的，占总股数1%；不同意的，占总股数99%。宋余祥、高标在该股东会决议尾部签字。豪旭公司代理人拒绝签字。2014年4月7日，万禹公司再次向豪旭公司发函，通知其股东资格已被解除。

由于豪旭公司对上述股东会决议不认可，故宋余祥作为万禹公司股东，诉至上海市黄浦区人民法院，请求确认万禹公司2014年3月25日股东会决议有效。

上海市黄浦区人民法院依据《公司法》第42条之规定，驳回宋余祥的诉讼请求。宋余祥、万禹公司不服一审判决，均向上海市第二中级人民法院提起上诉。

诉讼中，双方争议焦点集中于以下两点，一是豪旭公司在入股万禹公司9,900万元后是否存在抽逃出资的情形；二是应否排除豪旭公司在系争股东会决议审议中的表决权。

上海市第二中级人民法院经审理后认为，《公司法司法解释（三）》第17条中规定的股东除名权是公司为消除不履行义务的股东对公司和其他股东所产生不利影响而享有的一种法定权能，是不以征求被除名股东的意思为前提和基础的。在特定情形下，股东除名决议作出时，会涉及被除名股东可能操纵表决权的情形。故当某一股东与股东会讨论的决议事项有特别利害关系时，该股东不得就其持有的股权行使表决权。

本案中，豪旭公司是持有万禹公司99%股权的大股东，万禹公司召开系争股东会会议前通知了豪旭公司参加会议，并由其委托的代理人在会议上进行了申辩和提出反对意见，已尽到了对拟被除名股东权利的保护。但豪旭公司在系争决议表决时，其所持股权对应的表决权应被排除在外。本案系争除名决议已获除豪旭公司以外的其他股东一致表决同意系争决议内容，即以100%表决权同意并通过，故万禹公司2014年3月25日作出的股东会决议应属有效。故上海市第二中级人民院作出改判，万禹公司2014年3月25日作出的股东会决议有效。

【分析提示】

有限责任公司股东未按章程约定履行出资义务或抽逃全部出资，经催告后在合理期限内仍未缴纳或返还出资的，公司可以以股东会决议解除该股东的股东资格。对于该股东除名决议，该未出资股东不具有表决权，即便该股东系控股股东。

《公司法司法解释（三）》第17条中规定的股东除名权是公司为消除不履行义务的股东对公司和其他股东所产生不利影响而享有的一种法定权

能，是不以征求被除名股东的意思为前提和基础的。在特定情形下，股东除名决议作出时，会涉及被除名股东可能操纵表决权的情形。故当某一股东与股东会讨论的决议事项有特别利害关系时，该股东不得就其持有的股权行使表决权。

资料来源：（2014）沪二中民四（商）终字第1261号民事判决书。

一、有限责任公司的概念和法律特征

有限责任公司是指股东以其所认缴的出资额为限对公司承担责任，公司以其全部资产对公司债务承担责任的企业法人。

有限责任公司具有以下法律特征：

1. 股东人数有最高数额限制

根据《公司法》第24条的规定，有限责任公司的股东人数不能超过50人。

2. 股东以其认缴的出资额为限对公司承担有限责任

一般情况下，股东其认缴的出资额对公司承担有限责任，但是，公司股东滥用公司法人独立地位和股东有限责任逃避债务，严重损害公司债权人利益的，应当对公司债务承担连带责任。

小练习

山东华宏果农有限公司的控股股东张飞拖欠银行巨额贷款，不但不积极经营还贷，反而继续以公司的名义向银行借款供自己挥霍。当银行起诉后，张飞以公司属于有限责任公司为由请求法院宣告公司破产。下面说法正确的是（　　）。

A. 张飞存在违法挪用公司资金的行为
B. 可以依法由人民法院否认山东华宏果农有限公司的人格
C. 张飞和山东华宏果农有限公司承担连带责任
D. 张飞应当向华宏果农有限公司承担赔偿责任

3. 股东对外转让出资受到严格限制

有限责任公司的股东之间可以相互转让其全部或者部分股权。股东向股东以外的人转让股权，应当经其他股东过半数同意。股东应就其股权转让事项书面通知其他股东征求同意，其他股东自接到书面通知之日起满30日未答复的，视为同意转让。其他股东半数以上不同意转让的，不同意的股东应当购买该转让的股权；不购买的，视为同意转让。

二、有限责任公司的设立

(一) 有限责任公司设立的条件

根据《公司法》第23条的规定，设立有限责任公司，应当具备下列条件：

1. 股东符合法定人数

通常情况下，有限责任公司法定股东人数须是50人以下。但是，特殊情况下，国家授权投资的机构或者国家授权的部门可以单独设立国有独资的有限责任公司。

2. 有符合公司章程规定的全体股东认缴的出资额

设立有限责任公司没有最高数额的限制，一元人民币也可以设立有限责任公司，有限责任公司注册资本实行认缴制。有限责任公司的注册资本为在公司登记机关登记的全体股东认缴的出资额。有限责任公司成立后，发现作为设立公司出资的非货币财产的实际价额显著低于公司章程所定价额的，应当由交付该出资的股东补足其差额；公司设立时的其他股东承担连带责任。

3. 股东共同制定公司章程

设立有限责任公司必须由股东共同依法制定公司章程。股东应当在公司章程上签名、盖章。公司章程对公司、股东、董事、监事、高级管理人员具有约束力。

有限责任公司的章程应当载明下列事项：(1) 公司名称和住所。(2) 公司经营范围。(3) 公司注册资本。(4) 股东的姓名或者名称。(5) 股东的出资方式、出资额和出资的时间。(6) 公司的机构及其产生办法、职权、议事规则。(7) 公司法定代表人。(8) 股东会会议认为需要规定的其他事项。

4. 有公司名称，建立符合有限责任公司要求的组织机构

设立有限责任公司必须在名称中标明"有限责任公司"字样。经公司登记机关核准登记的公司名称受法律保护。公司应根据《公司法》的要求成立股东会、董事会或者执行董事、监事会或者监事等组织机构，确定董事长、董事、监事、经理的人选。

5. 有公司住所

公司住所是公司章程的必要记载事项之一，是公司设立登记的必备条件。

小练习

甲乙丙丁四人拟设立一家有限责任公司。关于该公司的注册资本与出资，下列表述正确的有(　　)。

A. 公司注册资本可以登记为1元人民币
B. 公司章程应载明其注册资本
C. 公司营业执照不必载明其注册资本
D. 公司章程可以要求股东出资必须经过验资机构验资

（二）有限责任公司设立的程序

相对于股份有限公司，有限责任公司的设立程序较为简便，其与股份有限公司在设立方面的最大区别是只能发起设立。设立有限责任公司的一般程序如下：

（1）订立发起人协议。发起人协议是各发起人为设立公司、明确相互权利义务的书面文件。发起人协议对协议各方都有约束力。在公司未成立前，发起人对设立费用和设立债务承担连带责任。有限责任公司的发起人由公司的股东充任，发起人应当签订发起人协议，以明确各自的权利、义务，并对拟设立公司的基本情况作出意向性规定。

（2）制定公司章程。

（3）依法报经行政审批。并不是所有有限责任公司的设立都需要经过政府主管部门的行政批准。一般的有限责任公司可以直接向公司登记机关申请设立登记而不必经过行政审批程序。在公司设立登记前，需要办理行政审批的有限责任公司主要有两类：①法律、行政法规对设立公司规定必须报经审批的公司，如设立经营保险业务的有限责任公司就必须在设立登记前取得金融主管机关的批准。②公司营业项目中有必须依法报经审批的公司，如设立咨询服务的有限责任公司，其中的经营范围拟包括法律服务业务，那么就必须在设立登记前报经有关司法行政管理机关的批准。

（4）确立公司组织机构。

（5）申请设立登记。股东认足公司章程规定的出资后，由全体股东指定的代表或者共同委托的代理人向公司登记机关报送公司登记申请书、公司章程等文件，申请设立登记。

在我国，公司登记机关是工商行政管理部门。公司登记机关对符合《公司法》规定条件的，予以登记，发给公司营业执照；对不符合《公司法》规定条件的，不予登记。公司营业执照的签发日期为有限责任公司的成立日期。

（6）签发出资证明书。出资证明书是证明股东已缴纳出资的文件，由公司在成立后签发。出资证明书必须由公司盖章。出资证明书应当载明下列事项：①公司名称；②公司成立日期；③公司注册资本；④股东的姓名或者名称、缴纳的出资额和出资日期；⑤出资证明书的编号和核发日期。

三、有限责任公司的股东

（一）有限责任公司的股东的概念

有限责任公司的股东就是有限责任公司的出资人。在公司获准成立之后，出资人就成为公司的股东。在我国，除国家有禁止或者限制的特别规定外，公民、法人、国家和外国投资者都可以成为有限责任公司的股东。但是，当国家成为股东时，应通过国家授权投资的部门或者机构进行。

有限责任公司成立后，应当置备股东名册。股东名册应当记载下列事项：（1）股东的姓名或者名称及住所；（2）股东的出资额；（3）出资证明书编号。

记载于股东名册的股东可以依股东名册主张行使股东权利。

公司应当将股东的姓名或者名称向公司登记机关登记；登记事项发生变更的，应当办理变更登记。未经登记或者变更登记的，不得对抗第三人。注意此处的第三人，不是特指善意第三人，而是指所有第三人。

小练习

关于有限责任公司股东名册制度，下列表述（　　）是正确的。
A. 公司负有置备股东名册的法定义务
B. 股东名册须提交于公司登记机关
C. 股东可依据股东名册的记载，向公司主张行使股东权利
D. 就股东事项，股东名册记载与公司登记之间不一致时，以公司登记为准

（二）有限责任公司的股东的权利和义务

1. 有限责任公司的股东的权利

（1）有权参加或者推选代表参加股东会，并按出资比例享有表决权。

（2）有权选举和被选举为董事会成员、监事会成员。

（3）有权查阅、复制公司章程、股东会会议记录、董事会会议决议、监事会会议决议和财务会计报告。股东可以要求查阅公司会计账簿。股东要求查阅公司会计账簿的，应当向公司提出书面请求，说明目的。公司有合理根据认为股东查阅会计账簿有不正当目的，可能损害公司合法利益的，可以拒绝提供查阅，并应当自股东提出书面请求之日起15日内书面答复股东并说明理由。公司拒绝提供查阅的，股东可以请求人民法院要求公司提供查阅。

（4）有权依法转让股权。

（5）有权优先购买其他股东向非股东转让的股权。经股东同意转让的股权，在同等条件下，其他股东有优先购买权。两个以上股东主张行使优先购买权的，协商确定各自的购买比例；协商不成的，按照转让时各自的出资比例行使优先购买权。

（6）有权按照实缴的出资比例分取红利。

（7）公司新增资本时，股东有权优先按照实缴的出资比例认缴出资。但是，全体股东约定不按照出资比例分取红利或者不按照出资比例优先认缴出资的除外。

（8）有权分取公司终止后的剩余财产。

（9）公司章程规定的其他权利。

2. 有限责任公司股东的义务

（1）不得抽逃出资的义务。公司成立后，股东不得抽逃出资。股东抽逃其出资的，由公司登记机关责令改正，处以所抽逃出资金额5%以上15%以下的罚款。

根据最高人民法院关于适用《中华人民共和国公司法》若干问题的规定（三）的第12条的规定，公司成立后，相关股东的行为符合下列情形之一且损害公司权益的，

第二章 公　司　法　　　　　　　　　　37

属于抽逃出资：①将出资款项转入公司账户验资后又转出。②通过虚构债权债务关系将其出资转出。③制作虚假财务会计报表虚增利润进行分配。④利用关联交易将出资转出。⑤其他未经法定程序将出资抽回的行为。

（2）公司章程规定的其他义务。

小练习

张三、李四、王五成立广西天问投资咨询有限公司，张三、李四各以现金50万元出资，王五以价值20万元的办公设备出资。张三任公司董事长，李四任公司总经理。公司成立后，下列构成抽逃出资行为的情形有（　　）。

A. 张三与自己所代表的公司签订一份虚假购货合同，以支付货款的名义，由广西天问投资咨询有限公司支付给自己50万元

B. 李四以公司总经理身份，与自己所控制的另一公司签订设备购置合同，将15万元的设备款虚报成65万元，并已由广西天问投资咨询有限公司实际转账支付

C. 王五擅自将广西天问投资咨询有限公司若干贵重设备拿回家

D. 3人决议制作虚假财务会计报表虚增利润，并进行分配

四、有限责任公司的股权转让

（一）有限责任公司的内部股权转让

公司内部股权转让就是股东之间进行股份转让。《公司法》第71条第1款规定，"有限责任公司的股东之间可以相互转让其全部或者部分股权"，即股东之间可以自由地相互转让其全部或者部分出资，不需要股东会表决通过，也没有任何其他限制。

（二）有限责任公司的外部股权转让

股东向股东以外的人转让股权，应当经其他股东过半数同意，股东应就其股权转让事项书面通知其他股东征求同意，其他股东在接到书面通知之日起满30日未答复的，视为同意转让，其他股东半数以上不同意转让的，不同意的股东应当购买该转让的股权；不购买的，视为同意转让。

经股东同意转让的股权，在同等条件下，其他股东有优先购买权。两个以上股东主张行使优先购买权的，协商确定各自的购买比例；协商不成的，按照转让时各自的出资比例行使优先购买权。

公司章程对股权转让另有规定的，从其规定。公司章程可以对股权转让做出其他或严或松的规定。公司章程可以规定股东对外转让股权时其他股东没有优先购买权或享有优先购买权的具体条件、程序等等；章程可以规定股东对外转让股权的其他条件，比如经过其他股东一致同意，其他股东四分之一以上同意等等。

(三) 股权的强制转让

股权的强制转让是指人民法院依据债权人的申请,在强制执行生效的法律文书时,以拍卖、变卖或其他方式转让有限责任公司股东的股权。《公司法》第 72 条规定:"人民法院依照法律规定的强制执行程序转让股东的股权时,应当通知公司及全体股东,其他股东在同等条件下有优先购买权。"

(四) 异议股东行使回购请求权引起的股权转让

根据《公司法》第 74 条的规定,异议股东行使回购请求权应当符合下列情形之一:(1) 公司连续 5 年不向股东分配利润,而公司该 5 年连续盈利,并且符合公司法规定的分配利润条件的。(2) 公司合并、分立或者转让其主要财产的。(3) 公司章程规定的营业期限届满或者章程规定的其他解散事由出现股东会会议通过决议修改章程使公司存续的。

自股东会会议决议通过之日起 60 日内,股东与公司不能达成股权收购协议的,股东可以自股东会会议决议通过之日起 90 日内向人民法院提起诉讼。

(五) 股东资格的继承取得引起的股权法定转让

《公司法》第 75 条规定,自然人股东死亡后,其合法继承人可以继承股东资格;但是,公司章程另有规定的除外。自然人股东死亡后,其合法继承人可以继承股东资格。但是,公司章程另有规定的除外。如果公司章程没有相反规定,则当自然人股东死亡时,其合法继承人愿意取得股东资格的,其他股东应当允许。如果继承人不愿意取得股东资格,则应通过协商或者评估确定该股东的股权价格,由其他股东受让该股权或由公司收购该股权,继承人取得股权转让款。如果该股东有数个继承人,且都愿意继承股东资格,则由该数个继承人通过协商确定各自继承股权的份额。

五、有限责任公司的组织机构

有限责任公司的组织机构是依法行使公司决策、执行和监督权的机构的总称。有限责任公司的组织机构主要包括股东会、董事会或者执行董事、监事会或者监事。股东会是公司的权力机构,董事会或者执行董事是股东会的执行机构,监事会或者监事是公司的监督机构。

(一) 有限责任公司的股东会

1. 有限责任公司的股东会的职权

有限责任公司的股东会由全体股东组成,是公司的权力机构和最高决策机关。它有权对公司的重大事项作出决议。

根据《公司法》第 37 条的规定,有限责任公司股东会可以行使下列职权:(1) 决定公司的经营方针和投资计划。(2) 选举和更换非由职工代表担任的董事、监事,决定有关董事、监事的报酬事项。(3) 审议批准董事会的报告。(4) 审议批准监事会或者监事的报告。(5) 审议批准公司的年度财务预算方案、决算方案。(6) 审议批准公司的利润分配方案和弥补亏损方案。(7) 对公司增加或者减少注册资本作出决议。(8) 对发行公司债券作出决议。(9) 对公司合并、分立、解散、清算或者变更公司形式作出决议。(10) 修改公司章程及公司章程规定的其他职权。

2. 有限责任公司的股东会会议的召集

有限责任公司的股东会会议分为定期会议和临时会议。定期会议是指按照公司章程的规定按时召开的会议。临时会议是指在公司章程规定的会议时间以外召开的会议。代表公司十分之一以上表决权的股东、三分之一以上的董事、监事会或者不设监事会的公司的监事，可以提议召开临时会议。召开股东会会议，应当于会议召开15日前通知全体股东。股东会应当对所议事项的决定作成会议记录，出席会议的股东应当在会议记录上签名。

股东会的首次会议由出资最多的股东召集和主持。以后的股东会会议，设立董事会的，由董事会召集，董事长主持，董事长因特殊原因不能履行职务时，由董事长指定的副董事长或者其他董事主持。

3. 有限责任公司的股东会的议事方式和表决

股东会对公司的重大问题作出决议，需由股东按照出资比例行使表决权进行表决。有限责任公司股东会的议事方式和表决程序，除《公司法》有规定的以外，由公司章程规定。根据《公司法》第43条的规定，股东会会议作出修改公司章程、增加或者减少注册资本的决议以及公司合并、分立、解散或者变更公司形式的决议，必须经代表三分之二以上表决权的股东通过。

(二) 有限责任公司的董事会

1. 有限责任公司的董事会的职权

有限责任公司的董事会是公司股东会的执行机构，它是由股东选举产生的，对内执行公司业务，对外代表公司的常设性机构。

董事会由3~13人组成。两个以上的国有企业或者其他两个以上的国有投资主体投资设立的有限责任公司，其董事会成员中应当有公司职工代表。董事会中的职工代表由公司职工民主选举产生。董事会设董事长1人，可以设副董事长。董事长、副董事长的产生办法由公司章程规定。

根据《公司法》第46条的规定，董事会对股东会负责，并行使下列职权：(1) 召集股东会会议，并向股东会报告工作。(2) 执行股东会的决议。(3) 决定公司的经营计划和投资方案。(4) 制订公司的年度财务预算方案、决算方案。(5) 制订公司的利润分配方案和弥补亏损方案。(6) 制订公司增加或者减少注册资本以及发行公司债券的方案。(7) 制订公司合并、分立、变更公司形式、解散的方案。(8) 决定公司内部管理机构的设置。(9) 决定聘任或者解聘公司经理及其报酬事项，并根据经理的提名决定聘任或者解聘公司副经理、财务负责人及其报酬事项。(10) 制定公司的基本管理制度及公司章程规定的其他职权。

2. 有限责任公司的董事会会议的召集

有限责任公司的董事会会议由董事长召集和主持。董事长不能履行职务或不履行职务的，由副董事长召集和主持。副董事长不能履行职务或不履行职务的，由半数以上董事共同推举1名董事召集和主持。董事会应当对所议事项的决定作成会议记录，出席会议的董事应当在会议记录上签名。董事会决议的表决实行一人一票。

3. 有限责任公司的董事会的议事方式和表决

有限责任公司的董事会的议事方式和表决程序，除《公司法》有规定的外，由公司章程规定。董事会应当对所议事项的决定作成会议记录，出席会议的董事应当在会议记录上签名。董事会决议的表决，实行一人一票。

4. 有限责任公司董事的任期

股东人数较少、规模较小的有限责任公司可以不设董事会，只设1名执行董事。执行董事可以兼任公司经理，执行董事为公司的法定代表人。

董事任期由公司章程规定，但每届任期不得超过3年。董事任期届满，连选可以连任。董事任期届满未及时改选，或者董事在任期内辞职导致董事会成员低于法定人数的，在改选出的董事就任前，原董事仍应当依照法律、行政法规和公司章程的规定，履行董事职务。

(三) 有限责任公司的经理

有限责任公司的经理又称为总经理，是有限责任公司负责并控制公司及其分支机构各生产部门或其他业务单位的高级职员。经理是董事会的执行机构，可以列席董事会会议。经理对公司事务进行具体管理，并能全权代表公司从事交易活动。经理由董事会决定聘任或者解聘。

经理对董事会负责，行使下列职权：（1）主持公司的生产经营管理工作，组织实施董事会决议。（2）组织实施公司年度经营计划和投资方案。（3）拟订公司内部管理机构设置方案。（4）拟订公司的基本管理制度。（5）制定公司的具体规章。（6）提请聘任或者解聘公司副经理、财务负责人。（7）决定聘任或者解聘除应由董事会决定聘任或者解聘以外的负责管理人员。（8）董事会授予的其他职权。公司章程对经理职权另有规定的，从其规定。

(四) 有限责任公司的监事会

1. 有限责任公司监事会的设立和职权

有限责任公司监事会是公司经营活动的内部监督机构。《公司法》第51条规定，有限责任公司设立监事会，其成员不得少于3人。股东人数较少和规模较小的有限责任公司可以只设1~2名监事。监事会应在其组成人员中推选1名召集人。监事会由股东代表和适当比例的公司职工代表组成，其中职工代表的比例不得低于三分之一，具体比例由公司章程规定。监事会中的职工代表由公司职工通过职工代表大会、职工大会或者其他形式民主选举产生。监事会设主席 1 人,由全体监事过半数选举产生。监事会主席召集和主持监事会会议;监事会主席不能履行职务或者不履行职务的,由半数以上监事共同推举 1 名监事召集和主持监事会会议。董事、高级管理人员不得兼任监事。

依据《公司法》第 53 条的规定,监事会行使下列职权:(1)检查公司财务。(2)对董事、高级管理人员执行公司职务的行为进行监督,对违反法律、行政法规、公司章程或者股东会决议的董事、高级管理人员提出罢免的建议。(3)当董事、高级管理人员的行为损害公司的利益时,要求董事、高级管理人员予以纠正。(4)提议召开临时股东会会议,在董事会不履行本法规定的召集和主持股东会会议职责时召集和主持股东会会议。(5)向股东会会议提出提案。(6)根据《公司法》第 152 条的规定,对董事、高级管理人员提起诉讼。(7)公司章程规定的其他职权。

2. 监事的任期

监事的任期每届为 3 年。监事任期届满,连选可以连任。监事任期届满未及时改选,或者监事在任期内辞职导致监事会成员低于法定人数的,在改选出的监事就任前,原监事仍应当依照法律、行政法规和公司章程的规定,履行监事职务。

3. 监事会会议

监事会每年度至少召开 1 次会议,监事可以提议召开临时监事会会议。监事会的议事方式和表决程序,除公司法有规定的外,由公司章程规定。监事会决议应当经半数以上监事通过。

监事会应当对所议事项的决定作成会议记录,出席会议的监事应当在会议记录上签名。

第三节

一人有限责任公司和国有独资公司

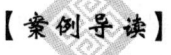

一人公司不能因增资转变为普通有限责任公司

2007 年 5 月 8 日,上海市工商局金山分局颁发企业法人营业执照,确认上海洁丽邦涂装有限责任公司(下称洁丽邦公司)成立,公司为一人有限责任公司,法定代表人为黄文奇,注册资本为 50 万元。2007 年 7 月 21 日,黄文奇、潘奇雄与王木森、鲍建国、李建敏订立协议书,约定"五人共同出资设立原洁丽邦公司,出资额为 480 万元,其中货币出资 430 万元,技术投资相当于 50 万元,王木森、鲍建国、李建敏各出资 80 万元,注册资本将以各股东货币出资额的

40%，计172万元申请注册登记"。协议书还对公司的经营期限、利润分配、股权转让、股东权利义务以及解散清算等事宜进行了约定。

随后，王木森、鲍建国、李建敏等3人分别向洁丽邦公司缴纳了现金32万元。然而，当初5人之间签订的协议书未向工商部门登记备案，工商部门也没有对该公司的性质与注册资本等事项进行变更登记。

2007年10月8日，洁丽邦公司向上海市金山区人民法院提起诉讼，称王木森、鲍建国、李建敏等3人在未征得其他股东同意的情况下，擅自将公司账户内的81万元资金转出，给公司造成严重的经济损失。洁丽邦公司要求确认上述3人为公司的股东。

2007年12月25日，上海市金山区法院对此案作出一审判决，驳回原告诉讼请求。

资料来源：张哲、王永亮：沪法院判决：一人公司不能转成普通有限责任公司，法制日报，2008-02-03。

【分析提示】

上海市金山区法院驳回原告诉讼请求是正确的。黄文奇、潘奇雄与三被告虽然订立了投资协议，但该协议未得到工商部门的确认，更未进行相应的变更登记，洁丽邦公司的性质仍为一人有限责任公司。洁丽邦公司要求确认王木森、鲍建国、李建敏的股东身份，因该公司性质未发生变化，三被告也未经工商登记为股东，投资协议仅仅是一种合同关系，不直接发生股东身份的实质变化。

一、一人有限责任公司

一人有限责任公司是指只有一个自然人股东或者一个法人股东的有限责任公司。我国允许设立一人有限责任公司有利于社会经济的进一步发展。同时，为了保护交易相对人的利益，降低交易风险，法律对一人有限责任公司的管理作了特别的规定。

1. 投资人的限制

一个自然人只能投资设立一个一人有限责任公司，该一人有限责任公司不能投资设立新的一人有限责任公司。

一人有限责任公司应当在公司登记中注明自然人独资或者法人独资，并在公司营业执照中载明。一人有限责任公司章程由股东制定。

2. 公司章程与组织机构的特殊性

一人有限责任公司的章程由股东制定，它不设股东会，法律规定的股东会职权由股东行使，当股东行使相应职权作出决定时，应当采用书面形式，并由股东签字后置备于公司。

3. 公司财务的特别规定

一人有限责任公司应当在每一会计年度终了时编制财务会计报告，并经会计师事务所审计。

4. 公司人格否认制度

一人有限责任公司的股东不能证明公司财产独立于股东自己的财产的，应当对公司债务承担连带责任。

小练习

刘备以个人独资企业的形式设立"银南"肉制品加工厂。2011年5月，刘备为减少"瘦肉精事件"带来的风险，打算将加工厂改换成一人有限责任公司。刘备违反公司法规定的做法有（　　）。

A. 因原投资人和现股东均为刘备，故加工厂不必进行清算即可变更登记为一人有限责任公司

B. 新成立的一人有限责任公司仍可继续使用原商号"银南"

C. 刘备为设立一人有限责任公司，须一次足额缴纳其全部出资额

D. 如刘备未将一人有限公司的财产独立于自己的财产，则应对公司债务承担连带责任

二、国有独资公司

（一）国有独资公司的概念

国有独资公司是指国家单独出资、由国务院或者地方人民政府委托本级人民政府国有资产监督管理机构履行出资人职责的有限责任公司。

（二）国有独资公司的组织机构

国有独资公司不设股东会，由国有资产监督管理机构行使股东会职权。国有资产监督管理机构可以授权公司董事会行使股东会的部分职权，决定公司的重大事项，但公司的合并、分立、解散、增减注册资本和发行公司债券，必须由国有资产监督管理机构决定；其中，国务院有关规定确定的重要国有独资公司的合并、分立、解散、申请破产，应当由国有资产监督管理机构审核后，报本级人民政府批准。

国有独资公司设立董事会，依照法律规定的有限责任公司董事会的职权和国有资产监督管理机构的授权行使职权。董事每届任期不得超过3年。董事会成员中应当有公司职工代表。董事会成员由国有资产监督管理机构委派；但是，董事会成员中的职工代表由公司职工代表大会选举产生。董事会设董事长1人，可以设副董事长。董事长、副董事长由国有资产监督管理机构从董事会成员中指定。

国有独资公司设经理，由董事会聘任或者解聘。国有独资公司经理的职权与普通有限责任公司相同。经国有资产监督管理机构同意，董事会成员可以兼任经理。

国有独资公司的董事长、副董事长、董事、高级管理人员，未经国有资产监督管理机构同意，不得在其他有限责任公司、股份有限公司或者其他经济组织兼职。

国有独资公司监事会成员不得少于5人，其中职工代表的比例不得低于三分之一，具体比例由公司章程规定。监事会成员由国有资产监督管理机构委派；但是，监事会中的职工代表由公司职工代表大会选举产生。监事会主席由国有资产监督管理机构从监事会成员中指定。国有独资公司监事会的职权范围小于普通有限责任公司的监事会，包括检查公司财务；对董事、高级管理人员执行公司职务的行为进行监督，对违反法律、行政法规、公司章程或者股东会决议的董事、高级管理人员提出罢免的建议；当董事、高级管理人员的行为损害公司的利益时，要求董事、高级管理人员予以纠正以及国务院规定的其他职权。

小练习

根据我国《公司法》的规定，国有独资公司的设立和组织机构适用特别规定，没有特别规定的，适用有限责任公司的相关规定。下列选项中不符合国有独资公司的特别规定的有（　　）。

A．国有独资公司的章程可由董事会制定并报国有资产监督管理机构批准
B．国有独资公司合并事项由董事会会议决定
C．董事会成员中可以有公司职工代表
D．监事会主席由全体监事过半数选举产生

第四节

股份有限公司

【案例导读】

股东会决议无权为股东增设竞业禁止义务

甲为浙江某股份公司（以下简称公司）的股东，持有公司3.4%的135万股股份，依法按期足额缴纳了认缴出资，未在公司任职。2012年1月18日，公司将各股东发出召开股东大会的通知，就公司章程增加对公司股东、高管及核心管理人员的竞业约定条款的议案进

行表决。甲于2012年2月3日与乙签订《股份转让合同》,将其持有的股份全部转让给乙,并向公司董事会提交《关于提请审议〈股份转让协议〉的临时议案》。2012年2月18日,公司以88.11%同意的多数决的方式通过《股东大会决议》,该决议第一条第2款规定:"公司股东或管理层在公司持股或任职期间,以及在股权转让之日起两年内部的自身、亲属、委托他人经营与公司有竞争的业务。股东若违反上述规定的,其所持股份一律无条件按原始出资全额由公司收回或委托大股东收回,专项用于对公司有重大贡献员工的股权激励。"并据此修改公司章程,但并未对甲提出的临时议案进行审议、表决。甲出席股东大会,但在该决议上投反对票。其认为,《股东大会决议》该条规定违反我国法律法规的有关规定,应属无效。2012年4月,甲以《股东会决议》程序违法及内容违法为由,向法院起诉公司,要求确认《股东会决议》该条规定对其不发生法律效力。

一审法院认为:甲为公司股东且无具体职务,其仅以出资为限对公司承担责任,《股东大会决议》第一条第2款规定违背了原告的意愿,为原告及他人设定竞业禁止义务,于法无据,应当认定该条款对原告不具有法律约束力。故一审法院依法作出判决:确认《股东大会决议》第一条第2款对甲不具有法律约束力。一审判决后,双方均未上诉。

资料来源:黄亮:股东会决议无权为股东增设竞业禁止义务——浙江某公司决议纠纷案评析,110法律咨询网,2012-09-05。

【分析提示】

被告在召开股东大会决议时未按我国《公司法》和公司章程规定的程序通知甲,也未依法对甲所提出的临时议案进行审议,该股东大会的召集程序、表决方式应属违法,应当依法予以撤销。我国《公司法》仅在第一百四十九条第一款第(五)项规定了董事、高级管理人员的竞业禁止义务,而作为公司股东却依法可经营同类业务,股东并无法定的竞业禁止义务。《股东大会决议》的内容超越了公司股东会的职权和法定的议事范围,其无权对股东及其亲属和第三人设定任何义务,且其据此要求包括甲在内的股东承担民事责任违反我国法律规定,该决议应属无效;《股东大会决议》的内容侵犯了包括甲在内的公司股东及其亲属、公司原股东及其亲属以及第三人的劳动就业权、股份所有权等权利,非法增设了股东及其亲属、甚至与公司无关的第三人的竞业禁止等义务,其内容违反我国法律法规的有关规定,应属无效。

一、股份有限公司的概念和法律特征

股份有限公司是指全部资本划分为等额股份，股东以其所持有的股份为限对公司承担责任，公司以其全部资产对公司的债务承担责任的公司。

股份有限公司具有如下法律特征：

1. 股东人数的广泛性

股份有限公司成立时的发起人应为2人以上200人以下，其中半数以上在中国境内有住所。

2. 公司的全部资本分为等额股份

股份有限公司与有限责任公司最大的区别就是股份有限公司的全部资本分为等额股份。

3. 股东负有限责任

股东以其所持有的股份为限对公司承担有限的责任。

小练习

下列关于股份有限公司设立的表述中，符合《公司法》规定的表述有（   ）。
A. 股份有限公司的发起人最多为200人
B. 发起人之间的关系性质属于合伙关系
C. 采取募集方式设立时，发起人不能分期缴纳出资
D. 发起人之间的纠纷解决应当同时适用《合同法》和《公司法》

二、股份有限公司的设立

（一）股份有限公司的设立方式

股份有限公司的设立方式分为发起设立和募集设立。以发起设立方式设立股份有限公司的，由董事会向公司登记机关报送公司章程以及法律、行政法规规定的其他文件，申请设立登记。以募集设立方式设立股份有限公司的，董事会应于创立大会结束后30日内，向公司登记机关报送有关主管部门的批准文件、创立大会的会议记录、公司章程、筹办公司的财务审计报告、董事会和监事会成员姓名及住所、法定代表人的姓名及住所等有关文件，申请设立登记。

公司登记机关自接到股份有限公司设立登记申请之日起30日内作出是否予以登记的决定。对符合《公司法》规定条件的，予以登记，发给公司营业执照；公司营业执照的签发日期为公司成立日期。

（二）股份有限公司的设立条件

根据《公司法》第76条的规定，设立股份有限公司应当具备下列条件。

（1）发起人符合法定人数。股份有限公司的发起人是指依法办理筹建股份有限公司事务的人。发起人既可以是自然人，也可以是法人。

《公司法》第78条规定，设立股份有限公司，应当有2人以上200人以下为发起人，其中须有半数以上的发起人在中国境内有住所。

发起人应当签订发起人协议，明确各自在公司设立过程中的权利和义务，而且必须承担一定的法律责任：①公司不能成立时，对设立行为所产生的债务和费用负连带责任。②公司不能成立时，对认股人已缴纳的股款，负返还股款并加算银行活期存款利息的连带责任。③在公司设立过程中，由于发起人的过失致使公司利益受到损害的，应当对公司承担赔偿责任。

（2）有符合公司章程规定的全体发起人认购的股本总额或者募集的实收股本总额。股份有限公司采取发起设立方式设立的，注册资本为在公司登记机关登记的全体发起人认购的股本总额。在发起人认购的股份缴足前，不得向他人募集股份。

股份有限公司采取募集方式设立的，注册资本为在公司登记机关登记的实收股本总额。

法律、行政法规以及国务院决定对股份有限公司注册资本实缴、注册资本最低限额另有规定的，从其规定。

（3）股份发行、筹办事项符合法律规定。

（4）有制定的公司章程。股份有限公司章程由发起人制定。采用募集方式设立的股份有限公司章程须经创立大会通过。股份有限公司的章程必须载明下列事项：①公司名称和住所。②公司经营范围。③公司设立方式。④公司股份总数、每股金额和注册资本。⑤发起人的姓名或者名称、认购的股份数、出资方式和出资时间。⑥董事会的组成、职权和议事规则。⑦公司法定代表人。⑧监事会的组成、职权和议事规则。⑨公司利润分配办法。⑩公司的解散事由与清算办法。⑪公司的通知和公告办法。⑫股东大会会议认为需要规定的其他事项公司的解散事由和清算的办法。

（5）有公司名称。建立符合股份有限公司规定的组织机构。设立股份有限公司，必须选定公司的名称。同时，应依法建立组织机构。采用发起方式设立公司的，发起人在认足公司章程规定的出资后，应当选举董事会和监事会。采用募集方式设立公司的，公司组织机构通过创立大会进行。发起人应当自股款缴足之日起30日内主持召开公司创立大会。创立大会由发起人、认股人组成。

发起人应当在创立大会召开15日前将会议日期通知各认股人或者予以公告。创立大会应有代表股份总数过半数的发起人、认股人出席，方可举行。

创立大会行使下列职权：①审议发起人关于公司筹办情况的报告。②通过公司章程。③选举董事会成员。④选举监事会成员。⑤对公司的设立费用进行审核。⑥对发起人用于抵作股款的财产的作价进行审核。⑦发生不可抗力或者经营条件发生重大变化直接影响公司设立的,可以作出不设立公司的决议。创立大会对前款所列事项作出决议,必须经出席会议的认股人所持表决权过半数通过。

(6)有公司住所。

(三)有限责任公司变更为股份有限公司

《公司法》对有限责任公司变更为股份有限公司规定了严格的条件和程序:(1)应当符合《公司法》规定的股份有限公司的条件,并依照《公司法》有关设立股份有限公司的程序办理。(2)折合的实收股本总额不得高于公司净资产额。(3)依法公开发行股份。

三、股份有限公司的组织机构

股份有限公司的组织机构包括股东大会、董事会、监事会、经理。股东大会作为公司的权力机构,在股份有限公司的组织机构中占有重要地位。

(一)股份有限公司的股东大会

1. 股份有限公司股东大会的职权

股份有限公司的股东,是指股份有限公司的股份持有人。股份有限公司的股东按其持有股份的份额对公司享有权利并承担相应的义务。

股份有限公司股东大会是由公司全体股东共同组成的权力机构,是对公司重大事项行使最终决策权的机构。

股份有限公司股东大会行使的职权,与有限责任公司股东会的职权相比,除有限责任公司股东会对股东向股东以外的人转让出资作出决议外,其他职权基本一致。

2. 股份有限公司股东大会的形式

股份有限公司股东大会分为定期股东大会和临时股东大会两种。定期股东大会即每年按时召开一次的大会。临时股东大会是指在年会以外遇有特殊情况依法召开的大会。我国《公司法》规定,有下列情形之一的,应当在 2 个月内召开临时股东大会:(1)董事人数不足本法规定人数或者公司章程所定人数的三分之二时。(2)公司未弥补的亏损达实收股本总额三分之一时。(3)单独或者合计持有公司 10% 以上股份的股东请求时。(4)董事会认为必要时。(5)监事会提议召开时。(6)公司章程规定的其他情形。

3. 股东大会的议事规则

股份有限公司股东大会会议由董事会负责召集,由董事长主持;董事长不能履行职务或者不履行职务的,由副董事长主持;副董事长不能履行职务或者不履行职务的,由半数以上董事共同推举一名董事主持。

召开股东大会会议,应当将会议召开的时间、地点和审议的事项于会议召开 20 日前通知各股东;临时股东大会应当于会议召开 15 日前通知各股东;发行无记名股票的,应当于会议召开 30 日前公告会议召开的时间、地点和审议事项。

单独或者合计持有公司 3% 以上股份的股东，可以在股东大会召开 10 日前提出临时提案并书面提交董事会；董事会应当在收到提案后 2 日内通知其他股东，并将该临时提案提交股东大会审议。临时提案的内容应当属于股东大会职权范围，并有明确议题和具体决议事项。股东大会不得对通知中未列明的事项作出决议。

无记名股票持有人出席股东大会会议的，应当于会议召开 5 日前至股东大会闭会时将股票交存于公司。

股东出席股东大会会议，所持每一股份有一表决权。但是，公司持有的本公司股份没有表决权。股东可以自己出席股东大会，也可以委托代理人出席股东大会。代理人受托出席股东大会时，应当向公司提交股东授权委托书，并只能在授权范围内行使表决权。

4. 股东大会的决议

股东大会作出决议，必须经出席会议的股东所持表决权的过半数通过。但是，股东大会作出修改公司章程、增加或者减少注册资本的决议以及公司合并、分立、解散或者变更公司形式的决议，必须经出席会议的股东所持表决权的三分之二以上通过。

股东大会应当对所议事项的决定作成会议记录。会议记录由出席会议的董事签名。会议记录应当与出席股东会议的股东的签名册及代理出席的委托书一并保存。

（二）股份有限公司的董事会

1. 股份有限公司董事会的职权

股份有限公司的董事会是公司股东大会的执行机构，对公司股东大会负责。董事会成员由 5 人至 19 人组成。董事会设董事长 1 人，可以设副董事长。董事长和副董事长由董事会以全体董事的过半数选举产生。董事由股东大会按照法律和公司章程规定的决议程序选举产生。以发起设立方式设立的股份有限公司，第一届的董事由发起人选举产生；以募集设立方式设立的股份有限公司，第一届的董事由创立大会选举产生。

董事会行使《公司法》和公司章程规定的职权。股份有限公司董事会行使的法定职权，与有限责任公司董事会行使的职权基本相同。

根据公司需要，董事会可以授权董事长在董事会闭会期间行使董事会的部分职权。董事会还可以决定，由董事会成员兼任公司经理。

董事长行使下列职权：主持股东大会和召集、主持董事会会议；检查董事会决议的实施情况；签署公司股票、公司债券。

2. 股份有限公司董事会会议

董事会每年度至少召开两次会议，每次会议应当于会议召开 10 日前通知全体董事和监事。

代表十分之一以上表决权的股东、三分之一以上董事或者监事会，可以提议召开董事会临时会议。董事长应当自接到提议后 10 日内，召集和主持董事会会议。董事会召开临时会议，可以另定召集董事会的通知方式和通知时限。

董事会会议应有过半数的董事出席方可举行。董事会作出决议，必须经全体董事的过半数通过。董事会决议的表决,实行一人一票。

董事会会议应由董事本人出席;董事因故不能出席,可以书面委托其他董事代为出席,委托书中应载明授权范围。董事会应当对会议所议事项的决定作成会议记录,出席会议的董事应当在会议记录上签名。董事应当对董事会的决议承担责任。董事会的决议违反法律、行政法规或者公司章程、股东大会决议,致使公司遭受严重损失的,参与决议的董事对公司负赔偿责任。但经证明在表决时曾表明异议并记载于会议记录的,该董事可以免除责任。董事会应当对会议所议事项的决定作成会议记录,出席会议的董事应当在会议记录上签名。

3. 股份有限公司董事的任期

董事的任期由公司章程规定,但每届任期不得超过3年。董事任期届满,连选可以连任。董事在任期届满前,股东大会不得无故解除其职务。

(三) 经理

经理依据法律和公司章程的规定行使职权,负责公司的日常经营管理工作,对董事会负责。股份有限公司经理与有限责任公司经理行使的职权基本相同。

股份有限公司的经理由董事会决定聘任或者解聘。公司董事会可以决定由董事会成员兼任经理。

(四) 股份有限公司监事会

股份有限公司监事会是指公司依照《公司法》以及公司章程设立的监督公司各项事务的机构。监事会是股份有限公司必设的监督机构。监事会对股东大会负责,向股东大会报告工作。监事会成员不得少于3人。监事会应在其组成人员中推选1名召集人。监事会由股东代表和适当比例的公司职工代表组成,其中职工代表的比例不得低于三分之一,具体比例由公司章程规定。监事会中的职工代表由公司职工民主选举产生。

监事会设主席1人,可以设副主席。监事会主席和副主席由全体监事过半数选举产生。监事会主席召集和主持监事会会议;监事会主席不能履行职务或者不履行职务的,由监事会副主席召集和主持监事会会议;监事会副主席不能履行职务或者不履行职务的,由半数以上监事共同推举1名监事召集和主持监事会会议。

董事、高级管理人员不得兼任监事。监事的任期每届为3年。监事任期届满,连选可以连任。监事会行使《公司法》和公司章程规定的职权。股份有限公司监事会与有限责任公司监事会或监事行使的职权基本相同。

监事会每6个月至少召开1次会议。监事可以提议召开临时监事会会议。监事会的议事方式和表决程序,除公司法有规定的外,由公司章程规定。监事会决议应当经半数以上监事通过。监事会应当对所议事项的决定作成会议记录,出席会议的监事应当在会议记录上签名。

四、股份有限公司的股份发行

(一) 股份的概念和特征

股份是指按相等金额或者相同比例,平均划分公司资本的基本计量单位。股份是股份有限公司资本的构成单位,是股东权利与义务的产生依据。股份在形式上表现为股票,股份具有以下特征:

1. 平等性

从公司资本基本构成单位的角度来看,股份所代表的资本额一律平等。从表明股东法律地位的角度来看,股份所包含的股东的权利、义务一律平等。

2. 不可分性

股份是公司资本的最小计算单位,每股金额相等,不得再予以分割。

3. 可转让性

除法律有特别规定,如对发起人股份转让的限制、对国有股份转让的限制外,股份有限公司股东可以自由转让其所持股份,公司不得以公司章程或者股东大会决议予以限制。在上市公司,股份更可以通过证券交易所的交易系统自由流通。

4. 流通性

股份表现为有价证券,具有流通性,可以转让。

(二) 股票的概念、特征和分类

1. 股票的概念

股票是指股份有限公司成立之后签发的证明股东所持股份的凭证。股票和股份有着密切联系,股份是股票的价值内容,股票是股份的表现形式。

2. 股票的特征

(1) 股票是股权凭证。股票是股份有限公司成立之后签发给股东的证明其所持股份的凭证。

(2) 股票是要式证券。股票的制作和记载事项必须按法定方式进行,并且必须由董事长签名,公司盖章以及主管机关核准后,才能生效。我国《公司法》第128条的规定,股票采用纸面形式或者国务院证券监督管理机构规定的其他形式。股票应当载明下列主要事项:①公司名称。②公司成立日期。③股票种类、票面金额及代表的股份数。④股票的编号。股票由法定代表人签名,公司盖章。发起人的股票,应当标明发起人股票字样。

(3) 股票是有价证券。股票所代表的股东权利是一种具有财产内容的权利,股票可以流通并可以设置权利质押。

3. 股份的种类

(1) 普通股和特别股。以股份所代表的股东权的内容的不同,股份分为普通股和特别股。普通股是指股东所拥有的权利义务完全相等,没有待遇差别的股份。普通股是股份有限公司发行的最重要和最基本的股份,任何股份有限公司发行股份时都必须发行普通股。普通股股东在股份有限公司事务上具有平等的权利和相同的法律地位，如出席股东大会的权利、行使公司事务表决权、获得利润和剩余财产的分配权等。

特别股是普通股的对称，是指股东权利与义务不同于普通股股东的股份。特别股股东权的内容由公司章程依法予以确定，一般指股东在公司盈余分配、剩余财产分配以及公司事务的表决权等方面不同于普通股股东的权利与义务。特别股又可分为优先股和劣后股。优先股是指股东比普通股股东享有优先权的股份。根据优先权的内容不同，优先股又可以分为表决权优先股、公司盈余即股利分派优先股、剩余财产分派优先股3种。劣后股是指在分配公司盈余或分配公司剩余财产方面逊后于普通股的股份。我国《公司法》没有对发行特别股作出具体规定，而是授权国务院以行政法规的形式作出特别规定，也就是说，我国的股份有限公司发行的股份主要为普通股。

（2）记名股和无记名股。以股东姓名是否记载于股票为标准，股份分为记名股和无记名股。记名股是指股票票面上记载有股东姓名或名称的股份。此种股份的权利只能由股东本人享有，而非以持有股票为要件。无记名股是指股票票面上不记载股东姓名的股份。此种股份与股票不可分离，合法持有股票者即为公司股东，享有股东权利。我国《公司法》规定了记名股和无记名股两种形式。根据规定，公司向发起人、国家授权投资的机构、法人发行的股票，应当为记名股票；对社会公众发行的股票，可以为记名股票，也可以为无记名股票。

（3）面额股和无面额股。以股份是否以金额表示为标准，股份分为面额股和无面额股。面额股是指股票票面上记载股份金额的股份或股票。无面额股又称为比例股，是指股票票面上不记载股份金额，而只表示每股占公司资本总额的比例的股份。目前，我国法律不允许发行无面额股票。

在我国现行法律中，除了上述通行的股份分类外，还有一些特殊的股份分类，如按照投资主体和产权管理制度的不同，将股份分为国家股、法人股、个人股和外资股等。

（三）股份发行的概念和种类

股份发行是指股份有限公司为了募集股本而出售或者分配自己的股份的行为。股份的发行可以分为设立发行和新股发行两类。

1. 设立发行

设立发行是指公司在设立过程中发行股份。根据公司设立方式的不同，设立发行的对象包括发起人和社会公众。在股份有限公司登记成立之前，股份的发行只包含认购股份这一层含义，并不向股东交付股票。股份有限公司是发起设立的，由发起人认购公司应发行的全部股份；股份有限公司是募集设立的，则由发起人认购公司应发行股份的一部分，其余部分向社会公开募集。只有在股份有限公司登记成立后，才能向股东交付股票。公司成立前不得向股东交付股票。

2. 新股发行

新股发行指在公司成立后再次发行股份。根据新股发行的方式、目的不同，新股发行可分为两类：一类是公开发行。公司公开发行新股，应当符合下列条件：（1）具备健全且运行良好的组织机构。(2) 具有持续盈利能力,财务状况良好。(3) 最近3年财务会计文件无虚假记载,无其他重大违法行为。(4) 经国务院批准的国务院证券监督管理机构规定的其他条件。另一类是非公开发行。上市公司非公开发行新股,应当符合经国务院批准的国务院证券监督管理机构规定的条件,并报国务院证券监督管理机构核准。

公司发行新股,股东大会应当对下列事项作出决议:(1) 新股种类及数额。(2) 新股发行价格。(3) 新股发行的起止日期。(4) 向原有股东发行新股的种类及数额。

公司经国务院证券监督管理机构核准公开发行新股时,必须公告新股招股说明书和财务会计报告,并制作认股书。并可以根据公司经营情况和财务状况,确定其作价方案。公司发行新股募足股款后,必须向公司登记机关办理变更登记,并公告。

(四) 股份发行的价格

股份发行的价格直接关系到发行股份的公司以及股份认购人的利益,因此,《公司法》对股份发行价格的确定作出了原则规定。具体来说,确定股份发行的价格应当遵守下面两个原则:

1. 同股同价发行原则

股份的发行实行公平公正的原则,同种类的每一股份应当具有同等权利。同次发行的同种类股票,每股的发行条件和价格应当相同;任何单位或者个人所认购的股份,每股应当支付相同价额。

2. 不得折价发行原则

股票发行价格可以按票面金额,也可以超过票面金额,但是不得低于票面金额。因此,按照股份发行价格与股票票面金额的关系,股份发行价格有平价发行、溢价发行和折价发行。

平价发行又称为面额发行,是指按照股票的票面金额发行股份。

溢价发行是指按照高于股票票面金额的价格发行股份。

折价发行是指按照低于股票票面金额的价格发行股份。折价发行股份,只为少数国家所允许,且法律规定的条件非常严格,如要求折价股份的发售对象仅限于股东、公司职工,不得向社会公开发行等。我国公司法不允许折价发行。

(五) 股份发行的程序

股份有限公司因设立而发行股份的程序与股份有限公司的设立程序基本相同。股份有限公司发行新股,必须经过下列程序:

(1) 由董事会作出决议,拟订公司增加资本、发行新股的方案。

(2) 召开股东大会,审议并表决发行方案,通过修改公司章程、发行新股的决议。该事为特别决议事项,须经出席会议的股东所持表决权的2/3以上通过。其决议的内容应当包括新股种类及数额、新股发行价格、新股发行的起止日期、向股东发行新股的种类及数额。

（3）聘请社会审计、资产评估、律师等中介机构准备发行文件，并依法报经政府有关部门核准。我国《证券法》规定，公开发行股票，必须依照《公司法》规定的条件，报经国务院证券监督管理机构核准。发行人必须向国务院证券监督管理机构提交《公司法》规定的申请文件和国务院证券监督管理机构规定的有关文件。

（4）公开有关新股发行的资料并制作认股书。公司经核准向社会公开发行新股时，必须公告新股说明书和财务会计报告及相关资料，并制作认股书。

（5）缴纳股款。

（6）办理变更登记。

（7）依法公告。公司应在指定的专业报刊上公告"股本变动公告书"，以昭示公众。

五、股份有限公司的股份转让

（一）股份有限公司的股份转让的限制

一般而言，股份有限公司的股份可以依法自由转让。但是，为了维持公司正常运行，维护公司、股东、公众和债权人的利益，《公司法》第141条对股份的转让规定了一定的限制条件。

1. 对发起人的限制

发起人持有的本公司股份，自公司成立之日起1年内不得转让。公司公开发行股份前已发行的股份，自公司股票在证券交易所上市交易之日起1年内不得转让。

2. 对公司董事、监事、高级管理人员的限制

公司董事、监事、高级管理人员应当向公司申报所持有的本公司的股份及其变动情况，在任职期间每年转让的股份不得超过其所持有本公司股份总数的25%；所持本公司股份自公司股票上市交易之日起1年内不得转让。上述人员离职后半年内，不得转让其所持有的本公司股份。公司章程可以对公司董事、监事、高级管理人员转让其所持有的本公司股份作出其他限制性规定。

3. 公司收购本公司股份的限制

公司不得收购本公司股份。但是，有下列情形之一的除外：

（1）减少公司注册资本。此种情形应当经股东大会决议，并应当自收购之日起10日内注销。

（2）与持有本公司股份的其他公司合并，此种情形收购的股票应当在6个月内转让或者注销。

（3）将股份奖励给本公司职工。此种情形的收购应当经股东大会决议，并且所收购的本公司股份不得超过本公司已发行股份总额的5%；用于收购的资金应当从公司的税后利润中支出；所收购的股份应当在1年内转让给职工。

（4）股东因对股东大会作出的公司合并、分立决议持异议，要求公司收购其股份的。此种情形收购的股票应当在6个月内转让或者注销。公司不得接受本公司的股票作为质押权的标的。因为一旦出质人不能履行债务，质权人实现质权时出卖这些股份，就

构成了内幕交易行为。

（二）股份有限公司的股份转让的方式

股份有限公司的股东转让股份必须在依法设立的证券交易所进行。股份转让的方式视股票为记名或不记名而有所区别。

1. 无记名股票的转让

无记名股票采用交付方式转让，由股东在依法设立的证券交易场所交付给受让人后即发生转让的效力。也就是说，持有无记名股票即持有公司相应股份，成为公司股东，享有股东权。

2. 记名股票的转让

记名股票由股东以背书方式或者法律、行政法规规定的其他方式转让；转让后由公司将受让人的姓名或者名称及住所记载于股东名册

六、上市公司组织机构的特别规定

1. 上市公司的特别决议事项

上市公司在 1 年内购买、出售重大资产或者担保金额超过公司资产总额 30% 的，应当由股东大会作出决议，并经出席会议的股东所持表决权的 2/3 以上通过。

2. 独立董事制度

上市公司设立独立董事，具体办法由国务院规定。

3. 董事会秘书制度

上市公司设董事会秘书，负责公司股东大会和董事会会议的筹备、文件保管以及公司股东资料的管理，办理信息披露事务等事宜。

4. 关联董事的回避制度

上市公司董事与董事会会议决议事项所涉及的企业有关联关系的，不得对该项决议行使表决权，也不得代理其他董事行使表决权。该董事会会议由过半数的无关联关系董事出席即可举行，董事会会议所作决议须经无关联关系董事过半数通过。出席董事会的无关联关系董事人数不足 3 人的，应将该事项提交上市公司股东大会审议。

第五节

公 司 债 券

一、公司债券的概念和种类

（一）公司债券的概念和种类

公司债券是指依照法定条件和程序发行、约定在一定期限还本付息的有价证券。

依照不同的标准，公司债券可以分为以下种类：

1. 记名公司债券和无记名公司债券

根据公司债券上是否记载债权人姓名或名称，公司债券分为记名公司债券和无记名公司债券。记名公司债券是指在公司债券及公司债券存根簿上记载债权人姓名或者名称的债券。无记名公司债券是指在公司债券及公司债券存根簿上不记载债权人姓名或者名称的债券。

2. 可转换公司债券和非转换公司债券

根据公司债券是否能够转换为股份进行分类，公司债券分为可转换公司债券和非转换公司债券。可转换债券是指上市公司发行的，可依一定条件转换为股票的债券。可转换债券一经转换成股票，债权人资格即丧失，从而取得公司股东的资格，公司债券所代表的公司负债也相应转换为公司股东。可转换公司债券在发行时规定了转换为公司股票的条件与办法。当条件成熟时，债券持有人拥有将公司债券转换为公司股份的选择权。非转换公司债券是指不能转换为公司股票的公司债券。凡在发行债券时未作出转换约定的，均为非转换公司债券。

（二）公司债券和公司股票的区别

（1）公司债券表示发行者与投资者之间的债权债务关系。公司股票表示投资者对发行股票的公司拥有股东的一系列权利。

（2）公司债券的本金到期退还。公司股票所表示的股金则不允许退还。

（3）公司债券的利息是固定的。而公司股票的收益高于或低于成本，风险比债券大。

（4）公司债券持有人在公司解散或者破产的情况下，优先于公司股东得到债务清偿。

小练习

股票和债券是我国《证券法》规定的主要证券类型。下列关于股票与债券的比较表述正确的选项有（　　）。

A. 有限责任公司和股份有限公司都可以成为股票和债券的发行主体
B. 股票和债券具有相同的风险性
C. 债券的流通性强于股票的流通性
D. 股票代表股权，债券代表债权

二、公司债券的发行

（一）公司债券发行的资格

根据我国《公司法》的规定，公司债券的发行人包括股份有限公司、国有独资公司、2个以上的国有企业或者2个以上的国有投资主体投资设立的有限责任公司。除此以外的其他企业、有限责任公司等均不得按照《公司法》的规定发行公司债券。

（二）公司债券发行的条件

根据《证券法》第16条的规定，公司初次公开发行公司债券，必须符合下列条件：

（1）股份有限公司的净资产不低于人民币3,000万元，有限责任公司的净资产不低于人民币6,000万元。

（2）累计债券余额不超过公司净资产的40%。

（3）最近3年平均可分配利润足以支付公司债券1年的利息。

（4）筹集的资金投向符合国家产业政策。

（5）债券的利率不超过国务院限定的利率水平。

（6）国务院规定的其他条件。

公开发行公司债券筹集的资金，必须用于核准的用途，不得用于弥补亏损和非生产性支出。

公司有下列情形之一的，不得再次公开发行公司债券：（1）前一次公开发行的公司债券尚未募足。（2）对已公开发行的公司债券或者其他债务有违约或者延迟支付本息的事实，仍处于继续状态。（3）改变公开发行公司债券所募资金的用途。

（三）公司债券发行的程序

1. 决议

股份有限公司、有限责任公司发行债券，由董事会制定方案，股东大会或者股东会作出决议。国有独资公司发行公司债券，由国家授权投资的机构或者国家授权的部门作出决定。公司股东大会作出发行公司债券的决议后，董事会应着手聘请有关的中介机构，并准备有关的发行文件。

2. 报批

发行公司债券必须依照依法报经国务院授权的部门审批。发行人必须向国务院授权的部门提交《公司法》规定的申请文件和国务院授权的部门规定的有关文件。公司的权力机构对发行公司债券作出决议或者决定后，公司应当向国务院授权的部门报请批准。公司报请国务院授权的部门批准发行公司债券的，应当提交书面申请书。

3. 公告

发行公司债券申请经批准后，公司应当公告公司债券募集办法。公司债券募集办法应当载明法定事项，包括：公司名称，债券募集资金的用途，债券总额和债券的票面金额，债券利率的确定方式，还本付息的期限和方式，债券担保情况，债券的发行价格、发行的起止日期，公司净资产额，已发行的尚未到期的公司债券总额，公司债券的承销机构。

4. 承销

获准发行公司债券的公司，应当与承销机构签订承销合同。公司在完成计划发行的公司债券后，承销机构应当在承销期限届满后一定时间内，向发行公司提供债券销售情况报告书，全面说明公司债券发行经过和情况。

5. 认缴

公司应置备公司债券应募书，应募书内容除前述呈报事项外，还应加记核准机关的核准日期。应募人填写应募书后，即有依所认金额缴纳债款的义务。应募人缴纳债款后，公司即应发给债券。

6. 存档

公司债券存根簿，是公司掌握债券持有人基本情况的公司内部文件。公司发行公司债券应当置备公司债券存根簿。根据所发行公司债券为记名公司债券和无记名公司债券，公司债券存根簿上记载的内容有所不同。

三、公司债券的转让

公司债券可以转让，转让价格由转让人与受让人约定。

公司债券的转让方式由公司债券的种类决定。记名公司债券由债券持有人以背书方式转让或者法律、行政法规规定的其他方式转让。记名债券的转让由公司将受让人的姓名或者名称及住所记载于公司债券存根簿上，以备公司存查。无记名公司债券的转让手续较为简单，只需由债券持有人将要转让的债券交付给受让人即发生转让效力，受让人一经持有该债券，即成为公司的债权人。

四、可转换债券

上市公司经股东大会决议可以发行可转换为股票的公司债券，并在公司债券募集办法中规定具体的转换办法。上市公司发行可转换为股票的公司债券，应当报国务院证券监督管理机构核准。

发行可转换为股票的公司债券，应当在债券上标明可转换公司债券字样，并在公司债券存根簿上载明可转换公司债券的数额。

发行可转换为股票的公司债券的，公司应当按照其转换办法向债券持有人换发股票，但债券持有人对转换股票或者不转换股票有选择权。

第六节

外国公司的分支机构

一、外国公司的分支机构的法律特征

外国公司是指依照外国法律在中国境外设立的公司。

外国公司的分支机构应当在其名称中标明该外国公司的国籍及责任形式，在本机构中置备该外国公司章程。

外国公司的分支机构具有以下法律特征：

1. 外国公司分支机构不具有中国法人资格

外国公司在中国境内设立的分支机构不具有中国法人资格。外国公司的分支机构不独立承担民事责任，而是以外国公司的名义享受权利，承担义务。

2. 外国公司分支机构必须依照中国法律，经中国政府批准，在中国境内设立，并受中国法律的保护和管辖。

经批准设立的外国公司分支机构，在中国境内从事业务活动，必须遵守中国的法律，不得损害中国的社会公共利益，其合法权益受中国法律保护。

3. 外国公司的分支机构没有独立的财产

外国公司的分支机构与其总公司在财务上合为一体，其经营收入与业务、开支核算纳入总公司统一进行核算，不进行独立核算。

小练习

外国公司的分支机构不具有独立的法律地位，表现在以下方面（　　）。
A. 没有独立的公司名称和公司章程
B. 一般不设董事会等整套管理机构
C. 不能独立承担法律责任
D. 没有独立占有的财产

二、外国公司的分支机构的设立和撤销

（一）外国公司的分支机构的设立

1. 外国公司的分支机构的设立条件

根据《公司法》第193条的规定，外国公司在中国境内设立分支机构应当符合下列条件：第一，必须在中国境内指定负责该分支机构的代表人或者代理人；第二，必须向该分支机构拨付与其所从事的经营活动相适应的资金。对外国公司分支机构的经营资金需要规定最低限额的，由国务院另行规定。第三，外国公司的分支机构应当在其名称中标明该外国公司的国籍及责任形式。

2. 外国公司的分支机构的设立程序

外国公司申请在中国设立分支机构必须经过以下两个程序：一是申请。外国公司在中国境内设立分支机构，必须向中国主管机关提出申请，并提交其公司章程、所属国的公司登记证书等有关文件。二是办理工商登记并领取营业执照。外国公司向中国主管机关提出在中国境内设立分支机构的申请经中国主管机关审查批准后，应当向中国的公司登记机关依法办理登记，领取营业执照。外国公司的分支机构在中国办理了工商登记并

领取营业执照后,即可在中国境内从事生产经营活动。

(二)外国公司的分支机构的撤销

外国公司撤销其在中国境内的分支机构时,必须依法清偿债务,依照我国现行公司法有关公司清算程序的规定进行清算。因此,外国公司分支机构在没有清算之前,不得被撤销。外国公司未清偿债务之前,也不得将其分支机构的财产移至中国境外。

本章提要

1. 基本概念

(1) 公司包括有限责任公司和股份有限公司。
(2) 公司可以依法增资或者减资。公司应当依法建立本公司的财务、会计制度。
(3) 公司组织机构主要有股东会、董事会、监事会。股东会是公司的权力机构,董事会或者执行董事是股东会的执行机构,监事会或者监事是公司的监督机构。
(4) 公司债券可以依法转让。
(5) 外国公司可以在中国境内设立分支机构,外国公司的分支机构不具有中国法人资格。

2. 简答题

1. 简述有限责任公司和股份有限公司的异同。
2. 简述有限责任公司的设立条件和程序。
3. 简述有限责任公司股东会、董事会的职权。
4. 简述一人有限责任公司的设立条件。
5. 简述公司的利润分配顺序。
6. 简述董事和高级管理人员的任职限制。
7. 简述公司债券发行的条件。

3. 案例分析题

【案情1】

甲、乙国有企业与另外7家国有企业拟联合组建设立"首发航空货运有限责任公司"(以下简称为"首发公司"),公司章程的部分内容是:公司股东会除召开定期会议外,还可以召开临时会议,临时会议须经代表四分之一以上表决权的股东,二分之一以上的董事或二分之一以上的监事提议召开。在申请公司设立登记时,工商行政管理机关指出了公司章程中的不合法之处。经全体股东协商后予以纠正。

2010年1月,首发公司依法登记设立,甲以专利技术出资,协议作价出资1,200万元,乙认缴出资1,400万元,是出资最多的股东。公司成立后,由甲召集和主持首次

第二章 公 司 法 61

股东会会议,设立了董事会和监事会。董事会有9名成员,分别是9家国有企业的负责人。监事会有5名成员,其中1人是公司职工代表。

2010年2月,首发公司董事会发现,甲作为出资的专利技术的实际价额明显低于公司章程所定的价额。为了使公司股东出资总额仍达到1亿元,董事会提出了解决方案,即由甲补足差额;如果甲不能补足差额,则由其他股东按出资比例分担该差额。

2010年3月,公司经过一段时间的运作后,经济效益较好,董事会拟订了一个增加注册资本的方案,方案提出将公司现有的注册资本由1亿元增加到1.5亿元。增资方案提交到股东会讨论表决时,有5家股东赞成增资,该5家股东出资总和为5,830万元,占表决权总数的58.3%;有4家股东不赞成增资,4家股东出资总和为4,170万元,占表决权总数的41.7%。股东会通过增资决议,并授权董事会执行。

2010年4月,首发公司因业务发展需要,依法成立了杭州分公司。杭州分公司在生产经营过程中,因违约被诉至法院。对方以首发公司是杭州分公司的总公司为由,要求首发公司承担违约责任。

根据上述案情,回答以下问题:

(1) 首发公司的首次股东会会议的召开和决议有哪些不合法之处?为什么?
(2) 分析首发公司董事会作出的关于甲出资不足的解决方案的内容是否合法?
(3) 分析首发公司设立过程中订立的公司章程中有哪些不合法之处?
(4) 首发公司是否应当替杭州分公司承担违约责任?
(5) 分析首发公司股东会作出的增资决议是否合法?

【分析提示】

(1) 不合法之处体现在以下方面:第一,首发公司的首次股东会会议由甲召集和主持不合法。首发公司的股东乙出资1,400万元,是出资最多的股东。因此,首次股东会会议应由乙召集和主持。第二,董事会和监事会的组成不合法。首发公司由9家国有企业出资设立,董事会由企业负责人组成,没有公司职工代表。首发公司监事会成员5人,职工代表1人,不足三分之一,所以不符合法律规定。参见《公司法》第38条、第44条和第51条的规定。

(2) 首发公司董事会作出的关于甲出资不足的解决方案的内容不合法。正确的做法是责令甲补足差额,其他6位股东承担连带责任,而不是分担差额。

(3) 首发公司设立过程中订立的公司章程中的不合法之处包括:①股东的出资时间不合法。②关于召开临时股东会会议的提议权的规定不合法。参见《公司法》第26条、第39条的规定。

(4) 首发公司应替杭州分公司承担违约责任。根据《公司法》的规定,分公司只是总公司管理的一个分支机构,不具有法人资格,但可以依法独立从事生产经营活动,其民事责任由设立该分公司的总公司承担。

(5) 首发公司股东会作出的增资决议不合法。根据《公司法》的规定,股东会对公司增加注册资本作出决议,必须经代表三分之二以上表决权的股东通过。而首发公司讨论表决时,同意的股东的出资额占表决权总数的58.3%,未达到三分之二的比例。因此,增资决议不能通过。

【案情2】

甲公司、乙公司、丙公司和张某、李某共同出资设立了丁有限责任公司,其中甲公司出资40%,乙公司和丙公司各出资20%,张某和李某各出资10%。

公司成立后,乙公司未征求其他股东的意见,直接将自己10%的股份转让给丙公司。张某拟将自己的股份转让给陈某,书面征求其他股东的意见,甲公司和李某表示同意,但都表示要购买张某的股份,乙公司一直不作回复,丙公司明确表示反对。张某与甲公司、李某和陈某谈判,甲公司、李某和陈某的出价均为20万元,甲公司和李某表示要分期支付,陈某同意一次性支付,张某遂将股份转让给陈某。陈某受让股权后,向董事会提议召开股东会临时会议更换公司董事,董事会不予理会,陈某要求丁公司购买自己的股份,丁公司拒绝,陈某起诉丁公司要求收购自己的股份,法院判决陈某败诉。丁公司总经理王某购买的新设备质次价高,李某经调查了解到王某收受了对方公司的贿赂,李某向监事会反映,监事会迟迟不予答复。

根据上述案情,回答以下问题:

(1) 乙公司直接将股权转让给丙公司的做法是否合法?请说明理由。

(2) 张某将股份转让给陈某的做法是否合法?请说明理由。如果张某最终决定将股份转让给甲公司和李某,甲公司和李某对受让股份的比例协商不成,张某应如何转让?

(3) 法院判决陈某败诉是否正确?请说明理由。

(4) 陈某应该如何保护自己的权益?

(5) 李某应该如何保护公司利益?

【分析提示】

(1) 合法。因为乙公司和丙公司都是丁有限公司的股东,有限责任公司的股东之间可以相互转让其全部或者部分股权。

(2) 合法。张某根据法律的规定,书面征求其他股东的同意,甲公司和李某同意,乙公司迟迟不答复,视为同意,除张某外,4名股东中有3名同意,超过半数,张某可以将股份转让给陈某。虽然甲公司和李某主张优先购买权,但是陈某的条件优于甲公司和李某,所以张某可以将股份转让给陈某。张某将自己持有的10%股份转让给甲公司8%,转让给李某2%。

(3) 法院判决陈某败诉符合法律规定。本案中董事会不依法召集股东会会议不属于股东要求公司收购自己股份的法定情形。参见《公司法》第74条的规定。

(4) 陈某有权要求监事会召集和主持股东会临时会议,监事会不召集的,陈某有权自行召集和主持。《公司法》第40条第3款规定:"董事会或者执行董事不能履行或者不履行召集股东会会议职责的,由监事会或者不设监事会的公司的监事召集和主持;

监事会或者监事不召集和主持的，代表十分之一以上表决权的股东可以自行召集和主持。"

（5）李某书面请求监事会以公司名义起诉王某，监事会拒绝提起诉讼或者自收到请求之日起 30 日内未起诉的，或者情况紧急、不立即提起诉讼将会使公司利益受到难以弥补的损害的，李某有权以自己的名义起诉王某，要求王某赔偿公司损失。参见《公司法》第 151 条第 3 款的规定。

【案情 3】

甲企业、乙企业和朱某作为发起人募集设立了丙股份有限公司，丙公司共有 200 万股股份，甲企业持有丙公司 40 万股股份，乙企业持有丙公司 20 万股股份，朱某持有丙公司 10 万股股份，其余股份以无记名股票的形式发放募集。丙公司章程中规定实行累积投票制。

丙公司为奖励公司杰出员工王某，用税前利润收购了本公司 1 万股股票，但是在转让给王某前，王某辞职，丙公司遂决定由公司自己持有这 1 万股股票。

丙公司董事会成员之间发生矛盾，9 名董事有 4 名辞职，公司管理混乱，董事会于董事辞职 3 个月后决定召开临时股东大会增选 4 名董事。临时股东大会会议召开 15 日前董事会通知了甲企业、乙企业和朱某，并公告了会议召开的时间、地点和审议事项。

张某持有丙公司 6 万股股票，张某在临时股东大会召开 10 日前提出临时提案并书面提交董事会，提案要求股东大会作出解散公司的决议，董事会认为张某的提案是无稽之谈，未予理会。

丙公司临时股东大会增选出 4 名董事。周某持有丙公司 2 万股股票，但由于周某没有看到丙公司的公告，便没有参加临时股东大会。周某在决议作出之日起第 45 日向法院申请撤销丙公司此次临时股东大会增选 4 名董事的决议。

根据上述案情，回答以下问题：

（1）丙公司是否有权收购本公司股份？为什么？

（2）丙公司收购本公司股份的行为有哪些不符合法律规定之处？

（3）丙公司召开临时股东大会的程序有哪些不符合法律规定之处？

（4）丙公司董事会对张某提案的处理是否符合法律规定？为什么？

（5）甲企业、乙企业、朱某、丙公司在增选 4 名董事的表决中各拥有多少表决权？

（6）法院是否应当支持周某的主张？为什么？

【分析提示】

（1）丙公司有权收购本公司股份。根据《公司法》第 143 条的规定，公司可以为奖励本公司职工之用收购本公司股票。

（2）本案中丙公司收购本公司股份的行为有两处不符合法律规定：①丙公司不能用税前利润收购本公司股份，应用税后利润收购。②丙公司收购本公司股份用于奖励本公司职工的，应当自收购之日起 1 年内转让给职工，或者做其他处理，不能自己长期持有公司股份。

（3）丙公司应当在董事会只有5名成员之日起2个月内召开临时股东大会，不应该在3个月后方决定召开临时股东大会。董事会应当于临时股东大会召开30日前公告会议的召开时间、地点和审议事项，不应当在召开15日前才公告。

（4）丙公司董事会对张某提案的处理不符合法律规定。张某拥有丙公司3%的股份，有权在股东大会召开10日前提出临时提案，董事会应当在收到提案2日内通知其他股东，并将该临时提案提交股东大会审议。丙公司不应该对张某的提案不予理会。

（5）甲企业拥有160万表决权，乙企业拥有80万表决权，朱某拥有40万表决权，丙公司没有表决权。

《公司法》第103条规定："公司持有的本公司股份没有表决权，所以丙公司没有表决权。"

（6）法院应当支持周某的主张。丙公司临时股东大会的会议召集程序违反法律规定，根据《公司法》第22条第2款的规定，周某有权自决议作出之日起60日内请求法院撤销股东大会作出的决议。

4. 教学互动

（1）请你现场答复向你咨询关于设立股份有限公司相关事宜的咨询人员。

（2）请你给张三和李四等人提出成立生鲜蔬菜水果买卖的有限责任公司的名称建议。

第三章

合伙企业法

【知识要求】　通过本章的学习，了解合伙企业的概念、合伙企业财产、合伙事务执行、合伙企业与第三人之间的关系。熟悉新合伙人入伙的条件、当然退伙和除名的法定情形、合伙企业的解散与清算的有关规定。掌握合伙企业设立条件、财产性质、业务执行、入伙退伙的条件和法律后果。

【技能要求】　通过本章的学习，运用合伙企业相关原理和法律规定分析和解决合伙企业设立和经营管理中的具体问题。

第一节　合伙企业法概述

一、合伙的概念和特征

合伙是指两个以上的人为了共同的目的，约定共同出资、合伙经营、共享收益、共担风险而组成的联合。

与单个的自然人和公司法人相比,合伙具有以下特征:

1. 合伙协议是合伙得以成立的法律基础

合伙协议是合伙的成立基础。合伙协议是处理合伙人相互之间的权利义务关系的内部法律文件,仅具有对内的效力,即只约束合伙人,合伙人之外的人如欲入伙,须经全体合伙人同意,并在合伙协议上签字。所以,合伙协议是调整合伙关系、规范合伙人相互间的权利义务、处理合伙纠纷的基本法律依据,也是合伙得以成立的法律基础。当然,合伙协议的订立方式既可以是书面协议,也可以是口头协议,但根据我国《合伙企业法》的规定,合伙企业的合伙协议应当采用书面形式。如果合伙人之间未订立书面形式的合伙协议,但事实上存在合伙人之间的权利义务关系,进行了事实上的合伙营业,仍然视为合伙。

2. 合伙须由全体合伙人共同出资、共同经营

出资和经营是合伙人的基本义务,也是其取得合伙人资格的前提。与公司不同的是,合伙出资的形式丰富多样,比公司灵活,公司股东一般只能以现金、实物、土地使用权和知识产权四种方式出资,而合伙人除了可以上述四种方式出资外,还可以其他财产权利出资,如债权、技术等,也可以劳务的方式出资,只要其他合伙人同意即可。普通合伙人必须共同从事经营活动,以合伙为职业和谋生之本。若相互之间无共同经营之目的与行为,则纵使有某种利益上的关联,也非合伙,如约定一方为另一方设定担保或基于约定由一方独立处理经营事务而另一方坐分利润,不参与经营,则均非合伙,而是其他法律关系。当然,有限合伙企业的情形有所不同,有限合伙人可以不参加合伙企业的营业,不执行合伙事务。

3. 合伙人共负盈亏、共担风险,对外承担无限连带责任

合伙人既可以按照合伙的出资比例分享合伙盈利,也可以按照合伙人约定的其他办法来分配合伙盈利,当普通合伙企业的合伙财产不足以清偿合伙债务时,合伙人还需以其他个人财产来清偿债务,即承担无限责任,而且任何一个合伙人都有义务清偿全部合伙债务(不管其出资比例如何),即承担连带责任。在有限合伙企业中,普通合伙人对合伙企业债务承担无限连带责任,有限合伙人则仅以其出资额为限承担有限责任。

二、合伙的分类

国际上一般将合伙分为普通合伙和特殊合伙两类。

(一) 普通合伙

普通合伙是指所有合伙人执行合伙事务,对外代表合伙组织,并对合伙的债务承担无限连带责任的合伙。

(二) 特殊合伙

特殊合伙是指部分成员不参加经营并且对合伙债务负有限责任的合伙。特殊合伙主

要包括隐名合伙和有限合伙。

1. 隐名合伙

隐名合伙是指当事人约定一方对另一方的生产、经营出资，不参加经营管理而分享利润、分担亏损的合伙。其中，出资的一方称为隐名合伙人，而负责对外经营管理的另一方称为出名营业人。

隐名合伙人的所谓隐名并非绝对地隐姓埋名，他可以公开其隐名合伙人身份。但是，如果隐名合伙人将其身份（姓名或商号）加入营业单位，即属于以普通合伙的方式出现，他就应当对合伙营业所产生的债务承担连带责任。

2. 有限合伙

有限合伙是指 1 名以上的普通合伙人和 1 名以上的有限合伙人组成的合伙。其中，普通合伙人执行合伙事务，对外代表合伙组织，并对合伙的债务承担无限责任。有限合伙人不执行合伙事务，不对外代表合伙组织，只按出资比例享受利润分配和分担亏损，并仅以其出资额为限对合伙的债务承担清偿责任，因此，有限合伙人不得以其劳务或者信用出资。

有限合伙主要适用于专业服务机构。

三、合伙企业法概述

合伙企业法的概念有广义和狭义之分。从广义上来说，合伙企业法是指调整合伙企业在设立、经营、变更、解散、清算过程中形成的各种社会关系的法律规范的总称。而狭义的合伙企业法则是指《合伙企业法》，该法制定于 1997 年 2 月 23 日，正式施行于 1997 年 8 月 1 日。该法的施行对确立我国合伙企业的法律地位，规范合伙企业的设立与经营，保护合伙企业及其合伙人、债权人的合法权益，鼓励民间投资，维护社会经济秩序，促进社会主义市场经济的发展发挥了重要作用。但是，随着我国社会主义市场经济的发展，经济社会中也出现了一些新情况、新问题，比如大量的会计师事务所的出现，我国合伙企业与个体户相比两者在数量上的差距等；而国外合伙企业立法也出现了一些新的动向。而旧的《合伙企业法》关于法人成为合伙人及其相关的问题、有限合伙、合伙企业及合伙人的破产、外国人能否成为合伙人等问题都没有规定，这在一定程度上影响了合伙企业功能的提升。这些都要求对现行的合伙企业法加以修改完善。因此，2006 年 8 月 27 日全国人大常委会会议通过了《合伙企业法（修订案）》。该法于 2007 年 6 月 1 日起施行。

第二节

合伙企业概述

【案例导读】

合伙协议的"资金"纠纷

张某于2011年5月成立某汽车销售服务公司。宋某认为从事汽车销售有钱赚,便要求加入。双方于2011年8月签订了《合伙协议书》,其中约定:双方自愿合伙经营某汽车销售服务公司销售项目,各投资30万元,各占投资总额的二分之一,双方共同经营,共同劳动,共担风险,共负盈亏。合伙协议签订后,双方依约共同经营,基本分工为宋某负责销售,张某负责调车、打款,算账时双方均到场。合伙经营期间,两合伙人各分得利润3万元。由于公司业务及合伙人经营理念不同等原因,2011年12月,双方签订了《合伙解散协议》,合伙关系正式解散,经结算两合伙人各自亏损5万元。后来,宋某以公司的注册登记资料股东情况一栏没有他的名字为由,认为他不是该公司股东,他的股金投入30万元实为张某向他的借款,张某应偿还其欠款5万元。双方遂发生纠纷,宋某诉至法院要求张某偿还欠款5万元。法院判决驳回了宋某的诉讼请求。

【分析提示】

合伙关系的成立并不以工商登记的股东作为形式和实质性要件,被告不是工商登记的股东不能对抗原、被告之间合伙协议的效力及业已形成的隐名股东关系。原被告之间是个人合伙法律关系,被告收取原告的资金应为原告入伙的出资额。2011年12月,原被告签订了《合伙解散协议》,合伙关系经合伙人协商同意正式终止,双方也进行了结算。至于结算后的亏损额,合伙人内部按照该解散协议的约定共同承担,在投资股(出资额)中扣除并无不妥。

一、合伙企业的概念和特征

合伙企业是指自然人、法人和其他组织依法在中国境内设立的,由两个或两个以上的自然人通过订立合伙协议,共同出资经营、共负盈亏、共担风险的企业组织形式。

合伙企业包括普通合伙企业和有限合伙企业。其中普通合伙企业又包含特殊的普通合伙企业。普通合伙企业由普通合伙人组成,合伙人对合伙企业债务承担无限连带责任。特殊的普通合伙企业是指以专门知识和技能为客户提供有偿服务的专业服务机构。例如律师事务所、会计师事务所等。特殊的普通合伙企业必须在其企业名称中标明"特殊普通合伙"字样,以区别于普通合伙企业。

有限合伙企业由普通合伙人与有限合伙人共同组成合伙,其中普通合伙人对合伙企业债务承担无限连带责任,有限合伙人以其出资为限承担有限责任。

合伙企业作为企业的一种组织形式,它具有以下法律特征:

1. 合伙企业的合伙人不仅仅限于自然人,还包括法人和其他组织

除了国有独资公司、国有企业、上市公司以及公益性的事业单位、社会团体不得成为普通合伙人外,自然人、法人和其他组织都可以成为合伙企业的合伙人。

2. 合伙企业由两个以上的合伙人组成

合伙企业必须由两个以上合伙人组成,其中有限合伙企业必须有1个普通合伙人。普通合伙人对合伙企业债务承担无限连带责任,有限合伙人以其认缴的出资额为限对合伙企业债务承担责任。

3. 合伙企业的设立和内部管理均是以合伙协议作为法律基础

合伙协议是合伙人建立合伙关系,确定合伙人各自权利义务,是合伙企业得以设立的前提和必备条件。合伙协议必须以书面形式订立,由全体合伙人在协商一致的基础上,经全体合伙人签名盖章方可生效。如果没有合伙协议,合伙人之间不能形成合伙关系,合伙企业便不能成立。

二、合伙企业的内部关系

(一) 合伙事务的执行

合伙事务的执行是指合伙企业的经营管理以及其对内对外关系中的一些事务处理。

执行合伙事务是合伙人的权利,每一个合伙人,不管出资额多少,对合伙事务享有同等的权利。《合伙企业法》第26条第1款规定,"合伙人对执行合伙事务享有同等的权利。"

1. 合伙事务执行的方式

合伙事务执行的方式可以在合伙协议中事先予以约定。合伙协议中对此没有约定的,可由全体合伙人共同决定合伙事务执行的方式。合伙人执行合伙企业事务,一般有全体合伙人共同执行合伙企业事务、委托1个或者数个合伙人执行合伙企业事务、聘任非合伙人参与经营管理三种形式。

(1) 全体合伙人共同执行合伙企业事务。全体合伙人共同执行合伙企业事务是合伙企业事务执行的基本形式,也是在合伙企业中经常使用的一种形式。在采取这种形式的合伙企业中,按照合伙协议的约定,各个合伙人都直接参与经营,处理合伙企业的事务,对外代表合伙企业。

(2) 委托1个或者数个合伙人执行合伙企业事务。合伙人可以在合伙协议约定或

者事后决定委托1个或者数个合伙人执行合伙企业事务,对外代表合伙企业。受委托执行合伙事务的合伙人在法律上称为执行合伙人。由于执行合伙人在法律上是其他合伙人的代理人,同时又是合伙企业的法定代表人,所以执行合伙人履行职责执行合伙企业事务所产生的收益归合体企业,所产生的费用和亏损由合伙企业承担。未接受委托执行合伙企业事务的其他合伙人,不再执行合伙企业的事务。作为合伙人的法人、其他组织执行合伙事务的,由其委派的代表执行。

执行合伙人一般应以诚信和谨慎的态度处理合伙企业事务,不得为损害合伙企业和全体合伙人利益的行为,否则,全体合伙人可以撤销委托。执行合伙人利用职务上的便利将应当归合伙企业的利益据为己有的或者采取其他手段侵占合伙企业财产的,应当将该利益和财产退还合伙企业;给合伙企业或者其他合伙人造成损失的,依法承担赔偿责任。

(3)聘任非合伙人参与经营管理。聘任非合伙人参与经营管理必须经全体合伙人同意,被聘任的经营管理人员,仅是合伙企业的经营管理人员,不是合伙企业的合伙人,因而不具有合伙人的资格。

被聘任的合伙企业的经营管理人员应当在合伙企业授权范围内履行职务。被聘任的合伙企业的经营管理人员超越合伙企业授权范围履行职务,或者在履行职务过程中因故意或者重大过失给合伙企业造成损失的,依法承担赔偿责任。

为了维护合伙企业的整体利益和交易安全,同时也是为了切实保障每个合伙人的利益,《合伙企业法》规定,无论选择哪一种合伙企业事务的执行方式,除合伙协议另有约定外,在执行合伙企业事务的过程中,合伙企业的下列事项必须经全体合伙人一致同意:①改变合伙企业的名称。②改变合伙企业的经营范围、主要经营场所的地点。③处分合伙企业的不动产。④转让或者处分合伙企业的知识产权和其他财产权利。⑤以合伙企业名义为他人提供担保。⑥聘任合伙人以外的人担任合伙企业的经营管理人员。

合伙人依照法律规定或者合伙协议约定必须经全体合伙人一致同意始得执行的事务擅自处理,给合伙企业或者其他合伙人造成损失的,依法承担赔偿责任。

不具有事务执行权的合伙人擅自执行合伙事务,给合伙企业或者其他合伙人造成损失的,依法承担赔偿责任。

2. 合伙人在执行合伙事务中的权利和义务

(1)合伙人在执行合伙事务中的权利。根据《合伙企业法》的规定,合伙人在执行合伙事务中的权利主要包括以下内容:①平等执行权。合伙人对合伙事务享有平等执行的权利。②代表权和监督权。执行合伙事务的合伙人对外代表合伙企业,不参加执行事务的合伙人有权监督执行事务的合伙人,检查其执行合伙企业事务的情况。③查阅资料权。合伙企业有权查阅合伙企业的账簿和其他有关文件。④异议权。在合伙人分别执行合伙事务的情况下,由于合伙事务执行人的行为所产生的亏损和责任要由全体合伙人承担。因此,《合伙企业法》规定,合伙协议约定或者经全体合伙人决定,合伙人分别执行合伙企业事务时,合伙人可以对其他合伙人执行的事务提出异议。提出异议时,应暂停该项事务的执行。如果发生争议,可以采取表决的办法予以解决。⑤撤销委托执行事务权。受委托执行合伙事务的合伙人不按照合伙协议或者全体合伙人的决定执行事务的，其他合伙人可以决定撤销该委托。

（2）合伙人在执行合伙事务中的义务。①报告义务。执行合伙人应当定期向其他合伙人报告事务执行情况以及合伙企业的经营和财务状况。②竞业禁止义务。竞业禁止是指合伙人不得自营或者同他人合作经营与本合伙企业相竞争的业务。依此类推，合伙人受他人委托，为他人经营与本合伙企业相竞争的业务，也应当在禁止之列。对此，合伙人可以在合伙协议中，加以明确规定。③交易禁止义务。交易禁止是指合伙人非经合伙协议约定或者全体合伙人同意，不得同本合伙企业进行交易。一般认为，合伙人在同本合伙企业进行交易，不可能最大限度地维护合伙企业的利益，甚至可能以牺牲合伙企业的利益来满足自己的利益。所以，原则上不允许合伙人同本合伙企业进行交易。但是，如果全体合伙人认为，合伙人同本合伙企业进行某种交易对本企业并无损害，甚至有利，则可以通过合伙协议或者其他形式予以同意。④其他禁止义务。除竞业禁止义务和交易禁止义务外，合伙人也不得从事其他有损于本合伙企业利益的活动。

上述竞业禁止义务和交易禁止义务不适用于有限合伙企业，除合伙协议另有约定外，有限合伙人可以同本有限合伙企业进行交易，还可以自营或者同他人合作经营与本有限合伙企业相竞争的义务。对于违反上述义务的行为，《合伙企业法》第 99 条规定规定了相应的制裁措施，即"合伙人违反本法规定或者合伙协议的约定，从事与本合伙企业相竞争的业务或者与本合伙企业进行交易的，该收益归合伙企业所有；给合伙企业或者其他合伙人造成损失的，依法承担赔偿责任。"

小练习

1. 赵、钱、孙、李设立一家普通合伙企业。经全体合伙人会议决定，委托赵与钱执行合伙事务，对外代表合伙企业。对此，下列表述（　　）是错误的。

A. 孙、李仍享有执行合伙事务的权限

B. 孙、李有权监督赵、钱执行合伙事务的情况

C. 如赵单独执行某一合伙事务，钱可以对赵执行的事务提出异议

D. 如赵执行事务违反合伙协议，孙、李有权决定撤销对赵的委托

2. 甲为某普通合伙企业的合伙人，该合伙企业经营手机销售业务。甲拟再设立一家经营手机销售业务的个人独资企业。根据合伙企业法律制度的规定，下列表述中，正确的是（　　）。

A. 甲经其他合伙人一致同意，可以设立该个人独资企业

B. 甲可以设立该个人独资企业，除非合伙协议另有约定

C. 甲如不执行合伙企业事务，就可以设立该个人独资企业

D. 甲只要具有该合伙人的身份，就不可以设立该个人独资企业

3. 合伙事务执行的表决办法

一般情况下，合伙事务的执行是实行一人一票的表决办法。具体的表决办法如下：（1）由合伙协议约定。（2）全体合伙人过半数通过。合伙协议对表决办法未约定或者约定不明确的，实行合伙人一人一票并经全体合伙人过半数通过的表决办法。但是，除了合伙协议另有约定外，下列合伙企业事项应当经全体合伙人一致同意才能表决：（1）改变合伙企业的名称。（2）改变合伙企业的经营范围、主要经营场所的地点。（3）处分合伙企业的不动产。（4）转让或者处分合伙企业的知识产权和其他财产权利。（5）以合伙企业名义为他人提供担保。（6）聘任合伙人以外的人担任合伙企业的经营管理人员。

小练习

甲、乙、丙、丁、戊五人共同成立一个合伙企业，约定委托甲和乙负责执行合伙事务，下列说法（　　）不符合《合伙企业法》的规定。

A. 丙、丁、戊不再执行合伙事务，但有权监督甲和乙执行合伙事务的情况

B. 当甲和乙不按照合伙协议执行合伙事务的，丙、丁、戊可以决定撤销委托

C. 甲和乙应当定期向丙、丁、戊报告合伙事务执行情况以及合伙企业的经营和财产状况

D. 所有合伙人都有权查阅合伙企业的财务会计账簿等财务资料，以了解企业的财务状况和经营状况

（二）合伙企业的财产分配

合伙企业的财产在支付清算费用后，应当按下列顺序清偿：职工工资、社会保险费用、法定补偿金、合伙企业所欠税款、合伙企业债务。

合伙企业财产按上述顺序清偿后仍有剩余的，由各合伙人按合伙协议约定的比例进行分配；没有约定合伙协议分配比例的，由各合伙人平均分配。

小练习

某合伙企业清算时，其企业财产加上各合伙人的可执行财产，共计有5万元现金和价值15万元的实物。其负债为：职工工资1万元，银行贷款4万元和其他债务16万元，欠缴税款6万元。请分析清算人提出的清算方案内容中（　　）不符合法律规定。

A. 现金5万元，先用于偿还职工工资1万元

B. 偿还职工工资后余下的现金4万元偿还银行贷款

C. 前项清偿后其他债务16万元和欠缴税款6万元，以实物变现所得偿还

D. 前项清偿后债务和欠税未获清偿的部分，由全体合伙人在今后5年内偿还。5

年期满，若有仍未偿还的部分，则不再偿还

三、合伙企业的外部关系

（一）合伙企业与善意第三人的关系

在处理合伙企业与善意第三人的关系时，应当遵循自愿、公平和诚实信用的原则。合伙企业对合伙人执行合伙企业事务以及对外代表合伙企业权利的限制，不得对抗不知情的善意第三人。这里所说的"合伙人"，是指在合伙企业中有合伙事务执行权与对外代表权的合伙人。若第三人与合伙企业事务执行人恶意串通、损害合伙企业利益，则不属善意之情形。

（二）合伙企业与债权人的关系

合伙企业对其债务应先以其全部财产进行清偿。合伙企业不能清偿到期债务的，合伙人承担无限连带责任。即合伙人所有个人的财产，除依法不可执行的财产，如合伙人及其家属的生活必需品、已设定抵押权的财产等，均可用于清偿。

合伙人之间的分担比例对债权人没有约束力。债权人可以根据自己的清偿利益，请求全体合伙人中的一人或者数人承担全部清偿责任，也可以按照自己确定的清偿比例向各合伙人分别追索。如果某一合伙人由于承担无限连带责任清偿数额超过其应当分担的比例时，该合伙人有权就超过部分向其他未支付或者未足额支付应承担数额的合伙人追偿。

（三）合伙企业和合伙人个人债权人之间的关系

合伙人发生和合伙企业无关的债务的，相关债权人不得以其债权抵销其对合伙企业的债务，也不得代位行使其合伙人在合伙企业中的权利。合伙人个人财产不足以清偿其个人所负债务的，该合伙人只能以其合伙企业中分取的收益用于清偿；债权人也可以依法请求人民法院强制执行该合伙人在合伙企业中的财产份额用于清偿。人民法院强制执行合伙人的财产份额时，应当通知全体合伙人，其他合伙人有优先购买权；其他合伙人未购买，又不同意将该财产份额转让给他人的，可以该合伙人办理退伙结算，或者办理削减该合伙人相应财产份额的结算。

小练习

合伙人黄德艺因个人事务欠张某20万元债务，而张某同时欠合伙企业15万元债务。黄德艺的债务到期后一直未清偿，则张某的下列行为（　　）符合《合伙企业法》的规定。

A. 以其对黄德艺的债权抵销对合伙企业的债务
B. 代位行使黄德艺在合伙企业中的权利

C. 请求法院强制执行黄德艺在合伙企业中的财产份额

D. 当合伙企业不能清偿到期债务时，主张黄德艺的财产优先清偿自己的债权

四、合伙企业的入伙与退伙

（一）合伙企业的入伙

合伙企业的入伙是指在合伙企业存续期间，合伙人以外的第三人加入合伙，从而取得合伙人资格的法律行为。

新合伙人入伙时，应当经全体合伙人一致同意，并依法订立书面入伙协议。订立入伙协议时，原合伙人应当向新合伙人如实告知原合伙企业的经营状况和财务状况。入伙的新合伙人与原合伙人享有同等权利，承担同等责任。入伙协议另有约定的，从其约定。

入伙的新合伙人与原合伙人享有同等权利，承担同等责任。入伙协议另有规定的，从其规定。普通的新合伙人对入伙前合伙企业的债务承担连带责任。新入伙的有限合伙人以入伙前有限合伙企业的债务以其认缴的出资额为限承担责任。

小练习

甲、乙、丙合伙经营汽车运输业务。因生意好，甲想让其弟丁参加合伙，乙同意，但丙反对。甲以多数人同意为由安排丁参与经营。后合伙经营的汽车发生交通事故，造成5万元损失。四人为该5万元损失分担问题诉至法院。本案正确的处理办法应是（　　）。

A. 由甲、乙、丁分担5万元

B. 由甲、乙、丙、丁分担5万元

C. 由甲、乙、丙分担5万元

D. 由甲、乙、丙承担大部分，丁承担小部分

（二）合伙企业的退伙

合伙企业的退伙是指合伙人退出合伙企业，从而丧失合伙人资格的法律事实和行为。

合伙人退伙分为自愿退伙和法定退伙两种。

1. 自愿退伙

自愿退伙又称为声明退伙，它是指合伙人基于自愿的意思表示而退伙。自愿退伙可以分为协议退伙和通知退伙两种。

（1）协议退伙。《合伙企业法》第45条规定，合伙协议约定合伙期限的，在合伙企业存续期间，有下列情形之一时，合伙人可以退伙：①合伙协议约定的退伙事由出

现。②经全体合伙人一致同意退伙。③发生合伙人难以继续参加合伙的事由。④其他合伙人严重违反合伙协议约定的义务。

（2）通知退伙。《合伙企业法》第46条规定，合伙协议未约定合伙期限的，合伙人在不给合伙企业事务执行造成不利影响的情况下，可以退伙，但应当提前30日通知其他合伙人。

合伙人在不符合上述两项自愿退伙的法定条件时，擅自退伙的，应当赔偿由此给合伙企业造成的损失。

2. 合伙企业的法定退伙

合伙企业的法定退伙是指合伙人因出现法律规定的事由而退伙。法定退伙分为当然退伙和除名两类。

（1）当然退伙。当然退伙是指合伙人不是基于自愿，而是依法因某种客观情况的再现而退伙。我国《合伙企业法》第48条对当然退伙的条件作了明确的规定，即合伙人有下列情形之一的，当然退伙：①作为合伙人的自然人死亡或者被依法宣告死亡。②个人丧失偿债能力。③作为合伙人的法人或者其他组织依法被吊销营业执照、责令关闭撤销，或者被宣告破产。④法律规定或者合伙协议约定合伙人必须具有相关资格而丧失该资格。⑤合伙人在合伙企业中的全部财产份额被人民法院强制执行。

由于有限合伙人是以其出资额为限承担责任，所以，当有限合伙人丧失偿债能力时，并不发生当然退伙的后果。合伙人被依法认定为无民事行为能力人或者限制民事行为能力人的，经其他合伙人一致同意，可以依法将其转为有限合伙人，普通合伙企业依法转为有限合伙企业。其他合伙人未能一致同意的，该无民事行为能力或者限制民事行为能力的合伙人当然退伙。

作为有限合伙人的自然人在有限合伙企业存续期间丧失民事行为能力的，其他合伙人不得因此要求其退伙。

上述5种当然退伙的原因中并未涉及被依法判处有期徒刑、无期徒刑或劳动教养的犯人。因为这三类人只是丧失自由，他们并没有丧失民事权利能力，而且他们也有条件处理各类财产事务，虽然因失去自由而无法亲自参与合伙管理，但仍然可以作为合伙人。

当然退伙以法定事由实际发生之日为退伙生效日。

小练习

根据《合伙企业法》的规定，有限合伙人在出现一定情形时当然退伙。下列属于当然退伙情形的是（　　）。

A. 作为有限合伙人的自然人被依法宣告死亡

B. 作为有限合伙人的法人被责令关闭

C. 有限合伙人在合伙企业中的全部财产份额被人民法院强制执行

D. 作为有限合伙人的自然人丧失民事行为能力

（2）除名。除名是指合伙人因有严重违反合伙协议规定的行为或其他重大不正当行为等损害了合伙企业的利益或威胁合伙企业的生存与发展，而被其他合伙人一致决议开除的行为。《合伙企业法》第49条规定了除名的原因。即合伙人有下列情形之一的，经其他合伙人一致同意，可以决议将其除名：①未履行出资义务。②因故意或者重大过失给合伙企业造成损失。③执行合伙事务时有不正当行为。④发生合伙协议约定的事由。

对合伙人的除名决议应当书面通知被除名人。被除名人接到除名通知之日，除名生效，被除名人退伙。被除名人对除名决议有异议的，可以自接到除名通知之日起30日内向人民法院起诉。

（三）合伙人退伙后的相关事务处理

合伙人退伙并不影响其他合伙人之间的合伙关系，合伙企业继续存在。但合伙人退伙后涉及到财产继承和退伙结算的问题需要处理。

1. 财产继承

财产继承是指退伙人的财产份额和民事责任归属于退伙人的继承人。《合伙企业法》规定，合伙人死亡或者被依法宣告死亡的，对该合伙人在合伙企业中的财产份额享有合法继承权的继承人，按照合伙协议的约定或者经全体合伙人一致同意，从继承开始之日起，取得该合伙企业的合伙人资格。由此可见，《合伙企业法》对继承人取得合伙人资格规定了三项条件：①有合法继承权。②有合伙协议的约定或者全体合伙人的一致同意。③继承人愿意。但是有下列情形之一的，合伙企业应当向合伙人的继承人退还被继承合伙人的财产份额：①继承人不愿意成为合伙人。②法律规定或者合伙协议约定合伙人必须具有相关资格，而该继承人未取得该资格。③合伙协议约定不能成为合伙人的其他情形。

合伙人的继承人为无民事行为能力人或者限制民事行为能力人的，经全体合伙人一致同意，可以依法成为有限合伙人，普通合伙企业依法转为有限合伙企业。全体合伙人未能一致同意的，合伙企业应当将被继承合伙人的财产份额退还该继承人。

2. 退伙结算

退伙结算是指合伙企业将退伙人的财产份额退还给退伙人本人的行为。

合伙人退伙时，其他合伙人应当与该退伙人按照退伙时的合伙企业财产状况进行结算，退还退伙人的财产份额。退伙人对给合伙企业造成的损失负有赔偿责任的，相应扣减其应当赔偿的数额。退伙时有未了结的合伙企业事务的，待该事务了结后进行结算。

退伙人在合伙企业中财产份额的退还办法，由合伙协议约定或者由全体合伙人决定，可以退还货币，也可以退还实物。

合伙人退伙以后，并不能当然解除其对于合伙企业既往债务的连带责任。普通合伙人退伙后对基于其退伙前的原因发生的合伙企业债务承担连带责任，有限合伙人退伙后，对基于其退伙前的原因发生的有限合伙企业债务，以其退伙时从有限合伙企业中取回的财产承担责任。

合伙人退伙时,合伙企业财产少于合伙企业债务的,退伙人应当合伙协议的约定分担亏损。合伙协议未约定或约定不明确的,由各合伙人协商决定,协商不成的,由合伙人按照实缴出资比例分担亏损;无法确定出资比例的,由合伙人平均分担亏损。但是有限合伙人以其出资额为限承担亏损责任。

3. 合伙企业和合伙人类型的转变

普通合伙人转变为有限合伙人,或者有限合伙人转变为普通合伙人,应当经全体合伙人一致同意。有限合伙人转变为普通合伙人的,对其作为有限合伙人期间有限合伙企业发生的债务承担无限连带责任。有限合伙企业仅剩有限合伙人的,应当解散;有限合伙企业仅剩普通合伙人的,转为普通合伙企业。

作为有限合伙人的自然人死亡、被依法宣告死亡或者作为有限合伙人的法人及其他组织终止时,其继承人或者权利承受人可依法取得该有限合伙人在有限合伙人企业中的资格。

小练习

1. 萧峰、虚竹、段玉签订合同创建"丽好面包店"合伙企业,并约定分配比例为4:4:2。2012年4月,萧峰出差期间遇车祸不幸身亡。家中有妻子小玉和10岁的儿子萧龙。此时面包店的净资产仍有近60多万元,但虚竹、段玉担心财产分割会影响该店的发展,于是他们主动找小玉商量,希望小玉能入伙。下列说法正确的是( )。

A. 如果小玉表示愿意入伙,则可当然地代管萧峰成为面包店的合伙人
B. 段珠想让儿子萧龙代替丈夫成为面包店的合伙人,这种想法可以实现
C. 如果小玉不愿意入伙,则可与萧龙共同继承属于萧峰的财产份额
D. 如果小玉愿意入伙,则要对入伙以前面包店的债务负连带责任

2. 甲、乙、丙、丁共同投资设立了一有限合伙企业,甲、乙为有限合伙人,丙、丁为普通合伙人。现甲、乙欲转变为普通合伙人,下列正确的选项是( )。

A. 应当经全体合伙人一致同意
B. 甲、乙对其作为有限合伙人期间有限合伙企业发生的债务仅承担有限责任
C. 该企业因仅剩普通合伙人,应转变为普通合伙企业
D. 如丙、丁转变为有限合伙人,则该有限合伙企业应当解散

五、合伙企业的解散和清算

(一)合伙企业的解散

合伙企业的解散是指各合伙人解除合伙协议,合伙企业终止活动。

《合伙企业法》第85条规定,合伙企业有下列情形之一的,应当解散:(1)合伙期限届满,合伙人决定不再经营。(2)合伙协议约定的解散事由出现。(3)全体合伙

人决定解散。（4）合伙人已不具备法定人数满 30 天。（5）合伙协议约定的合伙目的已经实现或者无法实现。（6）依法被吊销营业执照、责令关闭或者被撤销。（7）法律、行政法规规定的其他原因。

（二）合伙企业的清算

合伙企业的清算是指合伙企业解散后，依照法定程序处理合伙企业的未结事务，使合伙企业归于消灭的活动。

合伙企业被决定解散后，该企业将会永久性地停止其商业活动。但是，合伙企业存续期间的事务不一定全部处理完毕，如职工的工资可能尚未付清，债权和债务未结算等，所以，清算是合伙企业解散的必经程序，否则，合伙企业不能正常注销。

1. 清算人的确定

合伙企业解散时应当由清算人进行清算。清算人由全体合伙人担任。经全体合伙人过半数同意，可以自合伙企业解散事由出现后 15 日内指定 1 个或者数个合伙人，或者委托第 3 人，担任清算人。

自合伙企业解散事由出现之日起 15 日内未确定清算人的，合伙人或者其他利害关系人可以申请人民法院指定清算人。

2. 清算人的职责及法律责任

根据《合伙企业法》第 87 条规定，清算人在清算期间执行下列事务：①清理合伙企业财产，分别编制资产负债表和财产清单。②与清算有关的合伙企业未了结事务。③清缴所欠税款。④清理债权、债务。⑤处理合伙企业清偿债务后的剩余财产。⑥代表合伙企业参加诉讼或者仲裁活动。此外，清算人还具有通知、公告义务。即清算人自被确定之日起 10 日内将合伙企业解散事项通知债权人，并于 60 日内在报纸上公告。债权人应当自接到通知书之日起 30 日内，未接到通知书的自公告之日起 45 日内，向清算人申报债权。

清算人执行清算事务时牟取非法收入或者侵占合伙企业财产的，应当将该收入和侵占的财产退还合伙企业；给合伙企业或者其他合伙人造成损失的，依法承担赔偿责任。如果隐匿、转移合伙企业财产，对资产负债表或者财产清单作虚假记载，或者在未清偿债务前分配财产，损害债权人利益的，依法承担赔偿责任。

清算期间，合伙企业存续，但不得开展与清算无关的经营活动。

清算结束后，清算人应当编制清算报告，经全体合伙人签名、盖章后，在 15 日内向企业登记机关报送清算报告，申请办理合伙企业注销登记。

《合伙企业法》第 91 条规定，合伙企业注销后，原普通合伙人对合伙企业存续期间的债务仍应承担无限连带责任。

合伙企业不能清偿到期债务的，债权人可以依法向人民法院提出破产清算申请，也可以要求普通合伙人清偿。合伙企业依法被宣告破产的，普通合伙人对合伙企业债务仍应承担无限连带责任。

小练习

1. 甲、乙共同出资组成一普通合伙企业，企业成立半年后，丙想加入，甲、乙便口头表示同意，并与丙约定由丙负责销售业务，并且如果企业效益较好，可给丙一定利润提成。此后，丙便积极地以合伙企业的名义到处活动进行交易。但企业仍然效益一般，并负有对外债务若干。后来，该合伙企业因违法经营问题严重，被工商部门依法吊销营业执照，该合伙企业解散。合伙企业的债权人在得知这一消息后，纷纷要求甲、乙、丙三人偿还所欠债务。依《合伙企业法》的规定，下列有关丙的表述正确的是（　　）。

A. 丙不应对合伙企业的债务以个人财产承担连带责任
B. 丙应对合伙企业的债务以个人财产承担连带责任
C. 丙在合伙企业存续期间的行为有效
D. 丙在合伙企业存续期间的行为无效

2. 甲、乙、丙、丁成立一普通合伙企业，1年后甲转为有限合伙人。此前，合伙企业欠银行债务30万元，该债务直至合伙企业因严重资不抵债被宣告破产仍未偿还。对该30万元银行债务的偿还，下列选项（　　）是正确的。

A. 乙、丙、丁应按合伙份额对该笔债务承担清偿责任，甲无须承担责任
B. 各合伙人均应对该笔债务承担无限连带责任
C. 乙、丙、丁应对该笔债务承担无限连带责任，甲无须承担责任
D. 合伙企业已宣告破产，债务归于消灭，各合伙人无须偿还该笔债

第三节

普通合伙企业

一、普通合伙企业的设立

（一）普通合伙企业的设立条件

根据《合伙企业法》第14条的规定，设立普通合伙企业应当具备以下五个条件：

1. 有符合条件的合伙人

合伙企业合伙人至少为2人，这是设立合伙企业的最低人数要求。《合伙企业法》对普通合伙企业合伙人的人数没有上限限制，但是为了防止发生大规模的变相的非法集资，《合伙企业法》规定有限合伙企业的合伙人最高不得超过50人，其中，必须有1人为普通合伙人。如果有限合伙企业仅剩有限合伙人的，该合伙企业应当解散。

普通合伙人为自然人的，应当具有完全民事行为能力，无民事行为能力人和限制民事行为能力人不得成为普通合伙企业的合伙人。但是，作为有限合伙人的自然人在有限合伙企业存续期间丧失民事行为能力的，其他合伙人不得因此要求其退伙。

此外，《合伙企业法》第3条明确规定，"国有独资公司、国有企业、上市公司以及公益性的事业单位、社会团体不得成为普通合伙人。"依此规定，这些单位不能成为普通合伙企业的合伙人，但法律并未限制这些单位成为有限合伙企业的合伙人，这意味着国有独资公司、国有企业、上市公司、公益性的事业单位和社会团体是可以成为有限合伙企业的合伙人的。法律、行政法规禁止从事营利性活动的人，不得成为普通合伙企业的合伙人，具体包括国家公务员、法官、检察官和警察。

2. 有书面的合伙协议

合伙协议是全体合伙人之间通过协商一致达成的合同。无论对于合伙人还是合伙企业，合伙协议都是非常重要的法律文件，因而，合伙协议必须以书面形式订立，经全体合伙人签名、盖章后方可生效。

普通合伙企业的合伙协议应当载明下列事项：（1）合伙企业的名称和主要经营场所的地点。（2）合伙目的和合伙经营范围。（3）合伙人的姓名或者名称、住所。（4）合伙人的出资方式、数额和缴付期限。（5）利润分配、亏损分担方式。（6）合伙事务的执行。（7）入伙与退伙。（8）争议解决办法。（9）合伙企业的解散与清算。（10）违约责任。

在书面合伙协议缺少以上必要载明事项中的一项或数项，或者一项或数项规定不明确的，如果能够通过其他方式加以弥补的，并不一定导致合伙协议无效。例如，利润分配和亏损分担办法；合伙企业的事务执行；入伙与退伙等，如协议中未作规定或者规定不明，可以按照《合伙企业法》的有关规定处理。

普通合伙企业的合伙协议与有限合伙企业的合伙协议不同，有限合伙企业的合伙协议要求严格，除了上述10项必要记载事项外，还应当载明下列6项：（1）普通合伙人和有限合伙人的姓名或者名称、住所。（2）执行事务合伙人应具备的条件和选择程序。（3）执行事务合伙人权限与违约处理办法。（4）执行事务合伙人的除名条件和更换程序。（5）有限合伙人入伙、退伙的条件、程序以及相关责任。（6）有限合伙人和普通合伙人相互转变的程序。

除上述必须载明的事项外，普通合伙企业的合伙协议还可以载明任意记载事项，如合伙企业的经营期限和合伙人争议的解决方式等。合伙人可以在协议中加以规定，也可以不加规定。

普通合伙企业的合伙协议生效后，合伙人依照合伙协议享有权利和承担责任。合伙人违反合伙协议的，应当依法承担违约责任。全体合伙人可以在协商一致的基础上，对该合伙协议加以修改或者补充。对于合伙协议未约定或者约定不明确的事项，由合伙人协商决定；协商不成的，可以调解解决；不愿通过协商、调解解决或者协商、调解不成的，可以按照合伙协议约定的仲裁条款或者事后达成的书面仲裁协议向仲裁机构申请仲裁；合伙协议中未订立仲裁条款，事后又没有达成书面仲裁协议的，可以向人民法院起诉。

3. 有合伙人认缴或者实际缴付的出资

普通合伙企业的合伙协议生效后,合伙人应当按照合伙协议约定的出资方式、数额和缴付期限履行出资义务。有限合伙人未按期足额缴纳的,应当承担补缴义务,并对其他合伙人承担违约责任。

根据《合伙企业法》的规定,合伙人可以用货币、实物、知识产权、土地使用权或者其他财产权利出资,也可以用劳务出资。但是有限合伙人例外,有限合伙人不得用劳务出资。

合伙人以实物、知识产权、土地使用权或者其他财产权利出资,如果需要评估作价的,可以有两种选择:第一,由全体合伙人协商确定;第二,由全体合伙人委托法定评估机构评估。合伙人以劳务出资的,其评估办法由全体合伙人协商确定,并在合伙协议中载明。合伙人应当按照合伙协议约定的出资方式、数额和缴付期限,履行出资义务。以非货币财产出资的,依照法律、行政法规的规定,需要办理财产权转移手续的,应当依法办理。

合伙人按照合伙协议的约定或者经全体合伙人决定,可以增加或者减少对合伙企业的出资。

4. 有合伙企业的名称和生产经营场所

企业名称是一家企业区别于另一家企业的标志符号。企业名称有助于社会公众能够明确、清晰地知道企业所处位置、组织形式、承担的责任和商业信誉,有利于商业往来。因而,合伙人在成立合伙企业时,必须确定其合伙企业的名称,并载入合伙协议。

一个合伙企业只能登记使用一个名称,并在登记主管机关辖区内不得和已登记的同行业其他企业的名称相同或者近似。

普通合伙企业名称中应当标明"普通合伙"字样。特殊的普通合伙企业名称中应当标明"特殊普通合伙"字样。

经营场所是指合伙企业从事生产经营活动的所在地。合伙企业一般只有一个经营场所,即在企业登记机关登记的营业地点。

5. 法律、行政法规规定的其他条件

(略)

小练习

甲、乙、丙、丁四人打算设立一家普通合伙企业。对此,下列表述中是正确的有( )。

A. 各合伙人不得以劳务作为出资

B. 如乙仅以其房屋使用权作为出资,则不必办理房屋产权过户登记

C. 该合伙企业名称中不得以任何一个合伙人的名字作为商号或字号

D. 合伙协议经全体合伙人签名、盖章并经登记后生效

（二）普通合伙企业的登记

1. 普通合伙企业的设立登记

在我国，设立合伙企业必须进行设立登记，合伙企业的登记机关是工商行政管理机关。国务院工商行政管理部门主管全国的的合伙企业登记工作。市、县工商行政管理机关负责本辖区内的合伙企业登记。

设立普通合伙企业一般经过下面三个步骤：

（1）订立合伙协议。合伙协议是合伙企业成立的法律基础，因此，合伙人在向企业机关提出设立申请时必须就合伙的有关事项达成书面协议，并由全体合伙人签名、盖章。

（2）提出设立申请。合伙人向企业登记机关提出申请，并提交全体合伙人签署的登记申请书、合伙协议书、合伙人身份证明等文件。合伙企业的经营范围中有属于法律、行政法规规定在登记前须经批准的项目的，该项经营业务应当依法经过批准，并在登记时提交批准文件。合伙协议约定或者全体合伙人决定，委托1名或者数名合伙人执行合伙事务的，还应当提交全体合伙人的委托书。

（3）核准登记。企业登记机关应当自受理申请之日起20日内，作出是否登记的决定。对符合《合伙企业法》规定条件的，予以登记，发给营业执照；对不符合《合伙企业法》规定条件的，不予登记的，应当给予书面答复，并说明理由。

合伙企业设立分支机构，应当向分支机构所在地企业登记机关申请登记，领取营业执照。

《合伙企业法》第11条第1款规定："合伙企业的营业执照签发日期，为合伙企业的成立日期。"这意味着，在此之前，合伙企业并未成立。所以，该条第2款规定："合伙企业领取营业执照前，合伙人不得以合伙企业的名义从事合伙业务。"并且对合伙企业未领取营业执照，而以合伙企业或者合伙企业分支机构名义从事合伙业务的，由企业登记机关责令停止，处以5,000元以上5万元以下的罚款。

2. 普通合伙企业的变更登记

普通合伙企业登记事项发生变更的，执行合伙事务的合伙人应当自作出变更决定或者发生变更事由之日起15日内，向企业登记机关申请办理变更登记。合伙企业登记事项发生变更时，未依法办理变更登记的，由企业登机关责令限期登记；逾期不登记的，处以2,000元以上2万元以下的罚款。

执行合伙事务的合伙人未按期申请办理变更登记的，应当赔偿由此给合伙企业、其他合伙人或者善意第三人造成的损失。

二、普通合伙企业的财产和分配

（一）普通合伙企业财产的法定范围

普通合伙企业财产包括合伙人出资的财产、以合伙企业名义取得的收益及依法以其

1. 合伙人出资的财产

《合伙企业法》规定，合伙人可以用货币、实物、知识产权、土地使用权或者其他财产权利出资，也可以用劳务出资。因此，合伙企业的财产主要有货币、实物、知识产权、土地使用权或者其他财产权利。作为出资的劳务则不能成为合伙企业的财产，但该劳务的成果和收益则属合伙企业的财产。

从财产权的状态看，出资的财产大体包括两种情况：一种是财产所有权，一种是财产使用权。

2. 以合伙企业的名义取得的收益

凡是以合伙企业为权利主体取得的合法收益，不论以何种方式取得，均视为合伙财产。实践中常见的情况有合伙财产的增值、孳息和转让所得、合伙营业收入和其他经营成果。

3. 依法取得的其他财产

合伙企业因其他法律行为或事件而获得的财产给付，如赠与、侵权赔偿；以合伙财产为对价而受让取得的财产，如购置的设备。

（二）普通合伙企业财产的转让与出质

1. 普通合伙企业财产的转让

普通合伙企业的财产为普通合伙企业独立享有，全体合伙人共同管理和使用。因此，在普通合伙企业存续期间，除非有合伙人退伙，否则，合伙人不得请求分割合伙企业的财产。普通合伙企业的合伙财产，具有共有财产性质，即由合伙人共同共有。对合伙企业财产的占有、使用、收益和处分，均应当依据全体合伙人的共同意志进行。但是，合伙人在合伙企业清算前私自转移或者处分合伙企业财产的，合伙企业不得以此对抗善意第三人。

由于普通合伙企业及其财产性质的特殊性，其财产的转让将会影响合伙企业以及各合伙人的切身利益，因此，《合伙企业法》对普通合伙企业财产的转让作了以下限制性的规定。

（1）向第三人的转让。除合伙协议另有约定外，合伙人向合伙人以外的人转让其在合伙企业中的全部或者部分财产份额时，须经其他合伙人一致同意。这意味着：①凡在合伙企业存续期间，属于合伙企业财产组成部分的，合伙人对其所占有的份额，如果转让给合伙人以外的其他人时，必须经过其他合伙人同意。②其他合伙人的同意，必须是一致的同意，而不是少数服从多数的同意。③合伙人所转让的合伙财产，无论是全部转让还是部分转让，都必须取得其他合伙人的一致同意。

有限合伙人按照合伙协议的约定向合伙人以外的人转让其在有限合伙企业中的财产份额时，不必经过其他合伙人的同意，但必须提前 30 日通知其他合伙人。

（2）合伙人之间的转让。合伙人之间转让在合伙企业中的全部或者部分财产份额时，应当通知其他合伙人。这一规定适用于合伙企业财产在合伙人之间的内部转让。

(3) 合伙人的优先购买权。合伙人向合伙人以外的人转让其在合伙企业中的财产份额的，在同等条件下，其他合伙人有优先购买权；但是，合伙协议另有约定的除外。

2. 普通合伙企业财产的出质

由于合伙人将其在合伙企业中的财产份额出质会引起责任分担问题，所以，《合伙企业法》规定合伙人以其在合伙企业中的财产份额出质的分为两种情况：一种是普通合伙人的出质，必须经其他合伙人一致同意；未经其他合伙人一致同意，其行为无效，由此给善意第三人造成损失的，由行为人依法承担赔偿责任。另一种是有限合伙人的出质，可以不必经过其他合伙人的同意，但合伙协议约定不得出质的，也不得出质。

（三）普通合伙企业的损益分配

合伙损益包括两方面的内容：（1）合伙利润。合伙利润是指以合伙企业的名义所取得的经济利益，它反映了合伙企业在一定期间的经营成果。合伙利润包括营业利润、投资净收益和营业外收支净额。（2）合伙亏损。合伙亏损是指以合伙企业的名义从事经营活动所形成的亏损，即合伙人共同承担的经济责任。

普通合伙企业的利润分配和亏损分担，按照合伙协议的约定办理；但是合伙协议不得约定将全部利润分配给部分合伙人或者由部分合伙人承担全部亏损。合伙协议未约定或者约定不明确的，由合伙人协商决定；协商不成的，由合伙人按照实缴出资比例分担；无法确定出资比例的，由合伙人平均分担。

小练习

王某和罗某共同出资15万元设立一合伙企业，1年后获得经营利润3万元，还获赠2台电脑。下列说法中属于错误的是（   ）。

A. 该15万元出资和3万元利润属于合伙企业的财产

B. 获赠的2台电脑不属于出资，也不属于营业所得，但仍属合伙企业财产

C. 王某欲向张某转让其在合伙企业中的一半财产份额，只需通知罗某即可

D. 王某以其在合伙企业中的财产份额出质而未取得罗某的同意，但不得以之对抗善意第三人，故该出质行为有效

三、特殊的普通合伙企业

特殊的普通合伙企业是指以专业知识和专门技能为客户提供有偿服务的专业服务机构。在我国，特殊的普通合伙企业较典型的就是会计师事务所。

特殊的普通合伙企业适用有限责任合伙制度，其合伙人仍对合伙债务承担无限连带责任，但其无限连带责任仅局限于本人业务范围及过错，这避免了合伙人承担过度风险，有利于发展异地业务。如《合伙企业法》规定，一个合伙人或者数个合伙人在执业活动中因故意或者重大过失造成合伙企业债务的，应当承担无限责任或者无限连带责

任,其他合伙人以其在合伙企业中的财产份额为限承担责任。

合伙人在执业活动中非因故意或者重大过失造成的合伙企业债务以及合伙企业的其他债务,由全体合伙人承担无限连带责任。合伙人执业活动中因故意或者重大过失造成的合伙企业债务,以合伙企业财产对外承担责任后,该合伙人应当按照合伙协议的约定对给合伙企业造成的损失承担赔偿责任。

特殊的普通合伙企业应当建立执业风险基金、办理职业保险。执业风险基金用于偿付合伙人执业活动造成的债务。执业风险基金应当单独立户管理。具体管理办法由国务院规定。

小练习

某会计师事务所登记设立为特殊的普通合伙企业,其合伙人之一的廖某在一次执业过程中因重大过失给客户造成损失,则下列说法中(　　)是正确的。

A. 对由此形成的会计师事务所的债务,由廖某对该债务承担无限责任

B. 该损失应由廖某独立承担

C. 其他合伙人对由此形成的会计师事务所的债务,以其在合伙企业中的财产份额为限承担责任

D. 会计师事务所对此承担责任以后,廖某应按照合伙协议的约定对给会计师事务所造成的损失承担赔偿责任

第四节　有限合伙企业

一、有限合伙企业的设立

有限合伙企业的设立必须符合以下条件:

1. 符合法定人数

《合伙企业法》第61条规定,除法律另有规定外,有限合伙企业由2个以上50个以下的合伙人设立。并且,至少应当有1个普通合伙人。

2. 有书面的合伙协议

《合伙企业法》第63条规定,有限合伙企业的合伙协议除符合《合伙企业法》第18条的规定外,还应当载明下列事项:(1)普通合伙人和有限合伙人的姓名或者名称、住所。(2)执行事务合伙人应具备的条件和选择程序。(3)执行事务合伙人权限与违约处理办法。(4)执行事务合伙人的除名条件和更换程序。(5)有限合伙人入伙、退

伙的条件、程序以及相关责任。(6) 有限合伙人和普通合伙人相互转变程序。

3. 有符合法律规定的名称和生产经营场所

有限合伙企业名称中应当标明"有限合伙"字样。

4. 有合伙人认缴或者实际缴付的出资

有限合伙人可以用货币、实物、知识产权、土地使用权或者其他财产权利作价出资。但不得以劳务出资。有限合伙人应当按照合伙协议的约定按期足额缴纳出资;未按期足额缴纳的,应当承担补缴义务,并对其他合伙人承担违约责任。有限合伙企业登记事项中应当载明有限合伙人的姓名或者名称以及认缴的出资数额。

小练习

下列有关有限合伙企业设立条件的表述中,不符合《合伙企业法》规定的是( )。

A. 有限合伙企业至少应当有一个普通合伙人
B. 有限合伙企业名称中应当标明"特殊普通合伙"字样
C. 有限合伙人可以用知识产权作价出资
D. 有限合伙企业登记事项中应载明有限合伙人的姓名或名称

二、有限合伙企业的事务执行

(一) 有限合伙企业的事务执行方式

有限合伙企业由普通合伙人执行合伙事务。执行事务合伙人可以要求在合伙协议中确定执行事务的报酬及报酬提取方式。有限合伙人不执行合伙事务,也不得对外代表有限合伙企业。第三人有理由相信有限合伙人为普通合伙人并与其交易的,该有限合伙人对该笔交易承担与普通合伙人同样的责任。如果有限合伙人未经授权就以有限合伙企业的名义与他人进行交易,给有限合伙企业或者其他合伙人造成损失的,该有限合伙人应当承担赔偿责任。但是,有限合伙人的下列行为不视为执行合伙事务:(1) 参与决定普通合伙人入伙、退伙。(2) 对企业的经营管理提出建议。(3) 参与选择承办有限合伙企业审计业务的会计师事务所。(4) 获取经审计的有限合伙企业财务会计报告。(5) 对涉及自身利益的情况,查阅有限合伙企业财务会计账簿等财务资料。(6) 在有限合伙企业中的利益受到侵害时,向有责任的合伙人主张权利或者提起诉讼。(7) 执行事务合伙人怠于行使权利时,督促其行使权利或者为了本企业的利益以自己的名义提起诉讼。(8) 依法为本企业提供担保。

(二) 有限合伙企业的利润分配

有限合伙企业不得约定将全部利润分配给部分合伙人;但是,合伙协议另有约定的除外。

(三) 有限合伙人的权利

合伙协议另有约定的除外，有限合伙人享有以下权利：

1. 不受竞业禁止的限制

有限合伙人可以同本有限合伙企业进行交易，也可以自营或者同他人合作经营与本有限合伙企业相竞争的业务。但是，合伙协议另有约定的除外。

2. 将财产份额出质的权利

《合伙企业法》第72条规定，有限合伙人可以将其在有限合伙企业中的财产份额出质。

3. 向合伙人以外的人转让财产份额的权利

《合伙企业法》第73条规定，有限合伙人可以按照合伙协议的约定向合伙人以外的人转让其在有限合伙企业中的财产份额，但应当提前30日通知其他合伙人。

4. 优先购买的权利

《合伙企业法》第74条规定，有限合伙人的自有财产不足清偿其与合伙企业无关的债务的，该合伙人可以以其从有限合伙企业中分取的收益用于清偿；债权人也可以依法请求人民法院强制执行该合伙人在有限合伙企业中的财产份额用于清偿。人民法院强制执行有限合伙人的财产份额时，应当通知全体合伙人。在同等条件下，其他合伙人有优先购买权。

本章提要

1. 基本概念

（1）合伙企业包括普通合伙企业和有限合伙企业。普通合伙人对合伙企业债务承担无限连带责任，有限合伙人以其认缴的出资额为限对合伙企业债务承担责任。

（2）合伙企业的财产只能由全体合伙人共同管理和使用。在合伙企业存续期间，除非有合伙人退伙，合伙人不得请求分割合伙企业的财产。

（3）合伙人执行合伙企业事务一般有全体合伙人共同执行合伙企业事务、委托1个或者数个合伙人执行合伙企业事务两种形式。

（4）新合伙人入伙时，应当经全体合伙人一致同意，并依法订立书面入伙协议。退伙一般有自愿退伙和法定退伙。退伙后要进行结算。并且退伙人并不因其退伙而免除承担在其退伙前发生的债务的义务。

（5）合伙企业不能清偿到期债务的，债权人可以依法向人民法院提出破产清算申请，也可以要求普通合伙人清偿。合伙企业依法被宣告破产的，普通合伙人对合伙企业债务仍应承担无限连带责任。

2. 简答题

（1）简述普通合伙企业设立的条件。
（2）简述新合伙人入伙的条件和法律后果。
（3）简述合伙人退伙的种类和情形。
（4）简述合伙企业的解散事由。
（5）简述合伙企业财产清偿的顺序。

3. 案例分析题

【案情 1】

甲、乙、丙 3 人协议设立名为广西茂盛汽车配件厂的有限合伙企业，并签订了合伙协议。合伙协议约定：甲、乙各以 20 万元现金或相当于 20 万元价值的实物出资，丙以其劳务作价 15 万元出资成立有限合伙企业，其中甲、乙作为普通合伙人，丙作为有限合伙人。甲、乙执行合伙企业事务，对外代表合伙企业，但甲、乙签订买卖合同时应经其他合伙人同意。合伙协议没有约定利润分配及亏损分担比例。合伙企业成立后 2 个月，乙就擅自以合伙企业的名义与广西长发汽车有限责任公司签订了买卖合同。由于合伙企业未依合同约定交货，广西长发汽车有限责任公司向合伙企业提出赔偿要求，同时得知该合同的签订未经其他合伙人同意。合伙企业以合同不成立为由拒绝了广西长发汽车有限责任公司的赔偿要求。

甲在与李四交往中发生了个人债务 20 万元，李四向法院提起诉讼，并于胜诉后向法院申请强制执行甲在合伙企业中的财产份额。人民法院在执行时，乙、丙均表示放弃优先购买权，于是法院便将甲在合伙企业中的财产份额执行给了李四，甲提出退出合伙企业。在此之前由于甲、乙经营管理不善已给合伙企业造成高达 60 万元的巨额债务。

根据上述事实及有关法律知识回答下列问题：

（1）甲、乙、丙的出资方式是否符合法律规定？为什么？
（2）合伙企业是否可以拒绝广西长发汽车有限责任公司的赔偿要求？为什么？
（3）人民法院强制执行甲在合伙企业中的财产份额后，甲是否应退伙？李四是否可以作为新的合伙人？为什么？
（4）李四是否应对其入伙前的 60 万元债务承担连带责任？

【分析提示】

（1）甲、乙的出资符合法律规定、丙的出资方式不符合法律规定。普通合伙人可以用货币、实物、土地使用权、知识产权或其他财产权利出资，也可以用劳务出资。有限合伙人不得以劳务出资。

（2）合伙企业不得拒绝广西长发汽车有限责任公司的赔偿要求。合伙企业对合伙人执行合伙企业事务以及对外代表合伙企业权利的限制，不得对抗不知情的善意第三人。合伙企业对甲和乙执行合伙企业事务、对外代表合伙企业有一定内部限制，即签订买卖合同应经其他合伙人同意。在甲以合伙企业名义与广西长发汽车有限责任公司签订的买卖合同中,广西长发汽车有限责任公司属于不知情的善意第三人,故该买卖合同有效,合伙企业不得以内部限制为由拒绝广西长发汽车有限责任公司的赔偿要求。

(3) 在人民法院强制执行了甲在合伙企业中的全部财产份额后,甲当然退伙。李四属于该合伙企业的新合伙人。

(4) 李四应对60万元债务承担连带责任。新合伙人对入伙前合伙企业的债务承担无限连带责任。

【案情 2】

2008年1月,甲、乙、丙3人合伙设立合伙企业,其中甲出资3万元、乙出资2万元,丙以劳务出资。合伙协议订立得比较简单,未约定利润分配和亏损分担比例,只约定三人共同管理企业。2008年6月,甲想把自己的一部分财产份额转让给丁,乙同意,但是丙不同意,因多数合伙人同意丁入伙成为新的合伙人,丙便提出退伙,甲、乙二人表示同意丙退伙,丁入伙。此时,该合伙企业欠长城公司货款3万元一直未还。2008年10月,甲私自以合伙企业的名义为其朋友的4万元贷款提供担保,银行对甲的私自行为并不知情。2009年5月,由于经营不善,该合伙企业宣告解散,企业又负债9万元无法清偿。

根据案情,请回答下列问题:

(1) 丁认为长城公司的欠款是其入伙之前发生的,与自己无关,自己不应该对该笔债务承担责任,丁的看法是否正确?

(2) 丙认为其早已于2008年6月退伙,该合伙企业的债务与其无关,丙的看法是否正确?

(3) 若甲的朋友到期不能清偿贷款,银行是否有权要求合伙企业承担担保责任?

(4) 若其他合伙人在得知甲私自以合伙企业的财产提供担保后一致同意将其除名,该决议是否有效?

(5) 在合伙企业清算后,长城公司、贷款银行和该合伙企业的债权人认为乙个人资金雄厚,要求其做全部的清偿,这些债权人的要求是否可以得到支持?

【分析提示】

(1) 丁的看法不正确。尽管合伙企业对长城公司的欠款是在丁入伙之前发生的,但入伙的新合伙人对入伙前合伙企业的债务承担连带责任,因此,丁需要对该笔债务承担连带责任。

(2) 丙的看法并不完全正确。尽管丙早已于2008年6月退伙,但退伙人对其退伙前已发生的合伙企业债务,与其他合伙人承担连带责任,因此,该合伙企业的债务并不是与丙一点关系都没有,丙对于2008年6月前的企业债务如长城公司的欠款就要与其他的合伙人一起承担连带责任。

(3) 若甲的朋友到期不能清偿4万元贷款,银行有权要求合伙企业承担担保责任。以合伙企业名义为他人提供担保需要经过全体合伙人同意，但由于该合伙企业是全体合伙人共同执行合伙企业事务的，全体合伙人都有权对外代表合伙企业，而甲私自提供了担保的行为银行并不知情，合伙企业对合伙人执行合伙企业事务以及对外代表合伙企业权利的限制，不得对抗不知情的善意第三人，因此，合伙企业应向银行承担担保责任。

（4）若其他合伙人在得知甲私自以合伙企业的财产提供担保后一致同意将其除名，该决议是有效的。因为合伙人因故意或者重大过失给合伙企业造成损失，或者执行合伙企业事务时有不正当行为的，经其他合伙人一致同意，可以决议将其除名。

（5）可以得到支持。因为以合伙企业财产清偿合伙企业债务时，其不足的部分由各合伙人按照合伙企业分担亏损的比例，用其在合伙企业出资以外的财产承担清偿责任。但合伙人之间的分担比例对债权人没有约束力，债权人可以根据自己的清偿利益，请求全体合伙人中的一人或数人承担全部清偿责任，也可以按照自己确定的比例向各合伙人分别追索。承担了清偿责任的合伙人有权向其他合伙人进行追偿。

4. 教学互动

组织3位同学分别扮演合伙企业的合伙人和工商部门工作人员，由甲、乙二人扮演申请设立公司的合伙人，丙扮演工商部门工作人员负责核准登记，考验丙是否懂得审核材料。第一，审核材料是否齐全？第二，审核材料内容是否符合要求？

第四章

个人独资企业法

【知识要求】 通过本章的学习，了解个人独资企业的概念和特征，个人独资企业与其他企业形态的区别及其个人独资企业的权利和义务。熟悉个人独资企业的投资人及事务管理、解散和清算的法律规则，个人独资企业的事务管理。掌握个人独资企业的设立、解散和清算的主要内容。

【技能要求】 通过本章的学习，能分析判断个人独资企业的设立和经营行为的法律效力及法律后果。

第一节 个人独资企业法概述

一、个人独资企业法的概念

个人独资企业法是指调整个人独资企业在设立、经营、解散、清算以及对内对外活动中发生的社会关系的法律规范的总称。个人独资企业法有广义和狭义之分。广义的个人独资企业法是指国家关于个人独资企业的各种法律规范的总称；狭义的个人独资企业法是指《个人独资企业法》，该法自2000年1月1日起施行。

二、个人独资企业法的立法宗旨

《个人独资企业法》第1条明确规定了其立法宗旨，具体如下：

（一）规范个人独资企业的行为

个人独资企业具有规模小、内部结构简单、经营灵活等特点，是引导个人投资参与经济建设较理想的企业形式之一。但是在市场经济条件下，个人独资企业受利益驱动，也具有抗拒任何阻碍实现其利己目标的自发倾向。一旦利己目标发生极度膨胀，就有可能走上破坏经济秩序甚至牺牲其他经济组织利益的道路。因此，要对个人独资企业进行规范，一方面为其发展创造公平、宽松的环境，另一方面对其可预见的危害性要依法加以约束。

（二）保护个人独资企业投资人和债权人的合法权益

个人独资企业投资人是个人独资企业财产的所有权人，其投资经营个人独资企业是法律赋予的权力，应当受到法律保护。目前存在的突出问题是，一些单位和个人非法干预个人独资企业自主经营，侵占、挪用个人独资企业财物，向个人独资企业乱收费、乱摊派、乱罚款的情况普遍，严重损害了个人独资企业投资人的合法权益。为了鼓励和引导个人独资企业健康发展，需要加强对个人独资企业投资人合法权益的保护。同时，个人独资企业在经济活动中与其他经济组织发生债权债务关系是不可避免的，除了要依法保护个人独资企业及其投资人合法权益，也要保护债权人的合法权益。

（三）维护社会经济秩序，促进社会主义市场经济的发展

建立和发展社会主义市场经济，是我国经济体制改革的目标，实现这个目标要有良好的社会经济秩序相伴。而良好的社会经济秩序的建立，一方面要靠国家立法和执法予以保障，另一方面也要靠全体公民、各企业事业单位和组织自觉遵守法律加以实现。个人独资企业是我国市场主体的重要组成部分，对我国社会主义市场经济的形成和发展起着重要作用，有效地规范个人独资企业的行为，切实保护个人独资企业投资人和债权人的合法权益，不仅有利于提高个人独资企业素质，引导个人独资企业健康发展，同时，对维护社会经济秩序，促进社会主义市场经济的发展也将产生积极的影响。

三、个人独资企业法的适用范围

个人独资企业是由一个自然人投资设立，财产为投资人个人所有，投资人以其个人财产对企业债务承担无限责任的经营实体。所以，《个人独资企业法》只适用于个

人独资企业,不适用于具有独资特点的全民所有制企业、国有独资公司和外商独资企业。

第二节 个人独资企业概述

一、个人独资企业的概念和法律特征

(一) 个人独资企业的概念

个人独资企业简称独资企业,是指依法在中国境内设立,由一个自然人投资,财产为投资人个人所有,投资人以其个人财产对企业债务承担无限责任的经营实体。

(二) 个人独资企业的法律特征

1. 投资人只能是中国自然人

个人独资企业只能由一个自然人投资,而且只能由中国自然人投资。国家机关、国家授权投资的机构或者国家授权的部门、企业、事业单位等都不能作为个人独资企业的投资人。

2. 投资人对合伙企业承担无限责任

由于个人独资企业的投资人是一个自然人,对企业的出资多少、是否追加资金或减少资金、采取什么样的经营方式等事项均由投资人一人做主,从权利和义务上看,出资人与企业是不可分割的。因此,投资人对企业债务承担无限责任,即当个人独资企业财产不足以清偿债务的,投资人应当以其个人的其他财产予以清偿。如果个人独资企业投资人在申请企业设立登记时明确以其家庭共有财产作为个人出资的,应当依法以家庭共有财产对企业债务承担无限责任。

3. 所有权和经营权合二为一,经营管理方式简单灵活

个人独资企业的投资人既是企业的所有者,又可以是企业的经营者,可以说,所有权和经营权合二为一。因此,法律对其内部机构的设置和经营管理方式不像公司和其他企业那样加以严格规定。在个人独资企业中,投资人对企业事务具有绝对的决策权和控制支配权,完全可以按照自己的意愿经营所属的企业。

4. 不具有法人资格,但却具有民事主体资格

尽管个人独资企业有自己的名称或商号,并以企业名义从事经营行为和参加诉讼活动,但它不具有独立的法人地位。原因如下:第一,个人独资企业本身不是财产所有权的主体,不享有独立的财产权利;第二,个人独资企业不承担独立责任,而是由投资人承担无限责任。这一特点与合伙企业相同而区别于公司。个人独资企业不具有法人资格,但属于独立的法律主体,其性质属于非法人组织,享有相应的权利能力和行为能

力，能够以自己的名义进行法律行为。

个人独资企业分支机构的民事责任由设立该分支机构的个人独资企业承担。

小练习

张三以个人名义兴办了一个食品加工厂，在申请设立企业登记时明确以其家庭共有财产作为个人出资，下列观点正确的是（　　）。

①该加工厂为个人独资企业
②该加工厂实为合伙企业
③张三应以个人财产对企业债务承担无限责任
④张三应以家庭共有财产对企业债务承担无限责任

A. ②④　　　B. ①③　　　C. ①④　　　D. ②

（三）个人独资企业与相关经济组织的区别

1. 个人独资企业与一人公司的区别

个人独资企业和一人公司都是一个主体出资建立的企业，但两者性质是完全不同的，体现在：

（1）出资人不同。个人独资企业只能由自然人出资设立。一人公司既可以由自然人出资设立，也可以由法人出资设立，还可以由国家出资设立。

（2）主体资格不同。个人独资企业属于非法人组织，不具有法人资格。一人公司作为公司的一种，是企业法人，在公司成立时取得法人资格。

（3）责任承担不同。个人独资企业的投资人对企业的债务承担无限责任。一人公司的投资人（股东）仅以出资额为限对公司负责，即负有限责任。

（4）设立的法律依据不同。个人独资企业依照《个人独资企业法》设立。一人公司依照《公司法》设立。

2. 个人独资企业与个体工商户的区别

个人独资企业和个体工商户都是自然人出资，这是它们的共同点。两者的区别是：

（1）个人独资企业仅能以个人出资设立；个体工商户则可以是一个自然人设立，也可以是家庭出资设立。

（2）个人独资企业，投资人以其个人财产对企业债务承担无限责任；仅在企业设立登记时明确以其家庭共有财产作为个人出资的，才依法以家庭共有财产对企业债务承担无限责任。而根据《民法通则》第29条的规定，个体工商户的债务如属个人经营的，以个人财产承担，属家庭经营的，以家庭财产承担。

（3）依据的法律不同。个人独资企业依照个人独资企业法设立，个体工商户依照《民法通则》、《城镇个体工商户管理暂行条例》及其实施细则的规定设立。

（4）个人独资企业是经营实体，是一种企业组织形态，性质上属于非法人组织，具有团体人格的组织体属性。个体工商户则不采用企业形式。不具有组织体的属性。

个人独资企业法颁布之前，我国曾以雇工人数对个人独资企业与个体工商户加以区别，雇工8人以上者为个人独资企业，雇工不足8人者为个体工商户。显然，这种区分标准缺乏科学性，个人独资企业法颁布后不再采用这一标准，即雇工人数少于8人的也可设立独资企业，关键看是否进行了独资企业登记，领取独资企业营业执照。

3. 个人独资企业与普通合伙企业的区别

个人独资企业和普通合伙企业的出资人均为自然人，对企业债务都承担无限责任，都属于法律主体中的非法人组织，这是二者的相同之处。二者的不同之处在于以下几点：

（1）投资人人数不同。个人独资企业的出资人仅为1人，普通合伙企业为2人以上。

（2）财产归属不同。个人独资企业的财产归出资人一人所有，普通合伙企业的财产由全体合伙人共有。

（3）责任承担有所不同。个人独资企业仅由出资人承担无限责任，普通合伙企业则由全体合伙人承担连带无限责任。

小练习

下列对个人独资企业与合伙企业关系的叙述中（　　）是错误的。

A. 二者都不缴纳企业所得税

B. 二者在设立时都不要求有注册资本

C. 二者的投资者对企业的债务都承担无限责任

D. 法律禁止从事营利性活动的人不可独自开办个人独资企业，但可与其他符合法律要求的人共同设立合伙企业，成为合伙人

二、个人独资企业的设立

（一）个人独资企业的设立条件

为了保证个人独资企业的合法经营，维护个人独资企业投资人的合法权益和保护债权人的合法权益，《个人独资企业法》第8条对设立个人独资企业规定了必备的条件。

1. 投资人为一个自然人，并且只能是中国公民

个人独资企业的投资人为具有中国国籍的自然人，但根据法律、行政法规禁止从事营利性活动的人，不得作为投资人申请设立个人独资企业。根据我国有关法律、行政法规规定，国家公务员、党政机关领导干部、警官、法官、检察官、商业银行工作人员等人员，不得作为投资人申请设立个人独资企业。

2. 有合法的企业名称

个人独资企业的名称应当符合国家关于企业名称登记管理的有关规定，企业名称与

其责任形式及从事的营业相符合，可以叫厂、店、部、中心等，但是不得使用"有限"、"有限责任"或者"公司"等字样。企业名称中也不得含有国家禁止使用的内容和文字。

3. 有投资人申报的出资

投资人可以以个人财产出资，也可以以家庭共有财产出资。设立个人独资企业可以用货币出资，也可以用实物、土地使用权、知识产权或者其他财产权利出资。采取实物、土地使用权、知识产权或者其他财产权利出资的，应将其折算成货币数额。《个人独资企业法》对设立个人独资企业的出资数额未作限制。

4. 有固定的生产经营场所和必要的生产经营条件

生产经营场所包括企业的住所和与生产经营相适应的处所。住所是企业的主要办事机构所在地，是企业的法定地址。

5. 有必要的从业人员

必要的从业人员是企业开展经营活动必不可少的人的要素和条件。根据《个人独资企业法》规定，个人独资企业可以依法招用职工。关于个人独资企业的从业人数，《个人独资企业法》没有作出明确的具体规定，由个人独资企业视经营情况而定。

（二）个人独资企业的设立程序

个人独资企业的设立程序一般包括以下三个步骤。

1. 提出申请

申请设立个人独资企业，应当由投资人或者其委托的代理人向个人独资企业所在地的登记机关提交设立申请书、投资人身份证明、生产经营场所使用证明等文件。委托代理人申请设立登记时，应当出具投资人的委托书和代理人的合法证明。

个人独资企业设立申请书应当载明下列事项：（1）企业的名称和住所。（2）投资人的姓名和住所。（3）投资人的出资额和出资方式。（4）经营范围。

2. 工商部门登记发证

登记机关应当在收到设立申请文件之日起15日内，对符合《个人独资企业法》规定条件的，予以登记，发给营业执照；对不符合《个人独资企业法》规定条件的，不予登记，并发给企业登记驳回通知书。

个人独资企业设立分支机构，应当由投资人或者其委托代理人向分支机构所在地的登记机关申请登记，领取营业执照。分支机构经核准登记后，应将登记情况报该分支机构隶属的个人独资企业的登记机关备案。分支机构的民事责任由设立该分支机构的个人独资企业承担。

3. 成立

个人独资企业的营业执照的签发日期，为个人独资企业的成立日期。在领取个人独资企业营业执照前，投资人不得以个人独资企业的名义从事经营活动。未领取营业执照，以个人独资企业名义从事经营活动的，责令停止经营活动，处以3,000元以下的罚款。

个人独资企业营业执照的签发日期,为个人独资企业的成立日期。

三、个人独资企业的解散

个人独资企业的解散是指个人独资企业因出现某些法律事由而导致其民事主体资格消灭的行为。

个人独资企业解散的原因分为自行解散和强制解散。

(一) 自行解散

自行解散有两种情形:一是投资人决定解散。这是个人独资企业解散的任意原因。只要不违反法律规定,投资人有权决定在任何时候解散个人独资企业。二是投资人死亡或者被宣告死亡,无继承人或者继承人决定放弃继承。在投资人死亡或宣告死亡的情况下,如果其继承人继承了独资企业,则企业可继续存在,只需办理投资人的变更登记,但若出现无继承人或全部继承人均决定放弃继承的情形,独资企业失去继续经营的必备条件,故应当解散。

(二) 强制解散

强制解散有两种情形:一是被依法吊销营业执照。这是独资企业解散的强制原因。被处以吊销营业执照的处罚的原因,包括独资企业提交虚假文件以欺骗手段取得登记情节严重的行为,涂改、出租、转让营业执照情节严重的行为,企业成立后无正当理由超过6个月未开业或开业后自行停业连续6个月以上的行为等。二是法律、行政法规规定的其他情形。

个人独资企业解散后,原投资人对个人独资企业存续期间的债务仍应承担偿还责任,但债权人在5年内未向债务人提出偿债请求的,该责任消灭。

四、个人独资企业的清算

个人独资企业解散的,应当进行清算。个人独资企业解散,由投资人自行清算或者由债权人申请人民法院指定清算人进行清算。

(一) 清算人的产生

清算人是指清算企业中执行清算事务及对外代表者。清算企业因解散而丧失经营活动的能力,不能继续进行经营活动,而只存在清算事务。因此,企业的管理人应代之为清算人。《个人独资企业法》第27条规定,个人独资企业解散,由投资人自行清算或者由债权人申请人民法院指定清算人进行清算。因此,个人独资企业的清算原则上以投资人为其清算人。但经债权人申请,人民法院得指定投资人以外的人为清算人。

（二）通知与公告程序

投资人自行清算的，应当在清算前 15 日内书面通知债权人，无法通知的，应当予以公告。债权人应当在接到通知之日起 30 日内，未接到通知的应当在公告之日起 60 日内，向投资人申报其债权。

（三）清产偿债程序

清算人应在债权人申报债权后清理企业的债权、债务。在清算期间，个人独资企业不得开展与清算目的无关的经营活动。在清偿债务前，投资人不得转移、隐匿财产。个人独资企业及其投资人在清算前或清算期间隐匿或转移财产、逃避债务的，依法追回其财产，并按照有关规定予以处罚；构成犯罪的，追究其刑事责任。

（四）财产清偿顺序

个人独资企业解散的，财产应当按照下列顺序清偿：①欠职工工资和社会保险费用。②所欠税款。③所其他债务。

个人独资企业财产不足以清偿债务的，投资人应当以其个人的其他财产予以清偿。

（五）注销登记程序

个人独资企业清算结束后，投资人或者人民法院指定的清算人应当编制清算报告，并于 15 日内到登记机关办理注销登记。注销登记一旦完成，个人独资企业即告消灭。

小练习

2009 年 12 月，王强以个人名义投资兴办了好娃娃服装厂。由于服装市场竞争日益激烈，2012 年 5 月，王强决定解散该服装厂投资于其他行业。王强其后实施的下列行为（　　）违反了我国《个人独资企业法》的规定。

A. 王强自己担任清算人对好娃娃服装厂进行清算

B. 在清算前 15 日内通知债权人相关情况

C. 在报纸上发表声明"好娃娃服装厂已经解散，请其债权人尽快提出偿债请求，5 年内未提出的，本人将不再承担清偿责任"

D. 在清算期间，客户霍某找到王强要最后订购一批服装，王强本不愿再接生意但在其再三请求之下答应了其请求，并与之订立了买卖协议

第三节

个人独资企业的事务管理

一、个人独资企业的权利和义务

(一) 个人独资企业的权利

根据《个人独资企业法》的规定,个人独资企业享有以下权利:

1. 依法申请贷款的权利

个人独资企业可以根据《中华人民共和国商业银行法》、《中华人民共和国合同法》和中国人民银行发布的《贷款通则》等法律、法规的规定申请贷款,以供企业生产经营之用。

2. 依法取得土地使用权的权利

个人独资企业可根据《中华人民共和国土地管理法》、《中华人民共和国土地管理法实施细则》和《城镇国有土地使用权出让和转让暂行条例》等规定取得土地使用权。

3. 拒绝摊派的权利

摊派是指在法律、法规的规定之外,以任何方式要求企业提供财力、物力和人力的行为。国家禁止任何国家机关、人民团体、部队、企业、事业单位和其他社会组织向企业摊派。《个人独资企业法》规定,任何单位和个人不得违反法律、行政法规的规定,以任何方式强制个人独资企业提供财力、物力、人力。对于违法强制提供财力、物力、人力的行为,个人独资企业有权拒绝。

4. 法律、行政法规规定的其他权利

个人独资企业除享有上述权利外,还依法享有其他权利。例如,根据《中华人民共和国外贸法》的规定,企业可以依法取得外贸经营权或根据业务需要,委托具有外贸经营权的单位代为办理进出口业务;根据《中华人民共和国专利法》的规定,企业可以取得专利保护;根据《中华人民共和国商标法》的规定,企业可以取得商标保护等。

(二) 个人独资企业的义务

1. 遵守法律、行政法规,诚实信用,不得损害社会公共利益的义务

遵守法律、法规是每个企业应尽的义务,企业只有遵守法律、法规,才能保证生产经营活动的有序进行。个人独资企业遵守的诚实信用原则是我国民事活动的基本原则。企业只有诚实守信用,才能取得他人的信任,这既能增加企业的商业机会,也能树立企业形象,同时也是维护正常的社会经济秩序的需要。个人独资企业不得损害社会公共利益也是我国民法规定的民事活动中必须遵循的基本原则之一。个人独资企业在经营活动

中，还必须遵守社会公德，不得滥用权利。

2. 依法履行纳税的义务

自2000年1月1日起，我国对个人独资企业停止征收企业所得税。投资者的生产经营所得，比照个体工商户的生产、经营所得征收个人所得税。

3. 依法设立会计账簿，进行会计核算的义务

4. 依法保障职工权益的义务

根据《个人独资企业法》第22条、23条的规定，个人独资企业招用职工的，应当依法与职工签订劳动合同，保障职工的劳动安全，按时、足额发放职工工资。同时，个人独资企业还应当按照国家有关规定参加社会保险，为职工缴纳社会保险费。

个人独资企业职工依法建立工会，工会依法开展活动。个人独资企业违反《个人独资企业法》的上述规定，侵犯职工合法权益，未保障职工劳动安全，不缴纳社会保险费用的，根据《个人独资企业法》第39条的规定，个人独资企业将被按照有关法律、行政法规予以处罚，并追究有关责任人员的责任。

二、个人独资企业的事务管理

个人独资企业的事务管理是指对个人独资企业生产经营活动进行控制和协调等事务的管理。

（一）个人独资企业事务管理的方式

根据《个人独资企业法》第19条的规定，个人独资企业投资人可以自行管理企业事务，也可以委托或者聘用其他具有民事行为能力的人负责企业的事务管理。投资人委托或者聘用他人管理个人独资企业事务，应当与受托人或者被聘用的人签订书面合同，明确委托的具体内容和授予的权利范围。

投资人对受托人或者被聘用的人员职权的限制，不得对抗善意第三人。个人独资企业的投资人与受托人或者被聘用的人员之间有关权利的限制只对受托人或者被聘用的人员有效，对第三人并无约束力，受托人或者被聘用的人员超出投资人的限制与善意第三人的有关业务交往应当有效。

为了保护投资人的合法权益，《个人独资企业法》专门规定了受托人或者被聘用人员的职责：

（1）受托人或者被聘用的人员应当履行诚信、勤勉义务。受托人或者被聘用人应当以诚实信用的态度对待投资人，对待企业，尽其所能依法保障企业利益，按照与投资人签订的合同负责个人独资企业的事务管理。如受托人或者被聘用的人员管理个人独资企业事务时违反双方订立的合同，给投资人造成损害的，承担民事赔偿责任。

（2）禁止行为。《个人独资企业法》第20条规定，投资人委托或者聘用的管理个人独资企业事务的人员不得有下列行为：①利用职务上的便利，索取或者收受贿赂。②利用职务或者工作上的便利侵占企业财产。③挪用企业的资金归个人使用或者借贷给他人。④擅自将企业资金以个人名义或者以他人名义开立账户存储。⑤擅自以企业财产

提供担保。⑥未经投资人同意，从事与本企业相竞争的业务。⑦未经投资人同意，同本企业订立合同或者进行交易。⑧未经投资人同意，擅自将企业商标或者其他知识产权转让给他人使用。⑨泄露本企业的商业秘密。⑩法律、行政法规禁止的其他行为。

受托人或者被聘用的人员违反规定，从事上述行为的，侵犯个人独资企业财产权益的，责令退还侵占的财产；给企业造成损失的，依法承担赔偿责任；有违法所得的，没收违法所得；构成犯罪的，依法追究刑事责任。

小练习

万某因出国留学将自己的独资企业委托陈某管理，并授权陈某在5万元以内的开支和50万元以内的交易可自行决定。假设第三人对此授权不知情，则陈某在受托期间实施的下列行为（　　）是我国法律所禁止的或无法律效力的。

A. 未经万某同意与某公司签订交易额为120万元的合同
B. 未经万某同意将自己的房屋以3万元出售给本企业
C. 未经万某同意向某电视台支付广告费10万元
D. 未经万某同意聘用其妻为企业销售主管

（二）个人独资企业事务管理的内容

个人独资企业事务管理的内容包括以下几个方面：

（1）个人独资企业应当依法设置会计账簿，进行会计核算。

（2）个人独资企业招用职工的，应当依法与职工签订劳动合同，保障职工的劳动安全，按时、足额发放职工工资。

（3）个人独资企业应当按照国家规定参加社会保险，为职工缴纳社会保险费。根据有关规定，我国目前设有五种强制性的社会保险，即养老保险、工伤保险、医疗保险、失业保险和企业职工生育保险。

（4）个人独资企业可以依法申请贷款，取得土地使用权，并享有法律、行政法规规定的其他权利。

（5）任何单位和个人不得违反法律、行政法规的规定，以任何方式强制个人独资企业提供财力、物力、人力；对于违法强制提供财力、物力、人力的行为，个人独资企业有权拒绝。

本章提要

1. 基本概念

（1）个人独资企业投资人对企业承担无限责任，但在申请企业设立登记时明以其家庭共有财产作为个人出资的，应当依法以家庭共有财产对企业债务承担无限责任。

(2) 个人独资企业解散的，财产应当按照下列顺序清偿：①欠职工工资和社会保险费用。②所欠税款。③所其他债务。

(3) 个人独资企业投资人可以自行管理企业事务，也可以委托或者聘用其他具有民事行为能力的人负责企业的事务管理。

2. 简答题

(1) 简答个人独资企业的概念和法律特征。
(2) 简答个人独资企业与一人有限责任公司、个体工商户的区别。
(3) 简答个人独资企业的权利和义务。
(4) 简答个人独资企业的清偿顺序。

3. 案例分析题

【案情1】

2014年7月15日，甲出资6万元设立A个人独资企业，甲聘请乙管理A企业事务，同时规定，凡乙对外签订的标的超过2万元以上的合同必须经过甲同意。2014年12月8日，乙未经甲同意以A企业的名义向善意第三人丙购买价值25,000元的货物。2015年3月5日，A企业亏损，不能支付到期的丁的债务，甲决定解散A企业，并请求人民法院指定清算人。7月10日，人民法院指定戊作为清算人对A企业进行清算。经查，A企业和甲的资产及债权债务情况如下：企业欠缴税款4,000元，欠乙工资8,000元，欠社会保险费6,000元，欠丁120,000元；A企业的银行存款10,000元，实物折价80,000元；甲向B合伙企业出资80,000元，占B企业出资总额的50%，B合伙企业每年可以向合伙人分配利润；甲个人其他可执行的财产价值25,000元。根据以上资料，回答下列问题：

(1) 乙于2014年12月8日以A企业的名义向丙购入价值25,000元货物的行为是否效？为什么？
(2) 试述A企业的财产清偿顺序。
(3) 如何满足丁的债权请求？

【分析提示】

(1) 乙于2014年12月8日以A企业的名义向丙购入价值25,000元的货物行为有效。因为根据《个人独资企业法》的规定，投资人对被聘用的人员的内部职权限制不得对抗善意第三人。尽管乙向丙购买货物的行为超越职权，但因为丙是善意第三人，所以该行为当然有效。

(2) 根据《个人独资企业法》的规定，个人独资企业解散清算时的财产应清偿顺序为：首先拨付清算费用。第一顺序，职工工资和社会保险费用；第二顺序，所欠税款；第三顺序，其他债务。

（3）用 A 企业的银行存款和实物折价共 90,000 元清偿所欠乙的职工工资、社会保险费用、税款以后，剩余的 72,000 元才能用于清偿所欠丁的债务。其次，A 企业剩余财产全部清偿以后，仍欠丁 48,000 元，可以用甲的个人财产进行清偿。第三，在用甲的个人财产清偿时，可以用甲的其他可执行财产 20,000 元清偿，不足部分再用甲从 B 合伙企业分得的受益予以清偿或者由丁依法请求人民法院强制执行甲在 B 合伙企业中的财产份额用于清偿。

【案情 2】

甲大学毕业后在家待业多年仍未找到合适的工作，在政府鼓励创业的大好形势下，甲和父母商量，想成立一个个人独资企业自己当老板创业。但因多年来甲只做过几份临时工作，手上积蓄只有 4,000 元，支付筹办开店的租房费、货架费等费用远远不够，其父母拿出 20,000 元积蓄赠送给甲。此后，甲找到店面，除了装修和租金外，甲还有 8,000 元余额。甲到当地工商管理部门以个人名义申报了 8,000 元的出资额。工商局依法审查后向其颁发了营业执照。甲的个人独资企业很快开业了，但因甲根本不懂经营，不到 2 年，就拖欠厂家货款 10,000 元，对乙、丙、丁各欠债务 2,000 元，拖欠房租 6,000 元。各债权人不断上门讨债，甲感到实在经营不下去了，于是就对各债权人说："我没有钱还给你们，我现在正好还剩价值 8,000 元的货，你们拿去抵债好了，我在营业执照上登记的也是 8,000 元，其余的还不上我就不还了。"各债权人一致认为甲应该欠多少还多少，而不能以登记的出资额为限。甲认为登记出资额就是为确定责任能力的。因此，8,000 元以外的债务还不上就不用还了。债权人乙知道当初甲开办企业时，其父母出资了 20,000 元的事，因此提出该企业是以家庭共有财产出资的，应当由甲及其父母共同承担责任，甲还不上就应由其父母还。甲认为那 20,000 元是父母送给他的，不是家庭共同出资，并且也未作家庭出资的登记，所以仅仅是其个人出资。双方争执不下，各债权人共同将甲起诉至人民法院。

运用本章的知识，分组讨论各方观点的正误，并说明法律依据。

【分析提示】

1. 甲的说法错误。《个人独资企业法》第 2 条规定，个人独资企业投资人以其个人财产对企业债务承担无限责任。

2. 乙的说法错误。《个人独资企业法》第 18 条规定，个人独资企业投资人在申请企业设立登记时明确以其家庭共有财产作为个人出资的，应当依法以家庭共有财产对企业债务承担无限责任。本案中，甲没有以家庭共有财产登记，尽管其父母当初确实给了他 20,000 元，但是赠送给的。

4. 教学互动

下岗工人甲决定自行创业成立个人独资企业，但由于不懂法，就按自己的想法筹备企业，并做出以下规划：第一，如果自己财力不足，就让邻居乙加入成为企业主；第二，企业的名称暂定为"自立公司"，第三，向企业出资10万元，企业负债后不再以自己的其他财产清偿；第四，如企业成立后经营不善，就尽快解散企业，并不再对企业存续期间的债务承担责任。请分析甲筹备独资企业的创业规划有哪些不符合法律规定之处？

第五章 合同法

【知识要求】

通过本章的学习，了解合同的概念和法律特征、合同的种类，合同的变更和解除的含义。违约行为的形态。熟悉合同订立的基本原理，合同效力的确定，合同履行的规则和保障制度，合同权利义务终止的情形以及违约责任的承担。同时履行抗辩权、不安抗辩权、先后履行抗辩权的内涵及其成立条件和效力。掌握合同订立的规则及合同成立的标准，格式条款的特殊效力规则和解释规则。违约责任的归责原则和免责事由、违约责任与侵权责任的竞合规则、缔约过失责任的构成要件和赔偿范围。

【技能要求】

通过本章的学习，能够运用有关的合同法律知识鉴别合同的效力，解决案例所涉及的法律问题。

第一节

合同法概述

一、合同概述

(一) 合同的概念和法律特征

民法上的合同有广义和狭义之分。广义的合同是指两个以上的民事主体之间设立、变更、终止民事权利义务关系的协议,包括债权合同、物权合同、身份合同等;狭义的合同是指债权合同,即两个以上民事主体之间设立、变更、终止债权债务关系的协议。我国《合同法》第2条规定,"本法所称合同是平等主体的自然人、法人、其他组织之间设立、变更、终止民事权利义务关系的协议。婚姻、收养、监护等有关身份关系的协议,适用其他法律的规定。"从这一规定来看,我国《合同法》中所指的合同为债权合同,身份合同不适用该法。

合同具有如下法律特征:

(1) 合同是两个或两个以上当事人的法律行为。单方法律行为不能形成合同关系。

(2) 合同是以设立、变更、终止民事权利义务关系基本内容或目的的民事法律行为。只有以设立、变更、终止民事权利义务为目的或宗旨,合同才有法律意义。

(3) 合同是当事人意思表示一致所形成的协议。在当今世界各国,合同当事人意思表示一致时,无论是明示或是默示,均可成立合同。

(二) 合同的分类

合同依据不同的标准有不同的分类,在这里我们主要介绍几种常见的合同分类。

1. 双务合同和单务合同

依据合同当事人双方权利义务的分担方式划分,合同可分为双务合同和单务合同。

双务合同是指双方当事人都享有权利和承担义务的合同。在这类合同中,当事人的债权债务关系呈对应状态,即每一方当事人既是债权人又是债务人,双方各自享有的权利和承担的义务与对方应尽的义务和享有的权利不可分离。

单务合同是指一方当事人只享有权利而不尽义务,另一方当事人则只负义务而不享有权利的合同。赠与合同就为典型的单务合同。实践中,单务合同是合同中的例外,双务合同最为普遍。

2. 有偿合同和无偿合同

依据合同双方当事人权利的取得是否付出相应代价划分,合同可以分为有偿合同和无偿合同。

有偿合同是指当事人因取得权利(包括利益)须偿付一定代价的合同。有偿合同中，双方当事人互为给付，即当事人以接受对方相应的代价为履行义务的条件。如买卖合同、租赁合同等。

无偿合同是指当事人一方只取得权利而不偿付任何代价的合同。如赠与合同。

3. 诺成合同和实践合同。

依据合同的成立是否以交付标的物为其要件划分，合同可以分为诺成合同和实践合同。

诺成合同是指不依赖标的物的交付，只需当事人意思表示一致即可成立的合同。

实践合同也称之为要物合同，是指除经当事人意思表示一致外，还需以交付合同标的物为合同成立要件的合同。

依据合同所反映的交易关系的性质划分，合同可分为 15 类合同：买卖合同、赠与合同、借款合同、租赁合同、融资租赁合同、承揽合同、建设工程合同、运输合同、保管合同、仓储合同、委托合同、行纪合同、居间合同、技术合同和供用水、电、气、热力合同。

此外，合同还可以分为要式合同与不要式合同，主合同与从合同，格式合同与非格式合同，等等。

小练习

1. 张某与租赁公司签订小汽车借用合同，合同约定了租金和归还的期限。根据借用合同的特点，合同法理论上称其为（　　）。

A. 双务合同　B. 单务合同　C. 双边条约　D. 单边条约

2. 下列情形能够在当事人之间产生合同法律关系的（　　）。

A. 甲拾得乙遗失的一块手表

B. 甲邀请乙看球赛，乙因为有事没有前去赴约

C. 甲因放暑假，将一台电脑放入乙家

D. 甲鱼塘之鱼跳入乙鱼塘

二、合同法概述

（一）合同法的概念

广义的合同法是指调整合同关系的法律规范的总称。故除了《合同法》外，分散在其他法律、法规中调整合同关系的法律规范也是广义的合同法范畴。狭义的合同法仅指 1999 年 3 月 15 日第九届全国人民代表大会第二次会议通过，自 1999 年 10 月 1 日起施行的《合同法》这一规范性文件。该法分总则、分则、附则 3 部分，共计 428 条。本书只论述其中的总则部分。

(二) 合同法的基本原则

合同法的基本原则是指合同立法的指导思想以及调整民事主体间关系所必须遵循的基本方针和准则，其贯穿于整个合同法律规范之中。合同法的基本原则是制定、解释、执行和研究我国合同法的依据和出发点。

1. 平等原则

《合同法》规定："合同当事人的法律地位平等，一方不得将自己的意志强加给另一方。"合同当事人享有民事权利和承担民事义务的资格是平等的，任何一方当事人在订立和履行合同的过程中都要普遍地受法律约束，不得享有特权。

2. 自愿原则

当事人依法享有自愿订立合同的权利，任何单位和个人不得非法干预。自愿原则的基本含义包括：合同当事人有订立合同或者不订立合同的自由，任何单位和个人不得非法干预；当事人有选择合同相对人、合同内容和合同形式的自由；自愿是在法律规定范围内当事人享有的订立合同的自由，而并非是随心所欲的自愿，当事人必须遵守法律和行政法规，尊重社会公德，并不得损害他人的合法权益。

3. 公平原则

公平原则是指合同当事人在合同订立、合同履行、合同解释等过程中，要根据公平的观念确定各自的合同权利、合同义务、风险分担机制及违约责任等。

4. 诚实信用原则

当事人在行使权利、履行义务时应该诚实、守信用，以实现当事人之间利益以及当事人与社会之间利益的平衡。在《合同法》中诚实信用原则主要表现在以下方面：当事人在订立合同时，要真实地向对方当事人陈述与合同有关的情况，互相合作，努力促成合同的成立和生效，依法负担先合同义务；合同订立后，在履行过程中，当事人各方除应按照在平等、自愿基础上作出的约定全面、正确地履行合同义务之外，还要积极履行法律规定的附随义务；在合同履行完毕以后，还应履行后合同义务。

第二节 合同的订立

是否要约？

甲向乙发出一封电报称：现有 100 吨白糖，每吨售价 2,000 元，如有意购买，请于 6 月 1 日前到我厂提货。该电报是否属于要约？

【分析提示】

甲向乙发出的电报,是一份向特定人发出的要约,因其相对人乙是特定的,其内容具体确定,包含了与对方订立合同的意愿。

一、合同订立的程序

合同订立的程序是指当事人相互作出意思表示并就合同条款达成一致协议的具体过程。这一过程分为要约和承诺两个阶段。

(一) 要约

1. 要约的生效条件

要约是指希望和他人订立合同的意思表示。商业贸易中称要约为发盘。发出要约的当事人为要约人,接受要约的当事人为受要约人,简称受约人。

一项要约要发生法律效力,必须具备以下条件:

(1) 要约必须由特定的当事人作出。一项要约,可以由合同当事人任何一方提出,但是,发出要约的人必须是特定的当事人。因为要约是要约人向相对人所作出的意思表示,旨在得到对方的承诺并成立合同,只有要约人是特定的人,他人才能对之承诺。

(2) 要约必须向相对人作出。要约必须经过相对人的承诺才能发生要约人希望的效果,即订立合同,因此,要约必须是要约人向相对人发出的意思表示。相对人一般为特定的人。但在特殊情况下,对不特定的人发出的意思表示亦可能构成要约,如商业广告的内容符合要约规定的,视为要约。

(3) 要约必须具有订立合同的主观目的。要约必须以订立合同为目的,凡不是以订立合同为目的的行为,例如,邀请参加校庆的请柬,尽管表达了当事人的真实意愿,都不是要约。是否以订立合同为目的,也是要约和要约邀请的主要区别。要约邀请也称为要约引诱,是希望他人向自己发出要约的意思表示。要约邀请的目的不是订立合同,而是在于唤起别人的注意,希望别人向自己发出要约,其作用在于引出要约,而不像要约本身的作用在于引出对要约的承诺。所以,要约邀请是当事人订立合同的预备行为,它自身不能发生任何法律效果,不应视为要约。在实际生活中,推销商品的广告、招标公告、拍卖公告、商品价目表的寄送、招股说明书等是要约邀请,商品带有标价陈列、自动售货机的设置、投标书的寄送,则是要约。

(4) 要约的内容必须具体确定。要约的内容必须有使受要约人足以了解将来可能成立合同的主要内容,以供受要约人考虑是否承诺。

(5) 要约必须到达受要约人。要约只有到达受要约人,受要约人才了解要约人订立合同的意思表示,才能考虑作出承诺。

小练习

1. 以下行为属于要约的是（   ）。
   A. 某公司向客户寄送价目表
   B. 某拍卖公司在报纸上发布拍卖公告
   C. 某公司向另一公司发去订单
   D. 某股份公司在报纸上登载招股说明书

2. 甲公司7月1日通过报纸发布广告，称其有某型号的电脑出售，每台售价8,000元，随到随购，数量不限，广告有效期至7月30日。乙公司委托王某携带金额16万元的支票于7月28日到甲公司购买电脑，但甲公司称广告所述电脑已全部售完。乙公司为此受到一定的经济损失。根据合同法律制度的规定，下列表述正确的是（   ）。
   A. 甲公司的广告构成要约，乙公司的行为构成承诺，甲公司不承担违约责任
   B. 甲公司的广告构成要约，乙公司的行为构成承诺，甲公司应当承担违约责任
   C. 甲公司的广告不构成要约，乙公司的行为不构成承诺，甲公司不承担民事责任
   D. 甲公司的广告构成要约，乙公司的行为不构成承诺，甲公司不承担民事责任

2. 要约的生效时间

要约的生效时间因要约的不同形式而有差异。对于口头形式的要约，其法律效力从相对人了解要约时开始生效。对于书面形式的要约，其法律效力的生效时间，我国采用到达主义。《合同法》第16条第1款明确规定："要约到达受要约人时生效"，所谓到达是指要约送达受要约人能够控制的地方。

要约生效，对要约人具有拘束力，表现为要约人不得随意撤回、撤销要约或对要约加以限制、变更和扩张。这一规定，目的在于保护受要约人的利益，维护正常交易的安全。但是，如果绝对禁止要约人撤回、撤销或者变更要约，对要约人未免过于苛刻，也不符合商品交易活动的实际情况，所以法律也赋予要约人在一定条件下撤回、撤销要约或者变更要约的内容。合同法规定，要约可以撤回，但是撤回要约的通知应当在要约到达受要约人之前或者与要约同时到达受要约人。要约可以撤销，但是撤销要约的通知应当在受要约人发出承诺通知之前到达受要约人。有下列情形之一的，要约不得撤销：①要约人确定了承诺期限或者以其他形式明示要约不可撤销；②受要约人有理由认为要约是不可撤销的，并且已经为履行合同做了准备工作。

要约对受要约人不具有拘束力。受要约人接到要约后，取得的是承诺的资格，但其没有必须承诺的义务也没有通知的义务。

3. 要约的失效

要约的失效是指要约丧失法律约束力。有下列情形之一的，要约失效：（1）拒绝要约的通知到达要约人。（2）要约人依法撤销要约。（3）承诺期限届满，受要约人未

作出承诺。(4) 受要约人对要约的内容作出实质性变更。

(二) 承诺

承诺是受要约人同意要约的意思表示，商业贸易中又称承诺为接盘。

承诺要取得成立合同的法律效力，必须同时具备以下五个要件：

(1) 承诺必须由受约人作出。要约和承诺是一种相对人的行为，只有受要约人享有承诺的资格。因此，承诺须由受要约人作出。

(2) 承诺必须向要约人作出。受要约人承诺的目的在于同要约人这一特定的主体订立合同，若承诺针对要约人以外的第三人作出，便毫无意义。

(3) 承诺的内容应当与要约的实质性内容一致。承诺是受约人愿意按照要约的内容与要约人订立合同的意思表示。因此，承诺原则上须是无条件的，对要约的内容应当全部接受。如果受要约人对要约的内容进行实质性扩张、限制或者变更，应视为对原要约的拒绝，由此构成新要约。在这种情形下，原受要约人变为新的要约人，而原要约人转变为新的受要约人，新要约必须经过新的受要约人承诺后才能成立合同。我国合同法规定，承诺不得对要约内容进行实质性更改，即不得对有关合同标的、数量、质量、价款或者报酬、履行期限、履行地点和方式、违约责任和解决争议方法等作出扩大、限制或者改变。

(4) 承诺须在要约的存续期间内作出。如果要约约定有存续期间，承诺必须在此期间内作出。如果要约未定有存续期间，对于口头要约，受约人须立即作出承诺；对于书面要约，受约人应在通常情况下能收到承诺后必要的合理期间内承诺。凡在要约的存续期间届满后承诺，是迟到的承诺，除要约人及时通知受约人该迟到的承诺仍然有效外，不能发生承诺的效力，应视为新要约。但是，受约人在要约的存续期间内作出承诺，在正常情形下能够按时送达要约人，因传达故障等原因致使承诺迟到，是承诺迟延。要约人若不承认该承诺，应立即将承诺迟到的情况通知受约人，以免其因准备履行合同而造成不必要的损失。要约人若怠于通知，承诺视为未迟到，合同得有效成立。

(5) 承诺的方式必须符合要约规定。要约人在要约中对承诺方式提出具体要求的，承诺必须按规定方式作出，否则，承诺不发生效力。如果要约对承诺方式没有规定，承诺方式应与要约方式一致，或者以其他合理方式作出。

承诺生效，表明双方当事人的意思表示一致，合同即告成立。承诺的生效时间，对于口头承诺，自要约人了解时生效；对于书面承诺，应自承诺通知到达要约人时生效；承诺通知送达到要约人能控制的地方即认为到达要约人；特定情况下，依照交易习惯或者要约的规定，一定行为的作出亦可表明承诺生效。

承诺的撤回是承诺人阻止承诺发生法律效力的意思表示。承诺到达要约人时发生效力，双方当事人有订立和履行合同的义务，所以，受约人撤回承诺的通知必须先于或者与承诺同时到达要约人，才发生撤回的效力。

小练习

1. 按照我国《合同法》的规定，要约和承诺的生效是指（   ）。
   A. 要约通知发出；承诺通知发出
   B. 要约到达受要约人；承诺通知发出
   C. 要约通知发出；承诺通知到达要约人
   D. 要约到达受要约人；承诺通知到达要约人

2. A 公司向 B 公司发出传真："购一级天麻 200 吨，每吨 2,500 元，上海交货，今年 5 月 1 日至 10 日装船。"B 公司回电称："接受你方条件，今年 6 月 5 日装船。"B 公司的回电属于（   ）。
   A. 承诺　　　B. 反要约　　　C. 要约邀请　　　D. 逾期承诺

3. 某经销商店向某公司发出采购 30 台电视的要约。乙于 6 月 2 日以电子邮件的形式将承诺信件发送至经销商店指定的电子邮箱，6 月 3 日经销商店的工作人员看到信件，恰逢其总经理外出。6 月 10 日总经理知悉了该信内容，遂于 6 月 11 日电传告之该公司收到承诺。该承诺生效的时间是（   ）。
   A. 6 月 2 日　　　B. 6 月 3 日　　　C. 6 月 10 日　　　D. 6 月 11 日

二、合同的内容

合同的内容是合同当事人权利义务的具体规定，往往通过条款的形式加以表现。合同条款的确定是当事人之间协商订立合同的过程，因此就总体而言应服从于合同当事人的意思自由，只要当事人对合同条款取得一致意见，法律当无干涉的必要。因此，《合同法》第 12 条规定："合同的内容由当事人约定，一般包括以下条款……"，"一般包括"的表述方式表明《合同法》第 12 条所列举的条款对合同当事人仅具参考示范作用，缺失与否不直接作为合同成立的判断标准。合同的内容一般包括以下条款：

1. 当事人的名称或者姓名和住所

名称是针对法人和其他组织而言，姓名则是针对自然人而言。自然人的住所通常以其户籍所在地为其住所地，如其经常居住地与户籍所在地不一致的，以其经常居住地为其住所地。法人和其他组织的住所则是指其主要办事机构所在地。

合同是民事主体意思一致的产物，民事主体的基本情况列明于合同中为合同内容归属所必需，亦为日后解决可能的纠纷指明了对象。

2. 标的

标的是合同当事人权利义务共同指向的对象。没有标的，就失去了订立合同的出发点和归宿，当事人权利义务的实现便无从着手，合同也无法履行。因此，作为满足当事人自身需要的合同必须有明确的标的。

合同标的的种类因合同种类的各异而表现不一。它可以是有形财产，也可以是无形财产，还可以是某种行为。

3. 数量

数量的要求是与合同的标的紧密联系在一起的。数量就是指合同标的多少，即直接决定着民事权利义务的大小。

4. 质量

质量是合同标的具体化的又一反映。质量条款无论在哪一类合同中都十分重要。不同的标的，有不同的质量要求。为此，不仅要严格质量检验制度，而且要明确规定质量标准和具体要求。

5. 价款或者报酬

价款或者报酬，是合同标的价值在法律上的表现。所谓价款，是指取得标的物的一方给他方的对价；所谓报酬，是指一方当事人给予完成某项工作或者提供某项服务的另一方的报偿。

在我国，价款与报酬是用人民币作单位进行计算和支付的。当事人在计算或者支付价款或者报酬时，还必须严格遵守国家有关物价的规定。国家对价款或者报酬没有规定的，当事人可以自行约定。

6. 履行的期限、地点和方式

履行的期限是指履行合同约定义务的时间界限。履行的地点是指履行合同约定义务的地点。履行地点关系到严格履行义务、费用负担和合同纠纷案件的法院管辖等，应当做到明确、具体。履行的方式是指履行合同约定义务的方式。按履行的期次，履行的方式可以分为一次履行和分期分批履行；按标的的交付方式，履行的方式可以分为交易现场直接交付式、送货式、邮寄式、代办托运式、购货方自提方式等。

7. 违约责任

违约责任是当事人为了保证合同的履行，依照法律或双方约定，在违反合同的情况发生时，不履行合同一方应向他方承担相应法律后果的约定。

8. 解决争议的方法

合同当事人就合同内容的理解与合同履行等发生争议时，可以通过和解、调解、仲裁或者诉讼方式解决纠纷。

合同中有一种格式条款，这是当事人为了重复使用而预先拟定，并在订立合同时未与对方协商的条款。格式条款简化了当事人订立合同的过程，提高了交易的效率，但是由于合同当事人之间没有通过协商共同参加条款的拟定过程，因此容易造成权利义务的不公平。对格式条款的理解发生争议的，应当按照通常理解予以解释。对格式条款有两种以上解释的，应当遵循不利于条款提供人的原则进行解释。

三、合同的形式

合同的形式是指合同当事人设立、变更、终止民事权利义务关系的一致协议的表现形式。通常使用的合同的形式主要有口头形式、书面形式和其他形式三种。

（一）口头形式

口头形式是指合同当事人通过口头交谈方式相互表示意思而订立合同。口头形式简便易行，尤其是对即时清结的合同最为适合，但缺点是发生合同纠纷以后难以取证。

（二）书面形式

书面形式是指合同书、信件和数据电文（包括电报、电传、传真、电子数据交换和电子邮件）等可以有形地表现所载内容的形式。书面形式一般用于标的数额比较大、内容较复杂、不能立即履行的合同。书面形式并不要求有统一的固定的格式。书面形式分为一般书面形式和特殊书面形式。凡内容合法，只需当事人达成书面协议，不需再履行其他手续，合同即可成立的，就是一般书面形式；凡需要公证、鉴证、登记或者审批的形式为特殊书面形式。

（三）其他形式

在实践中，我们常见一种行为默示形式。行为默示形式又称为推定形式或者意思实现形式，是指合同当事人以某种表明法律意图的行为间接地表示合同内容的合同形式。认定行为默示形式系以合同的开始履行推定合同已经订立。如司机驾车驶入收费停车场停放机动车，停车场收费之时即可推定订立了一份合同。

小练习

1. 以下不属于合同书面形式的是（   ）。
A. 电报　　　　B. 电传　　　　C. 电话记录　　　　D. 电子邮件
2. 某商场设有自动售报机，顾客只要按要求投入硬币，即可得到当天日报一份，此种成立买卖合同的形式为（   ）。
A. 书面形式　　　　B. 口头形式　　　　C. 推定形式　　　　D. 默示形式

第三节

合同的效力

【案例导读】

女子花 480 万买到"凶宅"法院判决双方撤销合同

2013 年 6 月，李女士花 480 万从季先生处买房过户之后，无意中从小区居民那里得知，这套房子1个多月前刚刚死过人，竟然是一座所谓的"凶宅"。在买房过程中，李女士多次向对方询问房屋是否有瑕疵，对方均称没有。李女士感觉自己受到了欺骗，便要求和卖房者撤销合同，但对方不同意，无奈之下，李女士将对方告到了法院。请求法院依法判令撤销双方签署的房屋买卖合同。

法院经审理认为，李女士与季先生签订合同买卖前1个月，涉案房屋内曾发生非正常死亡事件，该事件属于影响合同订立和履行的重大事项，季先生应当主动披露，因未主动披露，违背了诚实信用原则，对李女士构成欺诈，对李女士要求撤销合同的诉讼请求法院予以支持。判决李女士与季先生撤销合同。

资料来源：李铁柱，女子花480万买到"凶宅"法院判决双方撤销合同，北京青年报2013-12-18。

【分析提示】

《合同法》第54条规定，一方以欺诈胁迫的手段或者乘人之危，使对方在违背真实意思的情况下订立的合同，受损方有权请求人民法院或者仲裁机构变更或者撤销。

一、合同的效力概述

合同的效力，又称合同的法律效力，或者说是法律拘束力，是指已成立的合同将对合同当事人乃至第三人产生的法律后果。

合同的效力与合同的成立不同，合同成立与否取决于当事人之间是否就合同内容达成一致，而合同具有怎样的效力取决于法律作出怎样的评价。合同成立之后，既可能因符合法律规定而生效，也可能因违反法律规定或者意思表示不完全而无效、可变更或者可撤销。

二、合同生效

合同符合法定的生效要件，便受到法律保护，并能产生当事人预期的法律后果，这便是合同的生效。合同的生效要件可分为一般生效要件和特别效力要件。

（一）合同的一般生效要件

合同的一般生效要件是所有合同生效必须满足的基本条件，包括以下三个方面的内容。

1. 当事人缔约时具有相应的缔约能力

缔约能力是指合同主体据以独立订立合同并独立承担合同义务的主体资格。《合同法》第9条规定，当事人订立合同，应具有相应的民事权利能力和民事行为能力。

2. 意思表示真实

合同成立虽然也对当事人的意思表示有所要求，但其侧重点在于意思表示一致，至于意思表示是否真实则在所不问。而合同的生效则对已达成一致的意思表示作了进一步的要求，即当事人的意思表示必须真实。

3. 不违反强制性法律规范及公序良俗

合同不违反强制性法律规范及公序良俗，是其生效的一个重要条件。如果说前述两个要件欠缺还可经补正等手段使合同有效的话，此要件的欠缺则确定地使合同无效。各国立法大都如此规定。

（二）合同的特别效力要件

合同的特别效力要件是指合同生效除满足一般生效要件外，还须满足法律有特别规定或者当事人有特别约定或者基于交易习惯需要具备的生效要件。

三、合同欠缺生效要件的法律后果

合同的生效要件就是法律对合同生效的基本要求，如果合同欠缺（不符合）合同的生效要件，合同的效力就会受到影响。合同法第3章将合同欠缺不同生效要件的法律后果分为合同无效、合同可撤销和合同效力未定等三种类型。

（一）合同无效

合同无效是指合同因欠缺一定生效要件而致合同当然不发生效力。换言之，该类合同绝对无效、自始无效。《合同法》第52条规定，具有以下情形的，合同无效。

（1）一方以欺诈、胁迫的手段订立合同，损害国家利益。

（2）恶意串通，损害国家、集体或者第三人利益。

（3）以合法形式掩盖非法目的。

（4）损害社会公共利益。

（5）违反法律、行政法规的强制性规定。

（二）合同可撤销

所谓合同可撤销或可撤销合同，是指合同欠缺一定生效要件，其有效与否，取决于有撤销权的一方当事人是否行使撤销权的合同。

相对前述绝对无效合同而言，可撤销合同属于相对无效合同。从逻辑上讲，相对无效又可理解为相对有效。这一点，正是可撤销合同的基本特征。可撤销合同，在有撤销权的一方行使撤销权之前，合同对当事人仍有效力，故曰相对有效。而在该当事人行使撤销权，法院或仲裁机关同意撤销该合同后，该合同无效，且无效溯及合同成立之时。

撤销权的享有具有一定的限制条件，《合同法》第 54 条规定，合同有下列情形之一的，当事人享有撤销权。

（1）因重大误解订立的。重大误解是指当事人为意思表示时，因自己的过失对涉及合同法律效果的重大事项发生认识上的显著错误而使自己遭受重大不利的法律事实。对合同重大事项的误解，主要包括对合同性质、合同当事人、合同标的的误解。

（2）在订立合同时显失公平的。显失公平的合同是指合同双方当事人的权利与义务明显不对等，使一方遭受重大不利的合同。

（3）一方以欺诈、胁迫的手段或者乘人之危，使对方在违背真实意思的情况下订立的合同。一方以欺诈、胁迫的手段或者乘人之危，使对方在违背真实意思的情况下订立的合同，受害方有权请求人民法院或者仲裁机构变更或者撤销。

撤销权的行使具有期限规定，当事人自知道或者应当知道撤销事由之日起 1 年内要向人民法院或者仲裁机构提出变更或撤销的请求，否则，撤销权消灭。当事人请求变更的，人民法院或者仲裁机构不得撤销合同。

小练习

1. 某甲的女儿患重病，急需用钱又求借无门，某乙表示愿意借给 2,000 元，但半年后须加倍偿还，否则以某甲的房子代偿，甲表示同意。此合同的后果属于（　　）。
   A. 因欺诈而无效　　　　　　　B. 因欺诈而可撤销
   C. 因乘人之危而无效　　　　　D. 因乘人之危而可撤销

2. 甲与乙教育培训机构就课外辅导达成协议，约定甲交费 5 万元，乙保证甲在接受乙的辅导后，高考分数能达到二本线。若未达到该目标，全额退费。结果甲高考成绩仅达去年二本线，与今年高考二本线尚差 20 分。关于乙的承诺，下列哪一表述是正确的（　　）。
   A. 属于无效格式条款　　　　　B. 因显失公平而可变更
   C. 因情势变更而可变更　　　　D. 虽违背教育规律但属有效

（三）合同效力待定及其补正

所谓效力待定的合同是指已成立的合同因欠缺一定的生效要件，其生效与否，尚未确定，须经过补正方可生效，在一定的期限内不予补正则为无效的合同。

在合同效力待定的情况下，补正是指有权人的追认。所谓追认，是指有权表示人承认和同意的意思表示。它是一种单方法律行为，无须相对人的同意即可发生补正的法律效力。追认一般以明示的方式作出，也可以以有权人自愿履行债务的推定方式作出，沉默不构成追认。

效力待定的合同究其成因主要是合同当事人主体资格上的瑕疵，可有下列情形：

1. 无行为能力人、限制行为能力人订立的合同

无行为能力人、限制行为能力人订立的合同须经其法定代理人追认方为有效。

相对人可以催告法定代理人在1个月内予以追认。法定代理人未作表示的，视为拒绝追认。合同被追认之前，善意相对人有撤销的权利。撤销应当以通知的方式作出。

《合同法》第47条规定：无行为能力人、限制行为能力人订立的自己纯获利益的合同，或与其年龄、智力、精神健康状况相适应满足其日常学习、生活需要的合同，无须法定代理人追认。如接受赠与、购买文具之合同。

2. 无权代理人订立的合同

行为人无代理权、超越代理权或代理权终止后以被代理人名义订立合同，非经被代理人追认，对被代理人不生效力。但是被代理人知道其以本人名义订立合同未作否认表示的，或于表见代理之情形，无须追认，当然有效。相对人也可催告被代理人在1个月内予以追认。被代理人未作表示的，视为拒绝追认。合同被追认之前，善意相对人有撤销的权利。撤销应当以通知的方式作出。

3. 无处分权人订立的合同

无处分权人订立的处分他人财产之合同，经过权利人追认或者无处分权人在订约后取得处分权的，该合同有效，否则无效。

4. 法定代表人或负责人越权订立的合同

法人或者其他组织的法定代表人、负责人超越权限订立的合同，如相对人为善意的，该代表行为有效；如相对人对上述情形知道或应当知道的，该合同尚须补正。

小练习

下列情形中属于效力待定合同的有（　　　）。
A. 9周岁的少年出售劳力士金表给45岁的李某
B. 6周岁的儿童因发明创造而接受奖金
C. 成年人甲误将本为复制品的油画当成真品购买
D. 出租车司机借抢救重病人急需租车之机将车价提高8倍

四、合同被确认无效和被撤销后的法律责任

合同当然无效、被撤销后无效或未经补正的无效，都属广义的无效。其法律后果均导致合同自始无效，即无效溯及既往，自合同成立之时就无效。而非从被确认或被撤销之时起无效。正因为合同自始无效，故合同约定的义务对当事人无约束力，当事人依合同取得的财产或利益应恢复到合同成立之时的状态。如果因当事人的过错造成对方的损失，须予以赔偿。因此，当事人承担的法律责任方式有以下四种：

1. 返还财产

依合同已交付财产的当事人，在合同被确认无效或者被撤销后，有权请求对方返还财产，同时接受财产当事人有返还财产的义务。其目的旨在使财产关系恢复到订

立合同之前的状况。返还财产须有原物的存在且有返还的必要，如原物已不存在或客观上返还已为不能或返还已无必要，则应当折价补偿。返还财产的方式有单方返还和双方返还。

2. 赔偿损失

凡在主观上对合同无效或被撤销有过错的一方当事人，应赔偿因此给对方造成的损失；如果双方都有过错的，应当各自承担相应的责任。

3. 追缴财产

追缴财产，也称收归国家所有，这种方式是针对故意损害国家利益、社会公共利益的合同。

4. 返还集体或者第三人

对恶意串通，损害集体或者第三人利益的，当事人应当将取得的财产返还集体或者第三人。

第四节

合同的履行

原告李某某与被告某房地产开发有限公司于2010年8月9日达成了购房意向：原告购买被告位于某处楼房一套，并于当天交给被告定金50,000元，当时被告的经办人承诺半个月后交齐购房款即给钥匙并给办理房权证。2013年8月23日，原告与被告签订了购房合同，合同约定总价款为187,944元，被告应于2010年8月30日前将验收合格的商品房交付给原告，原告又支付给被告购房款130,000元。后被告作为出卖人未按合同约定将原告所购楼房交付原告。另查明，被告出卖给原告的楼房，被告已于2006年10月17日卖给了杨某某，杨某某在房管局通过产权登记取得了涉案楼房的所有权证。2008年9月8日，杨某某又将涉案楼房卖给了张某某，并到房管局办理了产权转移登记。后公安局经侦大队因被告法定代表人刘某涉嫌刑事犯罪将其刑事拘留。刘某之妻王某与原告约定：王某自愿筹集现金180,000元替被告归还原告购房款，后公安局经侦大队将180,000元购房款转交给了原告。因损失赔偿事宜，原告诉至法院，请求依法判令解除购房合同，被告双倍返还原告所交购房定金50,000元，承担赔偿责任180,000元，并由被告负担诉讼费用。

法院认为，原告与被告公司于2013年8月23日签订的购房合同内容不违反有关法律规定，为有效合同。被告本应按照《合同法》

第60条的规定，履行其交付房产的义务。但因合同约定的标的物，已被他人以合法的方式取得所有权，原告与被告签订的购房合同已不能履行，原告请求解除该合同符合有关法律规定，应予以支持。根据相关法律规定，法院作出如下判决：被告某房地产开发有限公司赔偿原告李某某损失142,411元，返还原告定金37,589元，共计180,000元。驳回原告的其他诉讼请求。

【分析提示】

《合同法》第54条规定：一方以欺诈、胁迫的手段或者乘人之危，使对方在违背真实意思的情况下订立的合同，当事人一方有权请求人民法院或者仲裁机构变更或者撤销。《担保法》第91条规定：定金不得超过主合同标的额的20%。

本案是涉及商品房买卖合同中因出卖方故意隐瞒所售房屋已经出卖给第三人的事实，导致合同无效或者被撤销、解除的惩罚性赔偿条款适用的典型案件，也是对《合同法》第54条中关于一方以欺诈手段使对方在违背真实意思的情况下订立合同被撤销的适用。同时本案也对商品房买卖中惩罚性赔偿原则与定金罚则并存时应如何适用作出阐述。商品房买卖合同中，惩罚性赔偿原则并非以"双倍返还"为限，双方当事人愿意在合同中加入惩罚性赔偿的内容，并不违背法律法规的强制性规定，那么该条款可以视为双方给自己可能造成的损害，而采取的额外保护措施，法院对此应予支持。

一、合同履行的规则

合同履行的规则是指在合同履行过程中需要遵守的具体准则。

(一) 履行法定义务规则

法定义务是指法定合同义务，即当事人即使在合同中没有规定，依据法律规定也应承担的义务。在合同履行的过程中，当事人往往只注意约定合同义务的履行，而忽视法定合同义务。根据诚实信用原则，结合合同法的规定，法定合同义务主要包括：

1. 通知义务

即合同当事人应将自己履行义务的情况即时通知另一方当事人，特别是对影响合同履行的事项，应即时通知对方，以使对方采取适当的行为，顺利地履行合同。

2. 协助义务

协助义务是指合同当事人应协助对方履行义务，以使合同能顺利履行的义务。合同是当事人双方意思表示一致的协议，合同权利是一种相对权，其实现需要对方义务人的积极协助。

3. 方便义务

方便义务是指为对方履行合同义务提供便利条件的义务。有的合同，一方义务的履行没有对方提供的方便是不可能进行的，例如，建设工程合同，对于承建方来说，如果业主没有为其提供水电供应方便、临时用地方便等，其施工义务的履行就无法进行。

4. 减损义务

减损义务即合同法中的"防止损失扩大"，是指由于主客观的原因而使一方遭受损失时，遭受损失的一方应采取必要的措施，以防止损失的扩大。这在各国法律中大都如此规定。

5. 保密义务

保密义务是指合同当事人负有将通过确立合同关系而了解到的对方的秘密予以保守的义务。

（二）正确履行规则

合同的正确履行也叫做适当履行或全面履行，是指当事人应按照合同规定的条款逐一认真、全面、恰当地履行合同义务。

（三）亲自履行规则

亲自履行是指合同义务要由合同债务人向合同债权人履行，一般情况下不能由第三人代替履行。但第三人代替履行不影响债权人利益的，可由第三人代替履行。

（四）条款约定不明的履行规则

合同条款应当明确、具体，以便合同的履行，这是各国合同法的普遍要求。但是，由于客观情况的复杂性和当事人主观认识的局限性，合同条款欠缺或条款约定不明的现象是不可避免的。为了保证这类合同的顺利履行，我国合同法规定了一系列补救性规则，这就是条款约定不明的履行规则，包括：（1）质量要求不明确的，按照国家标准、行业标准履行；没有国家标准、行业标准的，按照通常标准或者符合合同目的的特定标准履行。（2）价款或者报酬不明确的，按照订立合同时履行地的市场价格履行；依法应当执行政府定价或者政府指导价的，按照规定履行。（3）履行地点不明确，给付货币的，在接受货币一方所在地履行；交付不动产的，在不动产所在地履行；其他标的，在履行义务一方所在地履行。（4）履行期限不明确的，债务人可以随时履行，债权人也可以随时要求履行，但应当给对方必要的准备时间。（5）履行方式不明确的，按照有利于实现合同目的的方式履行。（6）履行费用的负担不明确的，由履行义务一方负担。

（五）价格变动的履行规则

价格变动的履行规则是以执行政府定价为前提的。我国《合同法》第63条规定：执行政府定价的，在合同规定的交付期限内政府价格调整时，按照交付时的价格计价。逾期交货的，遇价格上涨时，按照原价格执行；价格下降时，按照新价格执行。逾期提货或者逾期付款的，遇价格上涨时，按照新价格执行；价格下降时，按照原价格执行。

二、合同履行中的抗辩权

只有在双务合同中，才存在合同履行的抗辩权。

（一）同时履行抗辩权

我国《合同法》第66条规定："当事人互负债务，没有先后履行顺序的，应当同时履行。一方在对方履行之前有权拒绝其履行要求。一方在对方履行债务不符合约定时，有权拒绝其相应的履行要求。"这就是我国关于同时履行抗辩权的立法规定。同时履行抗辩权的行使，须符合下列条件：

（1）须是同一双务合同互负债务。这一条件有两层含义，第一，双务合同，第二，互负债务。

（2）须双方互负的债务均已到清偿期。只有均已到清偿期的债务，才可能是履行顺序不分先后的债务。

（3）须对方未履行债务。双务合同当事人一方在向另一方请求履行债务时，其自己所负有对价关系的债务未履行的，另一方因此可以主张同时履行抗辩权，拒绝履行债务。

（4）须对方的对待给付是可能履行的。同时履行抗辩权设立的目的在于，通过一方可拒绝履行而促使双务合同双方当事人同时履行其债务。如果对方所负的债务已丧失了履行的可能性，则同时履行抗辩权的目的已不可能实现。

（二）后履行抗辩权

我国《合同法》第67条规定："当事人互负债务，有先后履行顺序，先履行一方未履行的，后履行一方有权拒绝其履行要求。先履行一方履行债务不符合约定的，后履行一方有权拒绝其相应的履行要求。"这就是我国关于后履行抗辩权的立法规定。

后履行抗辩权的适用条件是：

（1）由同一双务合同产生互负债务。

（2）债务的履行有先后顺序。

（3）应该先履行的一方未履行或者履行债务不符合约定。

（4）应该先履行的债务有履行的可能。

（三）不安抗辩权

所谓不安抗辩权，又称为拒绝权，是指在双务合同中，先履行义务一方在后履行义务一方当事人的财产状况发生恶化而有难以对待给付之虞时，有权要求对方先为对待履行或提供担保，在对方未为对待履行或提供担保时，有权中止合同而拒绝自己的履行。我国《合同法》第68条规定：应当先履行债务的当事人，有确切证据证明对方有下列情形之一的，可以中止履行：（1）经营状况严重恶化。（2）转移财产、抽逃，以逃避债务。（3）丧失商业信誉。（4）有丧失或者可能丧失履行债务能力的其他情形。

小练习

甲与乙签订一份买卖合同，双方约定，甲提供一批货物给乙，货到后一个月内付款。合同签订后甲迟迟没有发货，乙催问甲，甲称由于资金紧张，暂无法购买生产该批货物的原材料，要求乙先付货款，乙拒绝了甲的要求。乙拒绝先付货款的行为在法律上称为（　　）。

A. 行使先履行抗辩权　　　　B. 行使后履行抗辩权
C. 行使同时履行抗辩权　　　D. 行使撤销权

三、合同履行的保全

合同履行的保全，就是为保护合同债权人的债权不受债务人不当行为的损害而赋予合同债权的以一定保护措施的法律制度。

债权人权利的实现是以债务人债务的履行为条件的。当债务人不履行自己债务时，债权人有权要求强制执行债务财产，这是债权法律效力的体现。因此，债务人的全部财产就是债务履行的最后保障。理论上称为"责任财产"。这样，债务人财产的增加或减少，都会直接影响到债权人权利的实现。为保障债权人权利的实现，法律通常赋予债权人以代位权和撤销权，以此消除对责任财产的消极影响和积极影响。克服强制执行和特别担保的不足。

（一）债权人的代位权

我国《合同法》第73条规定："因债务人怠于行使其到期债权，对债权人造成损害的，债权人可以向人民法院请求以自己的名义代位行使债务人的债权，但该债权专属于债务人自身的除外。"这是法律赋予债权人的代位权。例如，甲公司欠乙公司50万元，丙公司欠甲公司30万元，甲公司无款偿还乙公司的欠款，而又不积极向丙公司讨还欠款，此时乙公司可以以自己的名义要求丙公司偿还其欠甲公司的欠款。

代位权的行使范围以债权人的债权为限。债权人行使代位权的必要费用，由债务人负担。

（二）债权人的撤销权

我国《合同法》第 74 条规定："因债务人放弃其到期债权或者无偿转让财产，对债权人造成损害的，债权人可以请求人民法院撤销债务人的行为。债务人以明显不合理的低价转让财产，对债权人造成损害，并且受让人知道该情形的，债权人也可以请求人民法院撤销债务人行为。"这是法律赋予债权人的撤销权。

撤销权的行使范围以债权人的债权为限。债权人行使撤销权的必要费用，由债务人负担。

撤销权自债权人或者应当知道撤销事由之日起 1 年内行使。自债务人的行为发生之日起 5 年内没有行使撤销权的，该撤销权消灭。

小练习

1. 甲向首饰店购买钻石戒指一枚，标签标明该钻石为"天然钻石"，买回后被人告知实是人造钻石。甲遂多次与首饰店交涉，历时 1.6 个月，未果。现甲欲诉请法院撤销该买卖关系，其主张能否得到支持(　　)。

   A. 不可以，已超过行使撤销权的 1 年除斥期间

   B. 可以，首饰店主观上存在欺诈故意

   C. 可以，未过 2 年诉讼时效

   D. 可以，双方系因重大误解订立合同

2. 甲收藏唐伯虎名画一幅，价值约 10 万元，甲的其他财产价值为 10 万元。甲因作生意失败外欠债 60 万元。一日，甲将唐伯虎的画作价 1 万元卖给从香港回的表弟乙，则下列表述正确的是(　　)。

   A. 若乙不知甲欠巨额外债，则甲的债权人只能行使代位权

   B. 只有在乙明知此买卖有害于债权人的债权的情况下，债权人才可行使代位权

   C. 不管乙是否知道此买卖有害于债权人的债权，债权人均可行使撤销

   D. 若乙明知此买卖有害于债权人的债权，则债权人可行使撤销权

四、合同的担保

合同的担保是指依照法律规定或当事人约定而设立的确保合同义务履行和权利实现的法律措施。合同担保一般具有从属性、补充性和保障性三个特征。合同担保的分类，依据不同的标准有不同的分类，主要有人的担保和物的担保；法定担保和约定担保等。我国《担保法》规定，合同担保的形式主要有五种。

（一）保证

保证是指债务人以外的第三人为债务人履行债务而向债权人所作的一种担保。保证

的目的就是为了确保债务人履行债务，如果不履行债务，担保人就应承担保证责任，从而使债权人的权利得以实现。在保证涉及的法律关系中，为债务人履行债务而作担保的第三人，称为保证人，被担保履行债务的债务人，称被保证人，主合同中的债权人又是保证合同的债权人，保证人在债务人不履行债务时所应承担的责任，称保证债务或保证责任。

保证是债权人与第三人经过约定设立的一种担保方式，通常以保证合同的面目出现。订立保证合同，一般应包括以下主要条款：（1）被保证的主债权种类、数额。（2）债务人履行债务的期限。（3）保证的方式。（4）保证担保的范围。（5）保证的期间。（6）双方认为需要约定的其他事项。

保证人须是具有代为清偿债务能力的法人、其他组织或者公民。但并非所有的具有代偿能力的组织或个人都可以是保证人，法律对保证人也作了相应的限制：（1）国家机关不得为保证人，但经国务院批准为使用外国政府或者国际经济组织贷款进行转贷的除外。（2）公益性事业单位不能为保证人。（3）企业法人的分支机构、职能部门不得为保证人，但其有法人的书面授权的，可在授权范围内提供担保。

保证方式有一般保证和连带责任保证。一般保证中，保证人享有先诉抗辩权。所谓先诉抗辩权，是指保证人在主合同纠纷未经审判或仲裁，并且就主债务人财产强制执行仍不能履行债务之前，有拒绝向债权人承担保证责任的权利。但法律另有规定是除外。连带责任保证，是指保证人与主债务人对主合同债务承担连带责任的保证。在连带责任保证中，当主合同债务人没有按照约定履行债务时，债权人就可向债务人或保证人中任何一个要求履行债务，或承担债的不履行责任。这就意味着保证人不能像一般保证那样享有先诉抗辩权。

保证担保的范围包括主债权及利息、违约金、损害赔偿金和实现债权的费用。保证合同另有约定的，按照约定。当事人对保证担保的范围没有约定或者约定不明确的，保证人应当对全部债务承担责任。

（二）抵押

抵押是指债务人或第三人不转移占有地提供财产作为债务履行担保的行为。抵押行为所形成的法律关系是抵押法律关系。在抵押法律关系中，提供财产的人，称为抵押人；提供的财产，称为抵押物；债权人享有的在债务人不履行债务时变卖抵押物，从所得价款中优先受偿的权利，称为抵押权；享有抵押权的人，称为抵押权人。抵押的目的是设定抵押权，抵押权的行使可使债权得到实现。

抵押权是通过抵押合同而设定的，抵押合同一般应包括以下主要条款：（1）被担保的主债权的种类、数额。（2）债务人履行主债务的期限。（3）抵押物的名称、数量、质量、状况、所在地、所有权权属或使用权权属。（4）抵押担保的范围。（5）当事人认为需要约定的其他事项。

抵押物须是抵押人自己所有的或者享有处分权的财产；抵押物既可以是不动产，也可以是动产。

(三) 质押

质押是指债务人或第三人将动产或权利交与债权人占有，作为债务履行担保的行为。简言之，就是设定质权担保的行为。在质押关系中，提供财产或权利的人，是出质人，享有质权的人是质权人。提供的财产或权利，称为质物。债权人享有的在债务人不履行债务的情况下变卖质物，从所得价款中优先受偿的权利，称为质权。

我国质押的类型基本有两种，即动产质押和权利质押：

1. 动产质押

动产质押是指债务人或第三人将动产作为标的而设定质权的行为。动产质押所设定的质权就是动产质权，它指在债务人不履行债务时，债权人享有的以该动产变价而从中优先受偿的权利。出质人和质权人应当以书面形式订立质押合同，质押合同须自合意后质物移交于质权人占有时生效。出质人和质权人按照质押合同享受权利和承担义务。

2. 权利质押

权利质押是指债务人或第三人以所有权以外的权利为标的作债务履行担保的行为。根据我国担保法规定，可供设立质权的权利有：（1）汇票、本票、支票、债券、存款单、仓单、提单。（2）依法可以转让的股份、股票。（3）依法可以转让的商标专用权、专利权、著作权中的财产权。（4）依法可以转让的其他权利。权利质押须办理相关的法律手续。

（四）留置

留置是指债权人按照合同的约定占有债务人的动产，债务人不按合同约定的期限履行债务时，债权人有权扣留该动产，经过一定的宽限期债权仍得不到实现的，债权人依法从该动产变价中优先受偿的一种债权担保方式。

留置权是依法律规定而产生的担保物权，即是一种法定的担保物权。

留置担保的范围包括主债权及利息、违约金、损害赔偿金、留置物保管费用和实现留置权的费用。

（五）定金

定金是合同当事人约定一方在合同订立时或在合同履行前预先给付对方一定数量的金钱，以保障合同债权实现的一种担保方式。

定金具有担保的性质。债务人履行债务后，定金应当抵作价款或者收回。给付定金一方不履行债务的，无权要求返还定金；接受定金的一方不履行债务的，应当双倍返还定金。

定金的数额可以由当事人约定，但不得超过主合同标的额的20%。《合同法》第116条规定："当事人既约定违约金，又约定定金的，一方违约时，对方可选择适用违约金或定金条款。"

小练习

1. 2013年2月1日,王某以一套房屋为张某设定了抵押,办理了抵押登记。同年3月1日,王某将该房屋无偿租给李某1年,以此抵王某欠李某的借款。房屋交付后,李某向王某出具了借款还清的收据。同年4月1日,李某得知房屋上设有抵押后,与王某修订租赁合同,把起租日改为2013年1月1日。张某实现抵押权时,要求李某搬离房屋。下列表述是正确的有（　　）。

   A. 王某、李某的借款之债消灭
   B. 李某的租赁权可对抗张某的抵押权
   C. 王某、李某修订租赁合同行为无效
   D. 李某可向王某主张违约责任

2. 甲乙订立买卖合同约定,甲向乙交付200吨钢材,货款为200万元;乙向甲支付定金20万元;如任何一方不履行合同应支付违约金30万元。甲因将钢材卖给丙而无法向乙交货。在乙向法院起诉时,既能最大限度保护自己的利益,又能获得法院支持的诉讼请求是（　　）。

   A. 请求甲双倍返还定金40万元
   B. 请求甲支付违约金30万元
   C. 请求甲支付违约金30万元,同时请求甲双倍返还定金40万元
   D. 请求甲支付违约金30万元,同时请求返还定金20万元

第五节

合同的变更和转让

【案例导读】

合同转让纠纷案

2006年4月10日,A商厦向B服装厂订购一批服装。合同约定,A商厦4月20日前支付全部货款100万元,B服装厂7月10日交货。双方未就合同转让事宜进行约定。A商厦按照合同约定支付了货款。

5月10日,A商厦因忙于改制,将该合同转让给C商场,并通知了B服装厂。

7月10日,C商场要求B服装厂按期交货,B服装厂予以拒绝,

称合同是与 A 商厦签订的，A 商厦将合同转让给 C 商场应经过 B 服装厂同意，未经同意，该转让行为无效。

要求根据上述情况和《合同法》的有关规定，回答下列问题：

A 商厦将合同转让给 C 商场的行为是否有效？为什么？

【分析提示】

A 商厦将合同转让给 C 商场的行为有效。根据《合同法》的规定，债权人转让权利的，不需要经债务人同意，但应当通知债务人；债务人接到债权转让通知后，债权让与行为就生效。

广义的合同变更包括合同内容变更和合同主体变更两种情形。合同内容的变更指合同主体保持不变而改变合同的具体内容；合同主体变更又称为合同转让，指在不改变合同内容的情况下变动合同的债权人或债务人。我国《合同法》第五章所说的合同变更是从狭义的角度理解，仅指合同内容的变更。合同转让包括债权转让、债务移转和权利义务一并转让 3 种情形。

一、合同的变更

按照《合同法》的基本原理，合同一经有效成立即具有法律效力，当事人不得擅自对合同内容加以改变。但是，这并不意味着任何情况下法律都一概不允许变更合同。首先，根据合同自由原则，当事人如果协商一致自愿变更合同内容，法律一般对此不作硬性禁止。其次，合同尚未履行或尚未全部履行之前，如果由于客观情况的变化，使得继续按照原合同约定履行会造成不公平的后果，那么，变动原合同条款，调整债权债务内容显然也有必要。

《合同法》规定，当事人协商一致，可以变更合同；法律、行政法规规定变更合同应当办理批准、登记等手续的，依照其规定；当事人对合同变更的内容约定不明确的，推定为未变更。

二、合同的转让

（一）债权转让

债权转让又称为债权让与，指不改变合同的内容，债权人通过与第三人订立合同的方式将债权移转于第三人。其中债权人称为让与人，第三人称为受让人。

《合同法》第 79 条规定，债权人可以将合同的权利全部或部分转让给第三人，但有下列情形之一的除外：（1）根据合同性质不得转让。（2）按照当事人约定不得转让。（3）依照法律规定不得转让。

债权人转让权利的,应当通知债务人,未经通知,该转让对债务人不发生效力。债务人接到债权转让通知后,债务人对让与人的抗辩,可以向受让人主张。

(二) 债务移转

债务移转又称为债务承担,是指在不改变债的内容的前提下,债务人将合同债务全部或部分移转给第三人。包括债务全部移转的免责的债务承担和债务部分移转的并存的债务承担两种形式。由于债务承担涉及债务人履行能力的变化,同时也会使债权人与原债务人之间的特定债权债务关系发生冲突,因此债务移转应当经债权人同意。

债务人移转义务的,新债务人可以主张原债务人对债权人的抗辩。

(三) 权利义务一并转让

权利义务一并转让,又称为债权债务的概括移转或概括承受,指合同的当事人一方将自己的权利义务概括地移转给第三人。《合同法》第88条规定,当事人一方经对方同意,可以将自己在合同中的权利和义务一并转让给第三人。

第六节

合同的权利义务终止

一、合同的权利义务终止的概念

合同的权利义务终止,又称合同的终止或合同的消灭,即由于一定的法律事实的发生,使合同所设定的权利义务在客观上已不再存在。简言之,合同关系归于消灭。

二、合同的权利义务终止的原因

(一) 债务已经按照约定履行

这是合同终止的最主要、最正常的原因,在当事人双方均严格按照合同约定和法律规定履行了债务的情况下,债权债务得到清偿,合同绝对消灭,不会由此产生新的债权债务。

(二) 合同解除

合同解除是指在合同有效成立后,没有履行或没有履行完毕之前,当事人双方通过协议或者一方行使解除权的方式,使合同关系提前消灭。它包括约定解除和法定解除两种。

1. 约定解除

约定解除是当事人通过行使约定的解除权或者双方协商决定而进行的合同解除。

《合同法》第93条第1款规定："当事人协商一致，可以解除合同。"第2款规定："当事人可以约定一方解除合同的条件。解除合同的条件成就时，解除权人可以解除合同。"

2. 法定解除

法定解除即由法律直接规定的解除权的行使条件。根据《合同法》第94条规定，具体包括：(1) 因不可抗力致使不能实现合同目的。(2) 在履行期限届满之前，当事人一方明确表示或者以自己的行为表明不履行主要债务（此称为预期违约或先期违约）。(3) 当事人一方迟延履行主要债务，经催告后在合理期限内仍未履行。(4) 当事人一方迟延履行债务或者有其他违约行为致使不能实现合同目的。(5) 法律规定的其他情形。

当事人依照法律或约定主张解除合同的，应当通知对方。合同自通知到达对方时解除。对方有异议的，可以请求人民法院或者仲裁机构确认解除合同的效力。

法律、行政法规规定解除合同应当办理批准、登记等手续的，依照其规定。

合同生效后，当事人不得因姓名、名称的变更或者法定代表人、负责人、承办人的变动而不履行合同义务。

(三) 债务相互抵销

抵销是指两人互负给付种类相同的债务时，双方各以其债权充当债务之清偿，而使自己的债务与对方的债务在对等数额内相互消灭。抵销包括法定抵销和约定抵销。

1. 法定抵销

法定抵销是指当事人互负到期债务，该债务的标的物种类、品质相同的，任何一方可以将自己的债务与对方的债务抵销，但依照法律规定或者按照合同性质不得抵销的除外。抵销不得附条件或者附期限，因为附条件或者附期限将使抵销的效力不确定，有害于对方当事人的利益。抵销权人通知对方，抵销即发生效力。

2. 约定抵销

约定抵销也称合意抵销，即根据当事人之间的协议消灭相互间所负的债务。《合同法》第100条规定，当事人互负债务，标的物种类、品质不相同的，经当事人双方协商一致，也可以抵销。

(四) 债务人依法将标的物提存

提存是指债务人将无法清偿的标的物交给提存机关，由此消灭债的行为。我国的提存机关为公证机关，提存地无提存部门的，当事人可以向当地基层人民法院提存。《合同法》第101条规定，有下列情形之一，难以履行债务的，债务人可以将标的物提存：(1) 债权人无正当理由拒绝受领。(2) 债权人下落不明。(3) 债权人死亡未确定继承人或者丧失民事行为能力未确定监护人。(4) 法律规定的其他情形。标的物不适于提存或者提存费用过高的，债务人依法可以拍卖或者变卖标的物，提存所得的价款。

标的物提存后，毁损、灭失的风险由债权人承担。提存期间，标的物的孳息归债权人所有。提存费用由债权人负担。

债权人领取提存物的权利，自提存之日起五年内不行使而消灭，提存物扣除提存费用后归国家所有。

（五）债权人免除债务

免除是债权人以消灭债权为目的而抛弃债权的单方法律行为。《合同法》第105条规定，债权人免除债务人部分或者全部债务的，合同的权利义务部分或者全部终止。

（六）债权债务同归于一人（即债的混同）

《合同法》第106条规定，债权和债务同归于一人的，合同的权利义务终止，但涉及第三人利益的除外。

（七）法律规定或者当事人约定终止的其他情形

小练习

1. 甲企业欠乙企业100万元货款，因为甲企业经营管理不善，最终被乙企业兼并。根据《合同法》的规定，甲企业所欠乙企业的100万元货款因（　　）而消灭。
   A. 债的混同　　　　　　　　B. 合同解除
   C. 债务相互抵消　　　　　　D. 合同履行期限届满

2. 甲将其对乙享有的10万元货款债权转让给丙，丙再转让给丁，乙均不知情。乙将债务转让给戊，得到了甲的同意。丁要求乙履行债务，乙以其不知情为由抗辩。下列表述（　　）是正确的。
   A. 甲将债权转让给丙的行为无效
   B. 丙将债权转让给丁的行为无效
   C. 乙将债务转让给戊的行为无效
   D. 如乙清偿10万元债务，则享有对戊的求偿权

第七节

违 约 责 任

【案例导读】

合同的解除纠纷案

专业户甲与收购部乙签订了棉花收购合同，但临近收棉花时却天气反常，阴雨连绵。甲无法按合同执行，要求乙同意减少棉花收购数量或解除合同。问：甲的要求是否合法？为什么？

【分析提示】

甲的要求合法。因不可抗力致使合同目的难以实现，合同得以变更或解除，并且当事人免以承担全部或部分责任。

一、违约责任的概念和特征

违约责任又称违反合同的民事责任，是指合同当事人不履行合同义务或者履行合同义务不符合约定时所承担的法律后果。

违约责任作为民事责任的一种，它既同刑事责任、行政责任截然不同，又同其他民事责任有别。它除具有民事责任的一般特征之外，还具有独自的特征。

1. 违约责任以违反有效的合同义务为前提

首先，违约责任产生的基础是双方当事人之间存在合法有效的合同关系。若当事人之间不存在有效的合同关系，则无违约责任可言。其次，违约责任是以违反合同义务为前提。合同义务是发生合同责任的必要前提，合同责任则是违反合同义务的必然后果。

2. 违约责任的确定具有相对的任意性

违约责任的确定，除法律强制规定外，当事人可以在法律规范的指导下，通过合同加以确定。这是由合同自由原则和民事责任的"私人性"所决定的。

3. 违约责任具有补偿性

违约责任作为民事责任的一种，主要是一种财产责任，一方当事人违反合同义务会给另一方造成财产损失。而追究违约责任的目的，主要是弥补或补偿因违约行为而给合同债权人所造成的财产损失。

4. 违约责任具有相对性

违约责任的相对性是由合同义务的相对性决定的。合同关系只存在于特定主体之间，其权利义务也主要是对合同当事人产生约束力，合同当事人无权为他人设定合同义务。

小练习

承担违约责任的条件包括（　　）。
A. 当事人一方违约事实客观存在
B. 违约行为给对方造成了损失
C. 违约行为不是由于不可抗力造成的
D. 违约方主观上有过错

二、违约责任的承担方式

（一）违约金

违约金是指合同当事人在合同中约定的，在合同债务人不履行或不适当履行合同义务时，向对方当事人支付的一定数额的金钱。

由于支付违约金并不以有损害事实为要件。因此，对于违约金的数额，应由双方通过协商在合同中约定。如果约定的违约金低于或过分高于违约行为所造成的损害，当事人可请求人民法院或仲裁机构增加或适当予以减少。

（二）赔偿损失

《合同法》第113条规定，当事人一方不履行合同义务或者履行合同义务不符合约定，给对方造成损失的，损失赔偿额应当相当于因违约所造成的损失，包括合同履行后可以获得的利益，但不得超过违反合同一方订立合同时预见到或者应当预见到的因违反合同可能造成的损失。当事人也可以在合同中约定因违约产生的损失赔偿额的计算方法。

（三）继续履行

《合同法》第110条规定，当事人一方不履行非金钱债务或者履行非金钱债务不符合约定的，对方可以要求履行，但有下列情形之一的除外：（1）法律上或者事实上不能履行。（2）债务的标的不适于强制履行或者履行费用过高。（3）债权人在合理期限内未要求履行。

（四）定金制裁

当事人在合同中约定一方向对方给付定金作为债权的担保。债务人履行债务后，定金应当抵作价款或者收回。给付定金的一方不履行约定的债务的，无权要求返还定金；

收受定金的一方不履行约定的债务的,应当双倍返还定金。

当事人既约定违约金,又约定定金的,一方违约时,对方可以选择适用违约金或者定金条款。

(五) 其他补救措施

合同法规定,质量不符合约定的,应当按照当事人的约定承担违约责任。对违约责任没有约定或者约定不明确的,如果不能达成补充协议的,受损害方根据标的的性质以及损失的大小,可以合理选择要求对方承担修理、更换、重作、退货、减少价款或者报酬等违约责任。

三、免责事由

根据合同法的规定,免责事由分为法定事由、免责条款和因法律有特别规定3种。若在合同的履行过程中,出现了上述3种事由之一,导致合同不能履行或不能完全履行,将部分或者全部免去债务人的责任。

(一) 法定事由

不可抗力是违约责任免责的法定事由。所谓不可抗力,是指不能预见、不能避免并不能克服的客观情况。

因不可抗力不能履行合同的,根据不可抗力的影响,部分或者全部免除责任,但法律另有规定的除外。当事人迟延履行后发生不可抗力的,不能免除责任。

当事人一方因不可抗力不能履行合同的,应当及时通知对方,以减轻可能给对方造成的损失,并应当在合理期限内提供证明。

(二) 免责条款

免责条款是合同双方当事人在合同中约定一定的事由或条件,当违约符合所约定的事由或条件时,可免除违约方的违约责任。由此可见,免责条款并非产生于法律的直接规定,而是双方当事人通过事先协商在合同中设定,它符合《合同法》的当事人意思自治原则。

(三) 因法律的特别规定

这是指除不可抗力之外,法律有特别规定的免责条件的,一旦发生违约又符合该条件时,可免除违约责任。如《合同法》第311条规定,在符合法律和合同规定条件下的运输,由于货物本身的自然性质或合理损耗的原因造成货物灭失、短少、变质、污染、损坏的,承运人不承担违约责任。

小练习

1. 甲向乙购进一批玉米，双方约定，合同履行地在乙所在城市S市。5月1日乙为甲代办托运运往M县。在运输过程中，5月3日甲与丙签订协议，将该批玉米转让给丙，在M县火车站交货。5月4日由于遇到山洪暴发，火车在运输途中出轨，玉米损失。该损失应由（　　）承担。

　　A. 甲　　　　B. 乙　　　　C. 丙　　　　D. 甲与丙

2. 甲公司向乙公司购买小轿车，约定7月1日预付10万元，10月1日预付20万元，12月1日乙公司交车时付清尾款。甲公司按时预付第一笔款。乙公司于9月30日发函称因原材料价格上涨，需提高小轿车价格。甲公司于10月1日拒绝，等待乙公司答复未果后于10月3日向乙公司汇去20万元。乙公司当即拒收，并称甲公司迟延付款构成违约，要求解除合同，甲公司则要求乙公司继续履行。下列表述是正确的（　　）。

　　A. 甲公司不构成违约　　　　B. 乙公司有权解除合同
　　C. 乙公司可行使先履行抗辩权　　　　D. 乙公司可要求提高合同价格

四、责任竞合

竞合是指由于某种法律事实的出现，而导致两种或两种以上的权利产生，使这些权利之间发生冲突的现象。责任竞合作为法律上的竞合的一种类型，它既可以发生在同一法律部门内部，如违约责任和侵权责任的竞合；亦可发生在不同的法律部门之间，如侵权责任与刑事责任、行政责任的竞合。这里所说的责任竞合是指民事上的竞合，即侵权责任和违约责任的竞合。

《合同法》第122条规定，因当事人一方的违约行为，侵害对方人身、财产权益的，受损害方有权选择依照本法要求其承担违约责任或者依照其他法律要求其承担侵权责任。

本章提要

1. 基本概念

（1）合同是平等主体的自然人、法人、其他组织之间设立、变更、终止民事权利义务关系的协议。婚姻、收养、监护等有关身份关系的协议不适用我国现行《合同法》。

（2）合同的订立包括要约和承诺两个阶段。

（3）合同的内容由当事人约定，一般包括以下条款：当事人的名称或者姓名和住所；标的；数量；质量；价款或报酬；履行的期限、地点和方式；违约责任；解决争议的方法。

(4) 合同形式主要有口头形式、书面形式和其他形式。

(5) 合同的效力包括有效合同；无效合同；可撤销合同；效力待定合同。

(6) 合同的担保包括保证；抵押、质押；留置；定金。

(7) 违约责任的承担方式包括违约金；赔偿损失；继续履行；定金制裁；其他补救措施。

2. 简答题

(1) 简答合同法的基本原则。

(2) 简述要约和承诺的构成要件。

(3) 简答合同订立一般应具备的条款。

(4) 简答合同无效的情形。

(5) 简答合同担保的方式。

3. 案例分析题

【案情 1】

某建筑公司急需100吨水泥，因怕停工待料，故于2006年2月8日同时向四家水泥厂发函求援。电文是："如贵厂有300号矿渣水泥现货，吨价不超过1,100元，请于10天内发货100吨。货到付款。"甲厂于2月11日以吨价1,100元向公司发运300号矿渣水泥100吨；乙厂于2月13日以吨价1,000元向公司发运300号矿渣水泥100吨；丙厂于2月10日收电，2月15日以吨价1,200元向公司发运300号矿渣水泥100吨；丁厂于2月20日以吨价1,050元向公司发运300号矿渣水泥100吨。后该公司因水泥太多只接受了乙厂水泥，划拨了货款。甲、丙、丁三厂派人向公司交涉，公司以跟三厂无合同关系，退货并非违约，拒绝承担任何责任。三厂起诉至法院，要求建筑公司收货付款或承担赔偿损失的责任。请回答下面问题：

(1) 建筑公司对四家水泥厂所发电报是否具有法律效力？说明理由。

(2) 公司对甲、丙、丁三厂水泥都要收货付款或承担赔偿损失责任吗？法律依据是什么？

【分析提示】

从要约和承诺的构成要件分析本案例。某建筑公司所发电报符合要约的构成要件，属于要约，要约生效对要约人具有拘束力。甲的行为符合承诺的构成要件，与建筑公司形成合同关系，建筑公司应承担合同义务；丙、丁的行为不符合承诺的构成要件，与建筑公司之间没有形成合同关系，建筑公司可以拒绝承担责任。

【案情 2】

某土产公司推销员甲擅自以公司名义与某食品店订立买卖辣椒粉的合同。合同规定：从订立合同之日起 1 个月内，由土产公司供货 200 公斤。合同订立后，甲在各地转了 25 天才回公司交出合同，公司经理见离合同规定的最后期限只差 5 天，无法按时供货，故立即书面通知对方要求延期交货，对方予以拒绝。根据上述案情，请回答：

（1）该合同是否有效？为什么？
（2）此合同纠纷应如何处理？

【分析提示】

无权代理人订立的合同经被代理人追认后为有效的合同。合同有效，当事人应当按照合同约定履行各自的义务，逾期不履行合同义务则应承担违约责任。

4. 教学互动

学生以小组形式草拟买卖合同，并分别调换检查合同的内容，找出合同内容不对或者不恰当之处。

第六章

票 据 法

【知识要求】

通过本章的学习，了解票据和票据行为的概念、种类，票据抗辩和票据补救的概念，本票和支票的概念与特征。掌握票据权利的取得和消灭，票据行为的特征，票据抗辩的种类，本票、支票与汇票相互之间的区别。熟悉票据法律关系的类型和当事人的界定，各种具体的票据抗辩事由，各种票据丧失时的补救措施。汇票的出票、背书、承兑、保证等原理及其适用。

【技能要求】

通过本章的学习，能够运用票据行为的原理分析各种票据行为如背书、承兑、保证等的效力以及各种票据权利瑕疵的效力。

第一节

票据法概述

一、票据法的概念和特征

票据法是指规定票据的种类、签发、转让及票据当事人的权利和义务等内容的法律规范的总称。票据法的概念有广义和狭义之分。广义的票据法是指有关票据规定的各种法律规范的总称。如民法中有关法律行为、代理等规定；刑法中关于伪造有价证券罪的规定；民事诉讼法中关于票据诉讼及公示催告制度的规定等。狭义的票据法是指关于票据的专门立法。如《票据法》。本章采用的是狭义的票据法。

票据法既要保障票据流通的方便、快捷，又要确保票据流通的安全，以保障票据权利人的利益。与民法相比，票据法具有以下特征：

1. 票据法具有强制性

票据关系的设定、变更或者消灭均以法律规定为行为准则。票据的内容由法律直接规定，不依当事人的愿意变更。如票据的种类、格式，票据行为，票据当事人的权利、义务等内容，大多是强制性规范，少有任意性规范，使当事人难以有任意而为的机会。

2. 票据法具有技术性

票据法的规定多数是出自商业交易活动的需要，为保证票据使用的方便与安全可靠，根据票据本身的特点和内在本质规律，专门设计出来并加以规定的。因此，票据法与交通法规有相似之处，技术性较强，都属于技术性的规定。

3. 票据法具有国际统一性

票据法是为商品经济和国际贸易服务的，随着商品经济和国际贸易的发展，不同地区不同国家的票据法日趋统一。如《日内瓦统一汇票本票法》和《日内瓦统一支票法》就是适应国际贸易的要求为许多国家所接受。它体现了票据法的国际统一性趋势。现行的德国票据法和支票法同日本的票据法和支票法几乎逐条相同，因为这些法都是以日内瓦统一票据法为蓝本的。票据法已成为国际上统一程度最高的一种法律。

二、我国票据法的沿革

我国历史上第一部《票据法》是国民党政府立法院商法委员会在1929年9月28日起草的，但是，该法在新中国成立后被废除。十一届三中全会以后，随着经济体制由计划经济向市场经济的逐步转变，票据制度开始恢复。上海市人民银行在1982年率先制定了《票据承兑、贴现办法》，中国人民银行于1985年4月1日实行《商业汇票承兑、贴现暂行办法》，中国人民银行1986年发布《中国人民银行再贴现试用办法》；中国人民银行、中国工商银行、中国农业银行在1986年联合发布《关于个体经营户和个人使用支票结算基本规定》；中国人民银行、中国工商银行、中国银行、中国建设银行1987年联合发布《华东三省一市票据结算办法》；1988年上海市人民政府发布《上海市票据暂行规定》；1988年中国人民银行颁发《银行结算办法》，规定在全国公开推行汇票、本票与支票。

1995年5月10日第八届全国人大常委会第十三次会议通过《票据法》，并于1996年1月1日施行。2004年，第十届全国人大常委会第十一次会议决定修改《票据法》，删除原第75条关于本票必须记载事项的规定。

三、票据法的立法宗旨

《票据法》第 1 条明确规定了其立法宗旨，即以下三个方面：

1. 规范票据行为

《票据法》立法前，我国普遍存在票据行为不规范的现象，主要表现在出票、背书转让、承兑等票据行为上，出票人、背书人在票据上记载的事项不符合规定的内容和要求，有的属于记载要素不全，如不记载收款人名称、金额，背书不记载被背书人名称；有的属于记载方式不正确，如背书人不按规定签章，被背书人名称未记载在规定位置；承兑人对空白或记载不完全的汇票也进行承兑等，由此造成大量的票据纠纷案件。因此，为了规范票据行为，《票据法》规定了票据行为的"绝对必要记载事项"和"相对必要记载事项"。

2. 保障票据活动当事人的合法权益

票据法不仅规范了票据行为，而且使这种规范具有普遍性、强制性和权威性，从而保障了当事人的合法权益。

3. 维护社会经济秩序，促进社会主义市场经济的发展

由于票据是市场交换中不可缺少的支付工具、信用工具、汇兑工具和银行主要的结算工具，并广泛地应用于国际贸易、国际金融和其他国际经济活动。因此，票据行为是否有序会影响到我国金融体制的健康发展，影响到社会主义市场经济的正常运行和对外开放。票据法出台前，我国就出现了大量票据行为违章无序的现象，票据犯罪不断发生，严重影响了社会经济秩序。要使票据行为有序进行，就必须通过法律予以严格规范。

第二节 票据概述

一、票据的概念和法律特征

票据一词有广义和狭义之分。广义的票据是指商业活动中的一切票证，包括各种有价证券和凭证，如股票、债券、提货单、车船票等。狭义的票据是指发票人依法签发的，由自己无条件支付或者委托他人无条件支付一定金额的有价证券，包括汇票、本票、支票。本章所指票据仅指狭义的票据。

票据具有以下法律特征：

1. 票据是完全有价证券

票据和一定的财产权利或者价值结合在一起，并以一定货币金额表示其价值。票据权利和票据不可分开。票据权利随票据的制作而发生，随票据的出让而转移，占有票

据，即占有票据的价值。不占有票据，就不能主张票据权利。

2. 票据是要式证券

票据的格式是由法律规定的，必须根据法律规定的必要形式制作，票据才能有效。如我国《票据法》规定了汇票、本票、支票必须记载的事项，未记载规定事项的，票据无效。

3. 票据是无因证券

票据的持票人行使票据权利时，无需说明其取得票据的原因，只要占有票据就可以行使票据权利。至于取得票据的原因，持票人无说明的义务，债务人也无审查的权利，即使取得票据的原因关系无效，对票据关系也不发生影响。票据的无因性有利于保障持票人的权利和票据的顺利流通。

4. 票据是流通证券

票据作为一种流通证券，可以通过交付或者背书的方式自由转让，不需要通知原债务人，受票人基于此而取得票据的全部权利。只要受票人获得票据并且支付了对价，即使票据转让人的票据权利有瑕疵，该善意受让人对票据的权利也不受前手权利缺陷的影响。

5. 票据是文义证券

票据上的权利义务必须以票据上的文字记载为准。票据债权人或者票据债务人均应当对票据上所记载的文义负责，不得以任何方式或者理由变更票据上文字记载的意义。

6. 票据是设权证券

票据是创设权利，而不是证明已经存在的权利。票据一经作成，票据上的权利便随之而确立。

7. 票据是债权证券

票据持有人可以对票据记载的一定数额的金钱向票据的特定债务人行使请求付款权。

小练习

2014年10月5日，甲、乙签订房屋买卖合同，约定年底前办理房屋过户登记。乙签发一张面额80万元的转账支票给甲以支付房款。一星期后，甲提示银行付款。2015年1月中旬，甲到银行要求支付支票金额，但此时甲尚未将房屋登记过户给乙。对此，下列说法中（　　）是正确的。

A. 尽管甲尚未履行房屋过户登记义务，但银行无权拒绝支付票据金额

B. 如甲向乙主张票据权利，因甲尚未办理房屋的过户登记，乙可拒付票据金额

C. 如被银行拒付，甲可根据房屋买卖合同要求乙支付房款

D. 如该支票遗失，甲即丧失票据权利

二、票据行为

(一) 票据行为的概念和特征

票据行为的概念有广义和狭义之分。广义的票据行为是指以产生、变更和消灭票据上权利义务关系为目的法律行为。狭义的票据行为是指仅承担票据债务的要式法律行为。

票据行为与一般的法律行为相比，具有以下特点：

1. 要式性

要式性是指票据行为是一种严格的书面行为，应当依据票据法的规定，在票据上记载法定事项，票据行为人必须在票据上签章，其票据行为才能产生法律效力。票据行为的要式性有利于票据的安全流通。

2. 文义性

文义性是指票据行为的内容均依票据上所载的文义而定。这是票据要式性的具体表现。票据文义直接决定票据的权利和票据义务的范围和最高限度。我国《票据法》第8条规定："票据金额以中文大写和数码同时记载，二者必须一致，二者不一致的，票据无效。"

3. 无因性

无因性是指票据行为只要具备法定形式要件，便产生法律效力，即使其基础关系因有缺陷而无效，票据行为的效力仍不受影响。

4. 独立性

独立性是指在同一票据上所作的各种票据行为互不影响，各自独立发生其法律效力。如无行为能力人的出票行为无效，但有行为能力人已在票据上背书、承兑，则背书、承兑有效；被保证的债务无效，保证人的保证行为只要要式具备便有效；票据本身或者票据上的签字是被伪造的，真正在票据上的签名而完成的票据行为有效。许多国家的票据法都确立了票据行为的独立原则，目的是为了保证票据的流通和社会交易的安全。

5. 连带性

连带性是指同一票据上的各种票据行为人均对持票人承担连带责任。由于票据行为具有独立性和无因性，这就使持票人的权利实现受到影响，因此票据法规定了连带原则，以保护持票人的票据债权。我国《票据法》第68条规定，汇票的出票人、背书人、承兑人和保证人对持票人承担连带责任。

(二) 票据行为的种类

票据行为包括出票、背书、承兑、保证、保付。其中出票是基本票据行为，其余均为附属票据行为。

1. 出票

出票是指出票人签发票据并将其交付给收款人的票据行为。出票人必须与付款人具有真实的委托付款关系，并且具有支付票据金额的可靠资金来源。

出票人签发票据后，即承担该票据承兑或付款的责任。出票人在票据得不到承兑或者付款时，应当向持票人清偿法定金额和费用。

2. 背书

背书是指在票据背面或者粘单上记载有关事项并签章的票据行为。出票人在汇票上记载"不得转让"字样的，汇票不得转让，票据凭证上不能满足背书人记载事项的需要，可以加附粘单，粘附于票据凭证上，粘单上的第一记载人，应当在汇票和粘单的粘接处签章。汇票以背书转让或者以背书将一定的汇票权利授予他人行使时，必须记载被背书人名称。

3. 承兑

承兑是指汇票付款人承诺在汇票到期日支付汇票金额的票据行为。

4. 保证

保证是指票据债务人之外的人为担保债务的履行而在票据上记载担保文字并签名的票据行为。票据保证的目的是担保其他票据债务的履行，适用于汇票和本票，不适用于支票。

5. 保付

保付是指支票的付款人向持票人承诺负绝对付款责任的一种附属票据行为。保付是支票付款人的一种票据行为。支票一旦经付款人保付，在支票上注明"照付"或"保付"字样，并经签名后，付款人便负绝对付款责任，不论发票人在付款人处是否有资金，也不论持票人在法定提示期间是否有提示，或者即使发票人撤回付款委托，付款人均须按规定付款。

(三) 票据行为成立的要件

1. 票据行为成立的实质要件

（1）票据行为人必须具有从事票据行为的能力。票据行为是设定票据权利义务的法律行为，行为人之行为后果，是为自己设定票据债务而给对方设定票据债权，依民法一般规定，行为能力欠缺者无责任能力，不能为负担义务之行为，故无行为能力人、限制行为能力人不能为票据行为。

（2）票据行为人的意思表示必须合法真实。票据上记载的事项必须是票据行为人的真实意思，除票据授受直接当事人外，不得以票据记载事项之外的文字证明其票据意思，纵然因事实上的意思表示有瑕疵在直接当事人发生无效票据行为，也只对直接当事人有法律约束力，对善意第三人的票据权利没有影响。

2. 票据行为成立的形式要件

（1）票据行为必须采用书面形式。各种票据行为都必须是票据行为人或者其代理人，将票据行为人的意思记载在规定的票据上。

（2）票据签章。《票据法》第 7 条规定："票据上的签章，为签名、盖章或者签名加盖章。"票据当事人必须按规定在票据上签名或盖章。

（3）票据记载事项。票据记载事项分为必要记载事项、任意记载事项、不得记载事项等。

①必要记载事项。必要记载事项是指根据《票据法》的规定必须记载的事项。根据《票据法》的规定，票据金额、出票或签发日期、收款人名称不得更改，更改的票据无效。相对必要记载事项是指某些应该记载而未记载，适用法律的有关规定而不使票据失效的事项。如《票据法》规定付款地为相对必要记载事项，若行为人没有记载，则付款人的营业场所、住所或者经常居住地视为付款地。

②任意记载事项。任意记载事项是指《票据法》规定由当事人选择记载的事项，该事项一经记载，即发生《票据法》上的效力。如出票人或背书人在汇票上记载"不得转让"，就属于任意记载事项，行为人不作记载，对票据效力不发生影响，一旦作了记载，就发生《票据法》规定的效力。

③不得记载事项。不得记载事项是指《票据法》禁止行为人在票据上记载的事项，包括记载无效的事项和使票据无效的事项。记载无效的事项是指行为人虽作记载，但《票据法》上视作未记载，只是此项记载本身无效，票据的效力并不因此受到影响。使票据无效的事项是指行为人记载了此类事项，不仅记载本身无效，而且使整个票据无效。

(4) 票据交付。票据行为人将票据交给相对人持有，票据行为才成立。

(四) 票据行为代理

1. 票据行为代理的概念

票据行为代理是指代理人在其代理权限范围内，在票据上记载被代理人的名称及为被代理人代理的意思，并在票据上签章的行为。票据当事人可以委托其代理人在票据上签章，并应当在票据上表明其代理关系。

2. 票据无权代理

票据无权代理是指行为人没有被代理人的授权而以代理人名义在票据上签章的行为。没有代理权而以代理人名义在票据上签章的，应当由签章人承担票据责任。

3. 票据越权代理

票据越权代理是指代理人超越代理权限而使被代理人增加票据责任的代理行为。代理人超越代理权限的，应当就其超越权限的部分承担票据责任。

三、票据权利

(一) 票据权利的概念和分类

票据权利是指持票人向票据债务人请求支付票据金额的权利。

票据权利包括付款请求权和追索权。付款请求权是指票据的债权人依法要求票据的主债务人或其他付款人按票据上所记载的金额付款的权利。追索权是指持票人行使付款请求权遭到拒绝或有其他法定原因时，向其前手请求偿还票据金额及其他费用的权利。付款请求权又称第一次请求权，而追索权一般是在行使付款请求权后才使用的权利，故称第二次请求权。

票据法上的其他权利,如付款人的交出票据请求权、利益返还请求权、汇票持票人的发行复本请求权、票据抗辩权等等,由于它们不是票据所固有的权利,而只是为维护票据的信用和实现票据权利而发生的,因此是一种辅助性的权利,它们本身不是票据权利,故称为票据法上的权利。

小练习

甲公司在与乙公司交易中获得由乙公司签发的面额 50 万元的汇票一张,付款人为丙银行。甲公司向丁某购买了一批货物,将汇票背书转让给丁某以支付货款,并记载"不得转让"字样。后丁某又将此汇票背书给戊某。如戊某在向丙银行提示承兑时遭拒绝,戊某可向( )行使追索权。

A. 丁某　　　　　　B. 乙公司　　　　　　C. 甲公司　　　　　　D. 丙银行

(二) 票据权利的取得、行使和保全

1. 票据权利的取得

票据权利的取得是指根据什么方式,依据何种法律事实而取得票据权利。

(1) 从票据权利的取得方式看,票据权利的取得分为原始取得和继受取得。原始取得是指发票人制成票据并交付给受款人后,受款人即从发票人处得到票据权利,这种取得票据的方式为原始取得。继受取得是指持票人从有正当处分权的人那里依背书转让或者交付程序而取得票据的,为继受取得。如因背书而取得,因税收、继承、赠与而取得,因公司合并而取得等。

(2) 从票据取得的主观状态看,票据权利的取得分为善意取得和恶意取得。持票人在善意和无重大过失的情况下,依照票据法规定的方式支付对价后取得的票据,为善意取得。持票人对善意取得的票据享有票据权利。持票人明知转让票据者无处分票据或者交付票据的权利,或者虽然不是明知但应当或者可能知道让与人无处分权而由于过错或者疏忽大意未能得知而取得票据,为恶意取得。持票人恶意取得票据的,不得享有票据权利。

根据我国《票据法》第 11 条和 12 条的规定,票据权利的取得有两项限制:第一,以欺诈、偷盗或者胁迫等手段取得票据的,或者明知有前列情形,出于恶意取得票据的,或者有重大过失取得票据的,不得享有票据权利。第二,因税收、继承、赠与等无偿取得票据的,不受给付对价的限制。但是,所享有的票据权利不得优于其前手的权利。

小练习

甲公司向乙公司签发一张银行承兑汇票,乙公司将汇票向丙银行贴现。丙银行工作人员不慎将汇票遗失,王某拾得后,伪造了丙银行的签章,将汇票背书转让给丁公司。下列关于票据权利的取得的说法正确的是( )。

A. 乙公司是继受取得　　　　　　B. 丙银行是原始取得

C. 王某是继受取得　　　　　D. 丁公司是原始取得

2. 票据权利的行使和保全

票据权利的行使是指票据债权人请求票据债务人履行其票据债务的行为。票据权利的行使应当在票据债务人的营业场所和营业时间内进行。票据债务人无营业场所的，应当在其住所进行。

票据权利的保全是指票据债权人为防止其票据权利的丧失，依《票据法》的规定而采取的行为。例如，为防止追索权的丧失，采取作出拒绝证书的方式。

3. 票据丧失

票据丧失是指票据因灭失、遗失、被盗等原因使票据权利人非出于自己的本意而丧失对票据的占有。

票据丧失分为绝对丧失和相对丧失两种。前者又称票据的灭失，指票据从物质形态上的丧失，如被火烧毁、被洗化或者被撕成碎片等。后者又称票据的遗失，是指票据在物质形态上没有发生变化，只是脱离了原持票人的占有，如持票人不慎丢失或被人盗窃或者抢夺。

《票据法》第15条第3款规定，"失票人应当在通知挂失止付后3日内，也可以在票据丧失后，依法向人民法院申请公示催告，或者向人民法院提起诉讼。"根据《票据法》的规定，票据丧失后的补救措施有以下三种：

（1）挂失止付。挂失止付是指失票人将票据丧失的情况通知付款人并由接受通知的付款人暂停支付，以防止票据款项被他人取得，暂时保全失票人票据权利的一种补救措施。根据《票据法》的规定，票据丧失后，失票人可以及时通知票据的付款人挂失止付，但是，未记载付款人的票据或者无法确定付款人及其代理付款人的票据不能挂失止付。票据的付款人或者代理付款人接受了失票人提交的挂失止付通知后，应当立即停止付款。如果付款人或代理付款人在收到挂失止付通知书之日起12日内没有收到人民法院的止付通知书，自第13日起，挂失止付通知失效，付款人或代理付款人向持票人付款，不再承担责任。因此，挂失止付并不是票据丧失后采取的必经措施，而仅仅是一种暂时的预防措施，关键是要申请公示催告。

（2）公示催告。公示催告是指在票据丧失后，由失票人向人民法院提出申请，请求人民法院以公告方法通知不确定的利害关系人限期申报权利，逾期未申报者，由人民法院通过除权判决宣告所丧失票据无效的一种制度。

公示催告的申请人应是票据的最后持有人，申请人必须向票据支付地的基层人民法院提出申请。申请时，应递交申请书，写明票面金额、出票人、持票人、背书等票据主要内容和申请的主要理由、事实。人民法院收到公示催告的申请后，应当立即审查，并决定是否受理。人民法院决定受理申请，应当同时通知支付人停止支付，至公示催告程序终结。受理人民法院应在3日内发出公告，公告期间不少于60日，催促利害关系人申报权利。利害关系人申报权利应向法院出示票据，所出示的票据与申请人的票据不一致的，人民法院即裁定驳回利害关系人的申报。所出示的票据如果是申请人寻找的票据，法院应当裁定终结公示催告程序，由人民法院按普通程序以票据纠纷案件审理。在申报权利期间没有人申报的，或者申报被驳回的，申请人应自申报权利期间届满的次日起，1个月内向人民法院申请除权判决。逾期不申请判决的，终结公示催告程序。除权判决作出后，人民法院予以公告，并通知支付人，自判决公告之日起，申请人有权向支付人请示支付，即申请人有权依据判定向付款人请示付款。

公示催告期间转让票据的行为是无效行为，受让人的权利不予以保护。

（3）提起诉讼。提起诉讼是指丧失票据的失票人向人民法院提起民事诉讼，要求人民法院判定付款人向其支付票据金额的活动。提起诉讼须有明确的被告，采取这种措施应确定票据在谁手里，否则人民法院无法受理。

小练习

甲签发现金支票给乙，乙于到期日前丢失，遂立即通知付款银行止付。下列说法错误的是（　　）。

A. 乙挂失止付时，付款行已向持票人丙付款的，乙可诉请法院判决付款行向乙支付票据金额

B. 乙于挂失止付后，第二天向法院申请公示催告，法院进行除权判决后，有善意持票人丙向付款行请求兑付支票，付款行有权拒绝付款

C. 如果乙所丧失的现金支票尚未记载付款人，被请求银行对乙的挂失不予受理

D. 经除权判决后，乙可要求甲重新签发现金支票

（三）票据权利的消灭

票据权利的消灭是指因发生一定的法律事实而使票据权利不复存在。票据权利消灭之后，票据上的债权债务关系随之消灭。

有些票据权利消灭是基于票据权利得到了完全的实现和满足而消灭，也有一些是因为票据权利无法得到实现而归于消灭。具体有以下几种：

1. 付款

《票据法》第60条规定，付款人依法足额付款后，全体票据债务人的责任解除。

2. 追索义务人清偿票据债务及追索费用

根据《票据法》第72条的规定，被追索人依持票人行使追索权，而进行相应金额的清偿后，其责任解除。这时，并不是所有的票据债务都归于消灭，依被追索人在票据关系中的地位不同而有所不同。汇票的承兑人或其他票据的出票人履行完追索义务，票据权利完全消灭；被追索人为尚有前手的背书人或保证人的，在履行完追索义务后，还可以行使再追索权，这时的票据权利仍未彻底消灭，而只是"相对消灭"。

3. 票据时效期间届满

根据《票据法》第17条的规定，票据权利在下列期限内不行使而消灭：（1）持票人对票据的出票人和承兑人的权利，自票据到期日起2年。见票即付的汇票、本票，自出票日起2年；（2）持票人对支票出票人的权利，自出票日起6个月；（3）持票人对

前手的追索权,在被拒绝承兑或者被拒绝付款之日起6个月;(4)持票人对前手的再追索权,自清偿日或者被提起诉讼之日起3个月。

4. 票据记载事项欠缺

《票据法》第18条规定,票据可以因记载事项的欠缺而使持票人丧失票据权利,这时,持票人只享有利益偿还请求权。

5. 保全手续欠缺

我国《票据法》第65条规定,持票人不能出示拒绝证明、退票理由书或者未按照规定期限提供其他合法证明的,丧失对前手的追索权。

除此之外,票据物质形态的消灭也可以使票据权利消灭,民法上一般债权的消灭事由如抵销、混同、提存、免除等也可以使票据权利消灭。

但是,持票人因超过票据权利时效或者因票据记载事项欠缺而丧失票据权利的,仍享有民事权利,可以请求出票人或者承兑人返还其与未支付的票据金额相当的利益。

小练习

下列有关票据权利的表述(　　)是不正确的。

A. 持票人行使票据权利,应当按照法定程序在票据上签章并出示票据

B. 票据权利是专指持票人向票据债务人请求支付票据金额的权利,包括付款请求权和追索权

C. 持票人丙对汇票承兑人乙的票据权利,自票据到期日起2年内不行使而消灭

D. 持票人丁对汇票出票人甲的票据权利,自出票日起6个月内不行使而消灭

四、票据抗辩

票据抗辩是指票据债务人依照《票据法》的规定,对票据债权人拒绝履行义务的行为。

根据抗辩原因和效力的不同,票据抗辩可分对物的抗辩和对人的抗辩。前者指票据债务人可以对抗一切持票人,并不因持票人的变更而受影响的抗辩。如票据因欠缺绝对必要记载事项而无效的抗辩、票据上记载已清偿的抗辩等,后者指票据债务人只能对抗特定持票人的抗辩,如原因关系的抗辩、抵消或免除的抗辩等。

根据《票据法》的规定,对票据抗辩的限制主要表现在以下方面:

(1) 票据债务人不得以自己与出票人之间的抗辩事由对抗持票人。如果票据债务人与出票人之间存在抗辩事由,该票据债务人不得以此抗辩事由对抗善意持票人。

(2) 票据债务人不得以自己与持票人的前手之间的抗辩事由对抗持票人。如票据债务人与持票人的前手存在抵销关系,而持票人的前手将票据转让给了持票人,票据债务人就不能以其与持票人的前手存在抗辩事由而拒绝向持票人付款。

(3) 凡是善意的、已付对价的正当持票人可以向票据上的一切债务人请求付款,不受前手权利瑕疵和前手相互间抗辩的影响。如持票人不知道其前手取得票据存在欺

诈、偷盗、胁迫、重大过失等情形，并已为取得票据支付了相应的代价，那么票据债务人不能以持票人的前手存在权利瑕疵为由对抗持票人。

（4）持票人取得的票据是无对价或不相当对价的，由于其享有的权利不能优于其前手的权利，故票据债务人可以对抗持票人前手的抗辩事由对抗该持票人。

五、票据伪造和变造

（一）票据伪造和变造的概念

票据伪造是指无权限人假冒他人名义或以虚构人名义签章的行为，包括假冒出票人名义签发票据的行为和假冒他人名义进行出票行为之外的其他票据行为，如伪造背书签章、承兑签章、保证签章等票据上的签章。

票据变造是指无权更改票据内容的人，对票据上签章以外的记载事项加以变更的行为。如变更票据上的到期日、付款日、付款地、金额等。

构成票据变造，须符合以下条件：①变造的票据是合法成立的有效票据。②变造的内容是票据上所记载的除签章以外的事项。③变造人无权变更票据的内容。

（二）票据伪造和变造的法律后果

伪造、变造票据上的签章和其他记载事项的，应当承担法律责任。票据上有伪造、变造的签章的，不影响票据上其他真实签章的效力。对伪造人而言，由于票据上没有以自己名义所作的签章，因此也不应承担票据责任。如果伪造人的行为给他人造成损害的，必须承担民事责任；构成犯罪的，应承担刑事责任。但是，票据上有伪造签章的，不影响票据上其他真实签章的效力。在票据上真正签章的人，应对被伪造票据的债权人承担票据责任。票据上其他记载事项被变造的，在变造之前签章的人，对原记载事项负责；在变造之后签章的人，对变造之后的记载事项负责；不能辨别是在票据被变造之前或者之后签章的，视同在变造之前签章。

小练习

某丙拾得一张某甲为出票人，某乙为从某甲处直接取得票据的票据权利人的汇票。票面金额为3万元，见票后两个月内付款。丙拾得票据后，立即伪造某乙签章，将汇票转让给自己，然后拿到A银行贴现。A银行审查了汇票背书的连续性后，给予贴现，这时某乙发现汇票丢失，并立即向法院申请公示催告，并向付款人B银行提出挂失止付，则下列选项中正确的是(　　)。

A. 丙除了承担票据责任之外，还应承担其他法律责任
B. 被伪造人乙可以追究丙的民事责任，但应承担票据责任
C. 付款人B银行不承担任何票据责任
D. A银行因为善意取得而成为真正的票据权利人，某乙不得以某丙的伪造背书行为而主张A银行的票据权利无效

第三节 汇票

【案例导读】

汇票被恶意除权的真正权利人维权诉讼成功案

原告：常州市峥妍纺织品有限公司（下称峥妍公司）

被告：淮安市淮都特钢有限公司（下称淮都公司）

2009年10月23日，淮都公司以银行承兑汇票（出票日期：2009年9月25日，票号：GA/0103934521，出票人：江苏省淮洲建材有限公司，收款人：淮安市淮都特钢有限公司，出票金额：10万元，到期日：2010年3月25日，承兑行：淮安市市区信用合作联社）遗失为由提起的公示催告申请，江苏省淮安市清河区人民法院依法发出了公告，催促利害关系人在60日内申报权利。公示催告期满后，无人向该院申报权利，经淮都公司申请，2009年12月25日，该院作出了除权判决，宣告该汇票无效，自判决公告之日起，该票面上的10万元归淮都公司所有。后淮都公司领取了汇票金额。

汇票的最后持有人原告峥妍公司于2010年8月24日诉至法院，以被告淮都公司不是该票据的最后持票人，不再享有票据权利，其恶意进行公示催告，致使原告丧失票据权利，要求其承担票据损害赔偿责任，赔偿原告损失10万元，并承担自2010年3月25日起至付款之日的日万分之二点一的利息。在案件审理过程中，峥妍公司提供了汇票的原件，根据汇票记载的背书情况，票据是连续背书，峥妍公司为最后持票人。淮都公司将汇票交给周烨民时，其已在背书人一栏加盖了公章，但未在被背书人栏内记载被背书人名称。据淮都公司代理人陈述该汇票是被周烨民骗走的，在淮都公司将汇票交给周烨民时，其没有支付票款。庭审中，峥妍公司提供了一份淮安苏能电动车有限公司出具的证明，内容为："兹有我公司于2009年9月27日将承兑汇票GA/0103934521支付（结算）给丹阳市文明塑业有限公司。"峥妍公司还提供了一张丹阳市文明塑业有限公司出具的入库单，旨在证明原告峥妍公司取得该汇票是基于与丹阳市文明塑业有限公司之间的买卖关系。

江苏省淮安市清河区人民法院一审判决被告淮都公司赔偿原告峥妍公司损失10万元及利息。淮都公司不服提起上诉。二审驳回上诉，维持原判。

【分析提示】

有权提出公示催告的申请人必须是最后持有可背书转让票据的公民、法人或其他组织。提起公示催告的理由必须是可背书转让的票据被盗、遗失或者灭失这三种情形，除此之外的原因，他人无权申请公示催告。最后的合法持票人的前手如果虚构提起公示催告的理由，申请公示催告，并导致法院作出除权判决，从而影响合法持票人的权利，属于侵权行为，票据的最后合法持有人可提起民事侵权之诉。

本案中，原告是票据的最后持有人，其所持票据背书连续，且获得票据时支付了相应的对价，故为所涉票据的合法持有人，享有票据权利；而被告将票据空白背书后交给周烨民，其在明知涉案票据流向的情况下，虚构失票事实向法院提起公示催告程序，并最终凭除权判决获得该汇票金额，将本属于原告的10万元据为己有，侵害了票据合法持有人的合法权益，故原告有权在知道该侵权事实起2年内向人民法院提起侵权之诉。

资料来源：马作彪，李玲：人民法院案例选，2012年第1辑。

一、汇票概述

（一）汇票的概念和特征

汇票是指出票人签发的，委托付款人在见票时或在指定日期无条件支付确定的金额给收款人或者持票人的票据。我国《票据法》将汇票分为银行汇票和商业汇票。

汇票一般具有以下特征：

（1）汇票关系中有3个基本当事人，出票人、付款人和收款人。其中出票人和付款人为票据义务人，收款人为票据权利人。

（2）汇票是委托他人进行支付的票据。汇票的出票人仅仅是签发票据的人，不是票据的付款人，他必须另行委托付款人支付票据金额。

（3）汇票通常都需要由付款人进行承兑，以确认其愿意承担绝对的付款义务。在付款人未承兑时，汇票上所载的付款人并无绝对的付款义务。

（4）汇票是在见票时或者指定的到期日无条件支付给持票人一定金额的票据。汇票不以见票即付为限，许多汇票有一定的到期日，体现了汇票的信用功能。

（5）汇票的当事人不受限制，特别是出票人和付款人，既可以是银行，也可以公司、企业或者个人。

（二）汇票的分类

（1）按出票人身份的不同，可以将汇票分为银行汇票和商业汇票。银行汇票是指以银行为出票人，同时也以银行为付款人的汇票。商业汇票是指以银行以外的其他公司、企业或者个人为出票人的汇票。

（2）按汇票记载的付款日期不同，汇票分为即期汇票和远期汇票。即期汇票是指汇票上没有到期日的记载或者只明确记载见票即付，收款人或持票人一经向付款人提示汇票，请求付款，该汇票即为到期，付款人就应当承担付款责任的汇票。远期汇票是指汇票上记载了到期日，付款人在到期时承担付款责任的汇票。

（3）按汇票的流通性，汇票分为可转让汇票和不可转让汇票。

（4）按记载收款人名称方式的不同，汇票分为记名汇票、指示汇票和无记名汇票。

（5）根据承兑人的不同，汇票可以分为银行汇兑汇票和商业汇兑汇票。银行汇兑汇票是指付款人为银行并由银行进行汇兑的汇票。信用证中使用的远期汇票即属于此种汇票。商业汇兑汇票是指付款人为银行以外的公司、企业或个人并由其进行承兑的汇票。托收中使用的远期汇票即属于此种汇票。

（6）按票据行为发生的地域不同，汇票分为国内汇票和涉外汇票。

（7）按是否附有单据，汇票分为光票和跟单汇票。光票是指在进行付款时无须随附其他单据的汇票，也就是票据法规定的通常汇票。银行汇票多是光票。跟单汇票是指附带货运单据的汇票。

二、汇票出票

（一）汇票出票的概念

汇票出票是指出票人签发汇票并将其交给收款人的行为。我国《票据法》第21条规定，"汇票的出票人必须与付款人具有真实的委托关系，并且具有支付汇票金额的可靠资金来源。不得签发无对价的汇票用以骗取银行或者其他票据当事人的资金。"

（二）汇票的记载事项

1. 汇票的绝对记载事项

根据我国《票据法》第22条的规定，汇票必须记载下列事项：（1）表明"汇票"的字样。（2）无条件支付的委托。（3）确定的金额。（4）付款人的名称。（5）收款人的名称。（6）出票日期。（7）出票人签章。汇票上未记载上述规定事项之一的，汇票无效。

2. 汇票的相对记载事项

汇票上应清楚明确地记载付款日期、付款地、出票地等事项。汇票上未记载付款日期的，视为见票即付；未记载付款地或者出票地的，以付款人或者出票人的营业场所、住所或者经常居住地为付款地或者出票地。

3. 汇票的可记载事项

汇票上可以记载法定事项以外的其他出票事项，根据记载的法律效力不同，分为有票据法上效力的记载事项和无票据法上效力的记载事项。前者一经记载，即发生票据法上的效力。如汇票发票人记载的预备付款人、禁止背书等。后者虽然可以记载，但却不具有票据法上的效力。如签发汇票的原因或者用途，该汇票项下的交易合同号码等，这类记载事项不具有汇票上的效力。

4. 汇票的禁止记载事项

汇票的禁止记载事项一般分为无益记载事项或者无效记载事项与有害记载事项。无益记载事项包括以下事项：（1）背书不得附有条件，附有条件的，所附条件不具有汇票上的效力。（2）保证不得附有条件，附有条件的不影响对汇票的保证责任。（3）付款人承兑汇票，不得附有条件，附有条件的，视为拒绝承兑。有害记载事项一般是指附条件的委托支付文句的记载，如货到验收合格后付款。若记载便会使汇票归于无效。

三、汇票背书

（一）汇票背书的概念

汇票背书是指在票据背面或者粘单上记载有关事项并签章的票据行为。在汇票背面签名的人称为背书人，接受经过背书的汇票的人称为被背书人。各国法律都规定，无记名汇票可以自由转让，记名汇票和指示汇票都必须以背书方式进行转让。

（二）汇票背书的种类

以汇票背书的目的不同，汇票背书可分为转让背书和非转让背书。

1. 转让背书

转让背书是指持票人以转让票据权利为目的的背书。

转让背书又可以分为完全背书与空白背书。完全背书又称记名背书、正式背书，是指载明背书人和被背书人名称的转让背书。完全背书必须记载被背书人的姓名或名称，并由背书人签章，否则为无效背书。我国《票据法》第 30 条规定："汇票以背书转让或者以背书将一定的汇票权利授予他人行使时，必须记载被背书人名称"。此规定表明，在我国，汇票背书应以完全背书的方式进行，否则背书无效。空白背书又称不记名背书，是指不记载被背书人姓名或者名称的背书。我国《票据法》不承认空白背书。而大陆法系和英美法系各国均承认空白背书。

2. 非转让背书

非转让背书是指持票人以非转让票据权利的其他目的而为的背书。

非转让背书又可分为委任背书和设质背书两种。委托背书是指以委托他人代为取款为目的的背书，设质背书是指为担保债务而在汇票上设定质权为目的的背书。我国《票据法》第 35 条第 2 款规定："汇票可以设定质押；质押时应当以背书记载'质押'字样。被背书人依法实现其质权时，可以行使汇票权利。"根据我国《担保法》的规定，票据设质背书属于质押担保中的权利质押。

汇票被拒绝承兑、被拒绝付款或者超过付款提示期限的，不得背书转让；背书转让的，背书人应当承担汇票责任。

（三）汇票背书的记载事项

1. 必须记载事项

根据我国《票据法》规定，背书应记载背书人签章、被背书人名称和背书日期。背书未记载日期的，视为在汇票到期日前背书。背书在粘单上进行的，粘单上的第一记载人，应在汇票和粘单的粘接处签章。

2. 可以记载事项

根据我国《票据法》的规定，汇票上可以记载"不得转让"字样。背书人记载"不得转让"字样的汇票，不得转让，其后手若再背书转让的，原背书人对后手的被背书人不承担保证责任。应当注意的是，我国《票据法》不承认"免除担保责任"、"免予作成拒绝证书"、"预备付款人"等记载及其效力。

3. 不得记载事项

根据我国《票据法》的规定，汇票背书不得附有条件，附有条件的，所附条件不具有汇票上的效力，但汇票背书转让仍然有效。此外，将汇票金额的一部分转让或将汇票金额分别转让给两人以上的背书无效。

小练习

甲、乙签订一份购销合同。甲以由银行承兑的汇票付款，在汇票的背书栏记载有"若乙不按期履行交货义务，则不享有票据权利"，乙又将此汇票背书转让给丙。下列对该票据有关问题的表述（　　）是正确的。

A. 该票据的背书行为为附条件背书，效力待定
B. 乙在未履行交货义务时，不得主张票据权利
C. 无论乙是否履行交货义务，票据背书转让后，丙取得票据权利
D. 背书上所附条件不产生汇票上效力，乙无论交货与否均享有票据权利

（四）汇票背书的连续

汇票以背书方式转让的，其背书应当连续。所谓背书连续是指在票据转让中，转让汇票的背书人与受让汇票的被背书人在汇票上的签章依次前后衔接。即自出票时的收款人到最后持票人也是最后的被背书人，除第一次背书，背书人为收款人外，其后背书，均以前一次背书的被背书人为后一背书的背书人，且相互连接而无间断。

只要汇票背书是连续的，持票人不需另行提出任何证据，即可行使票据权利。如背书形式上不连续，但实质上是连续的，即非经背书转让，而以其他合法方式取得汇票的，必须依法举证，证明其汇票权利。背书在形式上和实质上均不连续时，持票人只能行使追索权或利益返还请求权。

付款人负有查验背书是否连续的责任。付款人在背书不连续的情况下付款，因此而造成的损失由付款人负责。

汇票背书连续的认定应遵循下列原则：①各次背书在形式上均为有效。这里仅以形式要件为标准，不管实质情形如何，即使背书实质上无效，如伪造的背书，也不影响对背书连续的认定。②连续的背书应为同一性质的背书。即在同一汇票的背书中，转让背

书和非转让背书并存时，仅以转让背书的连续来认定背书的连续。③背书在汇票上的记载顺序应有连续性。

（五）汇票背书的效力

汇票背书的效力是指汇票因背书行为所带来的法律后果。

1. 权利转移的效力

权利转移是背书的基本效力。背书是以背书人转移票据权利为目的票据行为。被背书人由背书而受让票据后，即取得票据所有权及票据上的一切权利。对善意取得人而言，只要是善意地，即无恶意或无重大过失，从背书连续的汇票持票人那里依背书方式取得票据，即使该背书人为非权利人而背书无效时，善意取得人仍能取得票据权利。

2. 担保责任的效力

我国《票据法》规定，背书人以背书转让汇票后，即承担保证其后手所持汇票承兑和付款的责任。背书人在汇票得不到承兑或者付款时，应当依法向持票人清偿法律规定的金额和费用。

3. 权利证明的效力

就持票人而言，只要所持票据上的背书为连续时，就应推定其为票据权利人，不需另行举证，即可行使票据权利。就票据债务人而言，当背书连续时，不必要求持票人提出证明，就可向持票人付款；只要票据债务人是善意，即使向非真正权利人的持票人付了款，也可以免除其付款责任，无须再向真正的权利人付款。票据债务人若对背书连续的持票人主张其为非票据权利人时，应负举证责任。对于背书不连续的持票人，票据债务人应当拒绝付款，除非其能另行提出其为真正权利人的确切证据，否则付款人对该持票人的付款责任自负。

小练习

甲公司开具一张金额50万元的汇票，收款人为乙公司，付款人为丙银行。乙公司收到后将该汇票背书转让给丁公司。下列说法（　　）是正确的。

A. 乙公司将票据背书转让给丁公司后即退出票据关系

B. 丁公司的票据债务人包括乙公司和丙银行，但不包括甲公司

C. 乙公司背书转让时不得附加任何条件

D. 如甲公司在出票时于汇票上记载有"不得转让"字样，则乙公司的背书转让行为依然有效，但持票人不得向甲行使追索权

四、汇票承兑

（一）汇票承兑的概念和特征

汇票承兑是指汇票付款人承诺在汇票到期日支付汇票金额的行为。

承兑是汇票中特有的制度。承兑有如下特征：（1）承兑是单方法律行为。由付款人一方的意思表示构成。（2）承兑是附属票据行为。它以发票行为的存在为前提。（3）承兑是要式行为。承兑人应在汇票的正面记载承兑字样和承兑日期并签章。

（二）提示承兑

提示承兑是指持票人向付款人出示汇票，并要求付款人承诺付款的行为。《票据法》第40条规定，见票后定期付款的汇票，持票人应当自出票日起1个月内向付款人提示承兑。汇票未按照规定期限提示承兑的，持票人丧失对其前手的追索权。见票即付的汇票无需提示承兑。

（三）承兑或者拒绝承兑

付款人对向其提示承兑的汇票，应当自收到提示承兑的汇票之日起3日内承兑或者拒绝承兑。付款人收到持票人提示承兑的汇票时，应当向持票人签发收到汇票的回单。回单上应当记明汇票提示承兑日期并签章。

付款人承兑汇票的，应当在汇票正面记载"承兑"字样和承兑日期并签章；见票后定期付款的汇票，应当在承兑时记载付款日期。汇票上未记载承兑日期的，以前条第一款规定期限的最后1日为承兑日期。

付款人承兑汇票，不得附有条件；承兑附有条件的，视为拒绝承兑。付款人承兑汇票后，应当承担到期付款的责任。

（四）参加承兑

参加承兑是指当汇票不能获得承兑或付款人、承兑人死亡，逃避或者其他原因无法向其作承兑指示或者付款人承兑人被宣告破产时，为了防止追索权的行使，由第三人以参加承兑人的身份加入票据关系的行为，即参加承兑行为须以不获承兑，并作为决绝证书为前提。

参加承兑制度的目的在于防止执票人在汇票到期日前，因不获承兑而行使追索权，以维护出票人和背书人的信誉，因此英国票据法称之为信誉承兑，作出参加承兑行为的人称为参加承兑人，由于他人参加承兑而直接享受利益的人，成为被参加承兑人。

参加承兑主要表现在两个方面：（1）当付款人不付款时参加承兑人应负责向执票人付款；（2）如果执票人允许参加承兑他就不能在汇票到期日前对被参加承兑人及其后手行使追索权。

小练习

甲公司购买乙公司电脑20台，向乙公司签发金额为10万元的商业承兑汇票一张，丁公司在汇票上签章承诺："本汇票已经本单位承兑，到期日无条件付款"。当该汇票的持票人行使付款请求权时，下列说法中，（　　）是正确的。

A. 如该汇票已背书转让给丙公司，丙公司恰好欠汇票付款人某银行10万元到期贷

款，则银行可以提出抗辩而拒绝付款

B. 如该汇票已背书转让给丙公司，则甲公司可以乙公司交付的电脑质量存在瑕疵为抗辩理由拒绝向丙公司付款

C. 因该汇票已经丁公司无条件承兑，故丁公司不可能再以任何理由对持票人提出抗辩

D. 甲公司在签发汇票时可以签注"以收到货物为付款条件"

五、汇票保证

（一）汇票保证的概念和特征

汇票保证是指汇票债务人以外的第三人为担保特定汇票债务人履行债务，以负担同一内容的汇票债务为目的而为的附属票据行为。

汇票保证与普通保证相比，具有以下特征：

（1）汇票保证是一种附属行为。汇票保证与背书、承兑一样，以发票行为的存在为前提。

（2）汇票保证具有独立性。保证人的保证行为只要要式具备，即使被保证债务形式上有效而实质上无效，保证行为仍然有效，保证责任不能免除，除被保证的债务因形式要式欠缺而无效的除外。

（3）汇票保证人承担连带保证责任。保证人对汇票债权人不得行使先诉抗辩权。

（4）汇票保证人应是原票据债务人以外的人。如果汇票债务人作保证人，就失去了保证的意义，因此，汇票保证人应是原票据债务人以外的人。

（5）汇票保证是一种要式行为。保证人必须在汇票或者粘单上按照记法定事项进行记载，否则无效。

（6）汇票保证是一种单方法律行为。

小练习

乙公司与丙公司交易时以汇票支付。丙公司见汇票出票人为甲公司，遂要求乙公司提供担保，乙公司请丁公司为该汇票作保证，丁公司在汇票背书栏签注"若甲公司出票真实，本公司愿意保证"。后经了解甲公司实际并不存在。丁公司对该汇票承担责任的方式为（　）。

A. 应承担一定赔偿责任

B. 只承担一般保证责任，不承担票据保证责任

C. 应当承担票据保证责任

D. 不承担任何责任

（二）汇票保证记载的事项

我国《票据法》第46条规定，保证人必须在汇票或者粘单上记载下列事项：（1）表示"保证"的字样。（2）保证人名称和住所。（3）被保证人的名称。（4）保证

日期。(5) 保证人签章。其中 (3)、(4) 项为相对应记载事项。保证人在汇票或者粘单上未记载被保证人名称的，已承兑的汇票，承兑人为被保证人；未承兑的汇票，出票人为被保证人。保证人未记载保证日期的，出票日期为保证日期。保证不得附有条件；附有条件的，不影响对汇票的保证责任。

(三) 汇票保证的效力

1. 保证人责任

保证人因其保证行为产生如下责任：(1) 保证人与被保证人对持票人负连带责任。被保证的汇票到期后得不到付款的，持票人有权向保证人请求付款，保证人应当足额付款。(2) 独立责任。基于票据行为独立性原则，只要被保证债务在形式上有效成立，即使在实质上无效，保证行为仍然有效，保证人应负责。(3) 共同保证的责任。共同保证的各保证人对共同保证的票据债务应负连带责任。

2. 保证人的权利

保证人享有追索权。保证人可以基于与被保证人的实质关系而取得对被保证人的求偿权。在票据关系上，保证人因清偿保证债务取得了票据，从而可据以对承兑人、被保证人及其前手行使追索权。

小练习

甲公司在与乙公司交易中获得一张面额为 100 万元的汇票，出票人为乙公司，付款人为丙公司，汇票上有丁、戊两公司的担保签章，其中丁公司担保 80 万元，戊公司担保 20 万元。后丙公司拒绝承兑该汇票。以下判断正确的选项(   )。

A. 甲公司在被拒绝承兑时可以向乙公司追索 100 万元
B. 甲公司在被拒绝承兑时只能依据与乙公司的交易合同要求乙公司付款
C. 甲公司只能分别向丁公司追索 80 万元和向戊公司追索 20 万元
D. 丁公司和戊公司应当向甲公司承担连带责任

六、汇票付款

汇票付款是指汇票的承兑人或付款人在汇票到期日向持票人支付汇票金额的行为。汇票付款由付款提示、付款、签收并收回汇票三个阶段构成。

(一) 付款提示

付款提示是指持票人向付款人或者承兑人提示汇票，要求其付款。提示是付款的必经程序。对持票人而言，付款提示会发生追索权保全的效果。持票人如在法定期间不为付款提示，则对其前手丧失追索权。对付款人或者承兑人而言，经提示后不付款，即构成债务不履行，应负迟延责任。

付款提示需在规定的期限进行。我国《票据法》规定第 53 条规定，持票人应按下列期限提示付款：（1）见票即付的汇票，自出票日起1个月内向付款人提示付款。（2）定日付款、出票后定期付款的汇票，自到期日起10内向承兑人提示付款。通过委托收款银行或者通过票据交换系统向付款人提示付款的，视同持票人提示付款。

（二）付款

持票人按照法律规定的方式和期限提示付款的，付款人必须在当日足额付款。汇票金额为外币的，按照付款日的市场汇价，以人民币支付。汇票当事人对汇票支付的货币种类另有约定的，从其约定。付款人及其代理付款人付款时，应当审查汇票背书的连续，并审查提示付款人的合法身份证明或者有效证件。付款人及其代理人恶意或者有重大过失付款的，应当自行承担责任。对定日付款、出票后定期付款或者见票后定期付款的汇票，付款人在到期日前付款的，由付款人自行承担所产生的责任。

（三）签收并收回汇票

持票人获得付款的，应在汇票上签收，并将汇票交给付款人。持票人委托银行收款的，受委托的银行将代收的汇票金额转账收入持票人账户，视同签收。

七、汇票追索权

汇票追索权是指持票人在汇票到期不获付款或者期前不获承兑或者有其他法定原因时，在依法行使或保全了票据权利后，向其前手请求偿还汇票金额、利息及其他法定款项的票据权利。

（一）行使汇票追索权的条件

汇票追索权的行使必须具备实质条件和形式条件：

1. 行使汇票追索权的实质条件

追索权行使的实质条件也称为追索权行使的法定事由。追索权的行使分为到期追索和期前追索，其法定事由亦分为到期追索的法定事由和期前追索的法定事由。到期追索的法定事由是票据到期被拒绝付款。只有持票人在到期日或者其宽限期内向付款人提示付款，遭到拒绝时，才能行使追索权。期前追索的法定事由包括下列情形：（1）汇票被拒绝承兑的。（2）承兑人或者付款人死亡、逃匿的。（3）承兑人或付款人被依法宣告破产的或者因违法被责令终止业务活动的。

2. 行使汇票追索权的形式条件

（1）提示承兑或者提示付款。持票人要行使追索权，须先在法定期限内向付款人提示票据，请求承兑或付款，否则丧失追索权。但如果发生了期前追索的法定情形，持票人可免除票据提示。

（2）作成拒绝证明。持票人行使追索权时，应当提供被拒绝承兑或者被拒绝付款的有关证明。持票人提示承兑或者提示付款被拒绝的，承兑人或者付款人必须出具拒绝证明，或者出具退票理由书。未出具拒绝证明或者退票理由书的，应当承担由此产生的

民事责任。持票人因承兑人或者付款人死亡、逃匿或者其他原因不能取得拒绝证明的,可以依法取得其他有关证明。承兑人或者付款人被人民法院依法宣告破产的,人民法院的有关司法文书具有拒绝证明的效力。承兑人或者付款人因违法被责令终止业务活动的,有关行政主管部门的处罚决定具有拒绝证明的效力。持票人不能出示拒绝证明、退票理由书或者未按照规定期限提供其他合法证明的,丧失对其前手的追索权。但是,承兑人或者付款人仍应当对持票人承担责任。

(3)拒绝事由的通知。通知拒绝事由是持票人的义务,其目的是使票据的全部债务人知悉被拒绝的事实,以便作好准备,或者准备届时自动偿还或者及早筹备资金。

根据我国《票据法》规定,持票人应当自收到被拒绝承兑或者被拒绝付款的有关证明之日起3日内,将被拒绝事由书面通知其前手,其前手应当自收到通知之日起3日内书面通知其再前手。持票人也可以同时向各汇票债务人发出书面通知。未按照上述规定期限通知的,持票人仍可以行使追索权。因延期通知给其前手或者出票人造成损失的,由没有按照规定期限通知的汇票当事人承担对该损失的赔偿责任,但是所赔偿的金额以汇票金额为限。在规定期限内将通知按照法定地址或者约定的地址邮寄的,视为已经发出通知。依规定所作的书面通知,应当证明汇票的主要记载事项,并说明该汇票已被退票。

(二)汇票追索权的效力

我国《票据法》规定,汇票的出票人、背书人、承兑人和保证人对持票人承担连带责任。持票人可以不按汇票债务人的先后顺序,对其中任何一人、数人或全体债务人行使追索权。持票人对汇票中的一人或者数人已经追索的,对其他票据债务人仍可以行使追索权,被追索人清偿债务后与持票人享有同一权利。持票人为出票人的,对其前手无追索权。持票人为背书人的,对其后手无追索权。

第四节

本票与支票

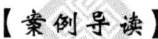【案例导读】

委托收款银行不当付款不应向出票人主张损失

2007年2月13日,山东省东营市垦利县水利工程公司向朱玉新签发了中国建设银行转账支票一张,该支票记载:支票号为E0\0208181550,出票日期为2007年2月13日,收款人朱玉新,金额131,354元,用途劳务费,印鉴齐全,付款人为中国建设银行垦利县支行,出票人为被告垦利县水利工程公司,出票人账号为37001656001050000998。同日,朱玉新将该支票委托原告中国农业银行东营基东支行（下称基东支行）收款，收款账号为15-312300460070078。垦利县水利工程公司的上述账号已于2月9日被垦利县人民法院依法冻结。2月25日，中国建设银行垦利县支行向基东支行出具了东营市同城清算系统票据交换退票理由书，退票理由是账户冻结。同日，朱玉新从其账户15-312300460070078中取款131,354元，付款人为基东支行。

基东支行向东营市垦利县人民法院提起诉讼，主张其工作人员在涉案票据被退票的情况下向朱玉新支付了票据款项，其通过对价持有被告出具的EO\02 08181550号转账支票，多次向东营市垦利县水利工程公司主张返还未支付的票据金额未果，故请求法院依法判令被告，东营市垦利县水利工程公司返还未支付的票据金额131,354元及逾期利息。

东营市垦利县人民法院认为，对于涉案票据，原告的地位系委托收款行，而非票据持有人，不享有票据利益返还请求权。判决驳回原告的诉讼请求。原告不服一审判决，向东营市中级人民法院提起上诉请求撤销原判，改判支持其原审诉请。

东营市中院经审理认为，上诉人是朱玉新的委托收款人，其向被上诉人主张涉案票据利益返还请求权没有事实和法律依据。即使是按照上诉人所主张的朱玉新已经实际取走涉案款项，因上诉人在未按规定的同城交换完毕的情况下即支付给朱玉新款项的不当行为产生的法律后果，与本案并非同一法律关系，上诉人可持相关证据另行主张，法院在本案中不予审查。故判决驳回上诉，维持原判。

【分析提示】

本案纠纷涉及委托收款银行因自身过失不当付款造成损失如何救济的问题。按照同城清算系统票据交换程序，原告作为委托收款银行，在接受持票人（收款人）朱玉新的委托后，向委托付款行提示付款，在收到委托付款行出具的同城清算系统票据交换退票理由书后，应将退票理由书及票据交付持票人，说明不能付款的原因，双方的委托收款关系结束。但原告工作人员却在未收到票据款项的情况下，向持票人进行了不当付款。

我国《票据法》第18条规定：持票人因超过票据权利时效或者因票据记载事项欠缺而丧失票据权利的，仍享有民事权利，可以请求出票人或者承兑人返还其与未支付的票据金额相当的利益。具体本案而言，涉案票据虽因出票人账户冻结而被退票，但票据权利并未丧失，票据权利人所享有的票据权利仍然存在。原告虽然持有涉案票据，但并不是该票据的合法权利人，原告的不当付款行为与通过合理对价合法取得票据有着本质上的区别。其"持有票据"只是基于与收款人的委托收款关系而暂时持有，其在该票据之上不享有任何票据权利义务关系。出票人虽因其账户被冻结未付款，但其与收款人（持票人）之间票据上的权利义务关系并未消灭，收款人仍对其享有相应票据权利；即使票据权利因超过时效期间而消灭，收款人对出票人仍享有票据利益返还请求权等票据法上规定的相应权利。可见，本案原告对被告并不享有任何票据权利及票据法上的权利。

当然，原告的损失虽然不能基于票据关系向出票人主张，但可以不当得利为由向收款人朱玉新另行起诉主张其损失，而朱玉新则可持涉案票据向出票人（本案被告）主张相应权利。

一、本票

（一）本票的概念和特征

本票是指出票人签发的，承诺自己在见票时无条件支付确定金额给收款人或者持票人的票据。与汇票不同，本票的基本当事人只有出票人和收款人，出票人也就是付款人，承担到期无条件付款的责任。

本票与汇票的区别主要有以下两点：

（1）当事人不同。汇票的当事人包括出票人、付款人和受款人，因此，汇票上必须载明付款人的姓名；本票的当事人只有出票人和受款人，出票人本身就是付款人，所以本票上无需记载付款人的姓名。

（2）出票人地位不同。汇票必须经过承兑之后，才能确定付款人对汇票的责任，使承兑人处于主债务人的地位，而出票人则居于从债务人的地位。本票的情况有所不同，本票的出票人始终居于主债务人的地位，他是本票的当然的主债务人，自负到期偿付的义务，无需办理承兑手续。

（二）本票的特别规定

1. 本票的出票人资格

我国《票据法》规定的本票是银行本票，出票人为银行，根据《中国人民银行法》的规定，中国人民银行在国务院领导下，对金融业实施监督管理。所以《票据法》直接授权中国人民银行对出票人的资格进行审查决定。有资格签发本票的银行，在签发本票时，不论本票的用途如何、不论由谁使用，都必须有充足的资金保证对签发的本票有确定的支付能力，以确保金融秩序的稳定。

2. 本票的记载事项

出票人签发本票，应当在本票上记载下列事项：（1）表明"本票"的字样。(2)无条件支付的承诺。(3)确定的金额。(4)收款人名称。(5)出票日期。(6)出票人签章。以上是本票的绝对必要记载事项。

本票上相对必要记载事项有：(1)出票地。(2)付款地。以上内容应当清楚、明确，本票上未记载付款地的，出票人的营业场所为付款地；本票上未记载出票地的，出票人的营业场所为出票地。

3. 本票的付款期限

本票为见票即付的票据，所以，在本票签发之后，出票人一经持票人提示见票，必须于当日支付本票记载的金额。但与见票即付的汇票不同，本票的提示见票，持票人要求出票人支付本票金额，自出票日起最长时间不超过2个月，而汇票为1个月。持票人自出票日起超过2个月未提示见票的，丧失对其前手的追索权，但在本票的时效范围内，持票人仍可以对出票人提示见票，要求出票人承担付款责任，出票人不得拒绝。

本票的背书、保证、付款行为及追索权的行使，本节未涉及的，适用汇票的规定。

二、支票

(一) 支票的概念与特征

支票是指出票人签发的，委托办理支票存款业务的银行或者其他金融机构在见票时无条件支付确定的金额给收款人或者持票人的票据。

支票的特征如下：(1) 付款人仅限于银行或者其他金融机构；(2) 见票即付的票据；(3) 无因性受到一定的限制。

(二) 支票的种类

1. 记名支票和无记名支票

支票依出票时是否记载收款人名称，支票分为记名支票和无记名支票。记载收款人名称的是记名支票，不记载收款人名称的是无记名支票。

2. 普通支票、现金支票、转账支票

按照支票支付方式上的不同，支票分为普通支票、现金支票、转账支票。现金支票是只能用于支取现金的支票。转账支票是只能用于转账，不能支取现金的支票。既可支取现金，又可转账的，是普通支票。

3. 一般支票和变式支票

一般支票是指出票人委托自己的存款银行或者其他金融机构于见票时向持票人无条件支付票面金额的支票。一般支票的当事人为三方，没有身兼二种当事人资格的现象。

变式支票是指有当事人兼充两种当事人资格的支票。包括以下三种：(1) 指己支票，即出票人记载自己为收款人的支票。(2) 对己支票，即出票人载明自己为付款人的支票。(3) 受付支票，即出票人以付款人为收款人的支票。我国《票据法》承认"指己支票"。

(三) 支票的记载事项

我国《票据法》第85条规定，支票必须记载下列事项：(1) 表明"支票"的字样。(2) 无条件支付的委托。(3) 确定的金额。(4) 付款人名称。(5) 收款人名称。(6) 出票日期。(7) 出票人签章。(8) 异地支票在票面右下角必须记载12位的银行机构代码,同城为6位。支票上未记载前款规定事项之一的,支票无效。支票上的金额可以由出票人授权补记,未补记前的支票,不得使用。支票上未记载收款人名称的,经出票人授权,可以补记。支票上未记载付款地的,付款人的营业场所为付款地。支票上未记载出票地的,出票人的营业场所、住所或者经常居住地为出票地。

(四) 支票的出票

支票的出票是指在银行或者其他金融机构开立支票存款账户的人,依照票据法的规定作成支票并交付收款人的票据行为。

支票出票时必须遵守下列原则:(1) 支票的出票人不得签发与其预留本名的签名式样或者印鉴不符的支票。(2) 支票的出票人所签发的支票金额不得超过其付款时在付款人处实有的存款金额,支票出票人签发的支票金额超过其付款时在付款人处实有的存款金额的,为空头支票。禁止签发空头支票。(3) 出票人在支票上的签章必须与在付款人处预留的本名签名式样和印鉴一致。(4) 支票限于见票即付,不得另行记载付款日期。另行记载付款日期的,该记载无效。

(五) 支票的付款

支票的付款是指付款人根据持票人的请求向其支付支票金额,以消灭票据关系的行为。持票人必须在支票出票日起10日内提示付款;异地使用的支票,提示付款的期限由中国人民银行另行规定。

由于支票是见票即付的票据,持票人一经提示付款,只要是在提示期限内,付款人必须立即付款。付款人依法支付支票金额后,即不再对支票出票人承担委托付款责任,对持票人不再承担付款责任。但是,付款人恶意付款或者有重大过失付款的,不得免责。

小练习

下列关于本票和支票的说法正确的是(   )。
A. 我国票据法上的本票包括银行本票和商业本票,而支票只有银行支票
B. 我国票据法上的本票和支票都仅限于见票即付
C. 本票和支票的基本当事人都只包括银行和收款人
D. 普通支票只能用于支取现金,不得用于转账

本章提要

1. 基本概念

(1) 票据通常指汇票、本票和支票。

(2) 票据行为包括出票、背书、承兑、保证、付款。其中出票是基本票据行为；其余均为附属票据行为。

(3) 票据权利包括付款请求权和追索权。票据权利可因清偿、免除、抵销、时效期间届满等事由的发生而消灭。

(4) 票据丧失后的补救措施有挂失止付、公示催告、普通诉讼。

2. 简答题

(1) 简答票据的特征。
(2) 简答汇票、本票和支票三者之间的区别。
(3) 简述汇票背书的连续性规则。
(4) 简答票据丧失的补救。
(5) 简答行使追索权应注意的问题。

3. 案例分析题

【案情1】

A 签发一张汇票给收款人 B，金额为人民币 5 万元，B 依法承兑后将该汇票背书转让给 C，C 在获得该汇票后第 2 天遭遇车祸而去世，该汇票由其唯一的继承人 D 获得。D 又将该汇票背书转让给 E，并依法提供了继承该票据的有效证明，E 获得该汇票之后，将汇票金额改为人民币 15 万元，并背书转让给 F，F 又将该汇票背书转让给 G。G 在法定期限内向付款人请求付款，付款人在审查该汇票后拒绝付款，其理由是该汇票背书不连续，汇票金额已被变造。随即，付款人作成退票理由书，即为退票。

请根据上述事实回答问题：
(1) 付款人可否以背书不连续作为拒绝付款的理由？为什么？
(2) G 可以向本例中的哪些当事人行使追索权？
(3) 如何界定当事人的民事责任？

【分析提示】

(1) 付款人不得以背书不连续作为拒绝付款的理由。
(2) G 可以向 A、B、D、E、F 及付款人之一或数人或全部行使追索权。
(3) 票据的变造应依照签章是在变造之前或之后判定当事人的责任。A、B、D 的签章是在变造之前，故应就该汇票当时记载的人民币 5 万元承担责任；付款人亦应对此承担责任；E 为变造人，应对所造文义负责，即人民币 15 万元承担责任；F 签章在变造之后，亦应对人民币 15 万元负责。如果 G 获得付款人支付的人民币 5 万元，则可向 E 和 F 请求赔偿人民币 10 万元及其他损失；如果 F 向 G 赔偿了人民币 10 万元及其他损失，则可向 E 请求赔偿由此造成的一切损失。

【案情2】

甲公司于2008年2月10日与乙公司签订了一份标的额为120万元的买卖合同,合同约定采用汇票结算。2008年3月1日,甲公司按照合同的约定发出货物,乙公司于3月10日签发了一张见票后1个月付款的A银行承兑汇票。2008年4月5日,甲公司向A银行提示承兑汇票并于当日获得承兑。4月10日,甲公司将承兑后的汇票背书转让给丁公司。4月20日,丁公司又将该汇票背书转让给了戊公司,同时在汇票的背面记载"不得转让"字样。4月30日,戊公司又将该汇票背书转让给了丙公司。2008年5月10日,持票人丙公司向A银行提示付款,A银行以"戊公司在背书转让时未记载背书日期"为由拒绝付款。丙公司于5月14日取得"拒付说明书"后,于5月20日向戊公司、丁公司、甲公司、乙公司同时发出追索通知,追索金额包括汇票金额120万元、逾期付款利息及发出追索通知的费用合计126万元。其后,戊公司以丙公司未在法定期限内发出追索通知,已丧失追索权为由拒绝承担担保责任;丁公司以自己在背书时曾记载"不得转让"字样为由拒绝承担担保责任;甲公司以追索金额超出汇票金额为由拒绝承担担保责任;乙公司以丙公司应当首先向戊公司追索为由拒绝承担担保责任。根据上述资料及相关法律规定,分别回答下列问题:

(1) A银行拒绝付款的理由是否成立?为什么?
(2) A银行在4月5日对该汇票进行承兑时,其绝对必要记载事项包括哪些?
(3) 戊公司的主张是否成立?为什么?
(4) 丁公司的主张是否成立?为什么?
(5) 甲公司的主张是否成立?为什么?
(6) 乙公司的主张是否成立?为什么?

【分析提示】

(1) 不成立。付款人承兑汇票后,应当承担到期付款的责任。

(2) A银行在进行承兑时,其绝对必要记载事项包括承兑文句、承兑人签章和承兑日期。

(3) 不成立。持票人应当自收到被拒绝承兑或者被拒绝付款的有关证明之日起3日内,将被拒绝事由书面通知其前手;其前手应当自收到通知之日起3日内书面通知其再前手。持票人也可以同时向各汇票债务人发出书面通知。未按照前款规定期限通知的,持票人仍可以行使追索权。因延期通知给其前手或者出票人造成损失的,由没有按照规定期限通知的汇票当事人,承担对该损失的赔偿责任,但是所赔偿的金额以汇票金额为限。

(4) 成立。背书人在汇票上记载不得转让字样,其后手再背书转让的,原背书人对后手的被背书人不承担保证责任。

(5) 不能成立。持票人行使追索权,可以请求被追索人支付下列金额和费用:被拒绝付款的汇票金额;汇票金额自到期日或者提示付款日起至清偿日止,按照中国人民银行规定的利率计算的利息;取得有关拒绝证明和发出通知书的费用。

(6) 不能成立。汇票的出票人、背书人、承兑人和保证人对持票人承担连带责任。持票人可以不按照汇票债务人的先后顺序,对其中任何一人、数人或者全体行使追索权。

【案情3】

李某是某研究所的研究员,2003年6月,李某因专利发明获得了大量的收入,银行为其开了支票账户。2004年1月,李某因家庭生活受到刺激,精神失常。2004年6月1日李某签了一张60万元的转账支票给某房地产公司购买有关房屋,某房地产公司希望有保证人进行保证。李某找到其朋友黄女士保证。房地产公司收受支票后,于2004年6月15日以背书的方式将该支票转让给了某租赁公司以支付所欠的建筑机械租金。2004年4月19日某租赁公司持该支票向某商城购置办公设备。2004年6月28日某商城通过其开户银行提示付款时,开户银行以超越提示付款期为由作了退票处理。某商城只好通知其前手进行追索。在追索的过程中,租赁公司和房地产公司均以有保证人为由推卸自己的责任,保证人黄女士以李某系精神病人,其签发支票无效为由,拒不承担保证责任。经鉴定,李某确属精神不正常,属无民事行为能力人。

根据上述事实,请回答以下问题:

(1) 无民事行为能力人的票据行为是否有效?本案中李某所签发的支票是否有效?

(2) 在有保证人存在的情况下,票据行为人应否负票据责任?

(3) 本案中的保证人应否承担保证责任?

【分析提示】

(1)《票据法》第6条规定:"无民事行为能力人或者限制民事行为能力人在票据上签章的,其签章无效,但是不影响其他签章的效力。"

(2)《票据法》第68条第1款规定:"汇票的出票人、背书人、承兑人和保证人对持票人承担连带责任。"

(3) 本案中的保证人不承担保证责任。黄女士进行的保证属民事保证,民事保证的效力受被保证行为的影响,由于李某的出票行为无效,黄女士在此基础上的保证行为也是无效的。

4. 教学互动

分组查阅相关资料,然后讨论现实中如何防范空头支票诈骗行为和恶意透支行为?

第七章

知识产权法

【知识要求】

通过本章的学习，了解知识产权的概念、特征。著作权、商标权和专利权保护的客体及其申请条件；熟悉知识产权的保护，著作权客体、主体、内容、限制、保护的基本原理和规定。专利权主体、客体、内容与限制、专利侵权行为，商标权的取得、商标权的内容、商标权的消灭。掌握知识产权的相关法律保护知识，商标侵权行为及驰名商标保护的基本原理和规定。

【技能要求】

通过本章的学习，学会运用知识产权法的相关规定解决实践中的知识产权案例纠纷。

第一节 知识产权法概述

一、知识产权的概念和特征

(一) 知识产权的概念和范围

"知识产权"一词源于西方,有"智力财产权"的意思,在我国法学界被称为"智力成果权"。其中的"知识"不是一般意义的知识,而是指人的创造性的智力劳动成果。因此,知识产权是指人们基于自己的创造性智力成果和工商业标记所依法享有的专有权利的统称。

在我国,知识产权主要包含版权(即著作权)、商标权和专利权。商标权和专利权合称为工业产权。

(二) 知识产权的特征

1. 无形性

知识产权的客体为智力成果,是一种无形的财产,无形性是它与有形财产相比较所具有的一个最显著的标志,也是知识产权最重要的标志。

2. 专有性

即知识产权具有独占性、垄断性、排他性。专有性一般有两层含义:一是,权利人依法享有对其智力成果独占性支配的权利,他人未经许可不得行使权利人的权利,除法律另有规定以外;二是,同一项智力成果不允许有两个以上的相同种类的知识产权并存。

3. 地域性

知识产权的地域性是指依照特定国家法律获得承认和保护和知识产权,只能在该国领域范围内有效,对其他国家不发生法律效力。例如中国专利局授予的专利权或中国商标局核准的商标专用权,只在中国领域内受保护,其他国家不予保护。我国公民、法人完成的发明创造和设计的商标要想在外国受保护,必须在外国申请。

4. 时间性

知识产权的时间性是指知识产权只能在法律规定的有效期限内受保护,保护期限届满,知识产权权利消灭,权利人丧失对其知识产权的垄断性权利,受保护的相关知识产权就进入公有领域成为社会公共财富,人人都可以无偿的自由使用。

二、知识产权法概述

(一) 知识产权法的概念

知识产权法是调整因确认、保护和利用知识产权过程中所发生的各种社会关系的法律规范的总称。包括著作权法、商标法和专利法。

(二) 知识产权的国际保护

知识产权是世界各国普遍采用的一种法律制度。由于知识产权保护的地域性限制，它只能在授予这种权利的国家内行使。但是，随着现代世界各国之间经济文化交流的日趋频繁，人类智力的成果很容易超越国界。为了解决这一矛盾，国际社会通过签订国际条约和建立国际组织，逐步建立知识产权的国际保护制度。

目前，主要的国际条约和国际组织有：

(1) 1883年3月20日在巴黎签订的《保护工业产权巴黎公约》。该公约是知识产权领域第一个世界性的多边公约。我国于1985年正式成为该公约的成员国；

(2) 1886年9月在瑞士首都伯尔尼签订的《保护文学艺术作品伯尔尼公约》。我国于1992年加入该公约；

(3) 1891年4月在西班牙马德里签订的《商标国际注册马德里协定》。我国于1989年加入该协定；

(4) 1967年9月在斯德哥尔摩建立了政府间的国际机构——世界知识产权组织（WTPO）。1974年该组织成为联合国15个专门机构之一，管理14个公约和协定。我国于1980年加入了该组织。

第二节

著 作 权 法

【案例导读】

五朵金花著作权纠纷案

电影剧本《五朵金花》是由季康与公浦合作创作的庆祝建国十周年献礼作品，后由长春电影制片厂拍成电影。该片上映后社会反响强烈，致使美丽善良的"金花"形象家喻户晓。1974年云南省曲靖卷烟厂受《五朵金花》电影启发，开始经营"五朵金花"牌香烟，并于1983年注册"五朵金花"商标，使用至今。"五朵金花"牌香烟已成为曲靖卷烟厂的拳头产品，远销全国和东欧等地。季康认为曲靖卷烟厂未经允许使用并注册"五朵金花"商标的行为侵犯了其著作权，遂与公浦一起于2001年2月5日向法院起诉曲靖卷烟厂，要求其立即停止侵权、赔礼道歉。

被告曲靖卷烟厂答辩称：一、原告创作《五朵金花》电影文学剧本的行为属于职务行为，该剧本应为著作权属于国家的特殊法人作品，原告不享有著作权。二、"五朵金花"四字不具有独创性，而是自古在云南白族民间广为流传的用语，不受著作权法保护。三、曲靖卷烟厂将"五朵金花"四字作为商标使用履行了法定的商标注册手续，该行为合法、有效，不构成版权侵权，也未侵犯原告的任何在先权利。

一审法院认定《五朵金花》电影剧本著作权属季康和公浦二人共有，但却认为《五朵金花》剧本名称不受著作权法保护，即作为作品标题的"五朵金花"不受法律保护。同时，引用国家版权局向该院作出的答复，认为作品名称不受著作权法的调整。据此，判决驳回两原告的诉讼请求。原告不服一审判决，上诉至二审法院。后双方在法院的主持下进行了调解。曲靖卷烟厂赔偿季康40万元。

资料来源：（2003）云高民三终字第16号民事判决书。

【分析提示】

著作权法保护的对象是作品，所谓作品，是指文学、艺术和科学领域内，具有独创性并能以某种有形形式复制的智力创造成果，而作为一部著作权法意义上的文学作品是指用文字表达意见、知识、思想、感情等内容的具有独创性的文学创造成果。就本案而言，电影文学剧本《五朵金花》是一部完整的文学作品，但仅就"五朵金花"四字而言，并不具备一部完整的文学作品应当具备的要素。首先，该词组由一个数量词"五朵"和一个名词"金花"组成，不能独立表达意见、知识、思想、感情等内容；其次，"金花"作为白族妇女的称谓古已有之，并非原告独创。"五朵金花"这一词组的构成虽然有可能包含作者的思想感情及创作意图，但我国著作权法所保护的是作品的内容，而非作者的思想。"五朵金花"一词并不构成《五朵金花》电影剧本的实质或者核心部分。如果对其单独给予著作权法保护，禁止他人使用"五朵金花"一词，既有悖于社会公平理念，也不利于促进社会文化事业的发展与繁荣。被告的行为既不损害原告的著作权，也不妨碍原告行使其著作权。

一、著作权法概述

（一）著作权的概念

著作权是指作者或者其他著作权人基于文学、艺术和科学作品依法享有的人身权利和财产权利的总称。

（二）著作权和工业产权的区别

著作权和工业产权同属于知识产权范畴，其客体都表现为无形的智力成果，但它们之间又有不同之处：

1. 标的及表现形式不同

这是由两者所处的领域及作用决定的。著作权的客体为作品，都是在文学、艺术和科学领域内，主要是丰富人们的精神生活，让人们从中吸取知识和欣赏；而工业产权的客体则表现为新产品、新产品或者工商业标记，主要是在生产领域或者实用技术领域，解决人类的生存问题，提高人类的物质生活质量。

2. 著作权的独占性和排他性的程度较工业产权弱

著作权的独占性只对自己独立创作完成的作品享有专有权，排斥他人使用自己的作品，但不能排斥他人独立完成的与之相似和相同的作品也取得同样的权利。工业产权的保护对象则不同，尽管有相同构思的表现产生，但法律只保护其中的一个，赋予它独占、排他的权利，并排除其他表现形式再享有同样权利的可能。

3. 二者权利产生的方式不相同

法律允许多个著作权的存在，独立完成同样或者相似作品的作者均享有著作权，因此，著作权通常可以自动产生。工业产权的排他性，致使它必须采取国家行政授权的方式确定权利人。所以，通常是由政府设立主管部门完成该项工作，并通过法定程序将工业产权授予合法的申请人。

(三) 著作权法的概念

作品一旦创作完成，绝大多数都要进入社会领域传播。因此，作者、传播者、读者、观众、社会之间会产生各种社会关系。为了调整因著作权而产生、控制、利用和支配而产生的社会关系的法律规范，就是著作权法。我国《著作权法》是1990年9月7日在七届全国人大常委会第十五次会议上通过，自1991年6月1日起开始实施。根据2001年10月27日第九届全国人民代表大会常务委员会第二十四次会议《关于修改〈中华人民共和国著作权法〉的决定》修正。我国著作权法是保护著作权人依法享有权利的法律，是维护作者、作品传播合法权益人的有力保障。

二、著作权的主体、客体、内容

(一) 著作权的主体

著作权的主体又称为著作权人，是指依照《著作权法》的规定，对文学、艺术和科学作品享有著作权的人。我国《著作权法》第9条的规定，著作权人包括作者，其他依照本法享有著作权的公民、法人或者其他组织。

1. 作者

作者就是作品的创作者。作者有以下类型：

(1) 公民作者。公民作者是指创作作品的自然人。我国《著作权法》第11条规定："创作作品的公民是作者。"一切文学艺术作品之所以能够诞生，就在于作者的创造性劳动，没有作者创造性的智力劳动，就不可能有作品。因此，只有自然人才是智力成果的唯一创造人。

（2）视为作者的法人和其他组织。只有自然人才能成为真正的作者，这是一个客观的事实，但是法人或者其他组织也有需要表达的意志，在很多情况下如果仅以自然人的身份出现则不利于法人或者其他组织的正常活动，所以为了满足法人或其他组织的利益需要，我国著作权法中规定法人和其他组织可以被视为作者。

2. 非作者著作权主体

该类主体获得主体资格并不是因为对作品的创作，而是通过继受取得等方式而享有著作权。这些方式主要包括继承、遗赠、转让、权利主体变更及其他法律规定和合同约定的方式。

（二）著作权的客体

1. 著作权的客体的概念及构成要件

作品是著作权的客体。我国著作权法所称的作品，是指文学、艺术和科学领域内，具有独创性并能以某种有形形式复制的智力创作成果。

作品要成为著作权客体，应当具备以下条件：

（1）独创性。指作品必须是作者独立构思创作完成的，而不是从别人的作品中抄袭来的。在著作权法中，各种文学、艺术形式，都不要求一定是首创的，表现同一思想或情感的作品往往大量、反复出现，只要它们不是互相抄袭，而是各自独立完成，就分别享有著作权。

（2）可复制性。指作品必须以一定的形式表现出来，进而以某种有形形式加以复制和利用。作品只有能够以有形的形式进行复制才能再现、传播和供人使用，才能实现作者的经济利益和精神利益，从而具有保护的必要。如果不能被复制，也就无法传播，甚至无法为他人所感知，也就得不到著作权法的保护。

（3）合法性。作品应当以法律所允许的客观形式表现出来。通常，作者是利用各种符号并借助于各种物质载体，将其思想或者情感表现于外部的。公民从事文学、艺术和科学作品的创作，应当符合法律规定，不违背社会公共利益。

2. 作品的种类

根据《著作权法》第3条的规定，作品的种类包括：（1）文字作品。（2）口述作品。（3）音乐、戏剧、曲艺、舞蹈、杂技艺术作品。（4）美术、建筑作品。（5）摄影作品。（6）电影作品和以类似摄制电影的方法创作的作品。（7）工程设计图、产品设计图、地图、示意图等图形作品和模型作品。（8）计算机软件。（9）法律、行政法规规定的其他作品。

3. 著作权客体的排除

根据《著作权法》第4条和第5条的规定，著作权客体不适用于以下五种情形：（1）违反宪法和法律，损害公共利益的作品。（2）依法禁止出版、传播的作品。（3）法律、法规、国家机关的决议、决定、命令和其他具有立法、行政、司法性质的文件及其官方正式译文。（4）时事新闻。（5）历法、通用数表、通用表格和公式。

(三) 著作权的内容

通过对作品的不同方式的利用，可以分别给权利人带来人格和物质方面的利益。著作权的内容对权利人享有哪些人身和财产的利益作了具体明确的规定，这是著作权制度的核心部分。著作权的内容，是著作权法律规范所确认和保护的，著作权人依法对其作品进行控制、利用、支配的专有权利，包括下列人身权和财产权。

(1) 发表权，即决定作品是否公之于众的权利。

(2) 署名权，即表明作者身份，在作品上署名的权利。

(3) 修改权，即修改或授权他人修改其作品的权利。

(4) 保护作品完整权，即保护作品不受歪曲、篡改的权利。

(5) 使用权和获得报酬权，即以复制、表演、播放、展览、发行、摄制电影、电视、录像或者改编、翻译、注释、编辑等方式使用作品的权利，以及许可他人以上述方式使用作品，并由此获得报酬的权利。

小练习

胡某写了一篇长篇小说，题为《爱火难消》。某地方电视台未经胡某许可，也未向胡某支付报酬，将该作品改编成题为《干柴烈火》的情景喜剧。那么该电视台未侵犯胡某的(   )。

A. 发表权　　　　B. 著作权　　　　C. 改编权　　　　D. 获得报酬权

三、著作权的取得和保护

(一) 著作权的取得

我国著作权法采用自动保护原则。作品一经产生，不论整体还是局部，只要具备了作品的属性，即受著作权法保护，既不要求登记，也不要求发表，也无须在复制物上加注著作权标记。《著作权法》第2条第1款规定，中国公民、法人或者非法人单位的作品，不论是否发表，依照本法享有著作权。《著作权法实施条例》第6条也规定，"著作权自作品创作完成之日起产生。"

小练习

为纪念"抗美援朝"50周年，作家尚公于2000年2月写成报告文学《伟大的战略出击》一书的初稿，5月修改定稿，7月由出版社正式出版，9月经版权登记。尚公从(   )起取得正式出版的《伟大的战略出击》一书的著作权。

A. 2月　　　　B. 5月　　　　C. 7月　　　　D. 9月

（二）著作权的保护期限

著作权的保护期限是指著作权受法律保护的时间界限。著作权具有时间性，即其只在法律规定的期限内受法律保护，期限届满后，作品就进入公有领域，成为公共财富，任何人都可以自由利用，而无须经作者同意，也不必向作者或者其他著作权人支付报酬。

1. 署名权、修改权和保护作品完整权的期限

《著作权法》第 20 条规定，"作者的署名权、修改权、保护作品完整权的保护期不受限制。"法律之所以这样规定，是因为这几项权利只能由作者本人享有，即使作者死亡后，这种权利也不应由他人享有或者被他人侵犯。

2. 公民作品的发表权、著作财产权的保护期限

《著作权法》第 21 条规定，公民的作品，其发表权和著作财产权的保护期为作者终生及其死亡后 50 年，截止于作者死亡后第 50 年的 12 月 31 日；如果是合作作品，截止于最后去世的作者去世后的第 50 年的 12 月 31 日，均从作品完成创作之日起计算。

3. 法人或者其他社会组织著作权的期限

由法人或者其他社会组织享有著作权（署名权除外）的职务作品，其发表权、著作财产权的保护期为 50 年，截止于作品首次发表后第 50 年的 12 月 31 日，但作品自创作完成后 50 年内未发表的，著作权法不再保护。

4. 摄影作品和电影及以类似电影的方式创作的作品的保护期限

摄影作品和电影或以类似电影的方式创作的作品，其发表权和著作财产权的保护期为 50 年，截止于作品首次发表后第 50 年的 12 月 31 日，但作品自创作完成后 50 年内未发表的，著作权法不再保护。

5. 作者身份不明作品著作权的期限

作者身份不明的作品（包括使用假名、笔名或未署名发表的作品），其著作财产权的保护期为 50 年，即作品自首次发表后第 50 年的 12 月 31 日为止。但作者的身份一旦明确，则适用著作权法的一般规定，即作者有生之年加去世后 50 年计算。

6. 计算机软件著作权的期限

我国《著作权法》规定，计算机软件著作权中的人身权，除发表权以外的其他 3 项权利不受限制，永远受到保护。计算机软件的著作财产权的保护期为 25 年，截止于首次发表后的第 25 年的 12 月 31 日。期满前可续展，时间为 25 年。但保护期最长不得超过 50 年，也就是说只能续展一次。

小练习

独立制片人甲自筹资金于 1993 年 11 月 15 日首次出版《敖江威龙》电视剧录像带。甲于 1996 年 10 月 21 日去世。甲对该录像带享有的许可他人复制权和报酬请求权的保护期应截止于（　　）。

A. 2043 年 11 月 15 日　　　　　　　　B. 2043 年 12 月 31 日

C. 2046 年 10 月 21 日　　　　　D. 2046 年 12 月 31 日

（三）著作权的限制

1. 著作权的合理使用制度

著作权的合理使用制度是指著作权以外的人在法律规定的特定条件下，不必征得著作权人的同意，也不必向著作权人支付报酬而使用作品的一种制度。根据《著作权法》的规定，合理使用必须同时具备以下条件：

（1）合理使用的作品必须已经发表，未发表的作品不属于合理使用的范围。未发表的作品一般不得合理使用，这是因为发表权属于人身性质的权利，不在合理使用的范围之内，对于未发表的作品必须征得作者的许可才能进行使用。

（2）合理使用的目的仅限于为个人学习、研究或欣赏，或为了教学、科学研究、宗教或慈善事业以及公共文化利益的需要。

（3）合理使用他人作品时，不得侵犯著作权人的其他权利，并且必须注明作者的姓名、作品名称。

2. 著作权合理使用的情形

（1）为个人学习、研究或者欣赏，使用他人已经发表的作品。

（2）为介绍、评论某一作品或者说明某一问题，在作品中适当引用他人已经发表的作品。

（3）为报道时事新闻，在报纸、期刊、广播电台、电视台等媒体中不可避免地再现或者引用已经发表的作品。

（4）报纸、期刊、广播电台、电视台等媒体刊登或者播放其他报纸、期刊、广播电台、电视台等媒体已经发表的关于政治、经济、宗教问题的时事性文章，但作者声明不许刊登、播放的除外。

（5）报纸、期刊、广播电台、电视台等媒体刊登或者播放在公众集会上发表的讲话，但作者声明不许刊登、播放的除外。

（6）为学校课堂教学或者科学研究，翻译或者少量复制已经发表的作品，供教学或者科研人员使用，但不得出版发行。

（7）国家机关为执行公务在合理范围内使用已经发表的作品。

（8）图书馆、档案馆、纪念馆、博物馆、美术馆等为陈列或者保存版本的需要，复制本馆收藏的作品。

（9）免费表演已经发表的作品，该表演未向公众收取费用，也未向表演者支付报酬。

（10）对设置或者陈列在室外公共场所的艺术作品进行临摹、绘画、摄影、录像。

（11）将中国公民、法人或者其他组织已经发表的以汉语言文字创作的作品翻译成少数民族语言文字作品在国内出版发行。

（12）将已经发表的作品改成盲文出版。

以上 12 种合理使用的情况，同样适用于对于出版者、表演者、录音录像制作者、广播电台、电视台的权利的限制。

3. 著作权的法定许可使用制度

著作权的法定许可使用制度是指使用者在利用他人已经发表的作品时，可以不经著作权人的许可，但应向其支付报酬，并尊重著作权人其他权利的制度。

法定许可有下列五种情形：

（1）作品在刊登后，除著作权人声明不得转载、摘编的以外，其他报刊可以转载或者作为文摘资料刊登，但应当按规定向著作权人支付报酬。

（2）录音制作者使用他人已经发表的作品制作录音制品，可以不经著作权人许可，但应当按规定支付报酬，著作权人声明不许使用的不得使用。

（3）表演者使用他人已经发表的作品进行营业性演出，可以不经著作权人许可，但应当按规定支付报酬，著作权人声明不许使用的不得使用。

（4）广播电台、电视台使用他人已经发表的作品制作广播电视节目，可以不经著作权人许可，但应当支付报酬，著作权人声明不许使用的不得使用。

（5）为实施九年义务教育和国家教育规划而编写出版教科书的法定许可。除作者事先声明不许使用的外，可以不经著作权人许可，在教科书中汇编已经发表的作品片段或者短小的文字作品、音乐作品或者单幅的美术作品、摄影作品，但应当按照规定支付报酬，指明作者姓名、作品名称，并且不得侵犯著作权人依照本法享有的其他权利。

小练习

下列行为（　　）不属于侵犯著作权的行为。
A. 某电视台为了报道油画展览的盛况，在电视新闻中播放了展览的油画
B. 某教授在世纪论坛上的演讲词被电台全文报道
C. 法院为了查证将张某发表的文章复制了3篇
D. 出版社将蒙文发表的作品翻译成汉文在国内出版发行

第三节

商　标　法

【案例导读】

杨某、周某假冒"安利"注册商标罪案

被告人杨某、周某自2010年5月起合谋制造、销售假冒"安利"牌保健品，并分别购买了用于制造假冒商品中的原材料和加工设备。杨某负责假冒商品的制造，并邮寄了1,200余盒假冒的"安利"牌

保健品到河南省洛阳市，周某负责收货及销售，共计得款人民币160,000余元。杨某、周某各分得赃款人民币80,000余元。法院经审理认为，杨某、周某未经注册商标所有人许可，在同一种商品上使用与注册商标相同的商标，又销售该假冒注册商标的商品，情节严重，其行为均已构成假冒注册商标罪。据此判决杨某犯假冒注册商标罪，判处有期徒刑一年六个月，并处罚金人民币5万元；周某犯假冒注册商标罪，判处有期徒刑一年八个月，并处罚金人民币5万元等。

资料来源：江苏省无锡法院公布2011年度知识产权司法保护十大案例。

【分析提示】

本案涉及假冒保健品的知识产权刑事犯罪，本案被告人进行侵权产品的制造、销售已逐渐形成违法获利网络链条，严重损害了消费者利益，在社会上造成恶劣的影响。本案判决不但有效震慑了此类犯罪，也提示了广大消费者在购买保健品等有关身体健康方面的商品时应提高防范意识。

一、商标法概述

（一）商标概述

1. 商标的概念

商标是生产经营者在其商品或服务上所使用的，包括文字、图形、字母、数字、三维标志和颜色组合以及上述要素的组合，用以识别自然人、法人或者其他组织的商品或服务与他人的商品或服务的可视性标志。在日常生活中，商标通常被称为商品的"牌子"。

2. 商标的种类

根据不同的标准，可对商标作不同的分类。根据我国《商标法》第3条的规定，经商标局核准注册的商标可分为商品商标、服务商标、集体商标、证明商标。

（1）商品商标。指生产经营者在其生产、制造、加工、拣选或者经销的商品上所使用的商标。

（2）服务商标。指商业服务者在其提供的服务项目上所使用的与其他提供同类服务的服务者相区别的标志。

（3）集体商标。指以团体、协会或者其他组织名义注册，供该组织成员在商事活动中使用，以表明使用者在该组织中的成员资格的标志。

（4）证明商标。指由对某种商品或者服务具备的监督能力的组织所控制，而由该组织以外的单位或者个人使用于其商品或者服务，用以证明该商品或者服务的原产地、原料、制造方法、质量或者其他特定品质的标志。

3. 商标的作用

（1）商标的区别作用。通过商标识别不同的商品生产者、经营者或者商业服务者，标明产品和服务的出处，这是商标最固有的最主要的作用。现代市场上，商品及商业服务的种类繁多，企业可以通过商标将自己的商品或者服务与他人的相区别，以方便消费者选择。

（2）商标的质量保证和监督作用。商标能够促进生产经营者和服务者明确责任，保证商品质量和维护商标信誉。商标指示着某一商品或者服务的一贯质量和水平，消费者希望通过商标寻找商品的稳定质量。某种商品或者服务商标经过长期使用，对生产者、经营者或者提供服务者及消费者就意味着一定质量的象征。

（3）商标的广告宣传作用。商标本身就是广告，商标是一种最卓越的广告方式，商标创牌的一切努力都是为了提高商品的知名度和市场竞争能力，商品往往是靠商标吸引顾客，商标的文字、图案、颜色等都是经过精心设计的，在广告中突出商标，可以强化广告效果，提高商品知名度。

（4）商标的竞争作用。商标在竞争中的作用是不容忽视的，质量好的商品会使其商标的知名度不断扩大，知名度高、信誉好的商标又会使该商品的市场竞争力增强。企业要生存，要在激烈的竞争中取胜，就必须创名牌，同时提高和改进产品质量，开发新产品。

小练习

商标是识别（　　）的显著标志。
A. 服务　　　　　B. 商品　　　　　C. 产业　　　　　D. 特产

（二）商标法概述

商标法是指调整在确认、保护商标专用权和商标使用过程中发生的社会关系的法律规范的总称。我国《商标法》于1982年8月23日第五届全国人民代表大会第二十四次会议通过，并于1993年2月22日、2001年10月27日、2013年8月30日进行了修订，修订后的《商标法》自2014年5月1日起施行。

二、商标注册

（一）商标注册的概念及其法律意义

商标注册是指商标使用人为了取得商标权，将其使用的商标依法向商标管理机关提出申请，经商标管理机关审查批准，授予商标权的法律活动。商标注册有以下法律意义：（1）商标注册人对其注册商标享有专用权，其他企业和个人未经其许可，无权使用该注册商标，否则就构成侵权。（2）未经注册的商标不受法律保护，商标使用人不享有专用权，即使他人在相同商品上使用相同的商标也不构成侵权。而且，该商标一旦被他人申请注册，原使用人就不能继续使用，否则就构成对他人商标权的侵犯，要依法承担法律责任。

在我国，商标注册是确定商标专用权的法律依据。商标法规定，经商标局注册的商标为"注册商标"。商标注册人享有商标专用权，受法律保护。使用注册商标应当标明"注册商标"字样或者"R"字样。在商品上不便标明的，应当在商品包装或者说明书及其他附着物上标明。

(二) 商标注册的原则

1. 自愿注册原则

自愿注册是指商标使用人根据实际需要，自行决定是否对商标进行注册。但自愿注册原则也有例外，我国《商标法》第6条规定："法律、行政法规规定必须使用注册商标的商品，必须申请商标注册，未经核准注册的，不得在市场销售。"即我国商标法还规定了强制注册，作为自愿注册的补充。目前我国只有《烟草专卖法》才有强制注册商标的要求：卷烟、雪茄烟和有包装的烟丝必须申请商标注册，未经核准注册的，不得生产和销售。

2. 申请在先原则

申请在先原则是指两个或者两个以上的申请人，在相同或者类似商品上申请注册相同或者近似商标的，初步审定公告申请在先的商标，驳回后一申请。这样的规定是基于一件商标上只能确定一个商标权的理论。申请时间的先后以申请日为准。

申请在先原则能够鼓励申请人及时申请，容易确定商标权的归属，保护商标所有人利益，也有利于对注册商标的管理。该原则的弊端是可能会导致"商标抢注"，对先使用人不利，并且可能造成某种不公平。因此，《商标法》第31条规定："2个或者2个以上的商标注册申请人，在同一种商品或者类似商品上，以相同或者近似的商标申请注册的，初步审定并公告申请在先的商标；同一天申请的，初步审定并公告使用在先的商标，驳回其他人的申请，不予公告。"由此可见，我国实行先申请原则为主，同时辅以先使用原则。

3. 一类商品一个商标一份申请原则

我国采用一类商品一个商标一份申请的原则，即一份申请书中只能申请一个商标，并且在一个类别的商品上申请注册，不能跨类申请。也就是说，一份商标申请书不能申报属于两类以上的商品，也不能一类商品的商标申请书申报2个以上的商标。如果同一商标使用的商品跨几个类，则须按商品的不同类型，分别提出申请。

4. 优先权原则

《商标法》将优先权原则分为两类：

(1) 商标注册申请人自其商标在外国第一次提出商标注册申请之日起6个月内，又在中国就相同商品以同一商标提出商标注册申请的，依照该外国同中国签订的协议或者共同参加的国际条约，或者按照相互承认优先权的原则，可以享有优先权。一次要求优先权的，应当在提出商标注册申请的时候提出书面申请，并且在3个月内提交第一次提出的商标注册申请文件的副本；未提出书面声明或者逾期未提交商标注册申请文件副本，视为未要求优先权。

（2）商标在中国政府主办或承认的国际展览会展出的商品上首次使用的。自该商品展出之日起 6 个月内，该商标的注册申请人可以享有优先权。依此要求优先权的，应当在提出商标注册申请的时候提出书面声明，并且在 3 个月内提交展出其商品的展览会名称、在展出商品上使用该商标的证据、展出日期等证明文件；未提出书面声明或者与其未提交证明文件的，视为未要求优先权。

（三）商标注册的申请

商标注册的申请是商标使用人向商标注册主管机关表示要求取得商标专用权意愿的一种方式。

1. 商标注册申请人及商标代理

按照我国《商标法》的规定，商标注册申请人可以是自然人、法人或者其他组织，外国人、外国企业根据我国法律或者有关的国际协议及条约也可以成为商标注册申请人。

商标代理是指商标代理组织接受委托人的委托，以委托人的名义向商标局办理有关商标事务的制度。国内的商标注册申请人可以直接到国家工商行政管理局商标局申请，也可以委托商标代理组织申请；外国人或者外国企业在中国申请商标注册或办理其他商标事宜，应当委托国家认可的具有商标代理资格的组织代理，即实行强制代理。

2. 商标注册申请应提交的文件

根据 1985 年国家工商行政管理局制订的《商标核转工作的若干规定》，我国实行二级转核制度，即申请人所在地县级工商行政管理局将申请文件向省级工商行政管理局报送，省级工商行政管理局再将申请文件向商标局核转。每件商标申请应按规定报送以下文件：（1）申请人资格证明。（2）商标注册申请书 1 份。（3）商标图样 10 张。指定颜色的，送着色图样 10 张，并附送黑白墨稿 1 张。（4）有关证明文件。

（四）商标注册申请的审查

1. 商标注册的形式审查

商标注册的形式审查是确定是否具备受理该商标申请的起码条件，是指审查申请手续是否完备，填报项目是否符合要求。如申请文件是否齐备，商标注册申请是否具备申请资格，申请人要求核定的商品或者服务是否填写的具体、规范，分类是否准确，商标注册申请费用是否缴纳等。

2. 商标注册的实质审查

商标注册的实质审查是指商标审查人依照法律规定对形式审查合格的商标注册申请所进行的检索、分析、对比、调查研究，并决定给予初步审定或者驳回申请的一系列活动。目前，我国商标注册申请的实质审查从以下三个方面进行：

（1）审查商标是否具有显著性。《商标法》第 9 条规定：申请注册的商标，应当有显著特征，便于识别，并不得与他人在先取得的合法权利相冲突。

（2）审查申请注册商标有无违反《商标法》的禁用条款。我国《商标法》第 10 条规定，下列标志不得作为商标使用：①同中华人民共和国的国家名称、国旗、国徽、军旗、勋章相同或者近似的，以及同中央国家机关所在地特定地点的名称或者标志性建筑物的名称、图形相同的。②同外国的国家名称、国旗、国徽、军旗相同或者近似的，但该国政府同意的除外。③同政府间国际组织的名称、旗帜、徽记相同或者近似的，但经该组织同意或者不易误导公众的除外。④与表明实施控制、予以保证的官方标志、检验印记相同或者近似的，但经授权的除外。⑤同"红十字"、"红新月"的名称、标志相同或者近似的。⑥带有民族歧视性的。⑦夸大宣传并带有欺骗性的。⑧有害于社会主义道德风尚或者有其他不良影响的。县级以上行政区划的地名或者公众知晓的外国地名，不得作为商标。但是，地名具有其他含义或者作为集体商标、证明商标组成部分的除外；已经注册的使用地名的商标继续有效。

下列标志不得作为商标注册：①仅有本商品的通用名称、图形、型号的。②仅仅直接表示商品的质量、主要原料、功能、用途、重量、数量及其他特点的。③缺乏显著特征的。上述所列标志经过使用取得显著特征，并便于识别的，可以作为商标注册。

(3) 审查申请注册的商标是否与他人申请在先或者已注册的商标相同或者近似。我国《商标法》第30条规定：申请注册的商标，凡不符合本法有关规定或者同他人在同一种商品或者类似商品上已经注册的或者初步审定的商标相同或者近似的，由商标局驳回申请，不予公告。

小练习

2013年新修改的《商标法》取消了对商标注册的可视性要求，明确规定（　　）可作为商标申请注册。

A. 气味　　B. 声音　　C. 立体形状　　D. 外观设计

三、商标权的内容

（一）商标权的期限与续展

《商标法》第39条规定，注册商标的有效期为10年，自核准注册之日起计算。《商标法》第40条规定：注册商标有效期满，需要继续使用的，商标注册人应当在期满前12个月内按照规定办理续展手续；在此期间未能办理的，可以给予6个月的宽展期。每次续展注册的有效期为10年，自该商标上一届有效期满次日起计算。期满未办理续展手续的，注销其注册商标。

（二）商标权的内容

商标权的内容是指商标权人享有的权利和应履行的义务。

1. 商标权人的权利

(1) 专有使用权。专有使用权是指商标权人享有在核定的商品或服务上使用注册商标的权利。专有使用权是商标权的核心内容，是最基本的权利。商标权人对其注册商标享有完全控制、支配，排除他人非法干涉的权利，包括商标权人自己使用其注册商标，并有权许可他人使用其注册商标，也可以依法转让注册商标。

（2）禁止权。禁止权是指商标权人有权禁止他人未经许可擅自使用注册商标的权利。

（3）使用许可权。使用许可权指注册商标所有人许可他人使用注册商标的权利。商标注册可以通过签订商标使用许可合同，许可他人使用其注册商标。许可人应当监督被许可人使用其注册商标的商品质量，被许可人应当保证使用该注册商标的商品质量，并在使用该注册商标的商品上标明被许可人的名称和商品产地。商标使用许可合同应当报商标局备案。

（4）转让权。转让权是指商标所有人依法将注册商标转让给他人所有的权利。转让注册商标是商标权人行使处分权的行为。商标转让的形式有两种：一种为合同转让，即转让人和受让人签订转让合同，并共同向商标局提出申请，经核准后，受让人就取得了商标专用权；另一种是继受转让，包括原注册所有人因死亡而由法定继承人按程序继承和企业被合并或被兼并时的继受移转。

2. 商标权人的义务

（1）按规定正确使用其注册商标。一方面，商标权人不得将注册商标使用在未经核准使用的商品或服务项目；另一方面，不得自行改变注册商标的标志。

（2）确保使用注册商标的商品或者服务的质量。注册商标由于长时间的使用，在广大消费者心目中可信度比较高；而且，具备法律稳定性的注册商标所代表的商品或者服务的质量也应该具有一定的稳定性。因此，商标权人和商标的使用者有义务保证其生产经营的商品或服务的质量，不得欺骗消费者。

（3）缴纳规定的各项费用。商标权人应按照法律规定缴纳各项费用，如商标注册申请费、注册费、转让登记费、续展注册费等。

四、商标权的法律保护

（一）商标权的保护范围

注册商标的专用权，以核准注册的商标和核定使用的商品为限。

（二）侵犯注册商标专用权的行为

下列行为均属侵犯注册商标专用权：

（1）未经商标注册人的许可，在同一种商品或者类似商品上使用与其注册商标相同或者近似的商标的。

（2）销售侵犯注册商标专用权的商品的。

（3）伪造、擅自制造他人注册商标标识或者销售伪造、擅自制造的注册商标标识的。

（4）未经商标注册人同意，更换其注册商标并将该更换商标的商品又投入市场的。

（5）给他人的注册商标专用权造成其他损害的。

小练习

H市的甲公司生产啤酒，申请注册的"向阳花"文字商标被国家有关部门认定为驰名商标。下列行为（　　）属于商标侵权行为。
A. 乙公司在自己生产的葡萄酒上使用"葵花"商标
B. 设在G市的丙公司将"向阳花"作为自己的商号登记使用
C. 丁公司将"向阳花"注册为域名，用于网上宣传、销售书籍等文化用品
D. 戊公司在自己生产的农药产品上使用"向阳花"商标

（三）注册商标侵权行为的处理措施及法律责任

有上述侵犯注册商标专用权行为之一，引起纠纷的，首先由当事人协商解决；不愿协商或者协商不成的，商标注册人或者利害关系人可以向人民法院起诉，也可以请求工商行政管理部门处理。

工商行政管理部门处理时，认定侵权行为成立的，责令立即停止侵权行为，没收、销毁侵权商品和专门用于制造侵权商品、伪造注册商标标识的工具，并可处以罚款。当事人对处理决定不服的，可以自收到处理通知之日起15日内依照《行政诉讼法》向人民法院起诉；侵权人期满不起诉又不履行的，工商行政管理部门可以申请人民法院强制执行。

进行处理的工商行政管理部门根据当事人的请求，可以就侵犯商标专用权的赔偿数额进行调解；调解不成的，当事人可以依照《民事诉讼法》向人民法院起诉。

对侵犯注册商标专用权的行为，工商行政管理部门有权依法查处，并分别不同情况责令侵权人承担行政责任、民事责任，涉嫌犯罪的，应当及时移送司法机关依法处理。

小练习

同光服装厂经红叶制衣公司的许可，使用其注册商标"红叶"生产西服。对此，同光公司有下列（　　）义务。
A. 对红叶公司的对外债务承担连带责任
B. 该许可使用合同应当报商标局核准
C. 接受红叶公司的质量监督
D. 在生产的"红叶"牌西服上标明是同光服装厂生产，并且注明产地

第四节 专利法

一、专利法概述

(一) 专利与专利权

专利通常有两种含义:一是专利权的简称,即国家专利机关依法授予专利申请人对其发明创造在一定期限内享有独占权。这是专利的基本含义。二是受专利法保护的发明创造,一般包括发明、实用新型和外观设计三种专利。

专利权是指法律所赋予人们对其发明创造成果在一定期限和范围内享有的专有利用的权利。

(二) 专利法

专利法是指调整在确认和保护发明创造的专有权以及在利用专有的发明创造过程中产生的社会关系的法律规范的总称。我国《专利法》于1984年3月12日第六届全国人民代表大会常务委员会第四次会议通过,后于2000年8月25日和2008年12月27日进行了修改,修改后的《专利法》自2009年10月1日起施行。我国专利法的任务就是调整发明创造者、发明创造成果的所有者和使用者这三者之间的关系,并保护三者的合法权益。

二、专利权的主体、客体和内容

(一) 专利权的主体

专利权的主体是指有权提出专利申请并取得专利权的单位和个人。我国专利权主体有以下几种:

1. 发明人或者设计人

发明人或者设计人是指对发明创造的实质性特点做出了创造性贡献的人。专利法意义上的发明人或者设计人必须具备两个条件:第一,发明人或者设计人是否参与了发明创造的创作活动;第二,发明人或者设计人是否对发明创造的实质性特点作出创造性贡献的人。在完成发明创造过程中,只负责组织工作的人、为物质条件的利用提供方便的人或者从事其他辅助工作的人,不是发明人或者设计人。

由两人或者两人以上共同完成的发明创造称为共同发明创造,完成该项发明创造的人,称为共同发明人或者共同设计人。个人接受他人或单位委托所完成的发明创造,是委托发明人或者设计人。根据《专利法》的规定,共同发明与委托发明中,有协议的从协议,没有协议的申请专利的权利属于完成或者共同完成发明创造的人。

2. 发明人的单位

单位是指法人和非法人社会组织。依《专利法》规定由发明人或者设计人执行本单位的任务或者主要是利用本单位的物质条件所完成的发明创造属于职务发明创造。

执行本单位任务完成的发明创造包括三种情况：（1）发明人或者设计人在本职工作中作出的发明创造。（2）发明人或者设计人完成本单位交付的本职工作之外的任务作出的发明创造。（3）退职、退休或者调动工作后1年内作出的，与其在原单位承担的本职工作或者分配的任务有关的发明创造。

利用本单位的物质条件是指利用本单位的资金、设备、零部件、原材料或不向外公开的技术资料等。

《专利法》第6条规定："执行本单位的任务或者主要是利用本单位的物质技术条件所完成的发明创造为职务发明创造。职务发明创造申请专利的权利属于该单位；申请被批准后，该单位为专利权人。"但是，对于利用本单位的物质技术条件所完成的发明创造，允许单位与发明人或设计人自行约定权利归属。没有约定时符合"主要利用"应认定为职务发明创造，职务发明人、设计人享有相应的获得奖励权、报酬请求权、表明完成者身份权。

3. 合法受让人

合法受让人是指通过合同或者继承而依法取得专利权的单位和个人。专利申请权和专利权可以转让，专利权中的财产权利可以继承。专利权经合法受让后，受让人就成为专利权的主体，但受让人并不因此成为发明人或者设计人，该发明创造的发明人、设计人也不因专利权的转让而丧失其特定的人身权利。

4. 外国人、外国企业或者外国其他组织

外国人在我国可以依法取得专利权，成为专利权的主体。在中国有经常居所或者营业所的外国人、外国企业和外国其他组织，我国《专利法》给予他们以国民待遇；在中国没有经常居所或营业所的外国人、外国企业和外国其他组织，依照其所属国同中国签订的协议或者共同参加的国际条约，或者依照互惠原则，委托国务院专利行政部门指定的专利代理机构办理。

（二）专利权的客体

专利权的客体又称专利法保护的对象，是指依法取得专利权的发明创造。我国专利法所称的发明创造是指发明、实用新型和外观设计。

1. 发明

专利法所称的发明是指对产品、方法或者其改进所提出的新的技术方案。发明分为产品发明和方法发明。

2. 实用新型

实用新型是指对产品的形状、构造或者其结合所提出的实用的新的技术方案。实用新型也属于发明的范畴，但与发明主要有两点不同：第一，实用新型只适用于产品形状、构造或者其结合所提出的适于实用的技术方案，不适用于方法。第二，实用新型在

技术水平上的要求比发明低,因此也被称为"小发明"。

3. 外观设计

外观设计是指对产品的形状、图案、色彩或者其结合作出的富有美感并适于工业应用的新设计。实用新型与外观设计都关系到形状,其区别在于:实用新型主要关系到产品的功能,外观设计主要关系到产品的外观,而不涉及产品的制造和设计技术。

4. 对专利权客体的限制

我国《专利法》第5条规定:"对违反国家法律、社会公德或者妨害公共利益的发明创造,不授予专利权。"另外,我国《专利法》第25条还规定,对下列各项不授予专利权:(1)科学发现。(2)智力活动的规则和方法。(3)疾病的诊断和治疗方法。(4)动物和植物品种(对其生产方法,可以依法授予专利权)。(5)用原子核变换方法获得的物质。(6)对平面印刷品的图案、色彩或者二者的结合作出的主要起标识作用的设计。

小练习

下列( )属于可以授予专利权的主题。
A. 一种抗干扰的电波信号
B. 一种抗干扰的电波信号的发生装置
C. 一种可对室内环境进行有效消毒的光
D. 一种通过环保无污染的方式获得的能量

(三)专利权的内容

1. 专利权人的权利

专利权是以发明、实用新型、外观设计等发明创造为客体的特殊产权,它主要表现为专利权人对获得专利发明创造的独占权,其具体内容如下:

(1)专利独占实施权。这是专利权人最基本的权利。这种独占权的效力体现在两个方面:①专利权人有权占有、使用、收益和处分其发明创造,具体表现为专利权人的制造权、使用权、销售权、进口权等。②专利权人有权禁止其他任何人支配该专利,具体表现为专利权的禁止权。发明和实用新型专利权被授予后,除本法另有规定的以外,任何单位或者个人未经专利权人许可,都不得实施其专利,即不得为生产经营目的制造、使用、许诺销售、销售、进口其专利产品,或者使用其专利方法以及使用、许诺销售、销售、进口依照该专利方法直接获得的产品。外观设计专利权被授予后,任何单位或个人未经专利权人许可,都不得实施其专利,即不得为生产经营目的制造、使用、销售、进口其外观设计专利产品。

(2)专利转让权。指专利权人处分其专利权,将其转让给他人的权利。专利权在性质上是财产权,专利权人可以通过买卖、赠与、投资入股等方式将其专利进行转让,但转让必须符合法律规定:当事人必须订立书面专利权转让合同,并向国务院专利行政部门登记，由其进行公告；中国单位或个人向外国人转让专利权，必须经国务院有关主管部门批准。

（3）专利实施许可权。专利权人有许可他人实施其专利的权利，这种许可必须通过订立许可合同并向专利权人支付使用费的方式来取得。

（4）标记权。专利权人有权在其专利产品或该产品的包装上标明专利标记和标记号。国家知识产权局规定，从2003年7月1日起标注专利标记和专利号应当标明专利类别，例如，中国发明专利、中国实用新型专利、中国外观设计专利，同时标明授权专利号。

2. 专利权人的义务

专利权人在享有上述权利的同时，还需要承担相应的义务。主要包括：①交纳专利年费的义务。②职务发明取得专利后，作为专利权人的单位有向发明人或者设计人给予报酬奖励的义务。

三、专利权的取得

（一）授予专利权的条件

1. 发明和实用新型专利的授权条件

（1）新颖性。新颖性是指发明创造的前所未有性，即发明创造是在一定时间和一定地域范围内的已知技术中没有的。我国专利法规定，新颖性应当是在申请日以前没有同样的发明或者实用新型在国内外出版物上公开发表过、在国内公开使用过或者以其他方式为公众所知，也没有同样的发明或者实用新型由他人向国务院专利行政部门提出过申请并且记载在申请日以后公布的专利申请文件中。因此，是否公开是判断一项发明创造是否丧失新颖性标准。公开的方式包括书面公开、口头公开和使用公开。从公开的日期看，一般是把专利申请的那一天作为确定新颖性的时间界限。

《专利法》第24条规定，申请专利的发明创造在申请日以前6个月内，有下列情形之一的，不丧失新颖性：①在中国政府主办或者承认的国际展览会上首次展出的。②在规定的学术会议或者技术会议上首次发表的。③他人未经申请同意而泄露其内容的。

（2）创造性。创造性是指同申请日以前已有的技术相比，该发明有突出的实质性特点和显著的进步，该实用新型有实质性特点和进步。

（3）实用性。实用性是指该发明或者实用新型能够制造或者使用，并且能够产生积极的效果。

2. 外观设计专利的授权条件

（1）新颖性。新颖性即授予专利权的外观设计应当同申请日以前在国内外出版物上公开发表过或者国内公开使用过的外观设计不相同或不相近似，并不得与他人在先取得的合法权利相冲突。

（2）富有美感。富有美感授予专利权的外观设计的图案色彩、花纹等能给人们带来感官上的愉悦感受。

（3）实用性。实用性是指授予专利权的外观设计必须能够应用于工业生产。

小练习

中国学者王某在法国完成一项产品发明。1992年12月3日，王某在我国某学术研讨会上介绍了他的这项发明成果。1993年6月16日，出席过这次研讨会的某研究所工程师张某，将这项成果作为他自己的非职务发明，向中国专利局提出专利申请。1993年5月5日，王某以这项成果在法国提出专利申请。1994年4月28日，王某又以同一成果向中国专利局提出专利申请，同时提出要求优先权的书面声明，并提交了有关文件。关于本案的以下意见中，（　　）是正确的。

A. 张某申请在先，按照先申请原则，享有专利申请权

B. 王某享有国外优先权，故专利申请应属王某，其申请日为1993年5月5日

C. 王某是中国人，不应享有国外优先权，但张某不是真正的发明人，故专利申请权应属王某，其申请日应为1994年4月28日

D. 王某的发明已丧失新颖性，应驳回其的申请

（二）取得专利权的程序

1. 专利权申请的原则

（1）单一性原则。这是由工业产权的独占性决定的，一份专利申请文件只能就一项发明创造提出专利申请，即"一申请一发明"原则。

（2）申请在先原则。两个以上的申请人分别就同样的发明创造申请专利的，专利权授予最先申请的人。如果两个以上的申请人在同一日分别就同样的发明创造申请专利的，应当在收到国务院专利行政部门的通知后自行协商确定申请人。若申请人之间不能达成协议，国务院专利行政部门将不会受理任何一方的申请。

（3）优先权原则。申请人自其发明或实用新型在外国第一次提出专利申请之日起12个月内，或者自外观设计在外国第一次提出专利申请之日起6个月内，又在中国就相同主题提出专利申请的，依照该外国同我国签订的协议或者共同参加的国际条约，或者按照相互承认优先权的原则，可以享有优先权。

申请人自发明或实用新型在中国第一次提出专利申请之日起12个月内，又向国务院专利行政部门就相同主题提出专利申请的，可以享有优先权。

2. 专利申请的种类与要求

申请发明或者实用新型专利的，应当提交请求书、说明书及其摘要和权利要求书等文件；申请外观设计专利的，应当提交请求书以及该外观设计的图片或者照片等文件，并且应当写明使用该外观设计的产品及其所属的类别。国务院专利行政部门收到专利申请文件之日为申请日。如果申请文件是邮寄的，以寄出的邮戳日为申请日。

3. 专利申请的审查和批准

（1）发明专利申请的审批程序。①初步审查：主要审查申请是否符合《专利法》

关于申请形式要求的规定。②早期公开：按照《专利法》要求，专利部门在收到发明专利申请后经初步审查认为符合要求的自申请日起满18个月即行公布，也可根据申请人的请求早日公布其申请，目的是征求公众的意见。③实质审查：根据《专利法》第35条规定，发明专利申请自申请日起3年内，国务院专利行政部门可以根据申请人随时提出的请求，对其申请进行实质审查；申请人无正当理由逾期不请求实质审查的，该申请即被视为撤回。国务院专利行政部门认为必要的时候，可以自行对发明专利申请进行实质审查。④授权、登记、公告：经实质审查没有发现驳回理由的，国务院专利行政部门应当做出授予发明专利权的决定，发给发明专利证书，并予以登记和公告。

（2）实用新型和外观设计专利申请的审批程序。与发明专利申请的审批程序相比较为简单一些。国务院专利行政部门在受理申请后便进行初步审查，没有发现驳回理由的，应当做出授予实用新型专利权或外观设计专利权的决定，发给相应专利证书，并予以登记和公告。

4. 对国务院专利行政部门的决定不服的复审

专利申请人对国务院专利行政部门驳回申请的决定不服的，可以自收到通知之日起3个月内，向专利复审委员会请求复审。专利复审委员会复审后，作出决定，并通知专利申请人。专利申请人对专利复审委员会的复审决定不服的，可以自收到通知之日起3个月内向人民法院起诉。

四、专利的实施

专利的实施是指专利权人或者专利权人许可他人在中国境内为了生产经营的目的，制造、使用和销售专利产品或者使用专利方法。

专利实施有以下四种情况。

（一）专利权人自己实施

专利权人取得专利后，自己可以制造其产品，使用其方法，取得经济收益。专利权人自己实施又可分为两种情况：一是专利权人自己单独实施；二是专利权人将专利作为投资，与他人合资经营进行合作实施。

（二）许可他人实施

专利权人可以通过订立许可合同的方式，许可他人实施其专利，获得使用费。

（三）依国家需要指定实施

专利的指定实施是指国家主管机关基于国家利益和公共利益的需要，对重要的发明创造专利指令推广应用的特殊实施。《专利法》第14条规定：国有企业事业单位的发明专利，对国家利益或者公共利益具有重大意义的，国务院有关主管部门和省、自治区、直辖市人民政府报经国务院批准，可以决定在批准的范围内推广应用，允许指定的单位实施，由实施单位按照国家规定向专利权人支付使用费。中国集体所有制单位和个人的发明专利，对国家利益或者公共利益具有重大意义，需要推广应用的，参照前款规定办理。

（四）强制许可实施

强制许可实施是指国务院专利行政部门在一定条件下，不需经过专利权人的同意，准许其他单位和个人实施专利权人的专利的一种强制手段。

（1）具备实施条件的单位，以合理的条件请求发明或实用新型专利权人许可实施其专利，而未能在合理的时间内（一般为3年）获得这种许可时，国务院专利行政部门根据该单位的申请，可以给予实施该发明专利或者实用新型专利的强制许可。

（2）国家出现紧急状况或非常情况时，或者为了公共利益的目的，国务院专利行政部门给予实施发明或实用新型专利的强制许可。

（3）一项取得专利权的发明或实用新型，比以前已取得专利权的发明或实用新型具有显著经济意义的重大技术进步，其实施有赖于前一发明或实用新型的实施的，国务院专利行政部门根据后一专利权人的申请，可以给予实施前一发明或实用新型强制许可。在依照上述规定给予实施强制许可的情形下，也可以根据前一专利权人的申请，给予实施后一发明或实用新型的强制许可。

五、专利权的法律保护

（一）专利权的保护期限、终止和无效

1. 专利权的期限

按照专利法的规定，发明专利权的保护期限为20年，实用新型和外观设计专利权的保护期限为10年，均从申请之日起计算。超过了法定保护的期限，专利权便自行消灭。

2. 专利权的终止

专利权在以下情况下终止：①期限届满。②专利权人没有按照规定缴纳年费。③专利权人以书面声明放弃其专利权。专利权在期限届满前终止的，即后两种情况，由国务院专利行政部门登记和公告。

3. 专利权的无效

自国务院专利行政部门公告授予专利权之日起，任何单位或者个人认为该专利权的授予不符合专利法有关规定的，可以请求专利复审委员会宣告该专利权无效。

宣告无效的专利权视为自始即不存在。宣告专利权无效的决定，对在宣告专利权无效前人民法院作出并已执行的专利侵权的判决、裁定，专利管理机关作出并已执行的专利侵权处理决定以及已经履行的专利实施许可合同和专利转让合同，不具有追溯力。但是因专利权人的恶意给他人造成的损失，应当给予赔偿。

对专利复审委员会宣告专利权无效或者维持专利权的决定不服的，可以自收到通知之日起3个月内向人民法院起诉。人民法院应当通知无效宣告请求程序的对方当事人作为第三人参加诉讼。

小练习

某专利申请日为2006年5月10日,国家知识产权局于2012年6月15日发出缴费通知书,通知专利权人缴纳第7年度的年费及滞纳金。专利权人逾期未缴纳年费及滞纳金,国家知识产权局于2013年1月25日发出专利权终止通知书,专利权人未提出恢复权利的请求。该专利权应当自(　　)起终止。

A. 2012年5月9日　　　　　　B. 2012年5月10日
C. 2012年6月15日　　　　　 D. 2013年1月25日

(二) 专利权的保护范围

专利权的保护范围是指专利权的法律效力所及的范围。发明或者实用新型专利权的保护范围以其权利要求的内容为准,说明书及附图可以用于解释权利要求。外观设计专利权的保护范围以表示在图片或者照片中的该外观设计专利产品为准。外观设计专利的保护范围要受到产品类别的限制,即确定外观设计是否相同或者近似,应当以同类产品为基础,排除不同类别产品的外观设计。

(三) 专利侵权行为

专利侵权行为是指行为人违反法律规定侵害专利权人合法权益的行为,具体是指行为人未经权利人许可以营利为目的实施他人专利,或者给他人专利权造成其他侵害的行为。

未经专利权人许可,实施其专利,即侵犯其专利权,引起纠纷的,由当事人协商解决;不愿协商或者协商不成的,专利权人或者利害关系人可以向人民法院起诉,也可以请求管理专利工作的部门处理。管理专利工作的部门处理时,认定侵权行为成立的,可以责令侵权人立即停止侵权行为,当事人不服的,可以自收到处理通知之日起15日内依照《中华人民共和国行政诉讼法》向人民法院起诉;侵权人期满不起诉又不停止侵权行为的,管理专利工作的部门可以申请人民法院强制执行。进行处理的管理专利工作的部门应当事人的请求,可以就侵犯专利权的赔偿数额进行调解;调解不成的,当事人可以依照《中华人民共和国民事诉讼法》向人民法院起诉。

侵犯专利权的诉讼时效为2年,自专利权人或者利害关系人得知或者应当得知侵权行为之日起计算。

有下列情形之一的,不视为侵犯专利权:

(1) 专利权人制造或者经专利权人许可制造的专利产品售出后,使用或者销售该产品的;

(2) 在专利申请日前已经制造相同产品、使用相同方法或者已经作好制造、使用的必要准备,并且仅在原有范围内继续制造、使用的;

(3) 临时通过中国领土、领水、领空的外国运输工具,依照其所属国同中国签订

的协议或者共同参加的国际条约,或者依照互惠原则,为运输工具自身需要而在其装置和设备中使用有关专利的;

(4)专为科学研究和实验而使用有关专利的。

为生产经营目的使用或者销售不知道是未经专利权人许可而制造并售出的专利产品或者依照专利方法直接获得的产品,能证明其产品合法来源的,不承担赔偿责任。

小练习

某公司拥有一项 3D 打印机的专利权。下列行为(　　)侵犯了该公司的专利权。

A. 为了改进该打印机的性能,甲自行制造了一台该种 3D 打印机用于实验

B. 乙未获得该公司的许可而在报纸上发布出售该种 3D 打印机的信息

C. 丙从该公司购买了一台 3D 打印机,未经该公司同意,公开出售由该 3D 打印机打印出的产品

D. 丁从该公司批发了一批 3D 打印机,并以高价出口到该公司未获得专利权的国家

本章提要

1. 基本概念

(1)知识产权主要包括著作权、商标权和专利权。

(2)我国著作权法采用自动保护原则。商标注册采取自愿注册和强制注册相结合的原则。

(3)注册商标的有效期为 10 年,自核准注册之日起计算。

(4)专利权的客体包括发明、实用新型、外观设计。

(5)发明专利权的保护期限为 20 年,实用新型和外观设计专利权的保护期限为 10 年,均从申请之日起计算。

2. 简答题

(1)简答我国知识产权制度的基本内容。

(2)简述著作权的保护范围。

(3)简要论述商标禁用的情况。

(4)试论专利权取得的条件。

3. 案例分析题

【案情 1】

张某是某中学物理教师,多年来深感近视对学生的身心的影响,决心制作一种可矫

正近视的工具。张某运用自己的物理学知识,并请教了很多眼科大夫,查阅了一些医学资料,于2003年年初试制成功一种眼镜,经试用,对近视眼有一定疗效,拟于2003年6月向国家专利局提出申请。学校教务处得知后,提出张某为本校职工,该专利申请权应属学校。后因张某坚持申请权归自己并向专利局提出申请,学校向法院提起诉讼,要求确认学校的专利申请权。

问:本案中专利申请权应归谁所有?为什么?

【分析提示】

该项发明创造为非职务发明,专利申请权应归张某所有。

【案情2】

某锅炉厂委托某研究所为其开发锅炉自动控制器,并向研究所提供了资金和设施。该研究所所长杨某将这个任务下达给研究人员李某、陈某和王某,组成攻关小组,进行产品开发,同时又派了2名工作人员负责协助小组的基本实验、数据分析等基础工作。最终,锅炉自动控制器产品研制成功。

请根据上面案例事实,分析产品的发明人和发明创造的专利申请人。

【分析提示】

发明人是李某、陈某和王某。专利法的发明人是指对发明创造的实质性特点做出创造性贡献的人。

发明创造的专利申请人为研究所。根据专利法相关规定,一个单位接受其他单位的委托所完成的发明创造,除另有约定外,专利申请的权利属于完成单位。但是委托人可以免费实施该项专利。

4. 教学互动

1. 专利号相关知识:国家知识产权局授予专利权的专利号由"ZL"和后继12位数字构成。其中"ZL"表示专利;前面4位数表示申请专利的年份;第5位数表示申请专利的类别:1为发明,2为实用新型,3为外观设计;第6-12位数代表当年该类专利申请的序号。

2. 专利年费并非固定不变,而是每隔几年便增长一次,而且涨幅逐渐增高,原因何在?(提示:促使专利所涉及领域技术早日进入公有知识领域)

第八章　市场管理法

第八章

市场管理法

【知识要求】　通过本章的学习，了解反不正当竞争法的概念和作用及反不当竞争行为的具体表现，我国产品质量监督管理制度的内容及生产者和销售者的产品质量责任与义务，消费者权利和经营者义务，广告活动与广告准则的相关规定。熟悉不正当竞争行为的种类和不正当竞争行为的法律责任。掌握消费者权利和经营者义务的规定。

【技能要求】

通过本章的学习，掌握各市场主体的权利和义务。

第一节

反不正当竞争法

【案例导读】

观奇洋服有限公司与上海观奇服饰有限公司不正当竞争纠纷案

原告观奇洋服有限公司于1981年7月8日在香港注册设立，是一家经营服装的企业。1991年8月20日，原告经中国国家商标局核准,在第 25 类商品类别注册了观奇文字及图形商标。2001 年 3 月 21 日,该注册商标经核准续展。1995 年 10 月 7 日,原告又将该商标在第 25 类进行了补充注册,商标注册号为 781612,核定使用商品为服装、婴儿服装、泳装等。

原告申请注册观奇商标后,又将观奇文字及图形商标、观奇文字商标、KwunKee 文字及图形商标分别在第 9、14、18、20、23、24、32、33、34、37、40、42 类等商品及服务类别上进行了注册。原告还在全国建立销售网络和专卖店或专卖柜,并通过期刊杂志、电视等多种媒体对其观奇商标及品牌进行了广泛的宣传和推销活动,其观奇商标及品牌也获得众多荣誉。

被告上海观奇服饰有限公司股份于 2002 年 7 月 19 日登记成立,经营范围为服饰的批售(涉及许可经营的凭许可证经营),注册地点为上海市真南路 4278 号 4B-34,经营期限至 2016 年 7 月 18 日。

2006 年 9 月 20 日,原告来到四川省达州市通川区人民公园门口处的老车坝购物广场(地下商场),发现其中达州市通川区虎威商贸公司(以下简称达州虎威公司)门店使用"上海观奇服饰公司荣誉出品"的店招。原告在该门店购买了男式蓝色格子西服一套,包装袋上载有"观奇服饰(上海)有限公司"字样,该套西服的吊牌上载有被告企业名称和地址、电话,内衬上的标牌载有"观奇服饰"字样,该门店出具的发票上加盖了"达州市通川区虎威商贸公司上海观奇"字样的业务章。

原告发现,被告在 2002 年 7 月登记并使用的企业字号为"观奇"文字,与原告观奇商标的"观奇"文字完全相同。根据保护在先权利和禁止混淆原则,被告的行为违反了诚实信用原则,构成对原告的不正当竞争。故诉至法院,请求判令:1. 被告立即停止对原告的不正当竞争,立即停止使用含有"观奇"字样的企业名称;2. 被告限期变更企业名称,变更后的企业名称中不得含有与"观奇"相同或近似的字样;3. 被告赔偿原告经济损失人民币 20 万元;4. 被告赔偿原告因调查和制止被告不正当竞争行为所支付的合理费用人民币 75,000 元;5. 被告在《中国工商报》上登报刊登声明,为原告消除影响。

法院经审理后判决,被告的行为构成了不正当竞争,应停止侵权行为,并变更企业名称,变更后的企业名称不得含有"观奇"文字;赔偿原告经济损失人民币 50,000 元;在《中国工商报》上刊登声明,为原告消除影响。

资料来源:(2006)沪二中民五(知)初字第 289 号民事判决书。

【分析提示】

1. 原告有权主张反不正当竞争法律保护

中国于1985年成为《保护工业产权巴黎公约》（1967年斯德哥尔摩文本）成员国，1997年7月1日后，该公约同样适用于中国香港特别行政区。对于该公约的规定，除声明保留的条款外，我国有义务遵守。因此，原告作为在香港特别行政区注册的企业，有权依照我国反不正当竞争法请求给予法律保护。

2. 被告行为构成对原告的不正当竞争

一是原告对"观奇"文字在先使用；二是原告的字号具有一定知名度；三是被告具有主观恶意。

3. 被告应承担赔偿责任

《反不正当竞争法》第20条第1款规定，经营者违反本法规定给被侵害的经营者造成损害的，应当承担损害赔偿责任。

一、反不正当竞争法概述

竞争是商品经济的必然现象，是市场经济运行的基本机制。市场经济的竞争是指商品生产者和经营者之间为了争夺市场地位或者顾客而作的较量，并产生优胜劣汰的结果。在整个竞争过程中，每个商品生产者和经营者都不可避免地要接受市场竞争的选择。在公平竞争的同时，一些置商业道德和消费者利益于不顾的不正当竞争行为也相继产生。因此，制止不正当竞争行为，保护经营者和消费者的合法权益，维护公平交易的法律也就应运而生。

（一）反不正当竞争法的概念

反不正当竞争法是指调整在维护公平竞争，制止不正当竞争行为过程中所发生的社会关系的法律规范的总称。1993年9月2日，第八届全国人大常务委员会第三次会议上通过了《反不正当竞争法》，该法从1993年12月1日起施行。

（二）反不正当竞争法的调整对象

经营者在市场交易中，应当遵循自愿、公平、诚实信用的原则，遵守公认的商业道德。反不正当竞争法的调整对象是在市场经济活动中，经营者违反竞争原则，进行不正当竞争活动所引起的社会关系。具体包括：（1）市场主体之间发生的竞争关系。（2）不正当竞争行为的受害人和不正当竞争行为人之间发生的请求赔偿的关系。（3）各级人民政府在保护公平竞争，制止不正当竞争行为过程中的权责关系。（4）不正当竞争行为监督检查机关在行使查处不正当竞争行为职权时和不正当竞争行为人之间所发生的关系。（5）监督检查不正当竞争行为的国家机关工作人员的权责关系。

（三）反不正当竞争法的作用

反不正当竞争法是直接调整市场经济关系，规范市场主体行为的重要法律，它对于保障社会主义市场经济健康发展，鼓励和保护公平竞争，制止不正当竞争行为，保护经营者和消费者的合法权益有着重要作用。

1. 保障社会主义市场经济健康发展

竞争对每个经营者都是平等的、自由的，而竞争是市场的支柱，在规范化、制度化、法制化的社会主义市场经济条件下，所有参与竞争的经营者必须遵守共同的竞争规则。反不正当竞争法就是要规范竞争行为，从而保障社会主义市场经济健康有序地发展。

2. 提高经济效益

公平的竞争可以产生积极的企业行为和社会效果。反不正当竞争法对经营者的竞争行为加以规范，促使经营者改善经营管理，提高产品质量，提高劳动生产率，改进服务水平，从而在竞争中立于不败之地。

3. 保护经营者的合法权益

在市场经济环境下，一切经营者都有权在平等的条件下参与竞争，而不正当竞争行为，直接或者间接地损害了其他经营者的合法权益。禁止和制裁不正当竞争行为，正是为了保护合法经营者的正当利益。

4. 保护消费者的合法权益

竞争与消费者的利益紧密相关。正当的竞争有利于消费者实现权益，而不正当竞争往往直接损害消费者的利益。为了保护广大消费者的合法权益，必须对不正当竞争行为进行打击和制裁。

二、不正当竞争行为的概念和种类

（一）不正当竞争行为的概念与特征

不正当竞争行为是指经营者违反法律规定，损害其他经营者的合法权益，扰乱社会经济秩序的行为。

不正当竞争行为具有以下特征：

1. 主体的特定性

实施不正当竞争行为的主体是经营者，即从事商品经营或者营利性服务（以下所称商品包括服务）的法人、其他经营组织和个人。但是在特殊情况下，政府机关也可能成为不正当竞争行为的主体。

2. 行为的违法性

不正当竞争行为违反法律，主要是违反《反不正当竞争法》的规定。

3. 行为的危害性

不正当竞争行为具有社会危害性，其侵犯的客体是其他经营者的合法权益和正常的社会经济秩序，主要包括竞争对手的财产权和人身权、市场管理秩序或者消费者的合法权益等。

(二) 不正当竞争行为的种类

不正当竞争行为的表现形式是多种多样的。《反不正当竞争法》不可能将所有的不正当竞争行为全部列举出来，只是列举了我国现实经济生活中表现突出、危害严重、迫切需要制止的不正当竞争行为。

1. 采用假冒或者仿冒等混淆手段从事市场交易、损害竞争对手的行为

这种不正当竞争行为主要表现在以下四个方面：

（1）假冒他人的注册商标。这是指伪造他人或者仿造他人已经注册的商标，将其用于自己生产或者销售的商品上。这种行为既违反了《商标法》，也违反了《反不正当竞争法》。

（2）仿冒知名商品特有的名称、包装、装潢的行为。这是指擅自使用知名商品特有的名称、包装、装潢，或者使用与知名商品近似的名称、包装、装潢，造成和他人的知名商品相混淆，使购买者误认为是该知名商品。

（3）擅自使用他人的企业名称或者姓名，使人误认为是他人商品的行为。

（4）仿冒他人产品的质量标志和产地，使人误解的行为。这种行为包括在商品上伪造或者冒用他人的认证标志、名优标志等质量标志，以及伪造产地的行为。

经营者采用上述手段参与市场竞争，实施的都是欺诈行为。他们通过种种不实手法，使用户和消费者产生误解，扰乱市场秩序、损害同业竞争者的利益和消费者的利益。

2. 商业贿赂行为

商业贿赂行为是实行市场经济的国家普遍存在的一种不正当竞争行为，它是指经营者为了争取交易机会，暗中给予交易对方人员和能够影响交易的其他相关人员以财物或者其他报偿的行为。

《反不正当竞争法》第 8 条规定："经营者不得采用财物或者其他手段进行贿赂以销售或者购买商品，在账外暗中给予对方单位或个人回扣的，以行贿论处；对方单位或个人在账外暗中收受回扣的，以受贿论处。经营者销售或者购买商品，可以以明示方式给对方折扣，可以给中间人佣金。经营者给对方折扣、给中间人佣金的，必须如实入账。接受折扣、佣金的经营者必须如实入账。"

3. 虚假宣传行为

虚假宣传行为是指经营者利用广告和其他方法，对产品的质量、性能、成分、用途、产地等所作的引人误解的虚假表示。它主要有两种类型：一是虚假宣传，即经营者对商品的质量、性能等品质性指标作完全不符实际情况的虚假陈述；二是引人误解的宣传，即经营者宣传的内容影响消费者，使其对商品的真实情况产生错误的理解。

4. 侵犯商业秘密的行为

商业秘密是指不为公众所知悉、能为权利人带来经济利益、具有实用性并经权利人

采取保密措施的技术信息和经营信息。商业秘密是一种与知识产权最相邻近的财产权。由于商业秘密所涉及的技术信息和经营信息，是不能或不便于通过授予专利权予以保护的，法律要求商业秘密的所有人自己采取措施保护，法律未提供保护手段。而商业秘密能给权利人带来竞争的优势，所以常常成为不正当竞争者侵犯的客体。

根据我国《反不正当竞争法》第10条的规定，侵犯商业秘密的不正当竞争行为有以下三种情形：

（1）以盗窃、利诱、胁迫或者其他不正当手段获取权利人的商业秘密；

（2）披露、使用或者允许他人使用上述手段获取的权利人的商业秘密的；

（3）违反约定或违反权利人有关保守商业秘密的要求，披露、使用或者允许他人使用其所掌握的商业秘密。

第三人明知或者应知前款所列违法行为，获取、使用或者披露他人的商业秘密，视为侵犯商业秘密。

5. 以排挤竞争对手为目的的低价销售行为

这种行为亦称不正当的价格竞争行为，是指经营者为了达到独占市场的目的，采取阶段性暂时低于成本的价格进行销售，排挤同行竞争者的不正当竞争行为。《反不正当竞争法》第11条规定："经营者不得以排挤竞争对手为目的，以低于成本的价格销售商品。"但也同时规定了几种除外的情况：（1）销售鲜活商品。（2）处理有效期限即将到期的商品或者其他积压的商品。（3）季节性降价。（4）因清偿债务、转产、歇业降价销售商品。

6. 搭售行为

搭售行为是指经营者利用其经济优势，违背交易购买者的意愿，在销售一种商品或提供一种服务时，要求购买者以购买另一种商品或接受另一种服务为条件，或者就商品或服务的价格、销售对象、销售地区等进行不合理的限制。《反不正当竞争法》第12条规定："经营者销售商品，不得违背购买者的意愿搭售商品或者附加其他不合理的条件。"

7. 违反规定的有奖销售行为

有奖销售是指经营者为了竞争的目的，在销售商品或提供服务时，附带性地向购买者提供物品、金钱或者其他经济上利益的一种促销行为。正当的有奖销售可以起到活跃市场、促进公平竞争的积极作用；而采用不正当竞争手段的有奖销售，不仅损害其他经营者和消费者的合法权益，而且会扰乱社会经济秩序。

我国《反不正当竞争法》禁止以下形式的有奖销售：（1）采取谎称有奖或故意让内定人员中奖的欺骗方式进行有奖销售。（2）利用有奖销售的手段推销质次价高的商品。（3）抽奖式的有奖销售，最高奖的金额超过5,000元。

8. 诋毁商誉行为

诋毁商誉行为也被称为商业诽谤行为，是指采用捏造、散布虚假事实等不正当手段，诋毁、贬低竞争对手的商业信誉和商品声誉，从而为自己取得竞争优势的行为。商业信誉和商品声誉是经营者在市场竞争中赢得优势地位的资本和支柱。损害竞争对手的商业信誉和商品声誉，会给其正常经营活动造成不利影响，损害其应有的市场优势地位，从而导致严重的经济损失。

9. 串通投标行为

串通投标行为是指投标者之间串通投标，抬高或者压低标价，以及投标者为排挤竞争对手而与招标者相互勾结的行为。《反不正当竞争法》规定："投标者不得串通投标，抬高标价或者压低标价。投标者和招标者不得相互勾结，以排挤竞争对手的公平竞争。"串通投标行为包括投标者串通投标，抬高标价或压低标价的行为；投标者和招标者之间互相勾结，以排挤竞争对手的行为。

10. 限购排挤行为

限购排挤行为是指公用企业或者其他依法具有独占地位的经营者，限定他人购买其所指定的经营者的商品，以排挤其他经营者的公平竞争。这一类不正当竞争行为的主体主要是两种：（1）公用企业。（2）其他依法具有独占地位的经营者。公用企业主要包括电力、自来水、煤气、公用交通等领域。"其他依法具有独占地位的经营者"是指除上述公用企业外，法律、行政法规规定而具有独占地位的经营者。以上两类经营者凭借其特殊地位，限定他人购买自己指定的经营者的商品，利用独占地位安排他人之间进行交易。这种行为一方面给其他经营者制造困难，以排挤其他经营者的公平竞争，另一方面也是变相扩大垄断的行为。

11. 滥用行政权力行为

滥用行政权力行为是指政府及其所属部门滥用行政权力，限定他人购买其指定的经营者的商品，或者限制经营者跨地区、跨部门的交易，干扰、阻碍正常的交易活动的行为。根据法律规定，这类行为的具体表现有：（1）限定他人购买其指定的经营者的商品。（2）限制其他经营者正当的经营活动。（3）限制外地商品进入本地市场。（4）限制本地商品流向外地市场。政府及其所属部门凭借权力干扰市场经济活动，对正常的公平竞争秩序横加干涉，为了保护本地区的经济利益，违反国家法律、政策的统一规定，通过行政权力建立市场壁垒。上述行为妨碍了竞争的正常开展，影响统一的社会主义市场的建立与发展。

小练习

1. 我国《反不正当竞争法》规定，抽奖式有奖销售最高奖金的金额不得超过人民币（　　）元。
   A. 3,000　　　B. 5,000　　　C. 7,000　　　D. 10,000

2. 在《反不正当竞争法》中商业贿赂主要指（　　）。
   A. 佣金　　　B. 让利　　　C. 折扣　　　D. 回扣

3. 下列以低于成本的价格销售商品情形中不属于不正当竞争行为的有（　　）。
   A. 销售鲜活商品　　　　　　B. 季节性降价
   C. 处理有效期限即将到期的商品

D. 处理积压商品　　　　　　E. 转产处理销售商品

（三）对不正当竞争行为的监督检查

《反不正当竞争法》第3条规定："县级以上人民政府工商行政管理部门对不正当竞争行为进行监督检查；法律、行政法规规定由其他部门监督检查的，依照其规定。"此外，《反不正当竞争法》第4条还规定："国家鼓励、支持和保护一切组织和个人对不正当竞争行为进行社会监督。国家机关工作人员不得支持、包庇不正当竞争行为。"

（四）不正当竞争行为的法律责任

1. 民事责任

民事责任主要包括停止侵害和赔偿损失。根据《反不正当竞争法》的规定，凡假冒其他企业的注册商标，擅自使用知名商品特有的名称、包装、装潢等，以排挤竞争对手为目的以低于成本的价格销售商品，侵犯他人商业秘密等行为，均得责令其停止侵害他人的不正当竞争行为，并给被侵害人消除影响、恢复名誉。

行为人的不正当竞争行为给他人造成经济损失的，行为人应当给予经济赔偿。赔偿的数额以被侵害人实际发生的可计算的实际损失为限。如果损失难以计算的，赔偿额为侵权人在侵权期间因侵权所获得的利润。除此之外，侵害人还应当承担被侵害的经营者因调查该经营者侵害其合法权益所支付的合理费用。

2. 行政责任

行政责任是由监督检查部门做出的，违法者因其违反《反不正当竞争法》的规定所承担的行政处罚结果，其形式主要有责令停止违法行为、没收违法所得、罚款、吊销营业执照等。

3. 刑事责任

不正当竞争行为情节严重，造成重大损失的，应当承担刑事责任。《反不正当竞争法》规定，销售伪劣商品，采用贿赂手段以销售或者购买商品，情节严重，构成犯罪的，依法追究刑事责任。监督检查部门工作人员滥用职权、玩忽职守和徇私舞弊，故意包庇犯罪行为人不受追诉，构成犯罪的依法追究其刑事责任。《刑法》还规定了侵害他人商业信誉、商品声誉罪、虚假广告罪、串通投标罪、侵犯商业秘密罪。这是对《反不正当竞争法》刑事责任的补充。

小练习

欣欣公司为了宣传其新开发的保健品，虚构保健品功效，并委托某广告公司设计了"谁吃谁明白"的广告，聘请大腕明星作代言人，邀请某社会团体在报刊和电视上高频率地发布引人误解的不实广告。根据《反不正当竞争法》的规定，下列选项（　　）是正确的。

A. 欣欣公司不论其主观状态如何，都必须对虚假广告承担法律责任

B. 广告公司只有在明知保健品效果虚假的情况下才承担法律责任
C. 明星代言人即使对厂商造假不知情，只要蒙骗了消费者，就应承担民事责任
D. 社会团体在虚假广告中向消费者推荐商品，应承担民事连带责任

第二节

产品质量法

【案例导读】

产品质量责任损害赔偿纠纷

周玉兰于2010年7月2日在张洪涛处购买胡萝卜种子4盒，每盒35元，又购买土壤菌青虫清8袋，每袋5元，共计180元。周玉兰于同年8月上旬播种后未能出苗，周玉兰到张洪涛处要求再给几袋种子进行补种，并要求张洪涛到现场勘察一下，张洪涛未给周玉兰种子，也未到种植现场勘察。周玉兰后来长期空闲因播种红萝卜种子未能出苗的土地。

周玉兰因种子问题向开封农业综合执法大队进行了反映，周玉兰、张洪涛的纠纷经该单位几次调解未能解决。后周玉兰诉至法院，要求张洪涛退回种子款及土壤菌青虫清款180元，并赔偿损失9,000元。一审法院判决张洪涛退还周玉兰种子款及土壤菌青虫清款180元；驳回周玉兰的其他诉讼请求。

原告周玉兰不服上诉，二审法院驳回上诉，维持原判。

【分析提示】

本案胡萝卜种子未能出苗的事实清楚。张洪涛未能提交相应证据证明其销售的种子不存在质量问题，也未提交有效证据排除其销售行为与周玉兰的损害事实不存在因果关系，应当承担相应不利后果。因周玉兰在发现种子未出苗的情况下，在当时季节还允许的条件下，应及时耕种其他农作物或进行补种，但周玉兰未及时进行耕种补种，属于对损失的放任扩大，且周玉兰亦未提供赔偿损失的有效依据，故对其要求赔偿损失9,000元的诉讼请求不予支持。

产品质量法与反不正当竞争法、消费者权益保护法并称为调控市场秩序三大基本法。应该说产品质量法地位尤为突出。因为生产者生产的产品不合格，销售者进货专拣价格低廉的劣质品，是市场上假冒伪劣商品泛滥

的根源，只有通过立法和强有力的执法，把好产品质量这道关，消费者利益才能得到保护，人民生活水平才能真正提高。1993年2月22日，第七届全国人大常委会第三十次会议通过了我国第一部全面、系统地规定产品质量的《中华人民共和国产品质量法》（以下简称为《产品质量法》）。2000年7月8日第九届全国人民代表大会常务委员会第十六次会议通过《关于修改〈中华人民共和国产品质量法〉的决定》。根据2009年8月27日第十一届全国人民代表大会常务委员会第十次会议《关于修改部分法律的决定》第二次修正。

一、产品质量法概述

（一）产品与产品质量

产品这个词在经济生活中和法律领域中大量使用，其含义比较广泛。经济学上的产品是指具有使用价值，能满足人们的物质需要或精神需要的劳动生产物。在法律上的应用含义较为确定。我国《产品质量法》第2条规定："本法所称产品是经过加工、制作，用于销售的产品，建设工程不适用本法规定；但是，建设工程使用的建筑材料、建筑物配件和设备，属于前款规定的产品范围的，适用本法规定。"

产品质量是指由国家的法律、法规、质量标准等所确定的或由当事人的合同所约定的有关产品适用、安全、外观等多种特性的综合。它包括产品的性能、适用性、可靠性、安全性、耐用性、经济性、卫生性等。

小练习

下列产品中那种产品质量适用《产品质量法》调整(　　)。
A. 原煤　　　　B. 电视机　　　　C. 籽棉　　　　D. 饲养的鱼

（二）产品质量法的概念及特点

产品质量法是指为了调整产品生产、流通和消费，以及对产品质量进行监督管理过程中因产品质量所发生的经济关系的法律规范的总称。由此可见，产品质量法调整的社会关系分为两大类：即在产品质量监督管理过程中产生的监督与被监督、管理与被管理的关系和在产品交换过程中产生的产品质量关系。

产品质量法具有以下特征：

1. 产品质量法的法规具有多样性

因产品质量法既调整产品质量监督管理关系，也调整产品质量关系，所以产品质量法中既有行政法律规范，也有经济、民事法律规范，还有刑事法律规范。

2. 技术性法律规范在产品质量法律规范中占有重要地位

产品质量问题集经济性、社会性和技术性于一体。其中，技术性法律规范在产品质量法中占据重要地位。

3. 行政规章在产品质量法的贯彻实施中具有重要意义

大量的产品质量法律规范要由行政规章进一步加以明确，并依靠行政规章协助实施。这主要体现在有关产品质量监督管理的法律规范上。

（三）产品质量法的立法目的

1. 加强对产品质量的监督管理，提高产品质量水平

产品质量对社会经济生活会产生重大的影响，它会影响国民经济的运行质量、国家综合国力的增强、国家的形象，还会对满足社会的需要，维护人民群众的利益，扩大出口，提高经济效益有直接的作用。

2. 明确产品质量责任

产品生产者、销售者提供产品，就应该对其产品质量负责。明确产品责任是产品质量法的中心内容之一。首先明确产品质量责任是生产者、销售者的法定责任；其次明确产品质量责任实行严格归责原则；最后明确承担产品质量责任的基本规范形式。

3. 保护消费者的合法权益

加强产品质量管理，实施严格的产品质量监督，确立和实行严格的产品责任制度，明确产品生产者、销售者的产品质量责任和义务，其出发点和落脚点都是为了保护消费者的合法权益。它既是产品质量法的立法目的，也是贯穿产品质量各项立法内容的基本指导原则。

4. 维护社会经济秩序

通过建立健全产品质量法律制度，全面提高产品的档次和质量水平，同时通过市场机制淘汰一些质量差的产品，加强对产品质量的监督检查，严厉打击产品质量方面的制假售假行为，严肃惩处产品质量方面的违法犯罪行为，将有利于治理整顿市场秩序，形成良好的社会经济秩序。

二、产品质量的监督检查

（一）产品质量监督管理机构

国务院产品质量监督管理部门（指国家技术监督局）负责全国产品质量监督管理工作。县级以上地方人民政府管理产品质量监督工作的部门，负责本行政区域内的产品质量监督管理工作。国务院和县级以上地方人民政府设置的有关行业主管部门，其主要职责是按照同级人民政府赋予的职权，负责本行政区、本行业关于产品质量的行政监督和生产经营性管理工作。

（二）产品质量监督管理制度

1. 产品质量标准化制度

产品质量应当检验合格，不得以不合格产品冒充合格产品。可能危及人体健康和人身、财产安全的工业产品，必须符合保障人体健康和人身、财产安全的国家标准、行业标准；未制订国家标准、行业标准的，必须符合保障人体健康和人身、财产安

全的要求。禁止生产、销售不符合保障人体健康和人身、财产安全的标准和要求的工业产品。

2. 企业质量体系认证制度

国家根据国际通用的质量管理标准，推行企业质量体系认证制度。企业根据自愿原则可以向国务院产品质量监督部门认可的或者国务院产品质量监督部门授权的部门认可的认证机构申请企业质量体系认证。经认证合格的，由认证机构颁发企业质量体系认证证书。

3. 产品质量认证制度

国家参照国际先进的产品标准和技术要求，推行产品质量认证制度。企业根据自愿原则可以向国务院产品质量监督部门认可的或者国务院产品质量监督部门授权的部门认可的认证机构申请产品质量认证。经认证合格的，由认证机构颁发产品质量认证证书，准许企业在产品或者其包装上使用产品质量认证标准。

4. 产品质量监督检查制度

国家对产品质量实行以抽查为主要方式的监督检查制度，对可能危及人体健康和人身、财产安全的产品，影响国计民生的重要工业产品以及消费者、有关组织反映有质量问题的产品进行抽查。抽查的样品应当在市场上或者企业成品仓库内的待销产品中随机抽取。监督抽查工作由国务院产品质量监督部门规划和组织。县级以上地方产品质量监督部门在本行政区域内也可以组织监督抽查。产品质量监督部门应当定期发布其监督抽查的产品的质量公告。对产品质量不合格的，由实施监督抽查的产品质量监督部门责令其生产者、销售者限期改正。逾期不改正的，由省级以上人民政府产品质量监督部门予以公告；公告后经复查仍不合格的，责令停业，限期整顿；整顿期满经复查产品质量仍不合格的，吊销营业执照。

产品质量检验机构必须具备相应的检测条件和能力，经省级以上人民政府产品质量监督部门或者其授权的部门考核合格后，方可承担产品质量检验工作。

三、生产者、销售者的产品质量责任和义务

（一）生产者的产品质量责任和义务

1. 生产者对产品内在质量的责任义务

（1）不存在危及人身、财产安全的不合理的危险，有保障人体健康和人身、财产安全的国家标准、行业标准的，应当符合该标准。

（2）具备产品应当具备的使用性能，但是，对产品存在使用性能的瑕疵作出说明的除外。

（3）符合在产品或其包装上注明采用的产品标准，符合以产品说明、实物样品等方式表明的质量状况。

2. 生产者对产品或其包装上的标识的责任和义务

（1）有产品质量的检验合格证明。

（2）有中文标明的产品名称、生产厂名和厂址。

(3) 根据产品的特点和使用要求,需要标明产品规格、等级、所含主要成分的名称和含量的,相应予以标明。

(4) 期限使用的产品,标明生产日期和安全使用期或者失效日期。

(5) 使用不当容易造成产品本身损坏或者可能危及人身,财产安全的产品,有警示标志或者中文警示说明。裸装食品和其他根据产品特点难以附加标识的裸装产品,可以不附加产品标识。

3. 对生产者的禁止性规定

(1) 生产者不得生产国家明令淘汰的产品。

(2) 生产者不得伪造产地,不得伪造或者冒用他人的厂名、厂址。

(3) 生产者不得伪造或者冒用认证标志、名优标志等质量标志。

(4) 生产者生产的产品,不得掺假、掺杂,不得以假充真、以次充好,不得以不合格产品冒充合格产品。

(二) 销售者的产品质量责任和义务

(1) 销售者应当执行进货检查验收制度,验明产品合格证明和其他标识。

(2) 销售者应当采取措施,保持销售产品的质量。

(3) 销售者销售产品的标识应当符合生产者产品或其包装上标识的要求。

(4) 销售者不得销售失效、变质的产品。

(5) 销售者不得伪造产地,不得伪造或者冒用他人的厂名、厂址。

(6) 销售者不得伪造或者冒用认证标志、名优标志等质量标志。

(7) 销售者销售产品,不得掺杂、掺假,不得以假充真、以次充好,不得以不合格产品冒充合格产品。

小练习

以低等级、低档次的产品冒充高等级、高档次产品的行为,即为( )。

A. 以假充真 B. 以次充好

C. 以不合格产品冒充合格品 D. 伪造冒用名优标志

四、违反《产品质量法》的法律责任

产品质量责任是指生产者、销售者以及依法对产品质量负有责任的单位因产品质量造成消费者或其他利害关系人人身或者财产的损害而应承担的法律后果,包括有关产品质量的民事责任、行政责任和刑事责任。

(一) 产品质量的民事责任

1. 产品合同责任

产品合同责任是指产品的销售者不履行或不适当履行产品质量义务而应承担的责

任。根据《产品质量法》第40条的规定,售出的产品有下列情形之一的,销售者应当负责修理、更换、退货;给购买产品的消费者造成损失的,销售者应当赔偿损失:①不具备产品应当具备的使用性能而事先未作说明的;②不符合在产品或者其包装上注明采用的产品标准的;③不符合以产品说明、实物样品等方式表明的质量状况的。销售者依照前款规定负责修理、更换、退货、赔偿损失后,属于生产者的责任或者属于向销售者提供产品的其他销售者(以下简称供货者)的责任的,销售者有权向生产者、供货者追偿。销售者未按照第一款规定给予修理、更换、退货或者赔偿损失的,由产品质量监督部门或者工商行政管理部门责令改正。生产者之间,销售者之间,生产者与销售者之间订立的买卖合同、承揽合同有不同约定的,合同当事人按照合同约定执行。

2. 产品损害赔偿责任

产品损害赔偿责任是指有缺陷的产品造成他人人身、财产损害的,该产品的生产者、销售者应承担的特殊侵权责任。根据《产品质量法》的规定,因产品存在缺陷造成人身、缺陷产品以外的其他财产损害的,生产者应当承担赔偿责任;由于销售者的过错使产品存在缺陷,造成人身、他人财产损害的,销售者应当承担赔偿责任,销售者不能指明缺陷产品的生产者也不能指明缺陷产品的供货者的,销售者应当承担赔偿责任。

因产品存在缺陷造成受害人人身伤害的,侵害人应当赔偿医疗费、治疗期间的护理费、因误工减少的收入等费用;造成残疾的,还应当支付残疾者生活自助器具费、生活补助费、残疾赔偿金以及由其抚养的人所必需的生活费等费用;造成受害人死亡的,并应当支付丧葬费、死亡赔偿金以及由死者生前抚养的人所必需的生活费等费用。因产品存在缺陷造成受害人财产损失的,侵害人应当恢复原状或者折价赔偿;受害人因此遭受其他重大损失的,侵害人应当赔偿损失。

《产品质量法》第41条规定,生产者能够证明有下列情形之一的,不承担赔偿责任:(1)未将产品投入流通的。(2)产品投入流通时,引起损害的缺陷尚不存在的。(3)将产品投入流通时的科学技术水平尚不能发现缺陷的存在的。

《产品质量法》第45条规定,因产品存在缺陷造成损害要求赔偿的诉讼时效期间为2年,自当事人知道或者应当知道其权益受到损害时计算。因产品存在缺陷造成损害要求赔偿的请求权,在造成损害的缺陷产品交付最初消费者满10年丧失;但是,尚未超过明示的安全使用期的除外。

小练习

1. 陈某到一饭店就餐,饭店服务人韩某在给卡式煤气炉点火时,煤气炉突然爆炸,陈某、韩某及邻座顾客杜某均被炸伤。经查,煤气炉系甲厂生产,质量存在严重缺陷。下列有关表述中( )是正确的。

A. 陈某既可以要求甲厂承担赔偿责任,也可以要求饭店承担赔偿责任

B. 韩某只能依劳动合同关系要求饭店赔偿损失

C. 杜某可以要求甲厂承担赔偿责任

D. 向甲厂要求赔偿的诉讼时效为1年，自身体受到伤害之日起计算

2.《产品质量法》规定（　　）应承担产品质量责任。
A. 产品生产者、销售者　　　　B. 消费者
C. 消费者协会　　　　　　　　D. 检验人员

3. 售出的产品如果不符合以产品说明方式表明的质量状况的，销售者应当负责（　　）。
A. 更换　　　　　　　　　　　B. 修理
C. 退货　　　　　　　　　　　D. 赔偿损失

（二）产品质量的行政责任

1. 生产者、销售者的行政责任

（1）责令停止生产、销售。主要适用以下情况：①生产、销售不符合保障人体健康和人身、财产安全的国家标准、行业标准的产品的；②生产者、销售者在产品中掺杂、掺假，以假充真，以次充好，或者以不合格产品冒充合格产品；③生产、销售国家明令淘汰的产品的；④销售失效、变质的产品的；⑤商品包装不符合产品质量标识制度的规定，情节严重的。

（2）没收违法产品和违法所得。主要适用以下情况：①受到责令停止生产或停止销售处罚的违法行为，应并处没收违法产品和违法所得的；②生产者、销售者伪造产品产地的，伪造或者冒用他人厂名、厂址的，伪造或者冒用认证标志等质量标志的。

（3）罚款。主要适用以下情况：①生产、销售不符合保障人体健康和人身、财产安全的国家标准、行业标准的产品的，并处违法生产、销售产品货值金额等值以上3倍以下的罚款。②在产品中掺杂、掺假，以假充真，以次充好，或者以不合格产品冒充合格产品的，并处违法生产、销售产品货值金额50%以上3倍以下的罚款。③生产国家明令淘汰的产品的，销售国家明令淘汰并停止销售的产品的，并处违法生产、销售产品货值金额等值以下的罚款。④销售失效、变质的产品的，并处违法销售产品货值金额2倍以下的罚款。⑤伪造产品产地的，伪造或者冒用他人厂名、厂址的，伪造或者冒用认证标志等质量标志的，并处违法生产、销售产品货值金额等值以下的罚款。⑥产品标识不符合《产品质量法》规定的，并处违法生产、销售产品货值金额30%以下的罚款。

2. 行政机关工作人员的行政责任

《产品质量法》第65条规定，各级人民政府工作人员和其他国家机关工作人员有下列情形之一的，依法给予行政处分：

（1）包庇、放纵产品生产、销售中违反本法规定行为的。

（2）向从事违反本法规定的生产、销售活动的当事人通风报信，帮助其逃避查处的。

（3）阻挠、干预产品质量监督部门或者工商行政管理部门依法对产品生产、销售中违反本法规定的行为进行查处，造成严重后果的。

另外,《产品质量法》第 68 条规定,产品质量监督部门或者工商行政管理部门的工作人员滥用职权、玩忽职守、徇私舞弊,构成犯罪的,依法追究刑事责任;尚不构成犯罪的,依法给予行政处分。

小练习

《产品质量法》所称的"货值金额"以(　　)计算
A. 违法生产、销售产品的标价
B. 违法生产、销售产品的实际售价
C. 违法生产、销售产品的当事人自述的价格
D. 物价部门的评估价格

(三) 产品质量的刑事责任

根据《产品质量法》的规定,下列违法行为可以追究刑事责任:

(1) 生产、销售不符合保障人体健康和人身、财产安全的国家标准、行业标准的产品,构成犯罪的。

(2) 生产者、销售者在产品中掺杂、掺假,以假充真,以次充好,或者以不合格产品冒充合格产品,构成犯罪的。

(3) 销售失效、变质的产品,构成犯罪的。

(4) 产品质量检验机构、认证机构伪造检验结果或者出具虚假证明构成犯罪的。

(5) 知道或者应当知道属于《产品质量法》规定禁止生产、销售的产品而为其提供运输、保管、仓储等便利条件的,或者为以假充真的产品提供制假生产技术,构成犯罪的。

(6) 国家工作人员有包庇、放纵产品生产、销售中违反《产品质量法》规定行为的;或有向从事违反《产品质量法》规定的生产、销售活动的当事人通风报信,帮助其逃避查处的;或有阻挠、干预产品质量监督部门或者工商行政管理部门依法对产品生产、销售中违反《产品质量法》规定的行为进行查处,造成严重后果构成犯罪的。

(7) 产品质量监督部门或者工商行政管理部门的工作人员滥用职权、玩忽职守、徇私舞弊,构成犯罪的。

(8) 以暴力、威胁方法阻碍产品质量监督部门或者工商行政管理部门的工作人员依法执行职务的,对责任人员依法追究刑事责任。

小练习

各级人民政府工作人员和其他国家机关工作人员有下列情形之一的,依法给予行政处分;构成犯罪的。依法追究刑事责任(　　)。
A. 包庇、放纵产品生产、销售中违反本法规定的行为的

第八章 市场管理法

B. 向从事《产品质量法》规定的生产销售活动的当事人通风报信，帮助其逃避查处的

C. 阻挠、干预产品质量监督部门或者工商行政管理部门依法对产品生产、销售中违反《产品质量法》规定的行为进行查处，造成后果的

D. 执法中因对采取行政强制措施的产品保管不当，造成损失的

第三节

消费者权益保护法

【案例导读】

贺某诉某生态园有限公司违反安全保障义务责任纠纷

2013年4月26日，贺某入住某生态园二楼客房。次日凌晨，贺某从房间内走出，通过通往室外平台的铁门进入二楼平台（一楼屋顶）。在行至二楼平台尽头时，因该平台无护栏，贺某不慎坠落摔伤。后贺某被送到医院治疗，经鉴定构成八级伤残。贺某遂诉至法院，要求某生态园有限公司承担损害赔偿责任。法院判决某生态园有限公司按照80%的比例赔偿贺某所受损失。

资料来源：吉林省法院发布7个消费者权益保护纠纷典型案例，2016年03月15日，人民网-吉林频道。

【分析提示】

《消费者权益保护法》第18条第2款规定："宾馆、商场、餐馆、银行、机场、车站、港口、影剧院等经营场所的经营者，应当对消费者尽到安全保障义务。"本案中，某生态园有限公司作为经营者对通道的设置与管理以及对于防护措施的建设均存在疏忽，未在合理限度范围内尽到安全保障义务，应对事故的发生承担主要责任。同时，贺某作为完全民事行为能力人，对自己的人身安全负有注意义务。其在不了解该处环境的情况下，没有按照指示标志下楼，亦未找服务人员引导，且在到达平台后，在明知没有照明设备的情况下，未自行照明并尽到注意义务，对自己所受损伤亦存在过错，应承担次要责任。

一、消费者权益保护法概述

（一）消费者的概念和法律特征

根据《消费者权益保护法》的规定，消费者是指为生活消费需要而购买、使用经

营者提供的商品或者接受经营者所提供的服务的市场主体。

消费者具有以下法律特征：

（1）消费者的消费性质属于生活消费。

（2）消费者消费的客体是法律允许提供的商品和服务。

（3）消费者的消费活动表现为购买、使用商品和接受服务。

（4）消费者作为消费主体，其范围包括进行生活消费的个人及其消费者群体。

但是从我国农民的现实情况考虑，为了更好地保护农民的消费权益，保证农民生活的安全和农业生产的稳定和发展，《消费者权益保护法》第54条规定："农民购买、使用直接用于农业生产的生产资料，参照本法执行。"

（二）消费者权益保护法概述

消费者权益保护法是指调整国家、经营者和消费者三者之间在保护消费者权益的过程中发生的社会关系的法律规范的总称。

我国的《消费者权益保护法》是1993年10月31日第八届全国人民代表大会常务委员会第四次会议通过，自1994年1月1日起施行。该法的颁布实施，是我国第一次以立法的形式全面确认消费者的权利。此举对保护消费者的权益，规范经营者的行为，维护社会经济秩序，促进社会主义市场经济健康发展具有十分重要的意义。该法实施后，经过2009年8月27日和2013年10月25日的两次修正，得以进一步完善。新《消费者权益保护法》自2014年3月15日起施行。

二、消费者的权利

消费者权利是消费者权益在法律上的体现。《消费者权益保护法》明确规定了我国消费者享有以下九项权利。

（一）保障安全权

保障安全是消费者最基本的权利。该权利保障消费者在购买、使用商品和接受服务时享有的保障其人身、财产安全不受损害的权利。消费者有权要求经营者提供的商品和服务必须符合保障人身、财产安全的安全、卫生标准。

（二）知悉真情权

知悉真情权又可称为了解权、知情权，是指消费者享有的知悉其购买、使用的商品或者接受的服务的真实情况的权利。消费者有权根据商品或者服务的不同情况，要求经营者提供商品的价格、产地、生产者、用途、性能、规格、等级、主要成分、生产日期、有效期限、检验合格证明、使用方法说明书、售后服务，或者服务的内容、规格、费用等有关情况。经营者应向消费者提供真实的商品信息和服务信息，不得作引人误解的虚假宣传，不得利用虚假广告或其他方式作欺骗宣传，不得以次充好、以假乱真、掺杂掺假。

（三）自主选择权

自主选择权是指消费者享有的自主选择商品或者服务的权利。主要包括以下内容：①自主选择提供商品或者服务的经营者权利；②自主选择商品品种或者服务方式的权利；③自主决定购买或者不购买任何一种商品、接受或者不接受任何一项服务的权利；④在自主选择商品或者服务时所享有的进行比较、鉴别和挑选的权利。消费者的自主决定不受任何人的强制。

（四）公平交易权

公平交易权是指消费者在购买商品或者接受服务时所享有的获得质量保障、价格合理、计量正确等公平交易条件，有权拒绝经营者的强制交易行为。

（五）依法求偿权

依法求偿权是指消费者因购买、使用商品或者接受服务而受到人身、财产损害时，依法享有的要求获得赔偿的权利。依法求偿权是弥补消费者所受损害的必不可少的救济性权利。

赔偿的种类包括财产损失赔偿和人身损害赔偿。不论是购买商品还是使用商品；不论是购买商品的使用者还是使用商品的消费者；或者既没有购买使用商品也没有使用商品的第三人，只要经营者的商品对他们造成了财产或者人身伤害，均可以获得赔偿。

（六）依法结社权

依法结社权是指消费者享有依法成立维护自身合法权益的社会团体的权利。消费者的依法结社权是十分重要的，它使消费者能够从分散、弱小走向集中和强大，并通过集体的力量来改变自己的弱者地位，以与实力雄厚的经营者相抗衡。消费者协会和其他消费者组织是依法成立的对商品和服务进行社会监督的保护消费者合法权益的社会团体。

（七）获取知识权

获取知识权也称为接受教育权，是从知悉真情权中引申出来的一种消费者权利，它是消费者所享有的获得有关消费和消费者权益保护方面的知识的权利。只有保障消费者的获取知识权，才能使消费者更好地掌握所需商品或服务的知识和使用技能，以便基本正确使用商品，提高自我保护意识。

（八）维护尊严权

维护尊严权是指消费者在购买、使用商品和接受服务时，享有其人格尊严、风俗习惯得到尊重的权利，享有个人信息得到保护的权利。经营者不得对消费者进行侮辱、诽谤，不得搜查消费者的身体及其携带的物品，不得侵犯消费者的人身自由。

(九) 监督批评权

监督批评权是指消费者享有对商品和服务以及保护消费者权益工作进行监督的权利。消费者有权检举、控告侵害消费者权益的行为和国家机关及其工作人员在保护消费者权益工作中的违法失职行为，有权对保护消费者权益工作提出批评、建议。

三、经营者的义务

经营者的义务是指经营者在与消费者的商品交换关系中承担的义务。消费者权利的实现，有赖于经营者义务的实现。

根据《消费者权益保护法》的规定，经营者主要有以下义务：

(一) 依法定或者约定履行义务

经营者向消费者提供商品或服务应当依照《消费者权益保护法》、《产品质量法》及其他有关法律、法规的规定履行义务。此外，经营者和消费者有约定的，应当按照约定履行义务，但双方的约定不得违背法律法规的规定。

经营者向消费者提供商品或者服务，应当恪守社会公德，诚信经营，保障消费者的合法权益；不得设定不公平、不合理的交易条件，不得强制交易。

经营者提供商品或者服务，按照国家规定或者与消费者的约定，承担包修、包换、包退或者其他责任的，应当按照国家规定或者约定履行，不得故意拖延或者无理拒绝。

(二) 听取意见和接受监督

经营者应当听取消费者对其提供的商品或者服务的意见，接受消费者的监督。

(三) 保障人身和财产安全

经营者应当保证其提供的商品或者服务符合保障人身、财产安全的要求。对可能危及人身、财产安全的商品和服务，应当向消费者作出真实的说明和明确的警示，并说明和标明正确使用商品或者接受服务的方法以及防止危害发生的方法。

宾馆、商场、餐馆、银行、机场、车站、港口、影剧院等经营场所的经营者，应当对消费者尽到安全保障义务。

经营者发现其提供的商品或者服务存在缺陷，有危及人身、财产安全危险的，应当立即向有关行政部门报告和告知消费者，并采取停止销售、警示、召回、无害化处理、销毁、停止生产或者服务等措施。采取召回措施的，经营者应当承担消费者因商品被召回支出的必要费用。

(四) 提供真实信息

《消费者权益保护法》规定，经营者向消费者提供有关商品或者服务的质量、性能、用途、有效期限等信息，应当真实、全面，不得作虚假或者引人误解的宣传。经营者对消费者就其提供的商品或者服务的质量和使用方法等问题提出的询问,应当作出真实、明确的答复。经营者提供商品或者服务应当明码标价。

经营者应当标明其真实名称和标记。租赁他人柜台或者场地的经营者,应当标明其真实名称和标记。

(五) 出具相应的凭证和单据

经营者提供商品或者服务,应当按照国家有关规定或者商业惯例向消费者出具发票等购货凭证或者服务单据;消费者索要购货凭证或者服务单据的,经营者必须出具。

(六) 提供符合要求的商品或者服务

经营者应当保证在正常使用商品或者接受服务的情况下,其提供的商品或者服务应当具有的质量、性能、用途和有效期限;但消费者在购买该商品或者接受该服务前已经知道其存在瑕疵,且存在该瑕疵不违反法律强制性规定的除外。经营者以广告、产品说明、实物样品或者其他方式标明商品或者服务的质量状况的,应当保证其提供的商品或者服务的实际质量与标明的质量状况相符。

经营者提供的机动车、计算机、电视机、电冰箱、空调器、洗衣机等耐用商品或者装饰装修等服务,消费者自接受商品或者服务之日起 6 个月内发现瑕疵,发生争议的,由经营者承担有关瑕疵的举证责任。

(七) 不得从事不公平、不合理的交易

经营者在经营活动中使用格式条款的,应当以显著方式提请消费者注意商品或者服务的数量和质量、价款或者费用、履行期限和方式、安全注意事项和风险警示、售后服务、民事责任等与消费者有重大利害关系的内容,并按照消费者的要求予以说明。

经营者不得以格式条款、通知、声明、店堂告示等方式,作出排除或者限制消费者权利、减轻或者免除经营者责任、加重消费者责任等对消费者不公平、不合理的规定,不得利用格式条款并借助技术手段强制交易。

格式条款、通知、声明、店堂告示等含有前款所列内容的,其内容无效。

(八) 不得侵犯消费者的人身权

消费者的人身权是最基本的人权。消费者的人身自由、人格尊严不受侵犯。经营者不得对消费者进行侮辱、诽谤,不得搜查消费者的身体及其携带的物品,不得侵犯消费者的人身自由。

小练习

1. 经营者的下列行为,(　　)未违反《消费者权益保护法》规定的义务。
A. 店堂告示"商品一旦售出概不退换"

B. 店堂告示"未成年须由成人陪伴方可入内"
C. 顾客购买两条毛巾索要发票,经营者以"小额商品,不开发票"为由加以拒绝
D. 出售蛋类食品的价格经常变化

2. 根据消费者权益保护法的规定,下列关于商品召回的说法,正确的是(　　)。
A. 经营者应当承担消费者因商品被召回支出的必要费用
B. 消费者应当承担商品被召回支出的必要费用
C. 经营者在商品召回期间,可以继续销售该商品

四、消费者权益争议的解决

(一) 消费者权益争议的解决途径

根据《消费者权益保护法》第 39 条的规定,消费者和经营者发生消费者权益争议的,可以通过下列途径解决:

1. 与经营者协商和解

和解是消费者与经营者在平等自愿的基础上,就有关争议进行协商,最终达成争议解决方案的行为。

2. 请求消费者协会或者依法成立的其他调解组织调解

调解是指由消费者协会或者其他调解组织作为第三方,就消费者与经营者之间发生的争议进行协调,双方达成协议,以解决争议的方式。

如果消费者与经营者不能通过协商的方式解决争议,消费者通常选择的方式是向消费者协会投诉,请求消费者协会调解。消费者协会接到投诉后,无论是否受理,均应在 10 日内告知投诉者。消费者协会受理投诉后,应当要求被投诉方及时答复,一般应当在 15 天内有明确结果。消费者向消费者协会进行投诉应当有书面材料,而且有责任提供证据。

3. 向有关行政部门投诉

投诉主要是指向工商行政管理部门、技术监督部门及各有关专业部门进行投诉。有关行政部门对消费者的投诉,应予接受,及时答复和处理。消费者向有关行政部门投诉的,该部门应当自收到投诉之日起 7 个工作日内,予以处理并告知消费者。

4. 根据与经营者达成的仲裁协议提请仲裁机构仲裁

仲裁的前提是消费者与经营者之间有仲裁协议,否则就不能选择仲裁。实践中,因为消费者与经营者之间很少有事先达成仲裁协议的情况,所以,他们之间的争议通过仲裁解决的不多。

5. 向人民法院提起诉讼

起诉是指消费者将其与经营者之间的争议提交人民法院,由法院进行审理和判决的一种途径。对侵害众多消费者合法权益的行为,中国消费者协会以及在省、自治区、直辖市设立的消费者协会,可以向人民法院提起诉讼。这是解决消费者争议的最后手段,也是权威手段。

小练习

根据消费者权益保护法规定,下列属于消费者权益争议解决方式的是(   )。
A. 请求消费者协会调解   B. 与经营者协商和解
C. 提请工商行政管理部门仲裁   D. 向人民法院提起诉讼

(二) 侵犯消费者权益主体的确定

(1) 消费者在购买、使用商品时,其合法权益受到损害的,可以向销售者要求赔偿。销售者赔偿后,属于生产者的责任或者属于向销售者提供商品的其他销售者的责任的,销售者有权向生产者或者其他销售者追偿。消费者或者其他受害人因商品缺陷造成人身、财产损害的,可以向销售者要求赔偿,也可以向生产者要求赔偿。属于生产者责任的,销售者赔偿后,有权向生产者追偿;属于销售者责任的,生产者赔偿后,有权向销售者追偿。

消费者在接受服务时,其合法权益受到损害的,可以向服务者要求赔偿。

(2) 消费者在购买、使用商品或者接受服务时,其合法权益受到损害,因原企业分立、合并的,可以向变更后承受其权利义务的企业要求赔偿。

(3) 使用他人营业执照的违法经营者提供商品或者服务,损害消费者合法权益的,消费者可以向其要求赔偿,也可以向营业执照的持有人要求赔偿。

(4) 消费者在展销会、租赁柜台购买商品或者接受服务,其合法权益受到损害的,可以向销售者或者服务者要求赔偿。展销会结束或者柜台租赁期满后,也可以向展销会的举办者、柜台的出租者要求赔偿。展销会的举办者、柜台的出租者赔偿后,有权向销售者或者服务者追偿。

(5) 消费者通过网络交易平台购买商品或者接受服务,其合法权益受到损害的,可以向销售者或者服务者要求赔偿。网络交易平台提供者不能提供销售者或者服务者的真实名称、地址和有效联系方式的,消费者也可以向网络交易平台提供者要求赔偿;网络交易平台提供者作出更有利于消费者的承诺的,应当履行承诺。网络交易平台提供者赔偿后,有权向销售者或者服务者追偿。

网络交易平台提供者明知或者应知销售者或者服务者利用其平台侵害消费者合法权益,未采取必要措施的,依法与该销售者或者服务者承担连带责任。

(6) 消费者因经营者利用虚假广告或者其他虚假宣传方式提供商品或者服务,其合法权益受到损害的,可以向经营者要求赔偿。广告的经营者、发布者发布虚假广告的,消费者可以请求行政主管部门予以惩处。广告的经营者不能提供经营者的真实名称、地址和有效联系方式的,应当承担赔偿责任。

广告经营者、发布者设计、制作、发布关系消费者生命健康商品或者服务的虚假广告,造成消费者损害的,应当与提供该商品或者服务的经营者承担连带责任。

社会团体或者其他组织、个人在关系消费者生命健康商品或者服务的虚假广告或者其他虚假宣传中向消费者推荐商品或者服务，造成消费者损害的，应当与提供该商品或者服务的经营者承担连带责任。

小练习

甲从乙商场购买了丙公司生产的易拉罐饮料，在开启饮料时被炸伤眼睛。下列有关索赔事项的说法，正确的是（　　）。

A. 只能向乙商场要求赔偿

B. 只能向丙公司要求赔偿

C. 可以向乙商场要求赔偿，也可以向丙公司要求赔偿

五、侵犯消费者权益的法律责任

（一）经营者侵犯消费者权益的民事责任

（1）提供商品或者服务有下列情形之一的，除《消费者权益保护法》另有规定外，应依照其他有关法律、法规的规定，承担民事责任。①商品或服务存在缺陷的。②不具备商品应当具备的使用性能而出售时未作说明的。③不符合在商品或者其包装上注明采用的商品标准的。④不符合商品说明、实物样品等方式表明的质量状况的。⑤生产国家明令淘汰的商品或者销售失效、变质的商品的。⑥销售的商品数量不足的。⑦服务的内容和费用违反约定。⑧对消费者提出的修理、重作、更换、退货、补足商品数量、退还货款和服务费用或者赔偿损失的要求，故意拖延或者无理拒绝的。⑨法律、法规规定的其他损害消费者权益的情形。经营者对消费者未尽到安全保障义务，造成消费者损害的，应当承担侵权责任。

（2）经营者提供商品或者服务，造成消费者或者其他受害人人身伤害的，应当赔偿医疗费、护理费、交通费等为治疗和康复支出的合理费用，以及因误工减少的收入。造成残疾的，还应当赔偿残疾生活辅助具费和残疾赔偿金。造成死亡的，还应当赔偿丧葬费和死亡赔偿金。

（3）经营者侵害消费者的人格尊严、侵犯消费者人身自由或者侵害消费者个人信息依法得到保护的权利的，应当停止侵害、恢复名誉、消除影响、赔礼道歉，并赔偿损失。

经营者有侮辱诽谤、搜查身体、侵犯人身自由等侵害消费者或者其他受害人人身权益的行为，造成严重精神损害的，受害人可以要求精神损害赔偿。

（4）经营者提供商品或者服务，造成消费者财产损害的，应当按照法律规定或者当事人约定承担修理、重作、更换、退货、补足商品数量、退还货款和服务费用或者赔偿损失等方式承担民事责任。

（5）经营者提供的商品或者服务不符合质量要求的，消费者可以依照国家规定、当事人约定退货，或者要求经营者履行更换、修理等义务。没有国家规定和当事人约定的，消费者可以自收到商品之日起7日内退货；7日后符合法定解除合同条件的，消费者可以及时退货，不符合法定解除合同条件的，可以要求经营者履行更换、修理等义务。

第八章 市场管理法

依照前款规定进行退货、更换、修理的,经营者应当承担运输等必要费用。

(6) 经营者以预收款方式提供商品或者服务的,应当按照约定提供。未按照约定提供的,应当按照消费者的要求履行约定或者退回预付款;并应当承担预付款的利息、消费者必须支付的合理费用。

(7) 经营者所提供的商品,依法经有关行政部门认定为不合格的,消费者要求退货的,经营者应当负责退货。

(8) 经营者提供商品或者服务有欺诈行为的,应当按照消费者的要求增加赔偿其受到的损失,增加赔偿的金额为消费者购买商品的价款或者接受服务的费用的3倍;增加赔偿的金额不足500元的,为500元。法律另有规定的,依照其规定。

经营者明知商品或者服务存在缺陷,仍然向消费者提供,造成消费者或者其他受害人死亡或者健康严重损害的,受害人有权要求经营者依照本法第49条、第51条等法律规定赔偿损失,并有权要求所受损失2倍以下的惩罚性赔偿。

小练习

1. 小王花200元在某商场购买了一件某品牌衣服,后被证实是假货,于是向商场退货并索赔,小王可要求商场支付的退货费和赔偿金共为(　　)。
A. 500元　　　　B. 600元　　　　C. 800元　　　　D. 1,000元

2. 根据消费者权益保护法规定,经营者采用网络方式销售商品,消费者按规定无理由退货的,退货的商品应当完好。经营者应当自收到退回商品之日起(　　)内返还消费者支付的商品价款。
A. 3日　　　　B. 5日　　　　C. 7日　　　　D. 9日

(二) 经营者侵犯消费者权益的行政责任

经营者有下列情形之一,除承担相应的民事责任外,其他有关法律、法规对处罚机关和处罚方式有规定的,依照法律、法规的规定执行;法律、法规未作规定的,由工商行政管理部门或者其他有关行政部门责令改正,可以根据情节单处或者并处警告、没收违法所得、处以违法所得1倍以上10倍以下的罚款,没有违法所得的,处以50万元以下的罚款;情节严重的,责令停业整顿、吊销营业执照:

(1) 提供的商品或者服务不符合保障人身、财产安全要求的。

(2) 在商品中掺杂、掺假,以假充真,以次充好,或者以不合格商品冒充合格商品的。

(3) 生产国家明令淘汰的商品或者销售失效、变质的商品的。

(4) 伪造商品的产地,伪造或者冒用他人的厂名、厂址,篡改生产日期,伪造或者冒用认证标志等质量标志的。

(5) 销售的商品应当检验、检疫而未检验、检疫或者伪造检验、检疫结果的。

(6) 对商品或者服务作虚假或者引人误解的虚假宣传的。

(7) 拒绝或者拖延有关行政部门责令对缺陷商品或者服务采取停止销售、警示、

召回、无害化处理、销毁、停止生产或者服务等措施的。

（8）对消费者提出的修理、重做、更换、退货、补充商品数量、退还货款和服务费用或者赔偿损失的要求，故意拖延或者无理拒绝的。

（9）侵害消费者人格尊严、侵犯消费者人身自由或者侵害消费者个人信息依法得到保护的权利的。

（10）法律、法规规定的对损害消费者权益应当予以处罚的其他情形。

经营者有前款规定情形的，除依照法律、法规规定予以处罚外，处罚机关应当记入信用档案，向社会公布。

经营者对行政处罚决定不服的，可以依法申请行政复议或者提起行政诉讼。

（三）经营者和国家机关工作人员违反消费者权益保护法的刑事责任

（1）经营者违反本法规定提供商品或者服务，侵害消费者合法权益，构成犯罪的，依法追究刑事责任。

（2）以暴力、威胁等方法阻碍有关行政部门工作人员依法执行职务的，依法追究刑事责任；拒绝、阻碍有关行政部门工作人员依法执行职务，未使用暴力、威胁方法的，由公安机关依照《中华人民共和国治安管理处罚法》的规定处罚。

（3）国家机关工作人员玩忽职守或者包庇经营者侵害消费者合法权益的行为，由其所在单位或者上级机关给予行政处分；情节严重，构成犯罪的，依法追究刑事责任。

经营者违反本法规定，应当承担民事赔偿责任和缴纳罚款、罚金，其财产不足以同时支付的，先承担民事赔偿责任。

第四节

广 告 法

【案例导读】

郑多燕减肥晚餐虚假宣传广告

"郑多燕营养晚餐"是普通食品，生产许可证号为QS440106015152。广告中宣称，"用郑多燕减肥晚餐，保证让你瘦下来，不节食，不运动，躺着就能让你瘦，不腹泻，不反胃，没有一例副作用，郑多燕减肥晚餐1周减掉10斤油30天狂甩一身肉，只要一个月，保证让你瘦下来。3大瘦身新突破：一是7天断肥根，二是15天排肥油，三是终身不反弹"等内容。

资料来源：唐珩．十大违反广告法案例 三条名人代言广告上榜，羊城晚报，2015年09月29日。

【分析提示】

该广告涉嫌违反了《广告法》第10条,即"广告使用数据、统计资料、调查结果、文摘、引用语,应当真实、准确,并表明出处"。该广告所使用数据无法证明真实、准确,且未表明出处。

一、广告法概述

(一)广告的概念和特征

广告可分为广义和狭义两种,广义的广告是指广告活动的主体为了取得商业赢利或实现政治主张或服务社会生活,通过一定的媒介和形式直接或者间接进行的宣传活动,包括以实现赢利为目的的商业广告、以服务政治主张为目的的政治广告以及如社会福利、社会救济等以改善社会生活为目的的社会广告。狭义的广告仅指商业广告,即广告活动的主体为了实现赢利的目的,通过各种媒介和途径推销商品、介绍服务或宣传企业的活动。我国《广告法》所调整的广告仅指商业广告。

广告具有以下三个特征:

(1)广告的目的是为了介绍商品经营者或者服务提供者所推销的商品、提供的服务以及商品经营者或者服务提供者本身。

(2)广告的设计、制作和发布都要通过一定媒介和形式进行。

(3)广告费用由商品经营者或者服务提供者承担,即由广告主承担。

(二)广告法概述

广告法是指国家在调整广告活动过程中所发生的各种社会关系的法律规范的总称。广告法调整广告主、广告经营者和广告发布者在中华人民共和国境内从事广告活动所发生的社会关系,主要包括广告监督管理机关、广告审查机关与广告行为的主体之间发生的各种管理关系。

我国现行《广告法》是 1994 年 10 月 27 日第八届全国人民代表大会常务委员会第十次会议通过,自 1995 年 2 月 1 日起施行。2015 年 4 月 24 日第十二届全国人民代表大会常务委员会第十四次会议修订,自 2015 年 9 月 1 日施行。

《广告法》的制定和实施,有利于规范广告活动,促进广告业的健康发展,保护消费者的合法权益,维护社会经济秩序。

二、广告准则与广告活动

(一)广告准则

广告准则是法律对广告内容、形式等做出的必须遵守的原则和限制。它是广告活动主体设计、制作和发布广告时所应遵循的一般性准则,同时也是广告审查机关对广告依法进行审查的依据和标准。我国广告法除应当符合公序良俗以及社会的经济发展要求之

外,还确立了以下准则:

1. 广告必须合法

《广告法》第3条规定:"广告应当真实、合法,以健康的表现形式表达广告内容,符合社会主义精神文明建设和弘扬中华民族优秀传统文化的要求。"广告内容应当有利于人民的身心健康,促进商品和服务质量的提高,保护消费者和合法权益。广告不得有下列情形:①使用或者变相使用中华人民共和国国旗、国徽、国歌;②使用或者变相使用国家机关和国家机关工作人员的名义或者形象;③使用"国家级"、"最高级"、"最佳"等用语;④损害国家的尊严或者利益,泄露国家秘密;⑤妨碍社会安定,损害社会公共利益;⑥危害人身、财产安全,泄露个人隐私;⑦妨碍社会公共秩序或者违背社会良好风尚;⑧含有淫秽、色情、赌博、迷信、恐怖、暴力的内容;⑨含有民族、种族、宗教、性别歧视的内容;⑩妨碍环境、自然资源或者文化遗产保护。

2. 广告必须真实

《广告法》第4条规定:"广告不得含有虚假或者引人误解的内容,不得欺骗、误导消费者。"为此,广告法规定:①广告不得损害未成年人和残疾人的身心健康;②广告中对商品的性能、功能、产地、用途、质量、成分、价格、生产者、有效期限、允诺或者对服务的内容、提供者、形式、质量、价格、允诺有表示的,应当准确、清楚、明白,广告中表明推销的商品或者服务附带赠送的,应当明示所附带赠送商品或者服务的品种、规格、数量、期限和方式;③广告使用数据、统计资料、调查结果、文摘、引用语等引证内容的,应当真实、准确,并表明出处,引证内容有适用范围和有效期限的,应当明确表示;④广告中涉及专利产品或者专利方法的,应当标明专利号和专利种类。未取得专利权的,不得在广告中谎称取得专利权。禁止使用未授予专利权的专利申请和已经终止、撤销、无效的专利做广告。

3. 广告主体必须遵循公平、诚信原则

市场活动中发布广告的行为,是生产经营者的一项重要竞争手段,以求得到社会公众对自身提供的产品和服务的认可和接受,从而使企业获得良好的经济效益和社会效益。因此,广告主、广告经营者、广告发布者从事广告活动,应遵循公平、诚信原则。《广告法》规定:①广告不得贬低其他生产经营者的商品或者服务。②广告应当具有可识别性,能够使消费者辨明其为广告。大众传播媒介不得以新闻报道形式变相发布广告。通过大众传播媒介发布的广告应当标明"广告",与其他非广告信息相区别,不得使消费者产生误解。

4. 特殊商品的广告准则

(1)药品、医疗器械广告。药品、医疗器械广告不得有下列内容:①含表示功效、安全性的断言或者保证。②说明治愈率或者有效率的。③与其他药品、医疗器械的功效和安全性或者其他医疗机构比较。④利用广告代言人作推荐、证明。⑤法律、行政法规规定禁止的其他内容。

药品广告的内容不得与国务院药品监督管理部门批准的说明书不一致,并应当显著标明禁忌、不良反应。处方药广告应当显著标明"本广告仅供医学药学专业人士阅读",非处方药广告应当显著标明"请按药品说明书或者在药师指导下购买和使用"。麻醉药品、精神药品、医疗用毒性药品、放射性药品等药品不得发布广告。

(2) 保健食品广告。保健食品广告不得含有下列内容：①表示功效、安全性的断言或者保证。②涉及疾病预防、治疗功能。③声称或者暗示广告商品为保障健康所必需。④与药品、其他保健食品进行比较。⑤利用广告代言人作推荐、证明。⑥法律、行政法规规定禁止的其他内容。

保健食品广告应当显著标明"本品不能代替药物"。广播电台、电视台、报刊音像出版单位、互联网信息服务提供者不得以介绍健康、养生知识等形式变相发布医疗、药品、医疗器械、保健食品广告。禁止在大众传播媒介或者公共场所发布声称全部或者部分替代母乳的婴儿乳制品、饮料和其他食品广告。

(3) 农药、兽药、饲料和饲料添加剂广告。根据《广告法》第21条的规定，农药、兽药、饲料和饲料添加剂广告不得含有下列内容：①表示功效、安全性的断言或者保证。②利用科研单位、学术机构、技术推广机构、行业协会或者专业人士、用户的名义或者形象作推荐、证明。③说明有效率。④违反安全使用规程的文字、语言或者画面。⑤法律、行政法规规定禁止的其他内容。

(4) 烟草广告。禁止在大众传播媒介或者公共场所、公共交通工具、户外发布烟草广告。禁止向未成年人发送任何形式的烟草广告。

禁止利用其他商品或者服务的广告、公益广告，宣传烟草制品名称、商标、包装、装潢以及类似内容。

烟草制品生产者或者销售者发布的迁址、更名、招聘等启事中，不得含有烟草制品名称、商标、包装、装潢以及类似内容。

(5) 酒类广告。酒类广告不得含有下列内容：①诱导、怂恿饮酒或者宣传无节制饮酒。②出现饮酒的动作。③表现驾驶车、船、飞机等活动。④明示或者暗示饮酒有消除紧张和焦虑、增加体力等功效。

(6) 教育、培训广告。教育、培训广告不得含有下列内容：①对升学、通过考试、获得学位学历或者合格证书，或者对教育、培训的效果作出明示或者暗示的保证性承诺。②明示或者暗示有相关考试机构或者其工作人员、考试命题人员参与教育、培训。③利用科研单位、学术机构、教育机构、行业协会、专业人士、受益者的名义或者形象作推荐、证明。

小练习

1. 广告中不得有下列情形(　　)。
   A. 使用或者变相使用中华人民共和国的国旗、国歌、国徽
   B. 使用或者变相使用中华人民共和国的军旗、军歌、军徽
   C. 使用"国家级"、"最高级"、"最佳"等用语
   D. 妨碍社会安定，损害社会公共利益

2. 新《广告法》规定，禁止使用（　　）做广告。
A. 未授予专利权的专利申请　　　　B. 已经终止的专利
C. 撤销的专利　　　　　　　　　　D. 无效的专利

（二）广告活动

1. 广告活动的基本要求

广告活动是指广告主、广告经营者、广告发布者在设计、制作、发布广告的过程中所从事的法律行为。根据《广告法》的规定，从事广告行为必须遵循下列规定：

（1）广告主、广告经营者、广告发布者之间在广告活动中应当依法订立书面合同，明确各方的权利和义务。

（2）广告主、广告经营者、广告发布者不得在广告活动中进行任何形式的不正当竞争。

（3）广告主或者广告经营者在广告中使用他人名义或者形象的，应当事先取得其书面同意；使用无民事行为能力人、限制民事行为能力人的名义或者形象的，应当事先取得其监护人的书面同意。

2. 广告主从事广告活动的规定

（1）广告经营者、广告发布者应当按照国家有关规定，建立健全广告业务的承接登记、审核、档案管理制度。

广告经营者、广告发布者依据法律、行政法规查验有关证明文件，核对广告内容。对内容不符或者证明文件不全的广告，广告经营者不得提供设计、制作、代理服务，广告发布者不得发布。

（2）广告经营者、广告发布者应当公布其收费标准和收费办法。

（3）广告发布者向广告主、广告经营者提供的覆盖率、收视率、点击率、发行量等资料应当真实。

（4）法律、行政法规规定禁止生产、销售的产品或者提供的服务，以及禁止发布广告的商品或者服务，任何单位或者个人不得设计、制作、代理、发布广告。

3. 广告发言人从事广告活动的规定

（1）广告代言人在广告中对商品、服务作推荐、证明，应当依据事实，符合本法和有关法律、行政法规规定，并不得为其未使用过的商品或者未接受过的服务作推荐、证明。

不得利用不满10周岁的未成年人作为广告代言人。对在虚假广告中作推荐、证明受到行政处罚未满3年的自然人、法人或者其他组织，不得利用其作为广告代言人。

（2）不得在中小学校、幼儿园内开展广告活动，不得利用中小学生和幼儿的教材、教辅材料、练习册、文具、教具、校服、校车等发布或者变相发布广告，但公益广告除外。

（3）在针对未成年人的大众传播媒介上不得发布医疗、药品、保健食品、医疗器械、化妆品、酒类、美容广告以及不利于未成年人身心健康的网络游戏广告。

针对不满14周岁的未成年人的商品或者服务的广告不得含有下列内容：①劝诱其

要求家长购买广告商品或者服务；②可能引发其模仿不安全行为。

4. 设置户外广告的规定

《广告法》规定，有下列情形之一的，不得设置户外广告：（1）利用交通安全设施、交通标志的。（2）影响市政公共设施、交通安全设施、交通标志、消防设施、消防安全标志使用的。（3）妨碍生产或者人民生活，损害市容市貌的。（4）在国家机关、文物保护单位、风景名胜区等的建筑控制地带，或者县级以上地方人民政府禁止设置户外广告的区域设置的。

三、广告管理体制

广告管理是国家为保护国家、社会的利益和消费者的权益，对广告活动采取审查、监督、检查的办法来实现广告真实性的行为。

《广告法》第6条规定："国务院工商行政管理部门主管全国的广告监督管理工作，国务院有关部门在各自的职责范围内负责广告管理相关工作。县级以上地方工商行政管理部门主管本行政区域的广告监督管理工作，县级以上地方人民政府有关部门在各自的职责范围内负责广告管理相关工作。"其主要职责是制定广告规章，执行国家的广告市场管理政策、法规；审批、登记广告经营者；颁布广告业务许可证；对广告业务进行经常性的检查监督，会同有关部门制订户外广告的设置、张贴、规划，并负责监督实施；会同物价部门制订广告收费标准；制裁广告违法行为等。

四、违反《广告法》的法律责任

（一）广告主体违反广告法应当承担的法律责任

1. 发布虚假广告所应承担的法律责任

发布虚假广告的，由工商行政管理部门责令停止发布广告，责令广告主在相应范围内消除影响，处广告费用3倍以上5倍以下的罚款，广告费用无法计算或者明显偏低的，处20万元以上100万元以下的罚款；2年内有3次以上违法行为或者有其他严重情节的，处广告费用5倍以上10倍以下的罚款，广告费用无法计算或者明显偏低的，处100万元以上200万元以下的罚款，可以吊销营业执照，并由广告审查机关撤销广告审查批准文件、1年内不受理其广告审查申请。

发布虚假广告，欺骗、误导消费者，使购买商品或者接受服务的消费者的合法权益受到损害的，由广告主依法承担民事责任。广告经营者、广告发布者不能提供广告主的真实名称、地址和有效联系方式的，消费者可以要求广告经营者、广告发布者先行赔偿。

关系消费者生命健康的商品或者服务的虚假广告，造成消费者损害的，其广告经营者、广告发布者、广告代言人应当与广告主承担连带责任。

2. 违反《广告法》禁止性规定的法律责任

广告内容含有法律禁止事项者，由工商行政管理部门责令停止发布广告，对广告主处20万元以上100万元以下的罚款，情节严重的，并可以吊销营业执照，由广告审查机关撤销广告审查批准文件、1年内不受理其广告审查申请;对广告经营者、广告发布者,由工商行政管理部门没收广告费用,处20万元以上100万元以下的罚款,情节严重的,并可以吊销营业执照、吊销广告发布登记证件。

3. 违反《广告法》对于特殊商品的规定的法律责任

违法发布特殊商品广告的,由工商行政管理部门责令停止发布广告,责令广告主在相应范围内消除影响,处广告费用1倍以上3倍以下的罚款,广告费用无法计算或者明显偏低的,处10万元以上20万元以下的罚款;情节严重的,处广告费用3倍以上5倍以下的罚款,广告费用无法计算或者明显偏低的,处20万元以上100万元以下的罚款,可以吊销营业执照,并由广告审查机关撤销广告审查批准文件,1年内不受理其广告审查申请。

(二)广告专门机关及其工作人员违反广告法的责任

广告审查机关对违法的广告内容作出审查批准决定的,对负有责任的主管人员和直接责任人员,由任免机关或者监察机关依法给予处分;构成犯罪的,依法追究刑事责任。

工商行政管理部门和负责广告管理相关工作的有关部门的工作人员玩忽职守、滥用职权、徇私舞弊的,依法给予处分。

小练习

下列(　　)违反新《广告法》规定的侵权行为,需要广告主、广告经营者、广告发布者依法承担民事责任。

A. 某手机广告中出现歧视残疾人的镜头
B. 某凉茶广告中提及"××品牌凉茶中含有不安全成分"
C. 某电动车厂商未经××明星允许将其形象植入广告中
D. 某保健产品假冒他人专利

本章提要

1. 基本概念

(1)不正当竞争是指经营者违反法律规定,损害其他经营者的合法权益,扰乱社会经济秩序的行为。不正当竞争行为的法律责任包括民事责任、行政责任和刑事责任。

(2)产品质量管理制度包括产品质量标准化制度;企业质量体系认证制度;产品质量认证制度;特殊产品监督检查制度;奖励制度;产品质量标识制度。

(3)消费者享有九项权利:保障安全权;知悉真情权;自主选择权;公平交易权;依法求偿权;依法结社权;获取知识权;维护尊严权;监督批评权。

(4) 消费争议的解决途径有协商和解；消费者协会调解；向行政部门申诉；提请仲裁；向人民法院起诉。

《广告法》主要调整商业广告。广告监督管理机关是县级以上地方工商行政管理部门。

2. 简答题

(1) 简述不正当竞争行为及其特征。
(2) 简要说明生产者、销售者的产品责任和义务。
(3) 简答消费争议解决的途径。
(4) 简述广告准则的具体规定。

3. 案例分析题

【案情1】

某市煤气公司在为某小区铺设煤气管道时贴出通知：各用户必须购买本公司的煤气灶具方予以通气，否则造成后果本公司概不负责。

请分析：该煤气公司的行为是否合法，为什么？

【分析提示】

对照不正当竞争行为的10种限购排挤行为的特征进行分析。

【案情2】

李某在某超市购物离开时，超市的保安人员怀疑其偷拿了商品而未结账，拦住李某并强行对其进行搜身，并打开李某的包进行检查。因没有发现商品，保安人员立即向李某道歉，并解释说："我们超市有规定，因为采用开架售货的方式，所以要求保安人员加强管理，对有偷窃嫌疑的人，保安有权进行搜查，这个规定在超市门口贴了告示。"李某认为超市侵犯了他的人身权利，向人民法院提起诉讼。

请分析：超市是否侵犯了李某的权利？保安人员当即道歉，超市是否对李某负赔偿责任？

【分析提示】

对照消费者的权利及经营者的义务进行分析。

4. 教学互动

(1) 《产品质量法》第27条规定："产品或者其包装上的标志必须真实，并符合下列要求……。"请利用课余时间去某一商场，调查一下产品包装的标志上存在的问题。

(2) 作为消费者，你维权时应注意哪些问题？

第九章

会计法和审计法

【知识要求】 通过对本章的学习，了解会计机构和会计人员应承担的职责以及违反会计法的法律责任；要求学生掌握审计机关的权限、职责和审计程序，明确违反审计法的法律责任。掌握会计核算和会计监督的内容及其程序。

【技能要求】 通过本章的学习，懂得规范合法处理和解决基本的会计业务和审计业务。

第一节 会 计 法

【案例导读】

"两套账"偷税的相关当事人被判刑

2005 年至 2006 年 4 月，被告人许某某在平顶山市三香陶瓷有限责任公司担任会计期间，受该公司总经理黄某某（已判刑）和财务总监张某某（已判刑）指使，设立真假两套公司财务账，隐藏主营业务收入，偷逃税款。2005年1月1日至2005年12月31日期间，隐瞒主营业务收入 7,973,730.68 元（含税），少缴增值税 451,343.25 元，2006年1月1日至2006年4月30日期间，隐瞒主营业务收入 2,081,269.66 元（含税），少缴增值税 117,807.71 元，以上共计少缴增值税 569,150.96 元。案发后已补交应纳税款。2015年7月21日，平顶山市新华区人民法院判处许某某有期徒刑三年，缓刑三年，并处罚金人民币 100,000 元。

资料来源：河南省平顶山市新华区人民法院（2015）新刑初字第56号刑事判决书。

【分析提示】

会计人员伪造、变造会计凭证、会计账簿，编制虚假财务会计报告的，可以处以罚款，属于国家工作人员的还应当由其所在单位或者有关单位依法给予行政处分，情节严重的由县级以上人民政府财政部门吊销会计从业资格证书，构成犯罪的依法追究刑事责任。

一、会计法概述

（一）会计法的概念和适用范围

1. 会计法的概念

会计法的概念有广义和狭义之分。广义的会计法是指调整会计关系的各种法律规范的总称。会计关系是会计机构和会计人员在办理会计事务过程中以及国家在管理会计工作过程中发生的经济关系，主要包括会计核算关系、会计监督关系、会计管理关系以及其他有关会计事务关系。狭义的会计法仅指由全国人大常委会制定的《会计法》。该法1985年1月21日通过，并经1993年、1999年两次修订，修订后的《会计法》自2000年7月1日起施行。

2. 会计法的适用范围

（1）会计法在地域上的适用范围。我国会计法是由全国人大常委会制定的全国性法律，其地域适用范围及于全国，包括我国驻外国的使领馆。我国在境外投资设立的企业，向国内报送财务会计报告也应当按照国内法办理。但是，我国会计法不适用于中国香港、澳门和台湾地区。

（2）会计法对人的适用范围。我国会计法的调整对象是会计机构、会计人员及其所在单位的负责人与会计主管机关和其他有关机关之间的监督管理关系，因此，我国会计法对人的效力范围及于两种人：一是办理会计事务的单位和个人，如会计法规定的国家机关、社会团体、公司、企业、事业单位和其他组织。其中"其他组织"是指国家机关、社会团体、公司、企业、事业单位包括不了的组织,如外国在我国的常驻机构等。二是会计主管机关和其他有关机关,如财政、审计、税务、人民银行、证券监管、保险监管等部门。

小练习

我国《会计法》是围绕（　　）而展开的。
A. 单位　　　　B. 部门　　　　C. 企业　　　　D. 企业、事业

（二）会计法的原则

1. 合法性原则

国家机关、社会团体、公司、企业、事业单位和其他组织（以下统通为单位）办理会计事务必须依照《会计法》的规定进行。任何单位或者个人不得对依法履行职责、抵制违反《会计法》的规定行为的会计人员实行打击报复。各单位还应对认真执行《会计法》，忠于职守，坚持原则，做出显著成绩的会计人员给予精神的或物质的奖励。

2. 真实性原则

各单位必须依法设置会计账簿，并保证其真实性；单位负责人对本单位的会计工作和会计资料的真实性负责。任何单位或者个人不得以任何方式授意、指使、强令会计机构、会计人员，伪造、变造会计凭证、会计账簿和其他会计资料，提供虚假财务会计报告。任何单位或者个人不得对依法履行职责、抵制违反本法规定行为的会计人员实行打击报复。

3. 完整性原则

各单位依法设置的会计账簿必须保证其完整性，各单位必须根据实际发生的经济业务事项进行会计核算和记录，会计凭证、会计账簿及其他会计资料不得残缺、丢失、隐匿、损毁或者隔页、缺号、跳行等。单位负责人对本单位的会计工作和会计资料的完整性负责。

（三）会计管理体制

会计管理体制是指会计工作的管理制度和管理方法。它包括会计工作管理形式、管理权限划分等内容。

1. 统一的会计制度

国家实行统一的会计制度。国家统一的会计制度由国务院财政部门制定并公布。国家统一的会计制度由国务院财政部门统一制定，可以保证我国会计制度的统一、完整和权威，有利于国家统一的会计制度的贯彻执行。当然，国家统一的会计制度由国务院财政部门统一制定，并不排除国务院有关部门以及中国人民解放军有关部门依照本法和国家统一的会计制度制定实施国家统一会计制度的具体办法或者补充规定。

国家统一的会计制度并不是由一个规范构成的，而是由一系列规范构成的，这些规

范分别规范会计核算、会计监督、会计机构和会计人员以及会计工作管理的一个或者几个方面。

2. 分级管理制度

《会计法》第7条规定:"国务院财政部门主管全国的会计工作。县级以上地方各级人民政府财政部门管理本行政区域内的会计工作。"会计工作的管理体制分为3个层次:一是国务院财政部主管全国的会计工作;二是县级以上地方各级人民政府的财政部门管理本地区的会计工作;三是各单位负责人领导本单位的会计机构、会计人员和其他人员按《会计法》办事,保障会计人员依法行使职权,不受侵犯和打击报复并对本单位的会计工作和会计资料的真实性、完整性负责。

二、会计核算

会计核算是会计的一项最基本的职能,是指以货币为主要计量单位,对企业、事业、机关团体等单位的经济业务进行及时、连续、系统地记录、计算、分析,如实反映财务状况和经营成果,并据此编制会计报告等活动。

(一) 会计核算的内容

会计核算的内容是指那些在经济业务中必须进行的核算。《会计法》第10条的规定,会计核算内容包括以下七项:①款项和有价证券的收付;②财物的收发、增减和使用;③债权债务的发生和结算;④资本、基金的增减;⑤收入、支出、费用、成本的计算;⑥财务成果的计算和处理;⑦需要办理会计手续、进行会计核算的其他事项。

(二) 会计年度和记账本位币

会计年度是指以年度为单位进行会计核算的时间区间。确定会计核算的时间周期便于定期了解经营和业务活动的进行状况和结果,并据此制定今后的经营策略和目标。《会计法》第11条规定:"会计年度自公历1月1日起至12月31日止。"每一个会计年度具体划分为季度、月份,且季度和月份的起止日期都应和年度一样采取公历制。我国会计年度之所以采取公历制是为了和我国的财政年度保持一致,以便于实施国民经济的计划管理和财政预算管理。

记账本位币是指会计核算上统一的货币。我国记账本位币为人民币。业务收支以人民币以外的货币为主的单位,可以选定其中一种货币作为记账本位币,但是编报的财务会计报告应当折算为人民币。

(三) 会计核算的要求

1. 对会计核算的基本要求

会计机构、会计人员依照《会计法》的规定进行会计核算,实行会计监督。各单位必须根据实际发生的经济业务事项进行会计核算,填制会计凭证,登记会计账簿,编制财务会计报告。任何单位不得以虚假的经济业务事项或者资料进行会计核算。

2. 对会计凭证的要求

会计凭证是指记录经济业务的发生和完成情况，明确经济责任，作为记账依据的书面凭证。

会计凭证包括原始凭证和记账凭证。会计凭证必须符合国家统一的会计制度的规定。任何单位和个人不得伪造、变造会计凭证、会计账簿及其他会计资料，不得提供虚假的财务会计报告。

办理会计经济业务事项必须填制或者取得原始凭证并及时送交会计机构。会计机构、会计人员必须按照国家统一的会计制度的规定对原始凭证进行审核。对不真实、不合法的原始凭证不予接受，并向单位负责人报告；对记载不准确、不完整的原始凭证予以退回，并要求按照国家统一的会计制度的规定更正、补充。原始凭证记载的各项内容均不得涂改；原始凭证有错误的，应当由出具单位重开或者更正，更正处应当加盖出具单位印章。原始凭证金额有错误的，应当由出具单位重开，不得在原始凭证上更正。记账凭证应当根据经过审核的原始凭证及有关资料编制。

3. 对会计账簿的要求

会计账簿简称账簿，是指由一定格式的账页组成的，以会计凭证为依据，用来全面、系统、连续地记录各项经济业务的簿籍。

我国《会计法》对会计账簿有以下要求：

（1）会计账簿登记必须以经过审核的会计凭证为依据，并符合有关法律、行政法规和国家统一的会计制度的规定。

（2）各单位发生的各项经济业务事项应当统一核算，不得违反《会计法》和国家统一的会计制度的规定私设会计账簿登记、核算。

（3）各单位应当定期将会计账簿记录与实物、款项及有关资料互相核对，保证会计账簿记录与实务及款项的实有数额相符、会计账簿记录与会计凭证的有关内容相符、会计账簿之间相对应的记录相符、会计账簿记录与会计报表的有关内容相符。

4. 对财务会计报告的要求

财务会计报告是反映企业财务状况和经营成果的书面文件。财务会计报告由会计报表、会计报表附注和财务情况说明书组成。

根据《会计法》的规定，对财务会计报告有以下四个要求：

（1）各单位采用的会计处理方法前后各期应当一致，不得随意变更；确有必要变更的，应当按照国家统一的会计制度的规定变更，并将变更的原因、情况及影响在财务会计报告中说明。

（2）各单位提供的担保、未决诉讼等或有事项，应当按照国家统一的会计制度的规定在财务会计报告中予以说明。

（3）财务会计报告应当根据经过审核的会计账簿记录和有关资料编制，并符合《会计法》和国家统一的会计制度关于财务会计报告的编制要求、提供对象和提供期限的规定；其他法律、行政法规另有规定的，从其规定。向不同的会计资料使用者提供的财务会计报告，其编制依据应当一致。有关法律、行政法规规定会计报表、会计报表附注和财务情况说明书须经注册会计师审计的,注册会计师及其所在的会计师事务所出具的审计报告应当随同财务会计报告一并提供。

(4) 财务会计报告应当由单位负责人和主管会计工作的负责人、会计机构负责人(会计主管人员)签名并盖章;设置总会计师的单位,还须由总会计师签名并盖章。单位负责人应当保证财务会计报告真实、完整。

5. 对会计记录的文字要求

会计记录的文字应当使用中文。在民族自治地方,会计记录可以同时使用当地通用的一种民族文字。在中华人民共和国境内的外商投资企业、外国企业和其他外国组织的会计记录可以同时使用一种外国文字。

6. 对会计档案的要求

各单位对会计凭证、会计账簿、财务会计报告和其他会计资料应当建立档案,妥善保管。会计档案的保管期限和销毁办法,由国务院财政部门会同有关部门制定。会计档案的保管期限,根据其特点分为永久和定期两类。定期保管期限分为 3 年、5 年、10 年、15 年、25 年。会计档案保管期满需要销毁时,应当由本单位档案管理部门提出销毁意见,会同会计机构共同鉴定,严格审查,编制销毁清册。

7. 公司、企业会计核算的特别规定

公司、企业进行会计核算,除应遵守会计核算的一般规定外,还应遵守以下特别规定:

(1) 公司、企业必须根据实际发生的经济业务事项,按照国家统一的会计制度的规定确认、计量和记录资产、负债、所有者权益、收入、费用、成本和利润。

(2) 公司、企业进行会计核算不得有下列行为:①随意改变资产、负债、所有者权益的确认标准或者计量方法,虚列、多列、不列或者少列资产、负债、所有者权益。②虚列或者隐瞒收入,推迟或者提前确认收入。③随意改变费用、成本的确认标准或者计量方法,虚列、多列、不列或者少列费用、成本。④随意调整利润的计算、分配方法,编造虚假利润或者隐瞒利润。⑤违反国家统一的会计制度规定的其他行为。

(四) 会计电算化

会计电算化是以电子计算机为主,将当代电子和信息技术应用到会计工作中的简称。它主要是应用电子计算机代替人工记账、算账、报账,以及替代部分由大脑完成的对会计信息的处理、分析和判断的过程。目前,我国已把电子计算机广泛应用到会计领域。通过电子计算机能使会计核算效率和会计工作质量大大提高,又大大减轻了会计工作强度,所以电子计算机在会计领域得到越来越广泛的使用。因而《会计法》第 13 条第 2 款对会计电算化也作出了要求:"使用电子计算机进行会计核算的,其软件及其生成的会计凭证、会计账簿、财务会计报告和其他会计资料,也必须符合国家统一的会计制度的规定。"为此,财政部专门制定了《会计核算软件管理的几项规定(试行)》、《会计核算软件评审问题的补充规定(试行)》。

小练习

1. 根据我国《会计法》的规定，我国会计年度的期间为（　　）。
   A. 农历1月1日起至12月31日止　　B. 公历1月1日起至12月31日止
   C. 企业的一个营业周期　　D. 企业开始营业日起至次年的同一日期止

2. 广达贸易公司出纳员在审核该公司办公室主任王某购买办公用品的发票时，发现出具发票的商场误将"广达贸易公司"写成"广大贸易公司"，该出纳员应该（　　）。
   A. 因金额正确，不影响记账，可不必理会
   B. 不予接受，并向单位负责人报告
   C. 因错误仅一字之差，可自行更正并加盖出纳印章后入账
   D. 将该原始凭证退给王某，并要求其按照会计制度规定更正

3. 原始凭证出现金额错误，应由（　　）。
   A. 经办人更正　　B. 会计人员更正
   C. 原开具单位更正　　D. 原开具单位重新开具

4. 《会计法》规定，以（　　）进行会计核算，是会计核算的重要前提，也是保证会计资料质量的关键。
   A. 企业利润为首要目标　　B. 准确性和完整性
   C. 实际发生的经济业务事项为依据　　D. 真实性和完整性

5. 关于会计档案说法正确的有（　　）。
   A. 单位负责人要在会计档案销毁清册上签署意见
   B. 会计人员应在会计档案销毁清册上签名盖章
   C. 会计档案不准外借或查阅
   D. 会计档案的保管期限分为永久和定期两类

6. 《会计法》规定，用电子计算机软件生成的会计资料必须符合（　　）的要求。
   A. 国家统一会计制度　　B. 企业会计工作规范
   C. 各地方相关法规　　D. 各项具体会计准则

三、会计监督

会计监督是会计的基本职能之一，是我国经济监督体系的重要组成部分。会计监督分为内部监督和外部监督。内部监督是会计监督的基础。

（一）内部会计监督

1. 内部会计监督制度的要求

各单位应当建立健全本单位内部会计监督制度。单位内部会计监督制度应当符合下列要求：（1）记账人员与经济业务事项和会计事项的审批人员、经办人员、财物保管

人员的职责权限应当明确,并相互分离、相互制约。(2)重大对外投资、资产处置、资金调度和其他重要经济业务事项的决策和执行的相互监督、相互制约程序应当明确。(3)财产清查的范围、期限和组织程序应当明确。(4)对会计资料定期进行内部审计的办法和程序应当明确。

2. 单位负责人、会计机构、会计人员的责任

单位负责人应当保证会计机构、会计人员依法履行职责,不得授意、指使、强令会计机构、会计人员违法办理会计事项。不得授意、指使、强令会计机会计机构、会计人员对违反《会计法》和国家统一的会计制度规定的会计事项,有权拒绝办理或者按照职权予以纠正。

会计机构、会计人员发现会计账簿记录与实物、款项及有关资料不相符的,按照国家统一的会计制度的规定有权自行处理的,应当及时处理;无权处理的,应当立即向单位负责人报告,请求查明原因,作出处理。

(二) 外部会计监督

1. 会计工作的国家监督

会计工作的国家监督是指财政、审计、税务、人民银行、证券监管、保险监管等部门代表国家对各单位的财务会计工作实行监督。

财政部门对各单位的下列情况实施监督:(1)是否依法设置会计账簿。(2)会计凭证、会计账簿、财务会计报告和其他会计资料是否真实、完整。(3)会计核算是否符合《会计法》和国家统一的会计制度的规定。(4)从事会计工作的人员事否具备从业资格。

财政、审计、税务、人民银行、证券监管、保险监管等部门应当依照有关法律、行政法规规定的职责,对有关单位的会计资料实施监督检查。这些监督检查部门对有关单位的会计资料依法实施监督检查后,应当出具检查结论。有关监督检查部门已经作出的检查结论能够其他监督检查部门履行本部门职责需要的,其他监督检查部门应当加以利用,避免重复查账。各单位必须依照有关法律、行政法规的规定,接受有关监督检查部门依法实施的监督检查,如实提供会计凭证、会计账簿、财务会计报告和其他会计资料及有关情况,不得拒绝、隐匿、谎报。另外,依法对有关单位的会计资料实施监督检查的部门及其工作人员对在监督检查中知悉的国家秘密和商业秘密负有保密义务。

2. 会计工作的社会监督

会计工作的社会监督主要是指由注册会计师及其所在的会计师事务所依法对受托单位的经济活动进行审计、鉴证的一种监督制度。有关法律、行政法规规定,须经注册会计师进行审计的单位,应当向受委托的会计师事务所如实提供会计凭证、会计账簿、财务会计报告和其他会计资料以及有关情况。任何单位或者个人不得以任何方式要求或者示意注册会计师及其所在的会计师事务所出具不实或者不当的审计报告。

此外,任何单位和个人对违反《会计法》和国家统一的会计制度规定的行为有权检举。收到检举的部门有权处理的,应当依法按照职责分工及时处理;无权处理的,应当及时移送有权处理的部门处理。收到检举的部门、负责处理的部门应当为检举人保

密,不得将检举人姓名和检举材料转给被检举单位和被检举人个人。

小练习

根据《会计基础工作规范》规定,属于会计监督内容的有（　　）。
A. 对单位财务收支进行监督
B. 对原始凭证进行审核和监督
C. 对本单位的经济活动进行会计监督
D. 对单位制定的预算、财务计划、经济计划、业务计划的执行情况进行监督

四、会计机构和会计人员

会计机构是国家机关、社会团体、公司、企事业单位和其他组织办理会计业务的职能部门。会计人员是专门从事会计工作的专职人员,包括总会计师、高级会计师、会计师、助理会计师、会计员、财务管理员、核算员、出纳员等。

(一) 会计机构的设置和会计人员的配备

《会计法》规定,各单位应当根据会计业务的需要设置会计机构或者在有关机构中设置会计人员并指定会计主管人员;不具备设置条件的,应当委托经批准设立从事会计代理记账业务的中介机构代理记账。

国有的和国有资产占控股地位或者主导地位的大、中型企业必须设置总会计师。总会计师的任职资格、任免程序、职责权限由国务院规定。

1996年6月17日财政部发布的《会计基础工作规范》第16条规定,国家机关、国有企业、事业单位任用会计人员应当实行回避制度。单位领导人的直系亲属不得担任本单位的会计机构负责人、会计主管人员。会计机构负责人、会计主管人员的直系亲属不得在本单位会计机构中担任出纳工作。

(二) 会计机构内部稽核制度和内部牵制制度

1. 内部稽核制度

稽核制度是指会计机构中由指定的会计人员对会计凭证、会计账簿、会计报表及其他资料进行检查和审核的制度,是会计机构自我检查的制度,其目的在于防止会计核算工作上的差错和有关人员的舞弊,以提高会计核算工作质量。

会计机构内部应当建立稽核制度。出纳人员不得兼任稽核、会计档案保管和收入、支出、费用、债权债务账目的登记工作。

2. 内部牵制制度

内部牵制制度也称为钱账分管制度,是指凡是涉及款项和财务收支、结算及登记的任何一项工作,必须由两个或两个以上会计人员分工办理,以起到相互制约作用的一种制度。这样一方面可以减少或消除差错和疏漏,另一方面能够防止违法行为的发生。

（三）会计人员的任职资格

会计是一项政策性和专业性很强的工作，作为会计人员必须具备必要的专业知识，包括财务会计专业知识、有关法律知识和有关经济管理的知识，还应该具备相应的业务能力和从业资格。

1. 会计人员从业资格

从事会计工作的人员必须取得会计从业资格证书。担任单位会计机构负责人（会计主管人员）的，除取得会计从业资格证书外，还应当具备会计师以上专业技术职务资格或者从事会计工作3年以上经历。

2. 会计人员的消极资格

会计人员的消极资格是指会计人员因违法被追究责任后不得取得或者重新取得会计从业资格证书。

《会计法》第40条对会计人员的消极资格做了明确规定，即"因有提供虚假财务会计报告，做假账，隐匿或者故意销毁会计凭证、会计账簿、财务会计报告，贪污，挪用公款，职务侵占等与会计职务有关的违法行为被依法追究刑事责任的人员，不得取得或者重新取得会计从业资格证书。除前款规定的人员外，因违法违纪行为被吊销会计从业资格证书的人员，自被吊销资格证书之日起5年内，不得重新取得会计从业资格证书。"

（四）会计人员的工作交接

会计人员调动工作或者离职时，必须与接管人员办清交接手续，这是会计人员对工作应尽的职责，也是分清移交人员和接管人员责任的重大措施。办好会计交接工作，可以使会计工作前后衔接，保证会计工作连续进行；同时也可以防止账目不清，财务混乱，给不法分子以可乘之机。

一般会计人员办理交接手续，由会计机构负责人（会计主管人员）监交；会计机构负责人（会计主管人员）办理交接手续，由单位负责人监交，必要时主管单位可以派人会同监交会计人员。

交接完毕后，交接双方和监交人要在移交清册上签名或盖章，并应在移交清册上注明单位名称，交接日期，交接双方和监交人的职务、姓名，移交清册页数以及需要说明的问题和意见等。移交清册一般应填制一式三份，交接双方各执一份，存档一份。

（五）总会计师

总会计师是指在单位主要领导人领导下，主管经济核算和财务会计工作的负责人。

实行总会计师制度，有利于加强经济核算和会计管理。根据我国《会计法》的规定，国有的和国有资产占控股地位或者主导地位的大、中型企业必须设置总会计师。总会计师的任职资格、任免程序、职责权限由国务院规定。

小练习

1. 《会计法》规定，会计机构内部应当建立（　　）制度。
   A. 督察　　　　　　　　　　B. 稽核
   C. 检查　　　　　　　　　　D. 核算

2. 出纳人员可以兼任以下（　　）工作。
   A. 稽核　　　　　　　　　　B. 银行日记账的登记
   C. 会计档案的保管　　　　　D. 收入、支出、费用账目的登记

3. 我国从事会计工作人员的基本任职条件是（　　）。
   A. 具有会计专业技术资格　　B. 具有会计从业资格证书
   C. 具有中专以上专业学历　　D. 担任会计专业职务

4. 根据《会计法》的规定，下列行为中，应当吊销会计从业资格证书的行为有（　　）。
   A. 伪造、变造会计凭证、会计账簿，编制虚假财务报告的
   B. 未完成年度继续教育任务的
   C. 登记会计账簿不符合规定，情节严重的
   D. 隐匿或者故意销毁会计凭证、会计账簿、财务会计报告的

5. 一般会计人员因工作调动或离职，必须与接管人员办理交接手续，办理交接手续时，监交人是（　　）。
   A. 总会计师　　　　　　　　B. 会计机构负责人
   C. 人事机构负责人　　　　　D. 单位负责人

6. 根据《会计法》规定，下列企业中必须设置总会计师的是（　　）。
   A. 大型民营企业　　　　　　B. 国有企业
   C. 国家重点大学　　　　　　D. 国有资产占主导地位的中型企业

五、违反会计法的法律责任

（一）会计人员违反会计法的法律责任

会计人员有下列行为之一的，可以处以罚款，属于国家工作人员的还应当由其所在单位或者有关单位依法给予行政处分，情节严重的由县级以上人民政府财政部门吊销会计从业资格证书，构成犯罪的依法追究刑事责任：（1）违反《会计法》关于会计核算的有关规定。（2）拒绝依法实施的监督或者不如实提供有关会计资料及有关情况。（3）伪造、变造会计凭证、会计账簿，编制虚假财务会计报告。（4）隐匿或者故意销毁依法应当保存的会计凭证、会计账簿、财务会计报告。

（二）单位负责人违反会计法的法律责任

上述会计人员的违法行为如果发生在单位负责人身上，单位负责人应承担同样的法

律责任。除此之外,单位负责人对依法履行职责、抵制违反《会计法》规定行为的会计人员以降级、撤职、调离工作岗位、解聘或者开除等方式实行打击报复的,由其所在单位或者有关单位依法给予行政处分;构成犯罪的,依法追究刑事责任。

(三) 单位违反会计法的法律责任

对违反会计法的单位由县级以上人民政府财政部门责令限期改正,并可以对单位处以罚款。

(四) 财政部门及有关行政部门工作人员的法律责任

财政部门及有关行政部门的工作人员在实施监督管理中滥用职权、玩忽职守、徇私舞弊或者泄露国家秘密、商业秘密,构成犯罪的,依法追究刑事责任;尚不构成犯罪的,依法给予行政处分。

小练习

违反《会计法》行为应当承担的法律后果有(　　)。
A. 刑事责任　　　　　　　　　B. 民事责任
C. 行政责任　　　　　　　　　D. 社会责任

第二节

审 计 法

【案例导读】

银广夏公司"陷阱"事件

银广夏全称为广夏(银川)实业股份有限公司,银广夏自1998年至2001年期间累计虚增利润77,156.70万元,2001年9月后,因涉及银广夏利润造假案,负责审计的深圳中天勤会计师事务所实际上已经解体。财政部亦于当年9月初宣布,拟吊销签字注册会计师刘加荣、徐林文的注册会计师资格;吊销中天勤会计师事务所的执业资格,并会同证监会吊销其证券、期货相关业务许可证,同时,将追究深圳中天勤会计师事务所负责人的责任。2003年9月16日,宁夏银川市中院对银广夏刑事案做出一审判决,刘加荣、徐林文分别被判处有期徒刑2年6个月、2年3个月,并各处罚金3万元。

在对银广夏审计中,深圳中天勤会计师事务所的重大过失行为包括以下方面:(1) 会计师事务所业务质量控制方面。在对银广夏审计中，他们未履行基本的三级复核制度，审阅与签发均由一名会计师一人包办，审核工作实际上流于形式。（2）审计证据方面。没有对原始证据的审阅，没有对应收账款进行函证程序。有好几个很明显的漏洞，审计有机会去取证，但是没有一个去取证，还有分析性测试程序都没做。

【分析提示】

《审计法》第6条，审计机关和审计人员办理审计事项，应当客观公正，实事求是，廉洁奉公，保守秘密。

《审计法》第52条，审计人员滥用职权、徇私舞弊、玩忽职守或者泄露所知悉的国家秘密、商业秘密的，依法给予处分；构成犯罪的，依法追究刑事责任。

一、审计法概述

（一）审计与审计法的概念

审计是指由专职机构和专职人员依法对规定的单位的财政收支、财务收支进行审核、评价的监督活动。这里所说的"专职机构和专职人员"是指审计机关、内部审计机构、社会审计机构及其审计工作人员；"规定的单位"是指国务院各部门、地方各级人民政府及其各部门、国有的金融机构和企业事业组织以及其他依法应当接受审计的单位。

审计法的概念有广义和狭义之分，广义的审计法是指调整审计关系的法律规范的总称。审计关系是指从事审计工作的专职机构和专职人员在审计过程中以及国家在管理审计工作过程中形成的各种经济关系。狭义的审计法是指《审计法》，《审计法》于1994年8月31日第八届全国人大常委第九次会议通过，自1995年1月1日起施行。2006年2月28日第十届全国人民代表大会常务委员会第二十次会议对《中华人民共和国审计法》进行了修改。

（二）审计的种类

审计是指审计机关依法独立检查被审计单位的会计凭证、会计账簿、财务会计报告以及其他与财政收支、财务收支有关的资料和资产，监督财政收支、财务收支真实、合法和效益的行为。

1. 内部审计和外部审计

根据审计主体与被审计单位的关系，审计可以分为内部审计和外部审计。

内部审计是指单位内部的审计机构和审计人员在本单位负责人领导下依法对本单位或下属单位的财政、财务收支进行的内部审计监督。国务院各部门和地方人民政府各部门、国有金融机构和企业事业组织应当按照国家有关规定建立内部审计制度，并接受国家审计机关的业务指导和监督。

外部审计是指外部审计机关或者受审计机关指派和委托的社会审计机构依法对单位的财政、财务收支进行的审计监督。外部审计又分为国家审计和社会审计两种形式。

国家审计是指由国家审计机关进行的审计。一般是由上级审计机关将其审计范围内的事项交由下级审计机关进行授权审计；或者由上级审计机关对下级审计机关审计范围内的重大审计事项进行直接审计；或者是审计机关将其审计范围内的审计事项交内部审计机构或者社会审计机构进行委托审计。

社会审计是指由依法成立的能够独立承办审计查证和咨询服务的民间机关所进行的审计。例如，会计师事务所和审计事务所都可承担审计业务。

2. 财政财务审计、经济效益审计和经济责任审计

根据审计的内容和审计目的，审计分为财政财务审计、经济效益审计和经济责任审计。

财政财务审计是指审计机关审查财政预决算和企事业财务收支活动，并判断其是否真实正确和合规合法的一种审计。按照审计的具体内容与目的的不同，财政财务审计还可以细分为财政审计、企事业单位财务收支审计、财经法纪审计3类。

经济效益审计是由审计组织或审计人员在坚持可持续发展的条件下，对被审计单位经济活动的经济效益状况和影响因素进行的审查、分析和评价活动。

经济责任审计是指由独立的审计机构或审计人员依据财经法规和有关规定对经济责任双方的责任的履行情况所进行的审查、评价和证明活动。

3. 事前审计、事中审计和事后审计

根据审计时间，审计分为事前审计、事中审计和事后审计。

事前审计是指审计机构的专职人员在被审计单位的财政财务收支活动及其他经济业务活动发生之前所进行的审计。这种审计的优点是防止错误和弊端，做到防患于未然，减少或杜绝损失、浪费和违纪、违法的可能性。

事中审计是指审计机构的专职人员在被审计单位的财政财务收支活动及其他经济业务活动发生时所进行的审计。事中审计大多数情况用于某些基建项目进度的检查。事中审计的优点是可以随时了解掌握经济业务的进展情况或经济责任的履行情况，及时发现问题，及时进行纠正。

事后审计是指审计机构的专职人员在被审计单位的财政财务收支活动及其他经济业务活动结束之后所进行的审计。财政财务审计就是属于事后审计，经济责任审计中的离任审计也属事后审计。

4. 全部审计、局部审计和专项审计

根据审计的范围，审计分为全部审计、局部审计和专项审计。

全部审计又称全面审计，是指审计机构对被审计单位一定期间内的财务收支和其他经济活动所进行的全面的审计。全面审计不容易遗漏重大问题，审计效果好，但全面审计由于工作量大，耗费时间多，造成审计成本高。因此，全部审计方式只适用于规模

小、业务简单、会计资料少的企事业单位。

局部审计又称部分审计，是指审计机构和专职审计人员对被审计单位某一特定会计期间部分的财政财务收支活动、经营管理活动及其相关的部分会计资料所进行的审计。局部审计的范围小、针对性强、可以在较短的时间内实现审计目标。但容易遗漏重大问题、具有一定的局限性，审计结论有时不够准确。

专项审计又称专题审计或特种审计，是指审计机构根据授权人或委托人提出的审计目标、时间和范围，对被审计单位特定的审计项目进行的审计。专项审计的范围比局部审计小，但针对性强，审计重点更加突出，因此，提出的审计意见更加可行，作出的审计结论更加准确。

二、审计机关

（一）审计机关的设置

我国审计机关分为中央审计机关和地方审计机关两级。

我国最高国家审计机关是审计署。审计署在国务院总理领导下，负责组织领导全国的审计工作，对国务院负责并报告工作。审计长是审计署的行政首长。

县级以上各级人民政府设立审计机关，分别在省长、自治区主席、市长、县长、区长和上一级审计机关的领导下，组织领导本行政区的工作，负责本级审计机关范围内的审计事项，对上级审计机关和本级人民政府负责并报告工作。

审计署及地方各级审计机关根据工作需要，经本级人民政府批准，可以在审计管辖范围内设派出机构。

审计机关根据工作需要，可以在其审计管辖范围内派出审计特派员。审计特派员根据审计机关的授权，依法进行审计工作。

审计机关根据被审计单位的财政、财务隶属关系或者国有资产监督管理关系，确定审计管辖范围。审计机关之间对审计管辖范围有争议的，由其共同的上级审计机关确定。上级审计机关可以将其审计管辖范围内的审计事项，授权下级审计机关进行审计；上级审计机关对下级审计机关审计管辖范围内的重大审计事项，可以直接进行审计，但是应当防止不必要的重复审计。

（二）审计机关的职责

审计机关的职责是指审计监督的范围和具体内容。

1. 对国家财政收支的审计职责

审计机关对本级各部门（含直属单位）和下级政府预算的执行情况和决算以及其他财政收支情况进行审计监督。审计署在国务院总理领导下，对中央预算执行情况和其他财政收支情况进行审计监督，向国务院总理提出审计结果报告。

地方各级审计机关分别在省长、自治区主席、市长、州长、县长、区长和上一级审计机关的领导下，对本级预算执行情况和其他财政收支情况进行审计监督，向本级人民政府和上一级审计机关提出审计结果报告。

2. 对中央银行和国有金融机构的审计职责

我国的中央银行是中国人民银行，它是国务院的一个部门，是政府的银行。其财政收支活动和财务收支情况由审计署审计监督。国有金融机构包括国家政策性银行、国有商业银行、国有保险、信托投资、证券经营、租赁机构、其他国有金融机构等。国有金融机构也是由各级审计机关负责审计监督，审计的内容主要是这些国有金融机构业务活动中资产、负债、损益情况。

3. 对国家事业组织的审计职责

国家事业组织是指由国家创办的，不直接从事物质资料生产，以改善社会生产和人民生活条件、增进人民物质文化生活而发展科学和文化教育、医药卫生和福利救济事业为目的的非营利的组织。审计机关对国家的事业组织和使用财政资金的其他事业组织的财务收支进行审计监督。

4. 对国有企业的审计职责

审计机关对国有企业的资产、负债、损益进行审计监督。审计机关对与国计民生有重大关系的国有企业、接受财政补贴较多或者亏损数额较大的国有企业，以及国务院和本级地方人民政府指定的其他国有企业，应当有计划地定期进行审计。另外，对国有资产占控股地位或主导地位的企业审计监督由国务院规定。

5. 对国家建设项目的审计职责

审计机关对政府投资和以政府投资为主的建设项目的预算执行情况和决算进行审计监督。

6. 对有关基金、资金的审计职责

审计机关对政府部门管理的和其他单位受政府委托管理的社会保障基金、社会捐赠资金以及其他有关基金、资金的财务收支进行审计监督。

7. 对国际组织、外国政府援助、贷款项目的审计职责

主要是审计监督国际组织和外国政府援助、贷款项目的财务收支情况。目前对我国提供援助和贷款项目的主要是国际金融组织，如世界银行、亚洲开发银行等。

8. 对国家机关和依法属于审计机关审计监督对象的其他单位的主要负责人的审计职责

审计机关按照国家有关规定，对国家机关和依法属于审计机关审计监督对象的其他单位的主要负责人，在任职期间对本地区、本部门或者本单位的财政收支、财务收支以及有关经济活动应负经济责任的履行情况进行审计监督。

9. 对有关特定事项的审计职责

审计机关有权对与国家财政收支有关的特定事项向有关地方、部门、单位进行专项审计调查，并向本级人民政府和上一级审计机关报告审计调查结果。

10. 对其他法定事项的审计职责

除《审计法》规定的审计事项外，审计机关对其他法律、行政法规规定应当由审计机关进行审计的事项，应依法进行审计监督。

11. 对内部审计及社会审计机构的指导、监督职责

审计机关应当对各部门、国有金融机构及企业事业组织设立的内部审计机构进行业务指导和监督，应当对依法独立进行社会审计的机构，依照有关法律和国务院的规定进行指导、监督和管理。

小练习

审计机关可以对下列事项进行审计的有（　　）。
A. 国有资本占控股地位的企业
B. 取得财政资金的非实行财政预算管理的单位
C. 中央安排的"家电下乡"、"农机下乡"等财政补贴资金
D. 廉租房建设补助资金和社会保障资金

（三）审计机关的权限

1. 要求报送资料权

审计机关有权要求被审计单位按照审计机关的规定提供预算或者财务收支计划、预算执行情况、决算、财务会计报告，运用电子计算机储存、处理的财政收支、财务收支电子数据和必要的电子计算机技术文档，在金融机构开立账户的情况，社会审计机构出具的审计报告，以及其他与财政收支或者财务收支有关的资料，被审计单位不得拒绝、拖延、谎报。

2. 检查权

审计机关进行审计时，有权检查被审计单位的会计凭证、会计账簿、财务会计报告和运用电子计算机管理财政收支、财务收支电子数据的系统，以及其他与财政收支、财务收支有关的资料和资产，被审计单位不得拒绝。

3. 调查取证权

审计机关进行审计时，有权就审计事项的有关问题向有关单位和个人进行调查，并取得有关证明材料。有关单位和个人应当支持、协助审计机关工作，如实向审计机关反映情况，提供有关证明材料。

4. 制止权

审计机关进行审计时，被审计单位不得转移、隐匿、篡改、毁弃会计凭证、会计账簿、财务会计报告以及其他与财政收支或者财务收支有关的资料，不得转移、隐匿所持有的违反国家规定取得的资产。审计机关对被审计单位违反该规定的行为，有权予以制止；必要时，经县级以上人民政府审计机关负责人批准，有权封存有关资料和违反国家规定取得的资产；对其中在金融机构的有关存款需要予以冻结的，应当向人民法院提出申请。

审计机关对被审计单位正在进行的违反国家规定的财政收支、财务收支行为，有权予以制止；制止无效的，经县级以上人民政府审计机关负责人批准，通知财政部门和有关主管部门暂停拨付与违反国家规定的财政收支、财务收支行为直接有关的款项，已经

拨付的，暂停使用。

审计机关采取该措施时不得影响被审计单位合法的业务活动和生产经营活动。

5. 建议纠正权

审计机关认为被审计单位所执行的上级主管部门有关财政收支、财务收支的规定与法律、行政法规相抵触的，应当建议有关主管部门纠正；有关主管部门不予纠正的，审计机关应当提请有权处理的机关依法处理。

6. 通报或者公布权

审计机关可以向政府有关部门通报或者向社会公布审计结果。审计机关通报或者公布审计结果，应当依法保守国家秘密和被审计单位的商业秘密，遵守国务院的有关规定。

7. 处罚权

审计机关有行政处罚和经济处罚制裁权，具体包括通报批评、警告、责令限期缴纳应上缴的收入、责令限期退还违法所得等。

小练习

下列审计单位对被审计单位做出的审计决定中符合法律规定的选项（   ）。

A. 吊销被审计单位营业执照

B. 对被审计单位违反财经法规的行为处以 5 万元罚款

C. 给予审计对象的行政记过处分

D. 对违反财经法规的个人处以 2,000 元罚款

三、审计人员

审计人员是指审计机关内专职从事审计工作业务的国家公务人员以及其他从事审计工作的人员。

审计人员应当具备与其从事的审计工作相适应的专业知识和业务能力。任何组织和个人不得拒绝、阻碍审计人员依法执行职务，不得打击报复审计人员；审计机关负责人没有违法、失职或者其他不符合任职条件情况的，不得随意撤换。

审计人员应遵守以下义务：（1）依法审计义务。审计人员应当依照法律规定行使审计监督权，开展各项审计活动。（2）回避义务。审计人员在办理审计事项，与被审计单位或者审计事项有利害关系的，应当回避。（3）保密义务。审计人员对其在执行职务中知悉的国家秘密和被审计单位的商业秘密负有保密的义务。

小练习

审计机关可以审计下列（   ）事项。

A. 国有资本占控股地位的企业

B. 取得财政资金的非实行财政预算管理的单位
C. 中央安排的"家电下乡"、"农机下乡"等财政补贴资金
D. 廉租房建设补助资金和社会保障资金

四、审计程序

审计程序是指审计机关和审计人员对审计项目实施审计的自始至终的工作步骤。为了实现审计工作的制度化、规范化、公开化，保证审计监督活动的顺利进行，《审计法》对审计程序做了如下规定：

（一）审计准备

审计机关根据审计项目计划确定的审计事项组成审计组，并应当在实施审计3日前向被审计单位送达审计通知书；遇有特殊情况，经本级人民政府批准，审计机关可以直接持审计通知书实施审计。

（二）实施审计

审计机关组成审计组后，被审计单位应当配合审计机关的工作，并提供必要的工作条件。审计人员通过审查会计凭证、会计账簿、财务会计报告，查阅与审计事项有关的文件、资料，检查现金、实物、有价证券，向有关单位和个人调查等方式进行审计，并取得证明材料。审计人员向有关单位和个人进行调查时，应当出示审计人员的工作证件和审计通知书副本。审计人员要对审计后的各种资料和审计证据进行归纳和整理。

（三）提出审计报告

审计组对审计事项实施审计后，应当向审计机关提出审计报告。审计报告报送审计机关前，应当征求被审计单位的意见。被审计单位应当自接到审计报告之日起10日内，将其书面意见送交审计组或者审计机关。审计组应当将被审计对象的书面意见一并报送审计机关。

（四）出具审计意见书、作出审计决定

审计机关按照审计署规定的程序对审计组的审计报告进行审议，并对被审计对象对审计组的审计报告提出的意见一并研究后，提出审计机关的审计报告；对违反国家规定的财政收支、财务收支行为，依法应当给予处理、处罚的，在法定职权范围内作出审计决定或者向有关主管机关提出处理、处罚意见。

审计机关应当将审计机关的审计报告和审计决定送达被审计单位和有关主管机关、单位。审计决定自送达之日起生效。

小练习

审计机关定于2011年5月23日（星期一）对审计单位实施审计，请问，审计组最迟应在（　　）向被审计单位送达审计通知书。

A. 5月17日　　　　　　　　　　　B. 5月18日
C. 5月19日　　　　　　　　　　　D. 5月20日

五、违反审计法的法律责任

（一）被审计单位及负有直接责任的主管人员和其他有关人员的法律责任

（1）被审计单位违反《审计法》规定，拒绝或者拖延提供与审计事项有关资料的，或者提供的资料不真实、不完整的，或者拒绝、阻碍检查的，由审计机关责令改正，可以通报批评，给予警告；拒不改正的，依法追究责任。

（2）被审计单位违反《审计法》规定，转移、隐匿、篡改、毁弃会计凭证、会计账簿、财务会计报告以及其他与财政收支、财务收支有关的资料，或者转移、隐匿所持有的违反国家规定取得的资产，审计机关认为对直接负责的主管人员和其他直接责任人员依法应当给予处分的，应当提出给予处分的建议，被审计单位或者其上级机关、监察机关应当依法及时作出决定，并将结果书面通知审计机关；构成犯罪的，依法追究刑事责任。

（3）对本级各部门（含直属单位）和下级政府违反预算的行为或者其他违反国家规定的财政收支行为，审计机关、人民政府或者有关主管部门在法定职权范围内，依照法律、行政法规的规定，区别情况采取下列处理措施：①责令限期缴纳应当上缴的款项。②责令限期退还被侵占的国有资产。③责令限期退还违法所得。④责令按照国家统一的会计制度的有关规定进行处理。⑤其他处理措施。

（二）报复陷害审计人员的法律责任

《审计法》第51条规定报复陷害审计人员的法律责任，即报复陷害审计人员的依法给予处分；构成犯罪的，依法追究刑事责任。

（三）审计人员的法律责任

《审计法》第52条规定了审计人员的法律责任，即审计人员滥用职权、徇私舞弊、玩忽职守或者泄露所知悉的国家秘密、商业秘密的，依法给予处分；构成犯罪的，依法追究刑事责任。

本章提要

1. 基本概念

（1）从事会计工作的人员必须取得会计从业资格证书。担任单位会计机构负责人（会计主管人员）的，除取得会计从业资格证书外，还应当具备会计师以上专业技术职务资格或者从事会计工作3年以上经历。

（2）会计机构和会计人员依法进行会计核算，实行会计监督。

（3）我国审计机关分为中央审计机关和地方审计机关两级。审计署是我国最高国家审计机关，审计长是审计署的行政首长。

（4）审计程序分审计准备、实施审计、提出审计报告、出具审计意见书和作出审计决定。

2. 简答题

（1）简述会计核算的内容。

（2）简述会计监督的内容。

（3）简述会计机构和会计人员的职责。

（4）简答审计机关的权限。

（5）简述审计程序。

3. 案例分析题

【案情1】

A公司2015年发生以下事项：（1）1月，刚取得会计从业资格证的李强，被公司从办公室调到财务科担任出纳，公司原出纳张友调到销售科。李强与张友在办理会计工作交接手续时，因会计科长在外地出差，财务科遂指定1名会计负责监交工作。在办理交接中，李强发现存在"白条顶库"的问题，遂打电话向会计科科长汇报，科长指示李强先办理完交接手续，并责成李强接管出纳工作后再对"白条顶库"的问题逐个查清处理。随后，李强、张友及监交人在移交清册上签字并盖章。（2）4月，李强在办理报销工作中，发现采购科送来报销的3张发票有更改现象：其中2张发票分别更改了数量和用途，另外1张发票更改了金额。该3张发票的更改处均盖有A公司采购科的业务印章。尽管李强开始犹豫了一下，但是考虑到3张发票已经经过公司总经理和财务科科长的签字同意，所以，最后均予以了报销。（3）12月，公司在进行内部审计时，发现公司原出纳张友在经办出纳工作期间的有关账目存在一些问题，而接替者李强在交接时并未发现。审计人员在了解情况时，原出纳张友说："已经办理了会计交接手续，自己不再承担任何责任。"

请根据会计法的有关规定，分析以下问题：

第九章 会计法和审计法

（1）李强与张友在办理会计工作交接中是否有不符合规定之处？如有的话，具体体现在哪些方面？

（2）李强对3张被更改的发票予以报销的做法是否符合规定？

（3）原出纳张友关于"已经办理了会计交接手续，自己不再承担任何责任"的说法是否正确？

【分析提示】

（1）李强与张友在办理会计工作交接中有以下不符合规定之处：第一，监交人不符合规定。一般会计人员办理交接手续，由会计机构负责人（会计主管人员）监交，因此，本案应由会计科科长负责监交。第二，对交接中发现的"白条抵库"问题的处理不正确，应予以退回相关人员，要求其出具正规发票。

（2）不符合规定。原始凭证所记载的各项内容均不得涂改；原始凭证记载的内容有错误的，应当由开具单位重开或更正，并在更正处加盖出具单位印章；原始凭证金额出现错误的不得更正，只能由开具单位重新开具。因此，李强对另外1张更改了金额的发票给予了报销是错误的，应予以退回，要求采购人员重新开具原始凭证。

（3）不正确。交接工作完成后，移交人员对其所移交的会计凭证、会计账簿、财务会计报告和其他会计资料的真实性、完整性负责，原移交人员不能以会计资料已移交为由推脱责任。

【案情2】

某国有建筑公司在2014年10月发生下列事情：（1）设置专门的会计机构，由王某担任会计机构责任人；（2）招聘出纳，因只有王某的女儿任某应聘，而公司又急需出纳，公司最终便聘用王某女儿任某担任出纳；（3）在核算过程中，任某发现一张发票上的会计科目有错，便让开出该发票的某国有企业予以更正，并盖上了该国有企业的印章，任某据此入了账。（4）因公司会计档案管理员出差，王某决定由任某暂时兼任会计档案保管员；（5）王某在一次查账的过程中，发现公司的账面记载与公司实际收取的款项和收到的财物不相吻合，但按照公司内部规定她对此问题无权处理。

根据上述案情，回答以下问题：

（1）公司聘用王某的女儿任某担任出纳是否合法？

（2）任某对记载错误的发票的处理是否正确？

（3）王某决定由任某兼任档案保管员是否正确？

（4）王某对查账过程中查出的问题应当如何处理？

【分析提示】

（1）不合法。国有企业的会计人员应当实行回避制度，会计机构负责人或者会计主管人员的直系亲属不得担任本单位的出纳工作。王某是会计机构负责人，其女儿任某作为直系亲属不能担任公司出纳。

（2）正确。对于记载错误的原始凭证，处理金额错误的需原开具单位重开外，可以由原出具单位重开或更正，并加盖开具单位的印章，因该发票不属于金额记载错误，所以可以由原开具单位更正后据以记账。

（3）不正确。会计工作岗位应当实行内部牵制制度，出纳人员不得监管稽核、会计档案保管和收入、费用、债权债务账目的登记工作。任某作为出纳，当然不能兼任会计档案保管员。

（4）应当立即向单位负责人报告，请求其处理。会计人员发现账实不符、账款不符的，如果无权处理，应当立即向单位负责人报告，请求查明原因后作出处理。

4. 教学互动

某县审计局根据审计项目计划确定的审计事项，组成以张小光为组长的3人审计小组，到本县某国有企业进行审计。在实施审计的前2日，向被审计单位下达了审计通知书。该企业的法定代表人张大光是张小光的哥哥。该企业接到通知后，将有关会计资料准备好，迎接审计组的到来。以张小光为首的审计组进驻企业后，通过审计有关会计资料和资产，并向有关人员进行了调查，发现该本审计单位正在进行转移、隐匿违法所得的行为。另外，在某一问题上，认为被审计单位所执行的上级主管部门有关财务收支的规定与国务院的规定相抵触，于是要求该企业按照国务院的有关规定执行。审计小组对审计事项进行审计后，没有征求被审计单位的意见就向审计局提出了审计报告，撤离了该企业。

请同学们分组讨论该案中存在哪些不符合法律规定的地方。

第十章

劳 动 法

【知识要求】 通过本章的学习,了解劳动关系的特征,劳动法的适用范围,劳动合同的种类,劳动者的条件,集体合同,劳务派遣,工作时间、休息时间。熟悉劳动合同的订立、履行、解除和终止,劳务派遣,加班加点工资的计算。掌握劳动合同解除和中止的法律后果,劳动纠纷的解决机制。

【技能要求】 通过本章的学习,能够区分劳动关系和劳务关系,熟悉劳动关系的举证责任和证据范畴。学会运用劳动法相关内容保障自己的合法权益,减少和防止劳动争议的发生。

第一节 劳动法概述

【案例导读】

劳动者主体资格案件

2006 年 10 月 16 日，原告胡兰芝丈夫冯养俊在上班途中发生交通事故被撞成重伤，后经抢救无效死亡，时年 69 岁。2007 年 7 月 23 日，原告向被告包头市东河区人事劳动和社会保障局提出工伤认定申请，并于同年 9 月 26 日向被告递交了工伤认定申请材料，被告以冯养俊发生事故时已满 69 周岁，不具备劳动者主体资格为由，于 2007 年 11 月 16 日向原告送达了其作出的［2007］劳工伤非受理（5）号《工伤认定不予受理通知书》，原告不服向法院提起行政诉讼。

经审理，包头市东河区人民法院撤销被告作出的［2007］劳工伤非受理（5）号《工伤认定不予受理通知书》，并在判决生效后 3 个月内重新作出具体行政行为。

【分析提示】

依据《劳动法》第 15 条第 1 款规定，禁止用人单位招用未满 16 周岁的未成年人。法律、法规对劳动者的年龄的上限并未作强制性的规定。并且劳动关系与劳务关系在法律上有明确的界定，并不以年龄为标准。故被告对冯养俊不具备劳动者主体资格这一事实认定错误，证据不足，具体行政行为的作出缺乏法律、法规依据，违背了行政合法性的原则，应当予以撤销。

一、劳动法的概念和调整对象

（一）劳动法的概念

劳动法是指调整劳动关系以及和劳动关系密切联系的其他社会关系的法律规范的总称。

劳动法的概念有狭义和广义之分，狭义的劳动法是指《劳动法》，该法于 1994 年 7 月 5 日第八届全国人民代表大会常务委员会通过，自 1995 年 1 月 1 日起施行。广义的劳动法主要有《劳动法》、《劳动合同法》、《劳动争议调解仲裁法》、《就业促进法》等。《劳动合同法》与《劳动法》规定有不一致的内容，优先使用《劳动合同法》的规定。

（二）劳动法的调整对象

1. 劳动关系

劳动关系是指劳动者与用人单位之间在实现劳动过程中发生的劳动力与生产资料相结合的社会关系。这是劳动法调整的最基本、最重要的劳动关系。

（1）劳动关系的主体特定。劳动关系的一方是劳动者，另一方是用人单位。劳动者提供劳动力，用人单位有偿使用劳动者。

（2）劳动关系是在实现劳动的过程中发生的社会关系。实现劳动的过程即劳动者进入用人单位，与用人单位提供的生产资料相结合的过程。

（3）劳动关系具有人身关系、财产关系的属性。劳动者向用人单位提供劳动时，要将自己的人身在某种程度上交给用人单位支配，因此具有人身属性。劳动者提供有偿劳动，用人单位支付劳动报酬，因此具有财产属性。

（4）劳动关系具有平等性和隶属性。劳动关系的确立、变更和终止是双方当事人依照平等、自愿、协商一致的原则进行的，因此具有平等性。一旦劳动关系确立后，劳动者一方要成为用人单位一方的职工，并遵守单位的内部劳动规则，因此又具有隶属性。

2. 与劳动关系密切联系的其他社会关系

与劳动关系密切联系的其他社会关系是劳动关系附带产生的关系，既是劳动关系产生的前提条件，又是劳动关系的直接后果。与劳动关系密切联系的其他社会关系主要包括：（1）管理劳动力方面的社会关系。（2）工会组织方面的社会关系。（3）社会保险方面的社会关系。（4）处理劳动争议方面的社会关系。（5）监督劳动法执行方面的社会关系。

3. 劳动关系与劳务关系的联系与区别

（1）双方当事人及其关系不同。劳动关系当事人一方劳动者是自然人，另一方是用人单位；劳动者必须加入用人单位，成为其中一员，并且遵守单位的规章制度，双方存在领导与被领导的关系，反映的是劳动力与生产资料相结合的关系。劳务关系当事人一方或双方既可以是法人，也可以是其他组织，还可以是自然人；劳务提供者无须加入另一方，双方不存在领导与被领导的关系，反映的是一次性使用劳动力的商品交换关系。

（2）劳动风险责任承担不同。作为劳动关系当事人一方的用人单位组织劳动，享有劳动支配权，因而有义务承担劳动风险责任。作为劳务关系当事人一方的劳务提供者自行安排劳动，自己承担劳动风险责任。

（3）劳动报酬的性质、支付方式不同。基于劳动关系发生的劳动报酬是工资，具有按劳分配性质，其支付方式特定化为一种持续的、定期的支付。基于劳务关系发生的劳动报酬是劳务费，具有劳务市场价格属性，其支付方式为一次性劳务价格支付。

（4）适用法律不同。劳动关系由劳动法调整，劳务关系则由民法调整。

二、劳动法的适用范围

劳动法的适用范围是指我国劳动法适用于什么地域、什么时间和什么人,即我国劳动法的效力范围。本章主要是指劳动法对人的适用范围。

劳动法对人的适用范围是指劳动法对哪些人发生法律效力。根据《劳动法》第2条的规定,劳动法并不适用于所有的劳动者,公务员和比照实行公务员制度的事业组织及社会团体的工作人员、农村劳动者、现役军人和家庭保姆以及享有外交特权与豁免权的外国人,不适用劳动法。只有在中国境内的企业、个体经济组织、民办非企业单位(以下称用人单位)和与之形成劳动关系的劳动者,订立、履行、变更、解除或者终止劳动合同,适用劳动法。国家机关、事业组织、社会团体和与之建立劳动合同关系的劳动者依照劳动法执行。

小练习

下列事项所形成的法律关系由劳动法调整的有(　　)。
A. 甲厂职工陈某操作机器时不慎将参观的客户蒋某致伤,蒋某要求陈某赔偿
B. 汪某因身高不足1.70米而被乙厂招聘职工时拒绝录用,汪某欲告乙厂
C. 丙公司与劳务输出公司就30名外派劳务人员达成的协议
D. 丁公司为其职工购房向银行提供的担保

三、劳动者的权利和义务

(一) 劳动者的概念

劳动者是指达到法定年龄,具有劳动能力,能够依法签订劳动合同,独立给付劳动并获取劳动报酬的自然人。

我国劳动法规定的最低就业年龄是16周岁,文艺、体育和特种工艺单位招用未满16周岁的未成年人,必须依据国家有关规定履行审批手续,并保障其接受义务教育的权利。对有可能危害未成年人健康、安全或道德的职业或者工作,最低就业年龄不低于18周岁,用人单位不得招用未满18周岁的公民从事过重、有毒有害的劳动或者危险作业。

年满16周岁未满18周岁的劳动者称之为未成年工。我国对未成年工实行特殊保护,包括:①未成年工上岗前用人单位应对其进行有关的职业安全卫生教育、培训。②用人单位不得安排未成工从事矿山井下、有毒有害、国家规定的第四级体力劳动强度的劳动和其他禁忌从事的劳动。③用人单位应当对未成年工定期进行健康检查。

(二) 劳动者的权利

劳动者的权利是指劳动者依照劳动法律行使的权力和享受的利益。

第十章 劳 动 法

根据《劳动法》第3条第1款的规定，劳动者享有以下权利：

（1）平等就业权和自主择职权。平等就业权和自主择业权是公民劳动权的首要条件和基本要求。在我国，劳动者不分民族、种族、性别、宗教信仰，都平等地享有就业的权利。劳动者选择就业的权利是平等就业权利的体现。

（2）取得劳动报酬权。劳动报酬是指劳动者从用人单位得到的全部工资收入。有下列情形之一的，用人单位应当按照下列标准支付高于劳动者正常工作时间工资的工资报酬：①安排劳动者延长工作时间的，支付不低于工资15%的工资报酬；②休息日安排劳动者工作又不能安排补休的，支付不低于工资200%的工资报酬；③法定休假日安排劳动者工作的，支付不低于工资300%的工资报酬。

（3）休息休假权。休息权和劳动权是密切联系的。休假是劳动者享有休息权的一种表现形式。用人单位应当保证劳动者每周至少休息1日。我国实行带薪年休假制度。劳动者连续工作1年以上的，享受带薪年休假。当年不享受年假的情形：①依法享受寒暑假、休假天数多于年休假天数的。②请事假20天以上且单位按规定不扣工资的。③工作累计满一年不满十年的，请病假累计2个月以上的。④累计工作满10年不满20年的，请病假累计3个月以上的。⑤累计工作满20年以上的职工，请病假累计4个月以上的。

为了确保劳动的休息休假权，我国劳动法对加班加点进行了以下限制性规定：第一，禁止安排未成年工、怀孕7个月和哺乳未满周岁的女工加班。第二，如确实需要加班的，用人单位须与工会和劳动者协商，在保障劳动者健康情况下，每日不超过1小时、特殊情况不超过3小时，每月不超过36小时。有下列情形之一的，延长工作时间不受限制：①发生自然灾害、事故或者因其他原因威胁劳动者生命健康和财产安全，需要紧急处理的。②生产设备、交通运输线路、公共设施发生故障，影响生产和公众利益，必须及时抢修的。③法律、行政法规规定的其他情形。

（4）获得劳动安全卫生保护权。劳动者在安全、卫生的条件下进行劳动是生存权利的基本要求。劳动安全、卫生权是一项重要的人权。

（5）接受职业技能培训权。劳动者不但要掌握熟练的生产技能，而且要懂业务理论知识。只有赋予劳动者这项权利，才能保障劳动者获得应有的知识的技能，更好地完成各项劳动任务。

（6）享受社会保险和福利权。这是指劳动者在遇到年老、患病、工伤、失业、生育等劳动风险时，获得物质帮助和补偿的权利。享受社会保险和福利权，是享受劳动报酬权的延伸和补充。

（7）提请劳动争议权。这是劳动者维护自己合法劳动权益的有效途径和保障措施。

（8）法律规定的其他劳动权利。法律规定的其他劳动权利是指劳动者依法享有参加和组织工会的权利，参加职工民主管理的权利，参加社会义务劳动的权利，参加劳动竞赛的权利，提出合理化建议的权利，从事科学研究、技术革新、发明创造的权利，依法解除劳动合同的权利，对用人单位管理人员违章指挥、强令冒险作业有拒绝执行的权利，对危害生命安全和身体健康的行为有权提出批评、检举和控告的权利，对违反劳动法的行为进行监督的权利等。

小练习

下列情况产生时,用人单位延长劳动者的工作时间应受到《劳动法》的约束(　　)。

A. 发生自然灾害事故或者因其他原因,威胁劳动者生命健康和财产安全,需要紧急处理的

B. 生产设备发生故障,影响生产和公众利益,必须及时抢修的

C. 交通运输线路发生故障,影响生产和公众利益,必须及时抢修的

D. 用人单位取得大量订单,为了在短期内完成交货,必须组织突击生产的

（三）劳动者的义务

劳动者的义务是指劳动者必须履行的责任。

根据《劳动法》第3条第2款的规定,劳动者必须履行以下义务:

(1) 完成劳动任务的义务。劳动者首要的义务是对工作尽心尽责,忠于职守,出色地完成任务。

(2) 提高职业技能的义务。劳动者要有强烈的事业心和主人翁责任感,要刻苦学习专业知识,钻研职业技术,提高职业技能,掌握过硬的本领。

(3) 执行劳动安全卫生规程的义务。劳动者在劳动中必须服从管理人员的指挥,遵守各项规章制度和劳动纪律及安全生产的法规制度、规程标准。

(4) 遵守劳动纪律和职业道德的义务。

(5) 爱护和保卫公共财产的义务。

(6) 保守国家秘密和用人单位商业秘密的义务。

小练习

下列有关公民的劳动义务叙述不正确的是(　　)。

A. 劳动者应当遵守劳动纪律和职业纪律

B. 劳动者负有提高职业技能的义务

C. 劳动者在工作中负有互帮互助的义务

D. 劳动者应当完成劳动任务

第二节

劳动合同

【案例导读】

机长辞职终获自由身

42岁的赵洪是一名空军退役飞行员,1994年进入中国国际航空股份有限公司重庆分公司工作,担任飞行员和飞行检查员。赵洪讲,他在国航工作的10多年里,一直守法守约保障飞行安全无事故。公司存在超时加班等情况,但并没有支付法定节假日加班工资、节油奖以及足额社会保险等。2010年10月26日,赵洪以公证的形式向公司送达了书面解除劳动合同通知书,并要求办理他的劳动人事档案及相关档案的移交手续,但遭到公司的拒绝。此后,他向法院起诉要求解除双方劳动关系,并要求公司支付拖欠的加班工资、奖金及经济补偿金等。

随后,此案经过一审、二审以及再审。国航在诉讼阶段表示,其不存在拖欠或者克扣的情形,已经依法缴纳了社保,而法院的终审判决也认定,赵洪要求解除合同的理由不能成立,不予判决解除双方的劳动合同。

2012年8月,赵洪向最高法递交了申诉申请。2013年1月,最高法开庭审理该案。不久,该案被最高院发回重庆当地法院重审,赵洪在法院调解下,于2013年7月26日与国航达成调解协议,解除劳动合同,国航需在15个工作日内办理赵洪的档案和社会保险关系手续。至于国航要求经济赔偿或者补偿的问题,双方另行协商或另案解决。

【分析提示】

劳动关系具有强烈的人身属性,为保障劳动者人身自由,《劳动合同法》在赋予劳动者解除劳动关系权利的同时,又区分不同情形对解除劳动合同设置了不同的前置条件。但就劳动者的辞职权利而言,在法律层面上没有设置限制条件,劳动者解除劳动合同不需要任何理由。

一、劳动合同的概念和分类

(一) 劳动合同的概念和特征

劳动合同是指劳动者和用人单位确立劳动关系、明确双方权利和义务的书面协议。建立劳动关系，应当订立书面劳动合同。

劳动合同是合同的一种，它除具有合同的一般特征，即合同是双方的法律行为，是合法行为、只有当事人在平等自愿、协商一致的基础上达成一致时才能成立等外，还有其自身的基本特征：

1. 劳动合同的主体具有特定性

劳动合同的主体一方必须是具有法人资格的用人单位或能独立承担民事责任的经济组织和个人，另一方是具有劳动权力能力和劳动行为能力的劳动者。

2. 劳动合同内容具有权利义务的统一性和对应性

劳动者和用人单位在履行劳动合同的过程中，存在着管理关系，即劳动者一方必须加入到用人单位一方中去，成为该单位的一名职工，接受用人单位的管理并依法取得劳动报酬。一方的权利是另一方的义务，反之亦然。在特定条件下，劳动合同往往涉及第三人的物质利益，即劳动合同内容往往不仅限于当事人的权利和义务，有时还需涉及劳动者的直系亲属在一定条件下享受的物质帮助权。如劳动者死亡后遗属待遇等。

3. 劳动合同具有较强的法定性，强行性规范较多

劳动合同的性质决定了劳动合同的内容以法定为多、为主，以商定为少、为辅，即劳动合同的许多内容必须遵守国家的法律规定，如工资、保险、劳动保护、安全生产等，而当事人之间对合同内容的协商余地较小。

4. 客体单一性

劳动合同的客体具有单一性，即只有劳动行为才能成为劳动合同的客体。

(二) 劳动合同的分类

根据我国劳动法的规定，劳动合同分为固定期限劳动合同、无固定期限劳动合同和以完成一定工作任务为期限的劳动合同。

1. 固定期限劳动合同

固定期限劳动合同是指用人单位与劳动者约定合同终止时间的劳动合同。

用人单位与劳动者协商一致，可以订立固定期限劳动合同。

2. 无固定期限劳动合同

无固定期限劳动合同是指用人单位与劳动者约定无确定终止时间的劳动合同。

根据《劳动合同法》第14条的规定，用人单位与劳动者协商一致，可以订立无固定期限劳动合同。有下列情形之一，劳动者提出或者同意续订劳动合同的，应当订立无固定期限劳动合同。(1) 劳动者已在该用人单位连续工作满10年的。(2) 用人单位初次实行劳动合同制度或者国有企业改制重新订立劳动合同时，劳动者在该用人单位连续工作满10年且距法定退休年龄不足10年的。(3) 连续订立两次固定期限劳动合同，

且劳动者没有《劳动合同法》第39条和第40条第1项、第2项规定的情形续订劳动合同的。

用人单位自用工之日起满1年不与劳动者订立书面劳动合同的，视为用人单位与劳动者已订立无固定期限劳动合同。

3. 以完成一定工作任务为期限的劳动合同

以完成一定工作任务为期限的劳动合同是指用人单位与劳动者约定以某项工作的完成为合同期限的劳动合同。

用人单位与劳动者协商一致，可以订立以完成一定工作任务为期限的劳动合同。以完成一定工作任务为期限的劳动合同是以工作任务完成作为终止条件，工作任务完成的时间即为劳动合同的终止时间，如以完成某项科研以及带有临时性、季节性的劳动合同。合同双方当事人在合同存续期间建立的是劳动关系，劳动者要加入用人单位集体，参加用人单位工会，遵守用人单位内部规章制度，享受工资福利、社会保险等待遇。这种劳动合同实际上属于固定期限的劳动合同，只不过表现形式不同。

一般在以下情况下，用人单位与劳动者可以签订以完成一定工作任务为期限的劳动合同：①以完成单项工作任务为期限的劳动合同。②以项目承包方式完成承包任务的劳动合同。③因季节原因临时用工的劳动合同。④其他双方约定的以完成一定工作任务为期限的劳动合同。

二、劳动合同的订立

劳动合同的订立是指劳动者与用工单位之间确立劳动关系，明确双方权利和义务的协议。

(一) 劳动合同订立的原则

1. 合法原则

劳动合同必须依法订立，不得违反法律和行政法规的规定。合法原则有以下三点要求：

（1）劳动合同主体合法。劳动合同双方当事人必须具备合法资格，劳动者应是年满16周岁，身体健康，具有劳动权利能力和劳动行为能力的公民，可以是中国人、外国人、无国籍人。用人单位应是依法成立或核准登记的企业、个体经济组织、国家机关、事业组织、社会团体，具有用人的权利能力和行为能力。

（2）劳动合同内容合法。劳动合同的内容是对双方当事人权利义务的具体规定，必须符合国家法律、行政法规的规定。

（3）劳动合同订立的程序和形式合法。劳动合同订立的程序必须符合法律规定，劳动合同应当以书面形式订立。已建立劳动关系，未同时订立书面劳动合同的，应当自用工之日起1个月内订立书面劳动合同。用人单位与劳动者在用工前订立劳动合同的，劳动关系自用工之日起建立。

2. 公平、平等自愿、协商一致的原则

公平原则是指在符合法律规定的前提下,劳动合同双方公正、合理地确立双方的权利和义务,不得滥用权力和优势,强迫对方接受不合理内容。平等自愿是指当事人双方的法律地位平等,任何一方不得将自己的意志强加给另一方,也不允许第三者进行非法干预。协商一致是指双方当事人在充分表达自己意愿的基础上,经过平等协商达成一致意见,签订劳动合同。

3. 诚实信用原则

诚实信用原则是指订立劳动合同的双方当事人在订立劳动合同时要诚实,讲信用。用人单位招用劳动者时,应当如实告知劳动者工作内容、工作条件、工作地点、职业危害、安全生产状况、劳动报酬以及劳动者要求了解的其他情况;用人单位有权了解劳动者与劳动合同直接相关的基本情况,劳动者应当如实说明。双方都不得隐瞒真实情况。

(二) 劳动合同的内容

劳动合同的内容表现为劳动合同的条款,包括必备条款和约定条款。

1. 劳动合同的必备条款

劳动合同的必备条款是指法律规定的劳动合同必须具备的内容。在法律规定了必备条款的情况下,如果劳动合同缺少此类条款,劳动合同就不能成立。

根据《劳动法》第19条第1款和《劳动合同法》第17条的规定,劳动合同应当具备以下条款:(1) 用人单位的名称、住所和法定代表人或者主要负责人。(2) 劳动者的姓名、住址和居民身份证或者其他有效身份证件号码。(3) 劳动合同期限。(4) 工作内容和工作地点。(5) 工作时间和休息休假。(6) 劳动报酬。(7) 社会保险。(8) 劳动保护、劳动条件和职业危害防护。(9) 法律、法规规定应当纳入劳动合同的其他事项。

2. 劳动合同的约定条款

劳动合同除应具备法律规定的必备条款外,用人单位与劳动者还可以就以下事项进行约定:

(1) 试用期。试用期是指对新录用的劳动者进行试用的期限。试用期包含在劳动合同期限内。劳动合同仅约定试用期的,试用期不成立,该期限为劳动合同期限。

用人单位与劳动者可以在劳动合同中就试用期的期限和试用期期间的工资等事项作出约定,但不得违反劳动法有关试用期的规定。同一用人单位与同一劳动者只能约定一次试用期。

《劳动合同法》第19条规定,以完成一定工作任务为期限的劳动合同或者劳动合同期限不满3个月的,不得约定试用期。3个月以上不满1年的,试用期不得超过1个月;1年以上(包括1年)不满3年的,试用期不得超过2个月;3年以上(包括3年)(固定期限和无固定期限劳动合同)的,试用期不得超过6个月。

劳动者在试用期的工资不得低于本单位同岗位最低档工资或者劳动合同约定工资的

80%，并不得低于用人单位所在地的最低工资标准。在试用期内，用人单位与劳动者之间的劳动关系尚处于不完全确定的状态。

（2）培训。培训是按照职业或者工作岗位对劳动者提出的要求，以开发和提高劳动者的职业技能为目的的教育和训练过程。企业应建立健全职工培训的规章制度，根据本单位的实际对职工进行在岗、转岗、晋升、转业培训，对新录用人员进行上岗前的培训，并保证培训经费和其他培训条件。职工应按照国家规定和企业安排参加培训，自觉遵守培训的各项规章制度，并履行培训合同规定的各项义务，服从单位工作安排，搞好本职工作。

（3）保守商业秘密和竞业限制。对负有保密义务的劳动者，用人单位可以在劳动合同或者保密协议中与劳动者约定竞业限制条款，并约定在解除或者终止劳动合同后，在竞业限制期限内按月给予劳动者经济补偿。竞业限制的人员限于用人单位的高级管理人员、高级技术人员和其他负有保密义务的人员。竞业限制的范围、地域、期限由用人单位与劳动者约定，竞业限制的约定不得违反法律、法规的规定。竞业限制期限，不得超过2年。

（4）补充保险。补充保险是指除了国家基本保险以外，用人单位根据自己的实际情况为劳动者建立的一种保险，它用来满足劳动者高于基本保险需求的愿望，包括补充医疗保险、补充养老保险等。补充保险的建立依用人单位的经济承受能力而定，由用人单位自愿实行，国家不作强制的统一规定，只要求用人单位内部统一。用人单位必须在参加基本保险并按时足额缴纳基本保险费的前提下，才能实行补充保险。因此补充保险的事项不作为合同的必备条款，由用人单位与劳动者自行约定。

（5）福利待遇。福利待遇包括住房补贴、通讯补贴、交通补贴、子女教育等。不同的用人单位福利待遇有所不同，福利待遇已成为目前劳动者就业选择的一个重要因素。《劳动合同法》第18条规定，劳动合同对劳动报酬和劳动条件等标准约定不明确，引发争议的，用人单位与劳动者可以重新协商。协商不成的，适用集体合同规定；没有集体合同或者集体合同未规定劳动报酬的，用人单位应当对劳动者实行同工同酬；没有集体合同或者集体合同未规定劳动条件等标准的，适用国家有关规定。

（三）无效劳动合同

1. 无效劳动合同的概念

无效劳动合同是指劳动合同虽然已经成立，但因所订立的劳动合同不符合法定条件而被确认为无效的劳动合同。

2. 无效劳动合同的情形

无效劳动合同可以分为全部无效和部分无效两种。根据《劳动合同法》第26条的规定，下列劳动合同无效或者部分无效：（1）以欺诈、胁迫的手段或者乘人之危，使对方在违背真实意思的情况下订立或者变更劳动合同的。（2）用人单位免除自己的法定责任、排除劳动者权利的。（3）违反法律、行政法规强制性规定的。

3. 无效劳动合同的确认

对劳动合同的无效或者部分无效有争议的，只能由劳动争议仲裁机构或者人民法院确认，不能由当事人确认。

4. 无效劳动合同的法律后果

（1）无效的劳动合同从订立时起就没有法律约束力。劳动合同部分无效，不影响其他部分效力的，其他部分仍然有效。

（2）劳动合同被确认无效，劳动者已付出劳动的，用人单位应当向劳动者支付劳动报酬。

（3）劳动合同被确认无效，给对方造成损害的，有过错的一方应当承担赔偿责任。

小练习

用人单位自（　　）起即与劳动者建立劳动关系。
A. 用工之日　　　　　　　　　　B. 签订合同之日
C. 上级批准设立之日　　　　　　D. 劳动者领取工资之日

三、劳动合同的履行

（一）劳动合同履行的原则

劳动合同依法订立即具有法律约束力，当事人必须履行合同规定的义务。任何第三方不得非法干预劳动合同的履行。

履行劳动合同应遵循如下原则：

1. 亲自履行原则

由于劳动合同是具有人身属性的合同，因此没有对方当事人的同意，不能由第三人替代履行。

2. 全面履行原则

劳动合同双方当事人必须履行劳动合同所规定的各自应当履行的全部义务，且必须按照劳动合同约定的时间和方式履行合同义务。

3. 协作履行原则

基于诚实信用原则，劳动合同的双方当事人在一方履行劳动合同时，应该给予对方必要的协助，以使劳动合同约定的目的得以实现。

（二）用人单位应当履行的义务

（1）用人单位应当履行劳动合同中约定的义务。

（2）用人单位应当按照劳动合同的约定和国家规定，向劳动者及时足额支付劳动报酬。用人单位拖欠或者未足额支付劳动报酬的，劳动者可以依法向当地人民法院申请支付令，人民法院应当依法发出支付令。

（3）用人单位应当严格执行劳动定额标准，不得强迫或者变相强迫劳动者加班。用人单位安排加班的，应当按照国家有关规定向劳动者支付加班费。

（三）劳动者应当履行的义务

劳动者应当履行劳动合同中约定的义务。但是，劳动者拒绝用人单位管理人员违章指挥、强令冒险作业的，不视为违反劳动合同。

四、劳动合同的变更

（一）劳动合同变更的概念

劳动合同的变更是指劳动合同依法订立后，在合同尚未履行或者尚未履行完毕之前，经用人单位和劳动者双方当事人协商同意，对劳动合同内容作部分修改、补充或者删减的法律行为。

《劳动合同法》第35条规定，用人单位与劳动者协商一致，可以变更劳动合同约定的内容。变更劳动合同应当采用书面形式。变更后的劳动合同文本由用人单位和劳动者各执一份。

（二）劳动合同变更的原因

1. 订立劳动合同所依据的法律法规已经修改或者废止

劳动合同的签订和履行必须以不得违反法律、法规的规定为前提。如果合同签订时所依据的法律、法规发生修改或者废止，合同如果不变更，就可能出现与法律、法规不相符甚至是违反法律、法规的情况，导致合同因违法而无效。因此，根据法律、法规的变化而变更劳动合同的相关内容是必要而且是必须的。

2. 用人单位方面的原因

用人单位经上级主管部门批准或者根据市场变化决定转产、调整生产任务或者生产经营项目等。用人单位的生产经营不是一成不变的，而是根据上级主管部门批准或者根据市场变化可能会经常调整自己的经营策略和产品结构，这就不可避免地发生转产、调整生产任务或者生产经营项目情况。在这种情况下，有些工种、产品生产岗位就可能因此而撤销，或者为其他新的工种、岗位所替代，原劳动合同就可能因签订条件的改变而发生变更。

3. 劳动者方面的原因

劳动者的身体健康状况发生变化、劳动能力部分丧失、所在岗位与其职业技能不相适应、职业技能提高了一定等级等，造成原劳动合同不能履行或者如果继续履行原合同规定的义务对劳动者明显不公平。

4. 客观方面的原因

这种客观原因的出现使得当事人原来在劳动合同中约定的权利义务的履行成为不必要或者不可能。这时应当允许当事人对劳动合同有关内容进行变更。主要有：（1）由于不可抗力的发生，使得原来合同的履行成为不可能或者失去意义。不可抗力是指当事人所不能预见、不能避免并不能克服的客观情况，如自然灾害、意外事故、战争等。（2）由于物价大幅度上升等客观经济情况变化致使劳动合同的履行会花费太大代价而失去经济上的价值。这是民法的情势变更原则在劳动合同履行中的运用。

五、劳动合同的解除

劳动合同的解除是指当事人双方提前终止劳动合同的法律效力,解除双方的权利义务关系。

(一)劳动合同解除的方式

1. 协商解除

劳动者与用人单位协商一致可以解除合同。由用人单位提出解除劳动合同而与劳动者协商一致的,必须依法向劳动者支付经济补偿;由劳动者主动辞职而与用人单位协商一致解除劳动合同的,用人单位无须向劳动者支付经济补偿。

有下列情形之一的,用人单位应当向劳动者支付经济补偿:

(1)劳动者符合随时单方解除规定解除劳动合同的。

(2)用人单位向劳动者提出解除劳动合同并与劳动者协商一致解除劳动合同的。

(3)用人单位因符合附条件解除合同规定解除劳动合同的。

(4)用人单位依照企业破产法规定进行重整,从而进行经济性裁员解除劳动合同的。

(5)除用人单位维持或者提高劳动合同约定条件续订劳动合同,劳动者不同意续订的情形外,因劳动合同期满终止固定期限劳动合同的。

(6)因用人单位被依法宣告破产或被吊销营业执照、责令关闭、撤销或者用人单位决定提前解散而终止劳动合同的。

(7)法律、行政法规规定的其他情形。

经济补偿按劳动者在本单位工作的年限,每满1年支付1个月工资的标准向劳动者支付。6个月以上不满1年的,按1年计算;不满6个月的,向劳动者支付半个月工资的经济补偿。劳动者月工资高于用人单位所在直辖市、设区的市级人民政府公布的本地区上年度职工月平均工资3倍的,向其支付经济补偿的标准按职工月平均工资3倍的数额支付,向其支付经济补偿的年限最高不超过12年。月工资是指劳动者在劳动合同解除或者终止前12个月的平均工资。

2. 用人单位单方面解除

在满足法律规定的条件下,用人单位享有单方解除劳动合同的权利。具体有以下三种情况:

(1)随时解除。劳动者有下列情形之一的,用人单位可以解除劳动合同:①在试用期间被证明不符合录用条件的。②严重违反用人单位的规章制度的。③严重失职,营私舞弊,给用人单位造成重大损害的。④劳动者同时与其他用人单位建立劳动关系,对完成本单位的工作任务造成严重影响,或者经用人单位提出,拒不改正的。⑤劳动者以欺诈、胁迫的手段或者乘人之危,使用人单位在违背真实意思的情况下订立或者变更劳动合同，致使劳动合同无效的。⑥被依法追究刑事责任的。在上述情况下，用人单位无须以任何形式提前通知劳动者，可以随时与劳动者解除劳动合同。

（2）附条件解除。有下列情形之一的，用人单位提前30日以书面形式通知劳动者本人或者额外支付劳动者1个月工资后，可以解除劳动合同：①劳动者患病或者非因工负伤，在规定的医疗期满后不能从事原工作，也不能从事由用人单位另行安排的工作的。②劳动者不能胜任工作，经过培训或者调整工作岗位，仍不能胜任工作的。③劳动合同订立时所依据的客观情况发生重大变化，致使劳动合同无法履行，经用人单位与劳动者协商，未能就变更劳动合同内容达成协议的。

（3）裁员减除。因经济性裁员用人单位按照法定程序与被裁减人员解除劳动合同。有下列情形之一，需要裁减人员20人以上或者裁减不足20人但占企业职工总数10%以上的，用人单位提前30日向工会或者全体职工说明情况，听取工会或者职工的意见后，裁减人员方案经向劳动行政部门报告，可以裁减人员：①依照企业破产法规定进行重整的。②生产经营发生严重困难的。③企业转产、重大技术革新或者经营方式调整，经变更劳动合同后，仍需裁减人员的。④其他因劳动合同订立时所依据的客观经济情况发生重大变化，致使劳动合同无法履行的。

用人单位裁减人员时，应当优先留用下列人员：①与本单位订立较长期限的固定期限劳动合同的。②与本单位订立无固定期限劳动合同的。③家庭无其他就业人员，有需要抚养的老人或者未成年人的。用人单位依照规定裁减人员，在6个月内重新招用人员的，应当通知被裁减的人员，并在同等条件下优先招用被裁减的人员。

用人单位依据上述原因单方解除劳动合同，应当事先将理由通知工会。用人单位违反法律、行政法规规定或者劳动合同约定的，工会有权要求用人单位纠正。用人单位应当研究工会的意见，并将处理结果书面通知工会。

我国劳动法除了在满足上述3种情况下允许用人单位单方面解除劳动合同，还规定当存在如下情形时，用人单位不得依据前文（2）、（3）项而解除劳动合同：①从事接触职业病危害作业的劳动者未进行离岗前职业健康检查，或者疑似职业病病人在诊断或者医学观察期间的。②在本单位患职业病或者因工负伤并被确认丧失或者部分丧失劳动能力的。③患病或者非因工负伤，在规定的医疗期内的。④女职工在孕期、产期、哺乳期的。⑤在本单位连续工作满15年，且距法定退休年龄不足5年的。⑥法律、行政法规规定的其他情形。

根据法律规定，用人单位违反法律规定解除或者终止劳动合同，劳动者要求继续履行劳动合同的，用人单位应当继续履行；劳动者不要求继续履行劳动合同或者劳动合同已经不能继续履行的，用人单位应当按经济补偿标准的双倍数额向劳动者支付赔偿金。

3. 劳动者单方解除

劳动者单方解除劳动合同是指在满足法律规定的条件下，劳动者享有的单方解除劳动合同的权利。

劳动者单方解除劳动合同有以下两种情况：

（1）提前通知解除。劳动者提前30日以书面形式通知用人单位，可以解除劳动合同。劳动者在试用期内提前3日通知用人单位,可以解除劳动合同。

(2)随时解除。用人单位有下列情形之一的,劳动者可以解除劳动合同:①未按照劳动合同约定提供劳动保护或者劳动条件的。②未及时足额支付劳动报酬的。③未依法为劳动者缴纳社会保险费的。④用人单位的规章制度违反法律、法规的规定,损害劳动者权益的。⑤用人单位以欺诈、胁迫的手段或者乘人之危,使劳动者在违背真实意思的情况下订立或者变更劳动合同,致使劳动合同无效的。⑥法律、行政法规规定劳动者可以解除劳动合同的其他情形。用人单位以暴力、威胁或者非法限制人身自由的手段强迫劳动者劳动的,或者用人单位违章指挥、强令冒险作业危及劳动者人身安全的,劳动者可以立即解除劳动合同,不需事先告知用人单位。

(二)解除劳动合同的经济补偿

解除劳动合同的经济补偿,是指因解除劳动合同而由用人单位给予劳动者的一次性经济补偿金。

有下列情形之一的,用人单位应当向劳动者支付经济补偿。

(1)劳动者符合随时单方解除规定解除劳动合同的。

(2)用人单位向劳动者提出解除劳动合同并与劳动者协商一致解除劳动合同的。

(3)用人单位因符合附条件解除合同规定解除劳动合同的。

(4)用人单位依照企业破产法规定进行重整,从而进行经济性裁员解除劳动合同的。

(5)除用人单位维持或者提高劳动合同约定条件续订劳动合同,劳动者不同意续订的情形外,因劳动合同期满终止固定期限劳动合同的。

(6)因用人单位被依法宣告破产或被吊销营业执照、责令关闭、撤销或者用人单位决定提前解散而终止劳动合同的。

(7)法律、行政法规规定的其他情形。

经济补偿按劳动者在本单位工作的年限,每满1年支付1个月工资的标准向劳动者支付。6个月以上不满1年的,按1年计算;不满6个月的,向劳动者支付半个月工资的经济补偿。劳动者月工资高于用人单位所在直辖市、设区的市级人民政府公布的本地区上年度职工月平均工资3倍的,向其支付经济补偿的标准按职工月平均工资3倍的数额支付,向其支付经济补偿的年限最高不超过12年。月工资是指劳动者在劳动合同解除或者终止前12个月的平均工资。

(三)解除劳动合同的经济赔偿

解除劳动合同的经济赔偿是对用人单位违反我国劳动法律规定解除或者终止劳动合同时的一种惩罚性赔偿。

根据法律规定,用人单位违反法律规定解除或者终止劳动合同,劳动者要求继续履行劳动合同的,用人单位应当继续履行;劳动者不要求继续履行劳动合同或者劳动合同已经不能继续履行的,用人单位应当按经济补偿标准的双倍数额向劳动者支付赔偿金。

小练习

1. 某民办科研所与技术员周某签订劳动合同，约定由周某承担科研所的一个产品开发项目。开发过程中，由于资金缺乏，项目被迫下马。科研所决定与周某解除劳动关系。对此，该单位法律顾问提供的下列建议中，（　　）不符合法律规定。

A. 告知周某当初聘用他的工作岗位已不存在

B. 至少提前30天向周某发出书面通知

C. 先安排周某到后勤岗位，如他拒绝就可以解雇

D. 如周某同意解除劳动合同可与单位签订解约协议，单位支付经济补偿；如周某不同意签订解约协议，单位有权单方解约并不必支付经济补偿

2. 某厂工人田某体检时被初诊为脑瘤，万念俱灰，既不复检也未经请假就外出旅游。该厂以田某连续旷工超过15天，严重违反规章制度为由解除劳动合同。对于由此引起的劳动争议，下列（　　）说法是正确的。

A. 该厂单方解除劳动合同，应事先将理由通知工会

B. 因田某严重违反规章制度，无论是否在规定的医疗期内该厂均有权解除劳动合同

C. 如该厂解除劳动合同的理由成立，无需向田某支付经济补偿金

D. 如该厂解除劳动合同的理由违法，田某有权要求继续履行劳动合同并主张经济补偿金2倍的赔偿金

六、劳动合同的终止

（一）劳动合同的终止的概念

劳动合同的终止是指劳动合同订立后，因出现某种法定的事实，导致用人单位与劳动者之间形成的劳动关系自动归于消灭，或导致双方劳动关系的继续履行成为不可能而不得不消灭的情形。

（二）劳动合同终止的情形

根据《劳动合同法》第44条的规定，有下列情形之一的，劳动合同终止：

（1）劳动合同期满的。

（2）劳动者开始依法享受基本养老保险待遇的。

（3）劳动者死亡，劳动者被人民法院宣告死亡或者宣告失踪的。

（4）用人单位被依法宣告破产的。

（5）用人单位被吊销营业执照、责令关闭、撤销或者用人单位决定提前解散的。

（6）法律、行政法规规定的其他情形。

(三) 劳动合同终止的限制性规定

如果有下列情形，用人单位既不得解除劳动合同，也不得终止劳动合同，劳动合同应当延续至相应的情形消失时终止：

(1) 从事接触职业病危害作业的劳动者未进行离岗前职业健康检查，或者疑似职业病病人在诊断或者医学观察期间的。

(2) 在本单位患职业病或者因工负伤并被确认丧失或者部分丧失劳动能力的。

(3) 患病或者非因工负伤，在规定的医疗期内的。

(4) 女职工在孕期、产期、哺乳期的。

(5) 在本单位连续工作满15年，且距法定退休年龄不足5年的。

(6) 法律、行政法规规定的其他情形。

(四) 劳动合同终止后的档案和社会保险关系的转移

(1) 劳动关系解除或者终止的，用人单位应当出具解除或者终止劳动合同的证明，证明应当写明劳动合同期限、解除或者终止劳动合同的日期、工作岗位、在本单位的工作年限，并在15日内为劳动者办理档案和社会保险关系的转移手续。

(2) 用人单位未向劳动者出具解除或者终止劳动合同的书面证明，由劳动行政部门责令改正；给劳动者造成损害的，应当承担赔偿责任。

(3) 用人单位对已经解除或者终止的劳动合同的文本，至少保存2年备查。

(4) 劳动者依法解除或者终止劳动合同，用人单位扣押劳动者档案或者其他物品的，由劳动行政部门责令限期退还劳动者本人，并以每人500元以上2,000元以下的标准处以罚款；给劳动者造成损害的，应当承担赔偿责任。

小练习

根据劳动合同法律制度的规定，下列各项中可导致劳动合同终止的情形有(　　)。
A. 劳动合同期满　　　　　　　　B. 用人单位决定提前解散
C. 用人单位被依法宣告破产　　　　D. 劳动者达到法定退休年龄

七、集体合同

(一) 集体合同的概念和特征

集体合同是指企业职工一方与用人单位根据法律、法规的规定就劳动报酬、工作时间、休息休假、劳动安全卫生、保险福利等事项在平等协商一致的基础上签订的书面协议。集体合同以集体劳动关系中全体劳动者的最低劳动条件、劳动标准和全体职工的权利义务为主要内容，目的是协调用人单位内部劳动关系，确定劳动者的共同利益。

集体合同由工会代表企业职工一方与用人单位订立；尚未建立工会的用人单位，由上级工会指导劳动者推举的代表与用人单位订立。

集体合同具有如下特征：

1. 集体合同的主体特定

集体合同的一方是劳动者的企事业工会或职工代表，另一方是企业或实行企业化管理的事业单位。

2. 集体合同是要式合同

我国劳动法规定集体合同必须报送劳动保障行政部门登记、审查、备案，方能发生法律效力。

3. 集体合同的效力高于劳动合同的效力

集体合同的效力及于企事业单位及其工会和全体职工。劳动合同约定的劳动者的个人劳动条件和劳动报酬标准不得低于集体合同或专项集体合同的规定，否则无效。

（二）集体合同的内容和期限

《劳动合同法》第51条第1款规定了集体合同的内容，即：（1）劳动报酬。（2）工作时间。（3）休息休假。（4）保险福利。（5）劳动安全与卫生。（6）合同期限。（7）变更、解除、终止集体合同的协商程序。（8）双方履行集体合同的权利和义务。（9）履行集体合同发生争议时协商处理的约定。（10）违反集体合同的责任及双方认为应当协商约定的其他内容。

集体合同中劳动报酬和劳动条件等标准不得低于当地人民政府规定的最低标准；用人单位与劳动者订立的劳动合同中劳动报酬和劳动条件等标准不得低于集体合同规定的标准。

集体合同的期限为1~3年，在集体合同规定的期限内，双方代表可对集体合同履行情况进行检查。经双方协商一致，也可以对集体合同进行修订。

（三）集体合同的订立

集体合同的订立是指工会或职工代表与企业或事业单位之间，为确定全体职工与用人单位的权利义务而依法就集体合同条款经过协商一致，确立集体合同关系的法律行为。

订立集体合同一般经过以下程序：

（1）讨论集体合同草案。经双方代表协商一致的集体合同草案应提交职工代表大会或者全体职工讨论。

（2）通过集体合同草案。全体职工代表半数以上或者全体职工半数以上同意，集体合同草案或专项集体合同草案方获通过。

（3）签订集体合同。集体合同经依法讨论通过后，由双方首席代表签字签订。

（4）报送审查。集体合同订立后，用人单位应当报送劳动行政部门。劳动行政部门自收到集体合同文本之日起15日内未提出异议的，集体合同即行生效。依法订立的集体合同对用人单位和劳动者具有约束力。行业性、区域性集体合同对当地本行业、本区域的用人单位和劳动者具有约束力。

企业职工一方与用人单位可以订立劳动安全卫生、女职工权益保护、工资调整机制等专项集体合同。

在县级以下区域内，建筑业、采矿业、餐饮服务业等行业可以由工会与企业方面代表订立行业性集体合同，或者订立区域性集体合同。

集体合同订立后，应当报送劳动行政部门；劳动行政部门自收到集体合同文本之日起15日内未提出异议的，集体合同即行生效。依法订立的集体合同对用人单位和劳动者具有约束力。行业性、区域性集体合同对当地本行业、本区域的用人单位和劳动者具有约束力。

（四）集体合同争议的处理

集体合同争议是指集体合同当事人对合同的内容、履行情况和不履行后果产生的争议。

根据我国《劳动法》的规定，我国集体合同争议可以分为因签订集体合同发生的争议和因履行集体合同发生的争议两类。与此对应，集体合同争议处理的两大内容也就是因签订集体合同发生的争议的处理和因履行集体合同发生的争议的处理。这两种集体合同争议处理的方式，其处理程序、处理机构都有所不同。集体协商过程中发生争议，双方当事人协商解决，协商不成可由劳动保障行政部门协调处理。因履行集体合同而发生争议的处理。因履行集体合同发生的争议可以通过协商、仲裁和诉讼解决。

小练习

下列关于集体合同的表述错误的是(　　)。

A. 未建立工会的企业，集体合同应由职工推举的代表与企业签订
B. 劳动合同中的劳动条件和劳动报酬标准可以高于集体合同的规定
C. 并非所有的企业都必须签订集体合同
D. 集体合同必须经劳动行政部门审查批准方能生效

第三节

劳务派遣和非全日制用工

【案例导读】

1号店配送员单挑劳务派遣制

2013年1月4日,来自1号店(上海益实多电子商务有限公司)的配送员徐辉由于劳务派遣、被无故解雇等问题,将1号店告上深圳市罗湖区劳动人事争议仲裁委员会,要求确认与1号店的劳动合同关系,返还押金,支付工资、加班费、经济补偿金、社保等合计15万元。

徐辉称,2011年8月30日至2012年12月14日期间,他一直在1号店工作。在1号店的要求下,他先后分别同两家劳务派遣公司签订劳务派遣合同。但他表示自己从来没有见过、接触过这两家劳务派遣公司,并称当初面试、签订合同、改签合同、发放工资等全部是由1号店的深圳分公司负责。自入职以来他一直没有休过年假,国家法定节假日仍被要求加班,但却没有相应的加班费。此外,徐辉称自己的其他合法权利也都被非法的劳务派遣合同严重损害。

资料来源:林洁,劳动法修改后首例纠纷:1号店配送员单挑劳务派遣制,羊城晚报,2013年01月05日。

【分析提示】

根据《劳动合同法》关于劳务派遣的规定,劳务派遣用工是补充形式,只能在临时性、辅助性或者替代性的工作岗位上实施。1号店与其配送员徐辉完全不符合劳务派遣的条件,1号店应该与徐辉直接签订劳动合同,建立正常的劳动关系。1号店要求申请人与其他第三人签订劳务派遣合同明显违反了劳动合同法和劳动法的规定,违背了劳务派遣的条件和原则,完全是为了规避国家法律、侵害申请人合法权益而签订的劳务派遣合同,应属无效。

一、劳务派遣

(一) 劳务派遣的概念

劳务派遣是指劳务派遣单位与被派遣劳动者建立劳动关系,而后将被派遣劳动者派遣到用工单位,在用工单位的指挥监督下从事劳动。

劳务派遣最显著的特征是劳动力的雇用和使用分离。因此，劳动合同用工是我国的企业基本用工形式，劳务派遣用工是补充形式，只能在临时性、辅助性或者替代性的工作岗位上实施。临时性工作岗位是指存续时间不超过6个月的岗位；辅助性工作岗位是指为主营业务岗位提供服务的非主营业务岗位；替代性工作岗位是指用工单位的劳动者因脱产学习、休假等原因无法工作的一定期间内，可以其他劳动者替代工作的岗位。

（二）劳务派遣单位的规定

1. 劳务派遣单位的设立规定

《劳动合同法》第57条规定，设立劳务派遣单位应当符合以下条件：（1）注册资本不得少于200万元。（2）有与开展业务相适应的固定的经营场所和设施。（3）有符合法律、行政法规规定的劳务派遣管理制度。（4）法律、行政法规规定的其他条件。

2. 劳务派遣单位的义务

（1）签订劳务派遣协议的义务。劳务派遣单位派遣劳动者应当与用工单位订立劳务派遣协议。劳务派遣协议应当约定派遣岗位和人员数量、派遣期限、劳动报酬和社会保险费的数额与支付方式以及违反协议的责任。劳务派遣单位应当将劳务派遣协议的内容告知被派遣劳动者。劳务派遣单位不得克扣用工单位按照劳务派遣协议支付给被派遣劳动者的劳动报酬。

（2）支付报酬的义务。劳务派遣单位应当与被派遣劳动者订立2年以上的固定期限劳动合同，按月支付劳动报酬。被派遣劳动者在无工作期间，劳务派遣单位应当按照所在地人民政府规定的最低工资标准，向其按月支付报酬。劳务派遣单位应当按照同工同酬的原则，对被派遣劳动者与本单位同类岗位的劳动者实行相同的劳动报酬分配办法。劳务派遣单位无同类岗位劳动者的，参照用工单位所在地相同或者相近岗位劳动者的劳动报酬确定。

（三）用工单位的义务

用工单位虽然不是劳动法意义上的用人单位，但由于被派遣劳动者实际在用工单位提供劳动，接受用工单位的管理，因此，用工单位同样需对被派遣劳动者负有相应的义务。根据《劳动合同法》第62条的规定，用工单位应当履行下列义务：

（1）执行国家劳动标准，提供相应的劳动条件和劳动保护。

（2）告知被派遣劳动者的工作要求和劳动报酬。

（3）支付加班费、绩效奖金，提供与工作岗位相关的福利待遇。劳务派遣中，被派遣劳动者享有与用工单位的劳动者同工同酬的权利。用工单位应当按照同工同酬原则，对被派遣劳动者与本单位同类岗位的劳动者实行相同的劳动报酬分配办法。用工单位无同类岗位劳动者的，参照用工单位所在地相同或者相近岗位劳动者的劳动报酬确定。被派遣劳动者有权在劳务派遣单位或者用工单位依法参加工会，维护自身的合法权益。被派遣劳动者享有依法解除劳动合同的权利等。

（4）对在岗被派遣劳动者进行工作岗位所必需的培训。

（5）连续用工的，实行正常的工资调整机制。

（6）用工单位不得将被派遣劳动者再派遣到其他用人单位。

此外，法律还规定了用工单位应当根据工作岗位的实际需要与用人单位确定派遣期限，不得将连续用工期限分割订立数个短期劳务派遣协议。用工单位不得设立劳务派遣单位向本单位或者所属单位派遣劳动者。

实践中被派遣劳动者与用工单位发生争议时，用工单位往往以双方不是劳动关系为由推诿，因此，《劳动合同法实施条例》第35条规定明确了用工单位的责任。即用工单位违反劳动合同法和本条例有关劳务派遣规定的，由劳动行政部门和其他有关主管部门责令改正；情节严重的，以每位被派遣劳动者1,000元以上5,000元以下的标准处以罚款；给被派遣劳动者造成损害的，劳务派遣单位和用工单位承担连带赔偿责任。《劳动争议调解仲裁法》第22条规定，劳务派遣单位或者用工单位与劳动者发生劳动争议的，劳务派遣单位和用工单位为共同当事人。

小练习

下列关于劳务派遣的表述中正确的有（　　）。

A. 劳动合同关系存在于劳务派遣单位与被派遣劳动者之间
B. 劳务派遣单位是用人单位，接受以劳务派遣形式用工的单位是用工单位
C. 被派遣劳动者的劳动报酬可低于用工单位同类岗位劳动者的劳动报酬
D. 被派遣劳动者不能参加用工单位的工会

二、非全日制用工

非全日制用工是指以小时计酬为主，劳动者在同一用人单位一般平均每日工作时间不超过4小时，每周工作时间累计不超过24小时的用工形式。

非全日制用工双方当事人可以订立口头协议。从事非全日制用工的劳动者可以与1个或者1个以上用人单位订立劳动合同；但是，后订立的劳动合同不得影响先订立的劳动合同的履行。

非全日制用工双方当事人不得约定试用期。任何一方都可以随时通知对方终止用工。终止用工，用人单位不向劳动者支付经济补偿。

非全日制用工小时计酬标准不得低于用人单位所在地人民政府规定的最低小时工资标准。非全日制用工劳动报酬结算支付周期最长不得超过15日。

小练习

下列关于非全日制用工的说法中符合《劳动合同法》的规定的选项是（　　）。

A. 从事非全日制用工的劳动者与多个用人单位订立劳动合同的，后订立的合同不得影响先订立合同的履行

B. 非全日制用工合同不得约定试用期
C. 非全日制用工劳动报酬结算支付周期最长不得超过15日
D. 非全日制用工终止时，用人单位应当向劳动者支付经济补偿

第四节

劳动争议的处理

【案例导读】

末位淘汰并不意味着不胜任工作

2005年7月，被告王鹏进入原告中兴通讯（杭州）有限责任公司（以下简称中兴通讯）工作，劳动合同约定王鹏从事销售工作，基本工资每月3,840元。该公司的《员工绩效管理办法》规定：员工半年、年度绩效考核分别为S、A、C1、C2四个等级，分别代表优秀、良好、价值观不符、业绩待改进；S、A、C（C1、C2）等级的比例分别为20%、70%、10%；不胜任工作原则上考核为C2。王鹏原在该公司分销科从事销售工作，2009年1月后因分销科解散等原因，转岗至华东区从事销售工作。2008年下半年、2009年上半年及2010年下半年，王鹏的考核结果均为C2。中兴通讯认为，王鹏不能胜任工作，经转岗后，仍不能胜任工作，故在支付了部分经济补偿金的情况下解除了劳动合同。

2011年7月27日，王鹏提起劳动仲裁。同年10月8日，仲裁委作出裁决：中兴通讯支付王鹏违法解除劳动合同的赔偿金余额36,596.28元。中兴通讯认为其不存在违法解除劳动合同的行为，故于同年11月1日诉至法院，请求判令不予支付解除劳动合同赔偿金余额。

浙江省杭州市滨江区人民法院于2011年12月6日作出（2011）杭滨民初字第885号民事判决：原告中兴通讯（杭州）有限责任公司于本判决生效之日起十五日内一次性支付被告王鹏违法解除劳动合同的赔偿金余额36,596.28元。宣判后，双方均未上诉，判决已发生法律效力。

【分析提示】

《劳动合同法》对用人单位单方解除劳动合同的条件进行了明确限定。原告中兴通讯以被告王鹏不胜任工作，经转岗后仍不胜任工作为由，解除劳动合同，对此应负举证责任。根据《员工绩效管理办法》的规定，

"C（C1、C2）考核等级的比例为10%"，虽然王鹏曾经考核结果为C2，但是C2等级并不完全等同于"不能胜任工作"，中兴通讯仅凭该限定考核等级比例的考核结果，不能证明劳动者不能胜任工作，不符合据此单方解除劳动合同的法定条件。虽然2009年1月王鹏从分销科转岗，但是转岗前后均从事销售工作，并存在分销科解散导致王鹏转岗这一根本原因，故不能证明王鹏系因不能胜任工作而转岗。因此，中兴通讯主张王鹏不胜任工作，经转岗后仍然不胜任工作的依据不足，存在违法解除劳动合同的情形，应当依法向王鹏支付经济补偿标准两倍的赔偿金。

一、劳动争议的概念和范围

（一）劳动争议的概念和特征

劳动争议又称劳动纠纷、劳资纠纷，是指用人单位与劳动者之间因劳动权利和劳动义务所发生的争议。

劳动争议具有以下特征：

1. 劳动争议的主体特定性

劳动关系当事人一方为劳动者，另一方为用人单位。不具有劳动法律关系主体身份者之间所发生的争议，不属于劳动纠纷。如果争议不是发生在劳动关系双方当事人之间，即使争议内容涉及劳动问题，也不构成劳动争议。如，劳动者之间在劳动过程中发生的争议，用人单位之间因劳动力流动发生的争议，劳动者或用人单位与劳动行政管理中发生的争议，劳动者或用人单位与劳动行政部门在劳动行政管理中发生的争议，劳动者或用人单位与劳动服务主体在劳动服务过程中发生的争议等，都不属劳动争议。

2. 劳动争议的内容涉及劳动权利和劳动义务

劳动关系是劳动权利义务关系，如果劳动者与用人单位之间不是为了实现劳动权利和劳动义务而发生的争议，就不属于劳动争议的范畴。劳动权利和劳动义务的内容非常广泛，包括就业、工资、工时、劳动保护、劳动保险、劳动福利、职业培训、民主管理、奖励惩罚等。

3. 劳动争议的影响面较大

劳动争议与用人单位和劳动者密切相关，劳动争议发生后，用人单位的经济效率会造成一定损失。

（二）劳动争议的范围

根据《劳动争议调解仲裁法》第2条的规定，劳动争议的范围如下：（1）因确认劳动关系发生的争议。（2）因订立、履行、变更、解除和终止劳动合同发生的争议。（3）因除名、辞退和辞职、离职发生的争议。（4）因工作时间、休息休假、社会保险、福利、培训以及劳动保护发生的争议。（5）因劳动报酬、工伤医疗费、经济补偿或者赔偿金等发生的争议。（6）法律、法规规定的其他劳动争议。

二、劳动争议处理机构

《劳动法》第77条规定,劳动争议发生后,当事人可以向本单位劳动争议调解委员会申请调解;调解不成,当事人一方要求仲裁的,可以向劳动争议仲裁委员会申请仲裁。当事人一方也可以直接向劳动争议仲裁委员会申请仲裁。对仲裁裁决不服的,可以向人民法院提起诉讼。因此,可以看出,我国劳动争议处理机构包括以下三类:

(一) 劳动争议调解委员会

劳动争议调解委员会是为调解本单位发生的劳动争议而依法成立的群众性自治组织。劳动争议调解委员会由职工代表、用人单位代表和工会代表组成。劳动争议调解委员会主任由工会代表担任。

(二) 劳动争议仲裁委员会

劳动争议仲裁委员会是指国家授权、依法独立处理劳动争议案件的专门机构。劳动争议仲裁委员会按照统筹规划、合理布局和适应实际需要的原则设立。省、自治区人民政府可以决定在市、县设立;直辖市人民政府可以决定在区、县设立。直辖市、设区的市也可以设立一个或者若干个劳动争议仲裁委员会。劳动争议仲裁委员会不按行政区划层层设立。

劳动争议仲裁委员会由劳动行政部门代表、同级工会代表、用人单位方面的代表组成。劳动争议仲裁委员会主任由劳动行政部门代表担任。

劳动争议仲裁委员会负责管辖本区域内发生的劳动争议。劳动争议由劳动合同履行地或者用人单位所在地的劳动争议仲裁委员会管辖。双方当事人分别向劳动合同履行地和用人单位所在地的劳动争议仲裁委员会申请仲裁的,由劳动合同履行地的劳动争议仲裁委员会管辖。

(三) 人民法院

我国劳动争议实行一调一裁两审制,劳动仲裁是提起诉讼的前置程序,未经仲裁机构仲裁,不属于人民法院的受案范围。

《劳动争议调解仲裁法》第21条规定,劳动争议由劳动合同履行地或者用人单位所在地的劳动争议仲裁委员会管辖。双方当事人分别向劳动合同履行地和用人单位所在地的劳动争议仲裁委员会申请仲裁的,由劳动合同履行地的劳动争议仲裁委员会管辖。

三、劳动争议的处理程序

解决劳动争议应当根据事实,遵循合法、公正、及时、着重调解的原则,依法保护当事人的合法权益。根据法律规定,我国劳动争议处理程序分为以下四个阶段。

（一）协商

发生劳动争议，劳动者可以与用人单位协商，也可以请工会或者第三方共同与用人单位协商，达成和解协议。但协商不是劳动争议处理的必经程序，达成的协议无强制执行力。如果不愿协商或者协商不成，可以申请调解或者仲裁。

（二）调解

发生劳动争议，当事人可以到调解组织申请调解。当事人申请劳动争议调解可以书面申请，也可以口头申请。口头申请的，调解组织应当当场记录申请人基本情况及申请调解的争议事项、理由和时间。调解劳动争议，应当充分听取双方当事人对事实和理由的陈述，耐心疏导，帮助其达成协议。经调解达成协议的，应当制作调解协议书。

调解协议书由双方当事人签名或者盖章，经调解员签名并加盖调解组织印章后生效，对双方当事人具有约束力，当事人应当履行。因支付拖欠劳动报酬、工伤医疗费、经济补偿或者赔偿金事项达成调解协议，用人单位在协议约定期限内不履行的，劳动者可以持调解协议书依法向人民法院申请支付令。人民法院应当依法发出支付令。

调解不是处理劳动争议的必经程序。劳动争议经调解达成协议的，当事人应当履行，但不具有强制执行力。在下列情形下，当事人可在规定期限内申请仲裁：（1）当事人不愿调解。（2）劳动争议调解组织收到调解申请之日起15日内未达成调解协议的。（3）达成调解协议后，一方当事人在协议约定期限内不履行调解协议的。

（三）仲裁

1. 仲裁当事人及其仲裁形式

发生劳动争议的劳动者和用人单位为劳动争议仲裁案件的双方当事人。劳务派遣单位或者用工单位与劳动者发生劳动争议的，劳务派遣单位和用工单位为共同当事人。与劳动争议案件的处理结果有利害关系的第三人，可以申请参加仲裁活动或者由劳动争议仲裁委员会通知其参加仲裁活动。

劳动争议仲裁公开进行，但当事人协议不公开进行或者涉及国家秘密、商业秘密和个人隐私的除外。

2. 仲裁时效

劳动争议申请仲裁的时效期间为1年。仲裁时效期间从当事人知道或者应当知道其权利被侵害之日起计算。如因当事人一方向对方当事人主张权利，或者向有关部门请求权利救济，或者对方当事人同意履行义务，仲裁时效中断。从中断时起，仲裁时效期间重新计算。如因不可抗力或者有其他正当理由，当事人不能在仲裁时效期间申请仲裁的，仲裁时效中止。从中止时效的原因消除之日起，仲裁时效期间继续计算。劳动关系存续期间因拖欠劳动报酬发生争议的，劳动者申请仲裁不受仲裁时效期间的限制；但是，劳动关系终止的，应当自劳动关系终止之日起1年内提出。

3. 仲裁程序

（1）仲裁申请的提起。提出仲裁要求的一方应当自劳动争议发生之日起 60 日内向劳动争议仲裁委员会提出书面申请。申请人申请仲裁应当提交书面仲裁申请，并按照被申请人人数提交副本。仲裁申请书应当载明下列事项：①劳动者的姓名、性别、年龄、职业、工作单位和住所，用人单位的名称、住所和法定代表人或者主要负责人的姓名、职务。②仲裁请求和所根据的事实、理由。③证据和证据来源及证人姓名和住所。

书写仲裁申请确有困难的，可以口头申请，由劳动争议仲裁委员会记入笔录，并告知对方当事人。

（2）仲裁申请的受理。劳动争议仲裁委员会收到仲裁申请之日起 5 日内，认为符合受理条件的，应当受理，并通知申请人；认为不符合受理条件的，应当书面通知申请人不予受理，并说明理由。对劳动争议仲裁委员会不予受理或者逾期未作出决定的，申请人可以就该劳动争议事项向人民法院提起诉讼。劳动争议仲裁委员会受理仲裁申请后，应当在 5 日内将仲裁申请书副本送达被申请人。被申请人收到仲裁申请书副本后，应当在 10 日内向劳动争议仲裁委员会提交答辩书。劳动争议仲裁委员会收到答辩书后，应当在 5 日内将答辩书副本送达申请人。被申请人未提交答辩书的，不影响仲裁程序的进行。

（3）开庭和裁决。仲裁庭在作出裁决前，应当先行调解。调解达成协议的，仲裁庭应当制作调解书。调解不成或者调解书送达前，一方当事人反悔的，仲裁庭应当及时作出裁决。仲裁庭裁决劳动争议案件，应当自劳动争议仲裁委员会受理仲裁申请之日起 45 日内结束。案情复杂需要延期的，经劳动争议仲裁委员会主任批准，可以延期并书面通知当事人，但是延长期限不得超过 15 日。逾期未作出仲裁裁决的，当事人可以就该劳动争议事项向人民法院提起诉讼。

（4）调解和裁决的执行。当事人对发生法律效力的调解书、裁决书，应当依照规定的期限履行。一方当事人逾期不履行的，另一方当事人可以依照民事诉讼法的有关规定向人民法院申请执行。受理申请的人民法院应当依法执行。

（四）诉讼

劳动争议当事人对仲裁裁决不服的，可以自收到仲裁裁决书之日起 15 日内向人民法院提起诉讼。一方当事人在法定期限内不起诉又不履行仲裁裁决的，另一方当事人可以申请人民法院强制执行。

小练习

1. 李龙在大学毕业后被某网络公司聘用。工作期间，李龙与公司因社会保险问题发生争议。李龙正确解决该争议的做法是(　　)。

A. 提请仲裁，但必须在此之前先申请调解

B. 提请仲裁，但在此之后不能够提起诉讼

C. 自己与公司协商，也可请工会或者第三人共同与公司协商
D. 社会保险问题不适用劳动争议仲裁，李龙可直接向法院起诉

2. 根据我国相关法律规定，最终处理劳动争议的机构是（　　）。

A. 人民法院　　　　　　　　　　B. 当地人民政府
C. 劳动争议仲裁委员会　　　　　D. 当地人大常委会

本章提要

1. 基本概念

（1）劳动法是调整劳动关系以及与劳动关系密切联系的其他社会关系的法律规范的总称。

（2）劳动合同是指劳动者与用人单位确立劳动关系、明确双方权利和义务的书面协议。建立劳动关系，应当订立书面劳动合同。

（3）集体合同是指企业职工一方与用人单位根据法律、法规的规定就劳动报酬、工作时间、休息休假、劳动安全卫生、保险福利等事项在平等协商一致的基础上签订的书面协议。

（4）劳务派遣是指劳务派遣单位（用人单位）与被派遣劳动者建立劳动关系，而后将被派遣劳动者派遣到用工单位，在用工单位的指挥监督下从事劳动。

（5）劳动争议是指用人单位和劳动者之间因劳动权利和劳动义务所发生的争议。

2. 简答题

（1）简述劳动法的调整对象。
（2）简述劳动合同订立的原则。
（3）简述劳动合同解除的条件和程序。
（4）简述劳动争议处理程序。

3. 案例分析题

【案情1】

2006年8月小丽高职毕业后，应聘在"上海某实业有限公司"任设计师助理，当时劳动合同的服务期是1年。2007年8月28日，小丽与公司续签劳动合同1年，但合同的用人单位却是"上海某贸易有限公司"。此后小丽得知，2008年1月1日起将要实施的《劳动合同法》规定，用人单位与劳动者连续订立两次有固定期限劳动合同后续订劳动合同的，应当签订无固定期限劳动合同。小丽还了解到，"实业公司"和"贸易公司"的老板是同一个人，他注册"贸易公司"的目的就是用来和员工签劳动合同。只要员工每年在这两家公司之间轮换签订劳动合同，员工就永远签不到无固定期限劳动合同。得知真相后，小丽非常生气。

问题：小丽应该怎么办？

【分析提示】

《劳动合同法》第14条第2款：用人单位与劳动者协商一致，可以订立无固定期限劳动合同。连续订立二次固定期限劳动合同，且劳动者没有本法第39条和第40条第1项、第2项规定的情形，续订劳动合同的，劳动者提出或者同意续订、订立劳动合同的，除劳动者提出订立固定期限劳动合同外，应当订立无固定期限劳动合同。

本案中，小丽显然没有法定的例外情况，而老板同时成立"实业公司"与"贸易公司"的目的就是钻法律的空子，使员工不符合"连续订立二次固定期限劳动合同"这样一个条件。劳动者如果遭遇小丽这样的状况，完全可以运用法律武器保护自己的合法劳动权益。具体做法是想方设法取得相关证据。包括工作内容、上岗证、出入证、考勤卡、工资单、税单。如果与小丽续签合同的是一家没有正常业务的空壳公司，小丽的工作内容往往就是原来的内容，甚至上岗证、出入证、考勤卡、工资卡、税单上的单位名称并没有变更。再有还可以去查养老保险金、失业保险金、工伤保险金、医疗保险金、公积金的单位部分缴纳者与代扣代缴单位是不是原来的单位等。即使在和"实业公司"合同到期后，小丽又和"贸易公司"签了劳动合同，这样，虽然小丽和"实业公司"没有劳动合同，但如果小丽获得了上述证据，可以证明双方建立了事实劳动关系，按照《劳动合同法》，这种情况延续一年后的法律后果是：视为小丽和"实业公司"已经订立无固定期限劳动合同，同时小丽每月可以得到2倍的工资。

【案情2】

林某和她的丈夫均在单位上班，因5岁的小孩无人照顾，于是就雇佣了保姆黄某负责照顾小孩并打理家务，双方约定月薪3,000元。后双方产生纠纷，林某解雇了黄某，但拖欠黄某2个月工资共6,000元，于是黄某向当地的劳动争议仲裁机构申请仲裁。但仲裁机构做出不予受理的决定。黄某不服，遂起诉至当地人民法院。

根据上述案情，回答以下问题：

(1) 根据《劳动法》的规定，劳动争议仲裁机构的决定是否正确？为什么？

(2) 人民法院是否应受理本案？为什么？

【分析提示】

(1) 劳动争议仲裁机构的决定是正确的。《劳动法》规定："公务员和比照实行公务员制度的事业组织和社会团体的工作人员，以及农村劳动者、现役军人和家庭保姆等不适用劳动法"。本案家庭保姆和其雇主之间的纠纷，不属于劳动法的调整范围，也不属于仲裁机构和人民法院受理劳动争议案件的范围。

(2) 人民法院应受理本案。理由是：根据最高人民法院《关于审理劳动争议案件若干问题的解释》第 2 条规定，劳动争议仲裁委员会以当事人申请仲裁的事项不属于劳动争议为由作出不予受理的书面裁决、决定或者通知，当事人不服的，依法向人民法院起诉的，人民法院应当分情况予以处理：①属于劳动争议案件的，应当受理。②虽不属于劳动者争议案件，但属于人民法院主管的其他案件，应当依法受理。本案黄某要求林某支付薪金的诉讼请求虽不属于劳动纠纷，但属于人民法院受理的民事案件中的债权债务纠纷。

4. 教学互动

教师试先拟订几份劳动合同，然后与学生签订合同，看谁能签订出合法而又最大限度维护自己利益的合同。

第十一章

经济纠纷解决机制

【知识要求】 通过本章的学习，了解和解和调解的区别，仲裁委员会的机构设置、民事诉讼的受案范围、起诉条件，诉讼时效的概念和特征，民事证据的概念与特征。熟悉法院调解原则、不需要制作调解书的情形。仲裁原则和仲裁程序。民事诉讼的特征。民事诉讼管辖和民事诉讼程序。掌握诉讼时效与除斥期间的区别，各种证据的特点。

【技能要求】 通过本章的学习，能够合理选择经济纠纷的解决方式正确解决经济纠纷，分辨各类当事人在诉讼中的地位，判断证据的种类和有效性。

第一节

和解和调解

一、和解

和解是指发生纠纷的双方当事人以平等协商、相互妥协的方式就争执的问题进行协商并达成协议的行为。由于和解没有第三者的主持或者协助,主要是靠纠纷双方自己解决争议,因此,和解又叫"私力救济"。

用和解方式解决经济纠纷,能够充分体现当事人的意志,有利于和解协议的执行。而且由于没有第三方或者人民法院的参与,涉及面窄,牵涉的人少,花费的人力、物力和时间就相对较少,当事人履行协议的可能性增大。当然,以和解方式解决经济纠纷也存在着明显的不足:(1)容易产生不公平的和解协议,损害纠纷一方的合法权益。由于没有第三方的参与,缺乏外在力量的制约,完全由纠纷当事人自行达成和解协议,因而实力较强的一方很可能将不公平的和解条款强行要求对方接受。(2)和解协议不具有强制执行力,一旦任何一方事后反悔,就只能选择其他途径解决经济纠纷。

综上所述,和解易适用于以下事项:(1)因误会形成的经济纠纷。(2)事实简单、争执不大、涉及利益小的经济纠纷。(3)希望继续维持纠纷主体间的和睦关系或者合作关系的经济纠纷。

二、调解

调解是指经济纠纷双方在第三方的主持下,通过摆事实讲道理,互谅互让,在和平协商的基础上自愿解决其纠纷的活动。

经济纠纷的调解主要有人民调解和法院调解。

(一)人民调解

人民调解又称为民间调解,是指人民调解委员会通过说服、疏导等方法,促使当事人在平等协商基础上自愿达成调解协议,解决民间纠纷的活动。

人民调解是一种人民群众进行自我管理、自我服务、自我约束、自我教育的群众性自治活动,是在人民调解委员会的主持下,通过人民调解员积极地在矛盾双方当事人之间说服、疏导等方法促使当事人双方平等协商,自愿达成协议。其调整范围是"民间纠纷",所以人民调解属于诉讼外调解。

为了调动人民利用人民调解的积极性,充分发挥人民调解的特点和优势,缓解司法负担,我国第十一届全国人大常委会第十六次会议于2010年8月28日审议通过了《人民调解法》,该法自2011年1月1日起施行。该法的颁布实施,有利于及时、高效、妥善地解决民事经济纠纷和促进社会主义和谐社会的建设。

1. 人民调解的组织

人民调解委员会是负责人民调解的组织。人民调解委员会是依法设立的调解民间纠纷的群众性组织。

人民调解委员会可以设在村民委员会、城市居民委员会、企业事业单位,乡镇、城市街道以及社会团体或者其他组织根据需要可以设立人民调解委员会。

人民调解委员会由委员3至9人组成,设主任1人,必要时,可以设副主任若干人。为了更便于调解,一般人民调解委员会的组成人数以单数为宜。为了体现调解的公正性,人民调解委员会必须要有一名以上的妇女成员,多民族居住的地区应当有人数较少民族的成员。

村民委员会、居民委员会的人民调解委员会委员由村民会议、居民会议推选产生；企业事业单位设立的人民调解委员会委员由职工代表大会或者工会组织推选产生。人民调解委员会委员每届任期3年，可以连选连任。

2. 人民调解员的任职条件

《人民调解法》第14条对人民调解员的任职条件作了明确规定，即必须具备以下四个条件：

（1）成年公民。人民调解委员会是我国人民群众自我教育、自我管理、自我服务的群众性自治组织，它的成员必须是我国公民，而且必须是18岁以上的成年公民。只有成年公民才具有完全行为能力，才具有独立分析和解决问题的能力，才能承担社会服务工作。

（2）公道正派。这是人民调解员的必备条件。人民调解员只有具备为人公正的高尚品德和情操才能为群众所信赖。人民调解员在调解工作过程中是作为中立的第三方公正、公平，不偏袒任一方，这样更才能合理、有效的解决纠纷。

（3）热心人民调解工作。人民调解工作是一项艰苦、繁重而又无名无利的工作，有时还有一定的风险，这就要求调解人员必须树立全心全意为人民服务的思想，发扬无私奉献的精神，对调解工作具有坚定的事业心和高度的责任感。

（4）具有一定文化水平、政策水平和法律知识。这是对人民调解员文化素质的要求。人民调解员熟悉和掌握与调解工作直接有关的法律和政策，是正确贯彻人民调解工作原则的前提和关键。特别是在实施依法治国、建设社会主义法治国家基本方略的新形势下，群众的法律意识和法制观念在不断增强，人民调解员要正确、顺利地开展工作，更需要提高自己的法律素质和政策水平。一定的文化水平是必需的，否则就难以提高其法律、政策水平。

3. 人民调解的原则

人民调解委员会和人民调解员调解民间纠纷，应当遵循下列原则：

（1）自愿平等的原则。人民调解的基础是当事人自愿平等，这贯穿整个人民调解活动的始终。当事人可以选择是否接受调解，即使在调解进行的过程中，当事人也可以选择是否继续调解；当事人接受人民调解委员会安排的调解员，也可以自主选择；当事人可以接受调解员提出的调解方案，也可以自行提出调解方案；当事人可以自由选择达成书面协议或口头协议等。当事人在人民调解过程中享有平等的法律地位，这种平等不仅指平等权利，而且也包括平等的义务，任何人均不享有特权。

（2）依法调解的原则。人民调解不能违背法律、法规和国家政策。虽然人民调解是在人民调解委员会主持下调解民间纠纷的一种群众性活动，但也必须依据法律、法规和国家政策进行，必须坚持依法进行调解。该原则主要内容包括人民调解必须在法律允许的范围内进行；进行人民调解必须遵循以事实为依据、以法律为准绳的法定原则；调解的结果和当事人的权利义务的确定，必须符合法律、法规和国家政策；调解程序必须符合相关的法律规定。

（3）尊重当事人权利的原则。在调解过程中，人民调解委员会应尊重当事人的权利，不得因调解而阻止当事人依法通过仲裁、行政、司法等途径维护自己的权利。这是人民调解的保障。调解、仲裁、行政或司法途径都是当事人可以选择的维护自身合法权益的有效途径。当事人有权利选择利用哪种途径主张权利和维护自身合法利益。当事人有权利选择是否采用调解解决方案。

（4）公正调解的原则。人民调解员调解民间纠纷，应当坚持原则，明法析理，主持公道。人民调解员在调解工作中偏袒一方当事人的，侮辱当事人的，索取、收受财物或者牟取其他利益的以及泄露当事人的个人隐私、商业秘密的行为之一的，由其所在的人民调解委员会给予批评教育、责令改正；情节严重的，由推选或者聘任单位予以罢免或者解聘。

（5）及时调解的原则。调解民间纠纷，应当及时、就地进行，防止矛盾激化。人民调解员根据纠纷不同情况，可以采取多种方式调解民间纠纷，充分听取当事人的陈述，讲解有关法律、法规和国家政策，耐心疏导，在当事人平等协商、互谅互让的基础上，提出纠纷解决方案，帮助当事人自愿达成调解协议。

4. 当事人在调解中的权利义务

当事人在参与调解活动的过程中享有以下权利：

（1）选择或者接受人民调解员的权利。当事人既可以接受人民调解委员指定的调解员，也可以选择自己喜欢和信任的调解员。

（2）接受调解、拒绝调解或者要求终止调解的权利。当事人可以接受人民调解委员会的调解，也可以拒绝调解，在调解活动进行过程中，还可以随时要求终止调解，充分尊重当事人的意愿。

（3）要求调解公开或者不公开进行的权利。当事人可以自主选择调解的方式是否公开。这主要考虑到民事纠纷和矛盾的复杂性，对于一些涉及个人隐私或当事人不愿意公开调解的案件，本着充分尊重当事人的原则，运用不公开的方式调解往往能够消除因为调解所带来的不利社会效果。

（4）自主表达意愿、自愿达成调解协议的权利。在调解活动中，当事人是主角，可以自主表达意愿，这与人民法院审理案件必须遵循法定的程序相比，更具灵活性。调解也不要求必须达成协议，双方自愿。

当事人在人民调解活动中履行下列义务：

（1）如实陈述纠纷事实。只有当事人如实表达案件的事实情况，才能方便人民调解员查明事实，明辨是非，使调解工作有效地开展。

（2）尊重人民调解员，遵守调解现场秩序。实践中，有些矛盾纠纷双方当事人冲突激烈，而人民调解员又不同于法官的身份，现场更没有法警来维持秩序，双方一旦言语失和，很可能拳脚相加，甚至出现辱骂、攻击人民调解员的现象，这将导致调解工作无法进行下去，双方的矛盾也可能进一步升级。因此要求双方当事人能够自觉遵守现场的秩序，对调解纠纷的人民调解员予以尊重。

（3）尊重对方当事人行使权利。人民调解活动离开当事人任何一方的参与，都无法继续下去,一方当事人在参与调解行使权利的过程中,也应当尊重另一方的权利,不能颐指气使,不让对方说话或气势汹汹,一副得理不让人的样子。当事人只有彼此尊重对方的权利,平心静气,才可能使民事纠纷得到圆满解决。

5. 人民调解的效力

经人民调解委员会调解达成的调解协议,具有法律约束力,当事人应当按照约定履行。人民调解委员会应当对调解协议的履行情况进行监督,督促当事人履行约定的义务。

经人民调解委员会调解达成调解协议后,双方当事人认为有必要的,可以自调解协议书生效之日起30日内共同向人民法院申请司法确认,人民法院应当及时对调解协议进行审查,依法确认调解协议的效力。人民法院依法确认调解协议内容无效的,当事人可以通过人民调解方式变更原调解协议或者达成新的调解协议,也可以向人民法院提起诉讼。

小练习

1. 张某与李某产生邻里纠纷,张某将李某打伤。为解决赔偿问题,双方同意由人民调解委员会进行调解。经调解员黄某调解,双方达成赔偿协议。关于该纠纷的处理,下列说法正确的是(　　)。

A. 张某如反悔不履行协议,李某可就协议向法院提起诉讼
B. 张某如反悔不履行协议,李某可向法院提起人身损害赔偿诉讼
C. 张某如反悔不履行协议,李某可向法院申请强制执行调解协议
D. 张某可以调解委员会未组成合议庭调解为由,向法院申请撤销调解协议

2. 根据《人民调解法》的规定,双方达成的调解协议书(　　)。

A. 经人民法院确认后有效　　　　　　B. 具有强制执行力
C. 司法确认是必经程序　　　　　　　D. 经人民法院确认后具有强制力

(二) 法院调解

法院调解是指人民法院对于受理的民事经济纠纷案件进行的调解。法院调解是诉讼内调解。

1. 法院调解的原则

(1) 自愿原则。《民事诉讼法》第85条规定,"人民法院审理民事案件,根据当事人自愿的原则,在事实清楚的基础上,分清是非,进行调解。"因此,除了婚姻案件是诉讼内调解必经程序外,其他民事纠纷案件是否进行调解,取决于当事人的自愿,调解不是必经程序。

(2) 合法原则。人民法院进行调解所达成的协议不能违反法律规定。

2. 法院调解的组成

人民法院进行调解,可以由审判员一人主持,也可以由合议庭主持,并尽可能就地

进行。人民法院进行调解，可以用简便方式通知当事人，证人到庭。可以邀请有关单位和个人协助。被邀请的单位和个人，应当协助人民法院进行调解。

3. 法院调解书

调解达成协议，人民法院应当制作调解书。调解协议的内容不得违反法律规定。调解书应当写明诉讼请求、案件的事实和调解结果。调解书由审判员、书记员署名，加盖人民法院印章，送达双方当事人。调解书经双方当事人签收后，即具有法律效力。

小练习

1. 甲、乙二人因租赁合同纠纷诉至人民法院，审判员对此案进行了调解，但未达成协议。于是人民法院开庭审理后当庭作出判决。在送达判决书之前，甲又要求人民法院进行调解。这时，人民法院应当（   ）。

   A. 暂不送达判决书，恢复审理，主持双方再行调解
   B. 撤回原判决，恢复审理，主持双方再行调解
   C. 继续送达判决书
   D. 按审判监督程序进行再审

2. 某商场与某厂签订购销合同，后双方因合同发生争议，商场遂诉至人民法院。审理过程中，双方经人民法院调解达成调解协议。人民法院遂于2014年8月15日制作了调解书，并于8月16日通知双方到法院签收调解书。商场于8月17日来法院签收并取走调解书，而某厂由于生产任务紧一直于8月20日才签收取走调解书。根据上述情况，调解书的生效日期为（   ）。

   A. 8月15日
   B. 8月16日
   C. 8月17日
   D. 8月20日

第二节

仲　裁

一、仲裁的概念和特征

仲裁是指当事人根据合同中订立的仲裁条款或者事后达成的仲裁协议，将他们之间已经发生的或者将来可能发生的经济纠纷提交某一机构进行裁判，并受该机构裁决约束的制度。目前，仲裁已经成为国际上通行的解决争议的重要方式。仲裁具有以下特征：

（1）仲裁机构属于民间组织，其成员多为各行业的专家。由于民事纠纷与商事纠纷往往涉及专业知识领域，因而聘请相关行业的专家担任仲裁员有利于案件的正确处理。

（2）仲裁系当事人自愿选择的解决争议的方式。仲裁由当事人自愿选择，双方更容易接受仲裁的处理，自觉执行仲裁裁决。

（3）仲裁程序比较简单。与诉讼程序相比，不仅耗时少，而且费用低。仲裁程序对当事人更具有吸引力。

（4）仲裁一般不实行公开审理。为了保护当事人不愿泄露的商业秘密，仲裁一般不实行公开审理。

（5）仲裁裁决具有法律效力。仲裁程序虽然不同于诉讼程序，但是，通过仲裁程序作出的裁决同样具有法律效力。一方当事人不履行仲裁裁决的，另一方当事人可以申请人民法院强制执行。

二、仲裁法及其适用范围

（一）仲裁法的概念和特征

仲裁法是指国家制定或认可的，规范仲裁法律关系主体的行为和调整仲裁法律关系的法律规范的总称。我国现行《仲裁法》是第八届全国人大常委会第九次会议在1994年8月31日通过的，该法自1995年9月1日起施行。《仲裁法》的颁布和施行，对于保证公正、及时地仲裁经济纠纷，保护当事人的合法权益，保障社会主义市场经济健康发展具有十分重要的意义。

仲裁法具有以下特征：

1. 明确规定机构仲裁

根据我国《仲裁法》的规定，当事人订立仲裁协议时，应当选定具体的仲裁委员会，对仲裁委员会没有约定或者约定不明确的，可以补充协议，达不成补充协议的，仲裁协议无效。这表明，我国只能采取机构仲裁的方式，而不能采取临时仲裁的方式。

2. 对涉外仲裁作出特别规定

基于涉外仲裁自身的特点，仲裁法以专章的形式对涉外仲裁的特定事项作出了有别于国内仲裁的特别规定，包括涉外仲裁机构的设立、仲裁员资格、采取保全措施的人民法院、涉外仲裁裁决的撤销、不予执行等。

3. 仲裁和调解相结合的方式解决纠纷

《仲裁法》第49条明确规定，仲裁庭在作出裁决前，可以先行调解。当事人自愿调解的，仲裁庭应当调解。调解不成的，仲裁庭应及时作出裁决。调解达成协议的，仲裁庭应当制作调解书或者根据协议的结果制作裁决书。调解书与裁决书具有同等法律效力。

（二）仲裁法的适用范围

仲裁法的适用范围也称为仲裁法的效力，是指仲裁法对什么人、什么事、在什么时间和空间范围内发生效力。

1. 对人的适用范围

我国《仲裁法》具有广泛的对人的适用范围，凡是在中华人民共和国领域内的仲裁机构进行仲裁活动的双方当事人，都必须遵守我国《仲裁法》的规定。

2. 对事的适用范围

对事的适用范围是指仲裁机构根据仲裁法的规定，可以受理的提交仲裁的争议事项的范围。

根据《仲裁法》第 2 条的规定，仲裁机构受理的纠纷应符合以下三个条件：

（1）仲裁主体的平等性。发生纠纷的双方当事人应当是平等的公民、法人和其他组织。

（2）仲裁事项的可处分性。仲裁的争议事项必须是当事人依法享有处分权的，当事人不享有处分权的事项不能申请仲裁。

（3）仲裁事项的限定性。实践中能够适用于仲裁的事项仅限于合同纠纷和其他财产权益纠纷。合同纠纷主要有一般民事经济合同纠纷、技术合同纠纷、著作权合同纠纷，房地产合同纠纷、涉外经济合同纠纷、海事海商合同纠纷等。其他财产权益纠纷主要是指侵权纠纷。这类纠纷在海事、房地产、产品质量、知识产权领域较为多见。因此，法律明确规定以下事项不允许仲裁：①婚姻、收养、监护、扶养、继承纠纷。这类纠纷虽然也属于民事纠纷，都在不同程度上涉及到当事人的财产权益，但都是建立在身份关系的基础上，当事人往往不能自由处分这方面的权利。②依法应当由行政机关处理的行政争议。由于行政争议是国家行政机关之间，行政机关与其他国家机关、企事业单位、社会团体以及公民之间因行政管理而引起的争议，争议事项涉及国家行政权，当事人无权自由处分。③劳动争议和农业集体经济组织内部的农业承包合同纠纷的仲裁。

3. 时间上的适用范围

时间上的适用范围是指仲裁法发生法律效力的期间，即时间范围。一般以法律明文规定为准。我国《仲裁法》明文规定该法自 1995 年 9 月 1 日起施行。

4. 空间上的适用范围

空间上的适用范围也称为仲裁法的地域效力，是指仲裁法在多大地域范围内发生法律效力。我国《仲裁法》在中华人民共和国领域内发生法律效力，而在中华人民共和国领域外不发生法律效力。

小练习

我国《仲裁法》适用于（　　）。

A. 合同纠纷　　　　　　　　　　B. 收养、抚养纠纷

C. 婚姻、继承纠纷　　　　　　　D. 劳动争议和行政纠纷

E. 其他财产权益纠纷

三、仲裁的基本原则

当事人采用仲裁方式解决经济纠纷应当遵循以下原则：

(一) 自愿原则

自愿原则是指当事人是申请仲裁还是向人民法院起诉，由当事人选择。自愿原则是仲裁制度中的基本原则，是仲裁制度赖以存在与发展的基石。

1. 当事人自主决定是否仲裁

民事经济纠纷最具有效性、权威性的解决途径是诉讼和仲裁。诉讼无需征求对方当事人的同意，而仲裁则必须出于当事人双方的共同意愿。没有仲裁协议，一方申请仲裁的，仲裁组织不予受理。《仲裁法》第5条规定："当事人达成仲裁协议，一方向人民法院起诉的，人民法院不予受理，但仲裁协议无效的除外。"但是，当事人达成仲裁协议，一方向人民法院起诉未声明有仲裁协议，人民法院受理后，另一方在首次开庭前未对人民法院受理该案提出异议的，视为放弃仲裁协议，人民法院应当继续审理。另一方在首次开庭前提交仲裁协议的，人民法院应当驳回起诉，但仲裁协议无效的除外。

2. 当事人双方协商选定仲裁机构和仲裁员

当事人约定仲裁机构不受地域和级别管辖的限制，可以任选他们所共同信任对纠纷处理较为方便的仲裁机构处理他们之间所发生的争议。这一点与诉讼截然不同。当事人可以在仲裁员名册中各自选定仲裁员或共同选定仲裁员，也可委托仲裁机构主任代为指定。

仲裁员遇有下列情形之一，当事人可要求其回避：①是本案当事人或当事人、代理人的近亲属。②与本案有利害关系，即案件裁决结果直接或间接涉及仲裁员的某种利益。③与本案当事人、代理人有其他关系，可能影响公正仲裁的。"其他关系"指除上述关系之外的其他社会关系。在某些情况下，这些关系的存在足以影响对案件的公正裁决。④私自会见当事人、代理人，或者接受当事人、代理人的请客送礼的。当事人申请仲裁员回避，应提出口头或书面申请，并说明理由。

对仲裁员的回避，应在仲裁案件首次开庭前提出；如果回避事由在首次开庭后知道的，可以在最后一次开庭终结前提出。当事人提出的回避申请，须由仲裁委员会予以审查并决定是否准许。《仲裁法》第36条规定，"仲裁员是否回避，由仲裁委员会主任决定；仲裁委员会主任担任仲裁员时，由仲裁委员会集体决定。"

一方当事人的回避申请获准后，另一方当事人可以重新选定仲裁员或由仲裁委员会主任重新指定仲裁员，另行组成仲裁庭主持案件的审理。同时，提出回避申请的当事人还可以要求已进行的仲裁程序重新进行，是否准许，由新组成的仲裁庭决定。新组成的仲裁庭也可以自行决定已进行的仲裁程序是否重新进行。

3. 当事人可以在仲裁中自愿和解及调解

当事人可以自行和解，达成和解协议后，可以请求仲裁庭根据和解协议作出仲裁裁决书；当事人也可以撤回仲裁申请。

4. 当事人可以协议在裁决书中不写明争议事实和裁决理由

裁决书应当写明争议事实及裁决理由，但如果当事人协议不愿写明的，可以不写。

5. 约定仲裁审理方式、开庭形式等有关的程序事项

仲裁一般应当开庭进行，但如果当事人协议不开庭的，仲裁庭也可以对案件进行书面审理；仲裁一般不公开进行，除涉及国家秘密的案件外。当事人协议公开的，也可以公开进行。

（二）公平合理原则

公平合理原则是公正处理经济纠纷的根本保障，是解决当事人之间的争议所应当依据的基本准则。公平合理原则要求仲裁庭处理经济纠纷应当公平、公正、不偏不倚。仲裁庭在仲裁活动中必须保持中立，平等对待双方当事人，无论仲裁员是由哪一方当事人选定的，他都不代表任何一方当事人的利益，而是应当平等地保护当事人的利益，为各方当事人平等地行使权利提供同等的机会，并依据事实，公平合理地确定当事人之间的权利义务。

（三）独立仲裁原则

我国《仲裁法》明确规定仲裁应依法独立进行，不受行政机关、社会团体和个人的干涉。独立仲裁原则体现在仲裁与行政脱钩，仲裁委员会独立于行政机关，与行政机关没有隶属关系，仲裁委员会之间也没有隶属关系。同时，仲裁庭独立裁决案件，仲裁委员会以及其他机关、社会团体和个人不得干预。

（四）一裁终局原则

仲裁实行一裁终局的原则，是世界各国仲裁实践中的普遍做法和仲裁立法中的普遍规定。《仲裁法》第9条规定："仲裁实行一裁终局的制度。裁决作出后，当事人就同一纠纷再申请仲裁或者向人民法院起诉的，仲裁委员会或者人民法院不予受理。"因此，仲裁裁决一经作出或仲裁调解经双方同意后即是发生法律效力的终局裁决，当事人应当履行裁决。一方当事人如不履行裁决或调解义务，另一方当事人可以依照民事诉讼法的有关规定向人民法院申请执行。受申请的人民法院应当执行。

仲裁裁决被人民法院裁定撤销或者不予执行的，当事人就该纠纷可以根据双方重新达成的仲裁协议申请仲裁，也可以向人民法院起诉。

小练习

采用仲裁方式解决合同纠纷的原则是（　　　）。
A. 自愿原则　　　　　　　　　　　B. 独立仲裁原则
C. 公平合理原则　　　　　　　　　D. 一裁终局原则

四、仲裁机构和仲裁协议

（一）仲裁机构

目前我国对经济纠纷进行仲裁的仲裁机构包括仲裁委员会和仲裁协会。

1. 仲裁委员会

仲裁委员会可以在直辖市和省、自治区人民政府所在地的市设立，也可以根据需要在其他设区的市设立，不按行政区划层层设立。设立仲裁委员会应当具备法定条件，并且应当经省、自治区、直辖市的司法行政部门登记。仲裁委员会独立于行政机关，与行政机关没有隶属关系，仲裁委员会之间也没有隶属关系。根据《仲裁法》第11条的规定，设立仲裁委员会应当具备下列条件：（1）有自己的名称、住所和章程。（2）有必要的财产。（3）有该委员会的组成人员。（4）有聘任的仲裁员。仲裁委员会由主任1人，副主任2～4人和委员7～11人组成。仲裁委员会的主任、副主任和委员由法律、经济贸易专家和有实际工作经验的人员担任。仲裁委员会的组成人员中，法律、经济贸易专家不得少于三分之二。

仲裁委员会应当从公道正派的人员中聘任仲裁员。仲裁员应当符合下列条件之一：（1）从事仲裁工作满8年的。（2）从事律师工作满8年的。（3）曾任审判员满8年的。（4）从事法律研究、教学工作并具有高级职称的。（5）具有法律知识、从事经济贸易等专业工作并具有高级职称或者具有同等专业水平的。

2. 仲裁协会

仲裁协会是仲裁委员会的自律性组织。中国仲裁委员会是中国仲裁协会的会员，中国仲裁协会的章程由全国会员大会制定。

中国仲裁协会根据章程对仲裁委员会及其组成人员、仲裁员的违纪行为进行监督。仲裁协会还负责依据《仲裁法》和《民事诉讼法》的有关规定制定仲裁规则。

（二）仲裁协议

1. 仲裁协议的概念和特征

仲裁协议是指双方当事人在自愿、协商、平等互利的基础上将他们之间已经发生或者可能发生的争议提交仲裁机构解决的协议。

仲裁协议是仲裁委员会受理仲裁案件的基础，是仲裁庭审理和裁决仲裁案件的依据。没有仲裁协议就没有仲裁机构对仲裁案件的仲裁管辖权。《仲裁法》第5条规定，没有仲裁协议，一方申请仲裁的，仲裁委员会不予受理。除非约定的仲裁协议无效。同时，仲裁机构的管辖权又受到仲裁协议的严格限制，即仲裁庭只能对当事人在仲裁协议中约定的争议事项进行仲裁，而对仲裁协议约定范围以外的其他争议无权进行仲裁。

仲裁协议具有以下特征：

（1）仲裁协议是一种合同。仲裁协议必须建立在双方当事人自愿、平等和协商一致的基础上，它是双方当事人共同的意思表示，是他们同意将争议提交仲裁的合同。

（2）仲裁协议必须是书面协议。一般的合同可以采取书面形式也可以采取口头形式，仲裁协议必须采取书面形式。当事人以口头仲裁协议为依据申请仲裁的，仲裁机构不予受理。《仲裁法》第16条规定："仲裁协议包括合同中订立的仲裁条款和以其他书面方式在纠纷发生前或者纠纷发生后达成的请求仲裁的协议。"

（3）仲裁协议是当事人约定将争议提交仲裁机构解决的协议。当事人约定提交仲裁的争议可以是已经发生的争议，也可以是将来可能发生的争议。当事人必须在仲裁协议中有愿意将争议提交仲裁机构解决之意思表示。

2. 仲裁协议的内容

一份完整有效的仲裁协议必须具备法定的内容。根据我国《仲裁法》第16条的规定，仲裁协议应当包括下列内容：

（1）请求仲裁的意思表示。请求仲裁的意思表示是仲裁协议的首要内容。请求仲裁的意思表示应当满足以下四个条件：①有明确的请求仲裁的意思表示。请求仲裁的意思表示不明确的仲裁协议无法判断当事人的真实意思，仲裁机构也无法受理当事人的仲裁申请。②必须是双方当事人共同的意思表示，而不是一方当事人的意思表示。不能证明是双方当事人的意思表示的仲裁协议是无效的。③必须是双方当事人的真实意思表示，即不存在当事人被胁迫、欺诈等而订立仲裁协议的情况，否则仲裁协议无效。④必须是双方当事人自己的意思表示，而不是任何其他人的意思表示。

（2）仲裁事项。仲裁事项是当事人提交仲裁的具体争议事项。由于仲裁事项是仲裁庭要审理和裁决的事项，因此，仲裁事项必须明确。《仲裁法》第18条规定，"对仲裁事项没有约定或者约定不明确的，当事人应就此达成补充协议，达不成补充协议的，仲裁协议无效。"

基于仲裁协议既可以在争议发生之前订立，也可以在争议发生之后订立，因此，仲裁事项也就包括未来可能性的争议事项和现实已发生的争议事项。但不论争议事项是否已经发生，在仲裁协议中都必须明确规定。对于已经发生的争议事项，其具体范围比较明确和具体；对于未来可能性的争议事项要提交仲裁，应尽量避免在仲裁协议中作限制性规定，包括争议性质上的限制、金额上的限制和其他具体事项的限制。

（3）选定的仲裁委员会。仲裁委员会是受理仲裁案件的机构。由于仲裁没有级别管辖和地域管辖的规定，因此，仲裁委员会是由当事人自主选定的。如果当事人在仲裁协议中不选定仲裁委员会，仲裁就无法进行。对于仲裁委员会的选定，原则上应当是明确具体。

在实践中要注意以下问题：第一，仲裁协议约定了2个以上仲裁机构的，当事人可以协议选择其中的一个仲裁机构申请仲裁；当事人不能就仲裁机构选择达成一致的，仲裁协议无效。第二，如果选定的仲裁委员会不存在的，视为没有选定，人民法院可以受理诉讼。第三，仲裁协议约定的仲裁机构名称不准确，但能够确定具体的仲裁机构的，应当认定选定了仲裁机构。第四，仲裁协议约定由某地的仲裁机构仲裁且该地仅有一个仲裁机构的，该仲裁机构视为约定的仲裁机构。该地有两个以上仲裁机构的，当事人可以协议选择其中一个仲裁机构申请仲裁；当事人不能就仲裁机构选择达成一致的，仲裁协议无效。

3. 仲裁协议的无效

仲裁协议的无效是指仲裁协议因为欠缺某些内容而不具有法律效力。根据《仲裁法》第16条、17条、18条的规定，仲裁协议的无效主要有下列五种情形：（1）约定的仲裁事项超出法律规定的仲裁范围的。（2）无民事行为能力人或者限制民事行为能力人订立的仲裁协议。(3) 一方采取胁迫手段,迫使对方订立仲裁协议的。(4) 口头订立的仲裁协议。(5) 仲裁协议对仲裁事项或者仲裁委员会没有约定或者约定不明确,当事人又达不成补充协议的。

仲裁协议独立存在,合同的变更、解除、终止或者无效,不影响仲裁协议的效力。仲裁庭有权确认合同的效力。当事人对仲裁协议的效力有异议的,可以请求仲裁委员会作出决定或者请求人民法院作出裁定。一方请求仲裁委员会作出决定,另一方请求人民法院作出裁定的,由人民法院裁定。当事人对仲裁协议的效力有异议的,应当在仲裁庭首次开庭前提出。

小练习

1. 下列选项中( )仲裁协议有效。
A. 限制民事行为能力人订立的仲裁协议
B. 甲乙双方约定,将争议提交中国国际经济贸易仲裁委员会按照美国仲裁协会的仲裁规则进行仲裁
C. 甲乙双方约定,将争议提交仲裁机构仲裁,如对仲裁裁决不服的,可向人民法院起诉
D. 甲乙双方对仲裁委员会没有约定,在发生纠纷后,自愿达成了补充协议

2. 关于仲裁协议,下列说法错误的是( )。
A. 仲裁协议约定的仲裁机构名称不准确,仲裁协议无效
B. 仲裁协议仅约定纠纷适用的仲裁规则的,视为未约定仲裁机构
C. 仲裁协议可以通过电子邮件的方式订立
D. 以口头方式订立的仲裁协议无效

五、仲裁程序

仲裁程序是指有关仲裁机构、仲裁庭、仲裁员、申诉人、被申诉人、其他关系人及法院之间在仲裁过程中的相互关系和活动方式的规定的总称。

(一) 申请和受理

1. 申请

根据《仲裁法》第21条的规定,当事人申请仲裁应当符合下列条件:(1) 有仲裁协议。(2) 有具体的仲裁请求和事实、理由。(3) 属于仲裁委员会的受理范围。

当事人申请仲裁,应当向仲裁委员会递交仲裁协议、仲裁申请书及副本。仲裁申请书应当载明下列事项:(1) 当事人的姓名、性别、年龄、职业、工作单位和住所,法人或者其他组织的名称、住所和法定代表人或者主要负责人的姓名、职务。(2) 仲裁请求和所根据的事实、理由。(3) 证据和证据来源、证人的姓名和住所。

2. 受理

受理是仲裁程序的第一关，它关系到仲裁庭管辖权的正确行使和对当事人合法权益的保护。仲裁委员会收到仲裁申请书之日起5日内，认为符合受理条件的，应当受理，并通知当事人；认为不符合受理条件的，应当书面通知当事人不予受理，并说明理由。

仲裁委员会受理仲裁申请后，应当在仲裁规则规定的期限内将仲裁规则和仲裁员名册送达申请人，并将仲裁申请书副本和仲裁规则、仲裁员名册送达被申请人。被申请人收到仲裁申请书副本后，应当在仲裁规则规定的期限内向仲裁委员会提交答辩书。仲裁委员会收到答辩书后，应当在仲裁规则规定的期限内将答辩书副本送达申请人。被申请人未提交答辩书的，不影响仲裁程序的进行。

当事人达成仲裁协议，一方向人民法院起诉未声明有仲裁协议，人民法院受理后，另一方在首次开庭前提交仲裁协议的，人民法院应当驳回起诉，但仲裁协议无效的除外；另一方在首次开庭前未对人民法院受理该案提出异议的，视为放弃仲裁协议，人民法院应当继续审理。

申请人可以放弃或者变更仲裁请求。被申请人可以承认或者反驳仲裁请求，有权提出反请求。

（二）仲裁庭的组成

仲裁庭是具体负责审理和裁决提交仲裁争议案件的组织，案件裁决后即告解散。

仲裁庭分为独任制仲裁庭和合议制仲裁庭。独任制仲裁庭由1名仲裁员组成，该仲裁员由当事人共同选定或者共同委托仲裁委员会主任指定。合议制仲裁庭由3名仲裁员组成并设首席仲裁员。合议制仲裁庭的第1名仲裁员和第2名仲裁员由双方当事人各自选定或者各自委托仲裁委员会主任指定，第3名仲裁员由当事人共同选定或者共同委托仲裁委员会主任指定。第3名仲裁员是首席仲裁员。

仲裁庭组成后，仲裁委员会应当将仲裁庭的组成情况书面通知当事人。

（三）开庭和裁决

1. 开庭

仲裁应开庭进行。当事人协议不开庭的，仲裁庭可以根据仲裁申请书、答辩书等材料作出裁决。开庭分为公开与不公开两种，裁决以不公开开庭为原则。当事人协议公开的，可以公开进行，但涉及国家秘密的除外。

仲裁委员会应当在仲裁规则规定的期限内将开庭日期通知双方当事人。当事人有正当理由的，可以在仲裁规则规定的期限内请求延期开庭。是否延期，由仲裁庭决定。

申请人经书面通知，无正当理由不到庭或者未经仲裁庭许可中途退庭的，可以视为撤回仲裁申请。被申请人经书面通知，无正当理由不到庭或者未经仲裁庭许可中途退庭的，可以缺席裁决。

2. 裁决

仲裁庭在作出裁决前，可以先行调解。当事人自愿调解的，仲裁庭应当调解。调解不成的，应当及时作出裁决。调解达成协议的，仲裁庭应当制作调解书或者根据协议的结果制作裁决书。调解书与裁决书具有同等法律效力。

调解书应当写明仲裁请求和当事人协议的结果。调解书由仲裁员签名，加盖仲裁委员会印章，送达双方当事人。调解书经双方当事人签收后，即发生法律效力。在调解书签收前当事人反悔的，仲裁庭应当及时作出裁决。

裁决书应当写明仲裁请求、争议事实、裁决理由、裁决结果、仲裁费用的负担和裁决日期。当事人协议不愿写明争议事实和裁决理由的，可以不写。裁决书由仲裁员签名，加盖仲裁委员会印章。对裁决持不同意见的仲裁员，可以签名，也可不签名。裁决书自作出之日起发生法律效力。

小练习

下列关于仲裁调解的表述正确的是（　　）。
A. 仲裁调解达成协议的，仲裁庭应当根据协议制作调解书或根据协议结果制作裁决书
B. 对于事实清楚的案件，仲裁庭可依职权进行调解
C. 仲裁调解达成协议的，经当事人、仲裁员在协议上签字后即发生效力
D. 仲裁庭在作出裁决前可先行调解

（四）申请撤销仲裁裁决

1. 申请撤销仲裁裁决的情形

根据《仲裁法》第58条的规定，当事人提出证据证明仲裁裁决有下列情形之一的，可以向仲裁委员会所在地的中级人民法院申请撤销裁决：（1）没有仲裁协议的。（2）裁决的事项不属于仲裁协议的范围或者仲裁委员会无权仲裁的。（3）仲裁庭的组成或者仲裁的程序违反法定程序的。（4）裁决所根据的证据是伪造的。（5）对方当事人隐瞒了足以影响公正裁决的证据的。（6）仲裁员在仲裁该案时有索贿受贿，徇私舞弊，枉法裁决行为的。

人民法院经组成合议庭审查核实裁决有前款规定情形之一的，应当裁定撤销。人民法院认定该裁决违背社会公共利益的，也应当裁定撤销。

2. 申请撤销仲裁裁决的时间

当事人申请撤销裁决的，应当自收到裁决书之日起6个月内提出。人民法院应当在受理撤销裁决申请之日起2个月内作出撤销裁决或者驳回申请的裁定。人民法院受理撤销裁决的申请后，认为可以由仲裁庭重新仲裁的，通知仲裁庭在一定期限内重新仲裁，并裁定中止撤销程序。仲裁庭拒绝重新仲裁的，人民法院应当裁定恢复撤销程序。

（五）仲裁裁决的执行

当事人应当履行裁决。一方当事人不履行的，另一方当事人可以依照《民事诉讼法》的有关规定向人民法院申请执行。受申请的人民法院应当执行。当事人申请执行

仲裁裁决案件，由被执行人住所地或者被执行的财产所在地的中级人民法院管辖。

一方当事人因另一方当事人的行为或者其他原因，可能使裁决不能执行或者难以执行的，可以申请财产保全。申请有错误的，申请人应当赔偿被申请人因财产保全所遭受的损失。

被申请人提出证据证明裁决有下列情形之一的，经人民法院组成合议庭审查核实，裁定不予执行：（1）当事人在合同中没有订有仲裁条款或者事后没有达成书面仲裁协议的。（2）裁决的事项不属于仲裁协议的范围或者仲裁机构无权仲裁的。（3）仲裁庭的组成或者仲裁的程序违反法定程序的。（4）认定事实的主要证据不足的。（5）适用法律确有错误的。（6）仲裁员在仲裁该案时有贪污受贿，徇私舞弊，枉法裁决行为的。

一方当事人申请执行裁决，另一方当事人申请撤销裁决的，人民法院应当裁定中止执行。人民法院裁定撤销裁决的，应当裁定终结执行。撤销裁决的申请被裁定驳回的，人民法院应当裁定恢复执行。

小练习

甲公司因与乙公司发生合同纠纷申请仲裁，要求解除合同。某仲裁委员会经审理裁决解除合同，乙公司赔偿甲公司损失6万元。关于本案的仲裁裁决，下列表述正确的有（　　）。

A. 因仲裁裁决超出了当事人请求范围，乙公司可申请撤销超出甲公司请求部分的裁决

B. 因仲裁裁决超出了当事人请求范围，乙公司可向法院提起诉讼

C. 因仲裁裁决超出了当事人请求范围，乙公司可向法院申请再审

D. 乙公司可申请不予执行超出甲公司请求部分的仲裁裁决

六、涉外仲裁的特别规定

（一）涉外仲裁的概念和适用范围

涉外仲裁是指争议具有涉外因素的仲裁。

《仲裁法》第65条规定，涉外经济贸易、运输和海事中发生的纠纷的仲裁，适用《仲裁法》第7章的规定。该章没有规定的，适用《仲裁法》其他有关规定。

（二）涉外仲裁委员会

涉外仲裁委员会是中国仲裁涉外经济贸易、运输和海事中发生的纠纷的国际性民间仲裁机构。

涉外仲裁委员会可以由中国国际商会组织设立。涉外仲裁委员会由主任1人、副主任若干人和委员若干人组成。涉外仲裁委员会的主任、副主任和委员可以由中国国际商会聘任。仲裁员则由涉外仲裁委员会从具有法律、经济贸易、科学技术等专门知识的外籍人士聘任。

我国目前的涉外仲裁机构有中国国际贸易促进委员会设立的中国国际经济贸易仲裁委员会和中国海事仲裁委员会。

(三) 涉外仲裁的特别规定

1. 涉外仲裁的证据保全规定

涉外仲裁的当事人申请证据保全的，涉外仲裁委员会应当将当事人的申请提交证据所在地的中级人民法院。

2. 涉外仲裁裁决被撤销或者不予执行的规定

当事人提出证据证明涉外仲裁裁决有下列情形之一的，经人民法院组成合议庭审查核实，可以裁定撤销；如果是被申请人提出的，人民法院可以裁定不予执行：①当事人在合同中没有订立仲裁条款或事后没有达成书面协议的。②仲裁员行为不当或越权作出裁决的。③交付仲裁裁决的事项是属于法律规定不得提交仲裁处理的问题。④仲裁裁决违反该国的公共秩序。⑤仲裁程序不当或仲裁裁决不符合法定的要求。

3. 发生法律效力的涉外仲裁裁决执行的规定

涉外仲裁委员会作出的发生法律效力的仲裁裁决，当事人请求执行的，如果被执行人或者其财产不在中华人民共和国领域内，应当由当事人直接向有管辖权的外国法院申请承认和执行。

小练习

中国甲公司与某国乙公司发生买卖合同纠纷，在中国仲裁过程中，乙公司申请财产保全，即要求扣押甲公司在某港口的一批机器设备。仲裁委员会对此申请处理的办法是( )。

A. 不予受理，告知当事人直接向有关法院提出申请
B. 审查后直接作出财产保全裁定，由有关法院执行
C. 将乙公司的申请提交甲公司所在地的中级法院裁定
D. 将乙公司的申请提交机器设备所在地的基层法院裁定

第三节

民事诉讼

一、民事诉讼概述

民事诉讼是指人民法院在当事人和其他诉讼参与人的参加下，按照法定程序审理经济纠纷案件并作出裁判的民事诉讼活动。

在我国，依法行使国家审判权的专门机关是各级人民法院和专门人民法院。

民事诉讼是解决经济纠纷的最后手段，与其他经济纠纷解决机制相比，民事诉讼有国家强制力作为后盾，判决结果易于实现。在诉讼过程中，一方当事人有妨碍诉讼进行的行为时，人民法院有权对其采取强制措施，必要时可以采取财产保全措施或者先予执行。对于生效的判决，如果一方当事人拒绝履行，另一方当事人可以申请人民法院强制执行。

二、民事诉讼时效

(一)民事诉讼时效的概念和特征

民事诉讼时效是指权利人在法定期间内不行使权利即丧失请求人民法院依法保护其民事权利的法律制度。

民事诉讼时效具有以下特征：

1. 民事诉讼时效以权利人不行使权利的事实状态的存在为前提

民事诉讼时效的开始以权利人不行使权利为前提，法律规定民事诉讼时效制度的目的不是处罚权利人不及时行使请求权的行为，更不是保护义务人不履行义务的行为，而是为了督促当事人积极履行权利。

2. 民事诉讼时效届满并不消灭实体权利，只是权利人丧失了胜诉权

民事诉讼时效届满后，义务人虽然可以拒绝履行其义务，权利人请求权的行使仅发生障碍，但是，权利本身及请求权并不消灭。当事人超过诉讼时效后起诉的，人民法院应当受理。受理后查明无中止、中断、延长事由的，判决驳回其诉讼请求。当事人未提出诉讼时效抗辩，人民法院不应对诉讼时效问题进行释明及主动适用诉讼时效的规定进行裁判。

当事人在一审期间未提出诉讼时效抗辩，在二审期间提出的，人民法院不予支持，但其基于新的证据能够证明对方当事人的请求权已过诉讼时效期间的情形除外。当事人未按照规定提出诉讼时效抗辩，却以诉讼时效期间届满为由申请再审或者提出再审抗辩的，人民法院不予支持。

民事诉讼时效期间届满后，当事人自愿履行义务的，不受诉讼时效限制。义务人履行了义务后，又以诉讼时效期间届满为由抗辩的，法律不予支持。

3. 民事诉讼时效具有普遍性和强制性

除法律有特殊规定外，当事人均应普遍适用法律规定的诉讼时效，不得作任何变更。当事人违反法律规定，约定延长或者缩短诉讼时效期间、预先放弃诉讼时效利益的，人民法院不予认可。

4. 民事诉讼时效只适用于债权请求权

当事人可以对债权请求权提出诉讼时效抗辩，但对下列债权请求权提出诉讼时效抗辩的，人民法院不予支持：(1)支付存款本金及利息请求权。(2)兑付国债、金融债券以及向不特定对象发行的企业债券本息请求权。(3)基于投资关系产生的缴付出资请求权。(4)其他依法不适用诉讼时效规定的债权请求权。

小练习

1. 根据《民法通则》的规定，我国诉讼时效的特点为（   ）。
   A. 诉讼时效以权利人不行使法定权利的事实状态的存在为前提
   B. 诉讼时效届满时消灭的是胜诉权
   C. 诉讼时效届满时消灭的是实体权利
   D. 诉讼时效具有普遍性和强制性

2. 甲向乙借款 10 万元，借款期为 1 年。乙半年后出国深造，3 年后回来，向甲要求还款，甲还款后听朋友说，该借款已经过了诉讼时效期间可以不用还款，遂要求乙返还。乙不返还，甲诉至法院，对甲的诉讼请求，法院的正确做法应是(   )。
   A. 不予支持   B. 予以支持
   C. 不予受理   D. 支持一半

（二）民事诉讼时效的分类

民事诉讼时效按其时效的长短和适用范围的不同可以分为普通诉讼时效、特殊诉讼时效和最长诉讼时效。

1. 普通诉讼时效

普通诉讼时效又称为一般诉讼时效，是指由民事基本法统一规定，普遍适用于法律未作特殊诉讼时效规定的各种民事法律关系的诉讼时效。我国《民法通则》第 135 条规定，向人民法院请求保护民事权利的诉讼时效期间为 2 年，法律另有规定的除外。

2. 特殊诉讼时效

特殊诉讼时效是指民事基本法或特别法就某些民事法律关系规定的短于或长于普通时效期间的诉讼时效。

特殊诉讼时效分为短期诉讼时效和长期诉讼时效两种。在我国现行法律上，只要诉讼时效期间在 2 年以下的就为短期诉讼时效。我国《民法通则》第 136 条规定以下情形适用 1 年的诉讼时效期间：①身体受到伤害要求赔偿的。②出售质量不合格产品的未声明的。③延付或拒付租金的。④寄存财物被丢失或毁损的。

3. 最长诉讼时效

最长诉讼时效是指对于各类民事权利予以保护的最长时效期间。《民法通则》第 137 条规定，"从权利被侵害之日起超过 20 年的，人民法院不予保护。"最长诉讼时效期间可以适用有关延长的规定，而不适用中止、中断的规定。但是，其他各种诉讼时效则可以适用有关中止、中断和延长的规定。

小练习

甲公司于 2010 年 3 月 1 日将一台机器寄存于乙公司，2010 年 4 月 1 日，机器因乙保管不善受损，甲公司于 2011 年 3 月 1 日提取机器时发现机器受损，但考虑到两公司之间的长期合作关系，未要求赔偿。后两公司交恶，甲公司遂于 2012 年 9 月 1 日要求乙公司赔偿损失。下列关于赔偿损失的诉讼时效期间的表述中，正确的是(　　)。

A. 适用 2 年的普通诉讼时效期间，已经届满
B. 适用 1 年的短期诉讼时效期间，已经届满
C. 适用 2 年的普通诉讼时效期间，尚未届满
D. 适用 4 年的长期诉讼时效期间，尚未届满

(三) 民事诉讼时效期间的起算

民事诉讼时效期间应从当事人知道或者应当知道权利被侵害时起计算。

实践中有以下 7 种通常计算民事诉讼时效开始的方法：(1) 有约定期限的债权请求权，从期限届满的第 2 天开始起算。(2) 没有约定期限的债权请求权，从债权人主张权利时起算，但需要给对方必要的时间的，从必要时间届满之次日开始起算。(3) 附条件的债权请求权，条件成就时开始起算。(4) 附期限的债权请求权，从期限到达时起算。(5) 请求他人不作为的债权请求权，应当从义务人违反不作为义务时开始起算。(6) 因侵权行为而发生的赔偿请求权，从知道损害事实和致害人之日起算。(7) 在人身损害赔偿中，从伤势确诊之日起算。

(四) 民事诉讼时效的中止、中断和延长

1. 民事诉讼时效的中止

民事诉讼时效的中止是指在诉讼时效进行期间，因发生法定事由阻碍权利人行使请求权，诉讼依法暂时停止进行，并在法定事由消失之日起继续进行的情况。我国《民法通则》第 139 条规定，"在诉讼时效期间的最后 6 个月内，因不可抗力或者其他障碍不能行使请求权的，诉讼时效中止，诉讼时效从中止时效的原因消除之日起继续计算。"因此，适用诉讼时效中止必须具备以下条件：①诉讼时效的中止必须是因法定事由而发生；②法定事由发生在诉讼时效期间的最后 6 个月内，始产生中止诉讼时效的效力；③诉讼时效中止之前已经经过的期间与中止时效的事由消失之后继续进行的期间合并计算。

2. 民事诉讼时效的中断

民事诉讼时效的中断是指已经开始的民事诉讼时效因发生法定事由不再进行，并使已经经过的时效期间全部归于无效，待中断事由消除后，民事诉讼时效期间重新计算。根据《民法通则》第 140 条的规定，民事诉讼时效中断的事由包括提起诉讼、催促债务人履行债务、债务人同意履行债务。这些事由区别于民事诉讼时效中止的事由，它们都是依当事人主观意志而实施的行为。

3. 民事诉讼时效的延长

民事诉讼时效的延长是指人民法院查明权利人在诉讼时效期间确有法律之外的正当理由而未能行使请求权的，适当延长已完成的诉讼时效期间。民事诉讼时效的延长具有

不同于诉讼时效中止和中断的特点。具体表现在：民事诉讼时效的延长是发生在民事诉讼时效届满之后，而不是在民事诉讼时效过程中，而且能够引起民事诉讼时效延长的事由，是由人民法院认定的。延长的期间，也是由人民法院依客观情况予以掌握的。

4. 民事诉讼时效的中止、中断和延长的适用

普通诉讼时效和特殊诉讼时效，均适用中止、中断和延长。最长诉讼时效则仅适用延长的规定，而不适用中止和中断。

小练习

公民甲为无民事行为能力人，其法定代理人乙于 2008 年 1 月 1 日知道甲的权利受到侵害，但由于工作繁忙一直未对侵权人丙提起诉讼。2008 年 5 月 20 日，乙因车祸死亡，直到 2008 年 9 月 1 日才由有关机关为甲指定新的代理人丁。已知该项诉讼时效期间为 1 年。根据《民法通则》的规定，丁应当在(　　)之前对丙提起诉讼。

A. 2009 年 1 月 1 日　　　　　　　　B. 2009 年 5 月 20 日
C. 2009 年 9 月 1 日　　　　　　　　D. 2009 年 3 月 1 日

三、民事诉讼管辖

民事诉讼管辖是指各级人民法院之间和同级人民法院之间受理一审民事经济纠纷案件的权限和分工。

（一）级别管辖

级别管辖是划分上下级人民法院直接受理第一审民事案件的权限和分工。

级别管辖的确定主要是以案件的性质、复杂程度和影响大小为依据。具体规定如下：

（1）基层人民法院管辖第一审民事案件，但民事诉讼法另有规定的除外。也就是说，一般民事案件都由基层人民法院管辖，或者说除了法律规定由中级法院、高级法院、最高法院管辖的第一审民事案件外，其余一切民事案件都由基层人民法院管辖。

（2）中级人民法院管辖下列第一审民事案件：①重大涉外案件。重大涉外案件是争议标的额大，或者案情复杂，或者居住在国外的当事人人数众多的涉外案件。②在本辖区有重大影响的案件。③最高人民法院确定由中级人民法院管辖的案件。

（3）高级人民法院管辖在本辖区内有重大影响的民事案件。

（4）最高人民法院管辖在全国有重大影响的案件；认为应当由本院审理的案件。

（二）地域管辖

地域管辖是指确定同级人民法院之间在各自管辖的地域内审理第一审经济案件的权限和分工。地域管辖又分为一般地域管辖和特殊地域管辖。

1. 一般地域管辖

一般地域管辖是指以当事人住所地为标准来确定案件的管辖人民法院。根据《民事诉讼法》第 21 条的规定,对公民提起的民事诉讼,由被告住所地人民法院管辖;被告为公民的,被告住所地为户籍所在地;被告住所地与经常居住地不一致的,由经常居住地的人民法院管辖。被告为法人或者其他经济组织的,其住所地一般理解为主要办事机构所在地。这就是通常所说的"原告就被告"原则。在法律没有特别规定时,一般应当首先使用一般地域管辖。

2. 特殊地域管辖

特殊地域管辖是指根据诉讼标的或者当事住所地来确定案件的管辖人民法院。《民事诉讼法》第 23 条~33 条对 8 大类的案件管辖作了特殊规定:(1)因合同纠纷提起的诉讼,由被告住所地或者合同履行地人民法院管辖。(2)因保险合同纠纷提起的诉讼,由被告住所地或者保险标的物所在地人民法院管辖。(3)因票据纠纷提起的诉讼,由票据支付地或者被告住所地人民法院管辖。(4)因侵权行为提起的诉讼,由侵权行为地或者被告住所地人民法院管辖。(5)因铁路、公路、水上和航空运输事故请求损害赔偿提起的诉讼,由事故发生地或者车辆、船舶最先到达地、航空器最先降落地或者被告住所地人民法院管辖。(6)因船舶碰撞或者其他海损事故赔偿提起的诉讼由船舶碰撞发生地、碰撞船舶最先到达地、事故船舶被扣留地或者被告住所地人民法院管辖。(7)因海难救助费用提起诉讼由居住地或者被救助船舶最先到达地人民法院管辖。(8)因共同海损提起的诉讼由船舶最先到达地、共同海损理算地或者航程终止地人民法院管辖。

(三) 专属管辖

专属管辖是指法律规定某些案件由特定的人民法院管辖,其他人民法院无管辖权。根据《民事诉讼法》第 33 条规定,下列经济纠纷案件适用专属管辖:①因不动产纠纷提起的诉讼,由不动产所在地人民法院管辖;②因港口作业中发生纠纷提起的诉讼,由港口所在地人民法院管辖。

(四) 协议管辖

协议管辖是指对于合同纠纷案件,当事人可以在经济纠纷发生前或经济纠纷发生后,以协议方式确定管辖的人民法院。我国《民事诉讼法》第 34 条规定,合同的双方当事人可以在书面合同中协议选择被告住所地、合同履行地、合同签订地、原告住所地、标的物所在地人民法院管辖,但不得违反民事诉讼法对级别管辖和专属管辖的规定。

(五) 指定管辖

指定管辖是指上级人民法院以裁定方式,指定下级人民法院对某一案件行使管辖权。指定管辖的实质,是法律赋予上级人民法院在特殊情况下有权变更和确定案件管辖法院,以适应审判实践的需要,保证案件及时正确地裁判。

《民事诉讼法》第37条规定:"有管辖权的人民法院由于特殊原因,不能行使管辖权的,由上级人民法院指定管辖。人民法院之间因管辖权发生争议,由争议双方协商解决;协商解决不了的,报请它们的共同上级人民法院指定管辖。"

小练习

1. 甲地A公司和乙地B公司在丙地签订一份货物买卖合同,约定由B公司在丁地向A公司交货。后B公司未能按约履行合同,A公司便向法院提起诉讼。根据规定,该案有管辖权的法院是(　　)。
   A. 甲地法院　　　　B. 乙地法院　　　　C. 丙地法院　　　　D. 丁地法院
2. 有管辖权的人民法院由于特殊原因,不能行使管辖权的,由上级人民法院(　　)。
   A. 指定管辖　　　　B. 移送管辖　　　　C. 专属管辖　　　　D. 协议管辖

四、民事诉讼程序

民事诉讼程序是指法律规定的人民法院审理民事案件必须遵守的审判原则、步骤和方式方法。我国审理民事案件程序的法律根据是《中华人民共和国民事诉讼法》及其相关司法解释。

我国民事诉讼程序实行两审终审的审判制度。因此,我国民事诉讼程序包括第一审程序、第二审程序、审判监督程序和执行程序。

(一) 第一审程序

第一审程序是我国人民法院最常用的审判程序,它包括普通程序和简易程序。普通程序是指由3名以上审判员、陪审员共同组成合议庭或者由审判员组成合议庭审理案件。合议庭成员的人数必须是单数。简易程序是指1名审判员独任审理案件。简易程序适用于事实清楚、权利义务关系明确、争议不大的案件。

第一审程序包括起诉和受理、开庭前的准备、开庭审理、合议庭评议、判决和裁定。

1. 起诉和受理

起诉是指公民、法人或者其他经济组织认为自己的合法权益受到侵害或者与他人发生争议而以自己的名义请求人民法院通过审判并给予法律保护的诉讼行为。

根据《民事诉讼法》第119条的规定,起诉应当具备以下4个条件:(1)原告是与本案有直接利害关系的公民、法人或者其他组织。(2)有明确的被告。(3)有具体的诉讼请求和事实、理由。(4)属于人民法院受理民事诉讼范围和受诉人民法院管辖。上述4个条件,原告在起诉时必须同时具备,缺一不可。

原告起诉应向人民法院递交起诉状,并按照被告人数提交副本。书写起诉状确有困难的,可以口头起诉,由人民法院记入笔录,并告知对方当事人。人民法院经审查,认为符合条件的,应在7日内立案,并通知当事人;认为不符合条件的,应在7日内裁定不予受理;原告对裁定不服的,可以提起上诉。

起诉状是原告向人民法院控告被告并提出诉讼请求,请求人民法院作出公正裁决的法律文书。起诉状一般由首部、正文、结尾三部分组成。首部是起诉状的开头。它的主要任务是写明案件当事人的姓名、性别、年龄、民族、籍贯、职业、工作单位和住址、委托代理人及法定代理人等基本情况。正文是起诉状的主体。它包括以下内容:(1)诉讼请求。诉讼请求要写明原告就有关争议所提出的请求和主张。例如要求清偿债务、履行合同等。诉讼请求必须直截了当,明确清楚;既要合法,又要合情、合理。(2)事实。事实是起诉状的重点,也是原告请求人民法院受理案件的重要依据。它的主要任务是围绕诉讼请求全面地反映客观的真实情况,即叙述事实发生的时间、地点、原因、情节、事实经过及被告的法律责任。在正文中特别要把双方争议的焦点和实质性的分歧写清楚。叙述事实要实事求是,一般按时间顺序写,要详略得当,突出主要情节,关键部分应详细,次要部分应简略,与案件无关的内容不要写。(3)理由。包括根据事实和证据写明被告应承担的法律责任的理由及法律依据。结尾主要写明起诉状所提交的人民法院的名称、具状人的姓名和具状的时间。

受理是指人民法院通过审查原告起诉,认为符合法律规定的起诉条件,决定立案审理,从而引起诉讼程序开始的一种诉讼行为。

2. 审理前的准备

人民法院应当在立案之日起5日内将起诉状副本发送被告,被告在收到之日起15日内提出答辩状。人民法院在收到答辩状之日起5日内将答辩状副本发送原告。被告不提出答辩状的,不影响人民法院的审理。

人民法院还应当在受理案件通知书和应诉通知书中告知当事人有关的诉讼权利和义务。依法组成合议庭后,应当在3日内告知当事人。合议庭组成人员要认真审核诉讼材料,调查、收集必要的证据。

3. 开庭审理

开庭审理是指人民法院在当事人和其他诉讼参与人参加下,依照法定形式和程序,查清案件事实、分清是非责任,对案件作出处理决定的诉讼活动。

开庭审理有开庭准备、法庭调查、法庭辩论、评议宣判四个阶段。其中法庭调查是开庭审理的核心,是案件进入实体审理的一个重要阶段。法庭辩论按照下列顺序进行:(1)原告及其诉讼代理人发言。(2)被告及其诉讼代理人答辩。(3)第三人及其诉讼代理人发言或者答辩。(4)互相辩论。法庭辩论终结,由审判长按照原告、被告、第三人的先后顺序征询各方最后意见。

4. 合议庭评议

合议庭评议案件不公开进行。合议庭评议案件时,先由承办法官对认定案件事实、证据是否确实、充分以及适用法律等发表意见,审判长最后发表意见;审判长作为承办法官的,由审判长最后发表意见。对案件的裁判结果进行评议时,由审判长最后发表意见。审判长应当根据评议情况总结合议庭评议的结论性意见。合议庭评议案件,实行少数服从多数的原则。评议应当制作笔录，由合议庭成员签名。评议中的不同意见，必须如实记入笔录。

5. 判决和裁定

判决是指人民法院对经济纠纷案件审理终结后就实体问题所作的决定。判决的书面形式称为判决书。

裁定是指人民法院对经济纠纷案件审理终结后就程序问题所作的决定。裁定的书面形式称为裁定书。

判决书、裁定书由审判人员、书记员署名，加盖人民法院印章。口头裁定的，记入笔录。

（二）第二审程序

第二审程序是指当事人不服地方各级人民法院第一审未生效的判决、裁定，向上一级人民法院提起上诉，上一级人民法院对案件进行审理时所适用的程序。第二审程序由审判员组成合议庭，合议庭的组成人数必须是单数。

当事人不服地方人民法院第一审判决的，有权在判决书送达之日起 15 日内向上一级人民法院提起上诉。当事人不服地方人民法院第一审裁定的，有权在裁定书送达之日起 10 日内向上一级人民法院提起上诉。

人民法院对上诉案件，经过审理，按照下列情形分别处理：（1）原判决、裁定认定事实清楚，适用法律正确的，以判决、裁定方式驳回上诉，维持原判决、裁定。（2）原判决、裁定认定事实错误或者适用法律错误的，以判决、裁定方式依法改判、撤销或者变更。（3）原判决认定基本事实不清的，裁定撤销原判决，发回原审人民法院重审，或者查清事实后改判。（4）原判决遗漏当事人或者违法缺席判决等严重违反法定程序的，裁定撤销原判决，发回原审人民法院重审。严重违反法定程序的具体情形包括：①审理本案的审判人员、书记员应当回避而未回避的。②未经开庭审理而作出判决的。③适用普通程序审理的案件当事人未经传票传唤而缺席判决的。④其他严重违反法定程序的。

小练习

四方公司与海通公司因合同纠纷进行诉讼，一审判决海通公司胜诉。四方公司不服，提起上诉。在第二审程序中，海通公司分立为海鸥公司和海洋公司。在此情况下，二审法院处理正确的是（   ）。

A. 将案件发回原审法院重审

B. 将海鸥公司和海洋公司列为共同诉讼人，进行调解，调解不成，发回重审

C. 将海鸥公司和海洋公司列为共同诉讼人，进行调解或者判决，不必发回重审

D. 仍将海通公司列为当事人，进行调解或者判决，执行程序中再裁定海鸥公司和海洋公司为被执行人

（三）审判监督程序

审判监督程序又称为再审程序，是指人民法院对已经发生法律效力的判决、裁定，发现确有错误而依法对案件进行再审的程序。审判监督程序是我国《民事诉讼法》规定的一项补救程序，其目的就是对确有错误的判决、裁定，依照法定程序予以纠正，以保护当事人的合法权益。当事人申请再审，应当在判决、裁定发生法律效力后6个月内提出；申请再审期间，不停止判决、裁定的执行。

根据《民事诉讼法》第200条的规定，当事人申请再审符合下列情形之一的，人民法院应当再审：（1）有新的证据，足以推翻原判决、裁定的。（2）原判决、裁定认定的基本事实缺乏证据证明的。（3）原判决、裁定认定事实的主要证据是伪造的。（4）原判决、裁定认定事实的主要证据未经质证的。（5）对审理案件需要的证据，当事人因客观原因不能自行收集，书面申请人民法院调查收集，人民法院未调查收集的。（6）原判决、裁定适用法律确有错误的。（7）审判组织的组成不合法或者依法应当回避的审判人员没有回避的。（8）无诉讼行为能力人未经法定代理人代为诉讼或者应当参加诉讼的当事人，因不能归责于本人或者其诉讼代理人的事由，未参加诉讼的。（9）违反法律规定，剥夺当事人辩论权利的。（10）未经传票传唤，缺席判决的。（11）原判决、裁定遗漏或者超出诉讼请求的。（12）据以作出原判决、裁定的法律文书被撤销或者变更的。（13）审判人员审理该案件时有贪污受贿，徇私舞弊，枉法裁判行为的。

（四）执行程序

执行程序是指人民法院依照法定程序，对已经生效的法律文书，在负有义务的一方当事人拒不履行义务时，强制其履行义务，保证生效法律文书的内容得到实现的程序。

五、民事诉讼证据

诉讼证据是人民法院判决案件的基础和前提。我国《民事诉讼法》将民事证据分为书证、物证、证人证言、当事人陈述、视听资料、鉴定结论和勘验笔录等7种形式。

（一）书证

书证是指以文字、符号、图画等所表达的思想内容来证明案件事实的书面文件。它表现为文字或者其他能表达人的思想或者意思的有形物。使用中国文字或者外国文字，或者能为他人所了解的符号代码如电报号码、电脑字码作成的书面文件，都可以成为书证。诉讼中，因收集调查证据而作成的文书，如询问证人、鉴定人所作的笔录等，虽然是用文字表达人的思想内容，但它是以人的陈述形式表达出来的，并要接受法庭调查中的询问和讯问，并非书证。

（二）物证

物证是指以自己存在的外形、重量、规格等标志证明待证事实的物品或者痕迹。例如，请求侵权赔偿的诉讼，被侵权行为造成损害的财物和侵权人所用的侵权工具等就是物证；同其他证据相比，物证具有稳定性和可靠性的特征。

（三）证人证言

证人证言是指证人以口头或者书面形式，就他所了解的案件情况向人民法院所作的陈述。以自己所感知的案件情况向人民法院提供有关案件事实的陈述的人是证人。证人一般是陈述自己感知的事实，如果陈述从他人处听来的事实，必须说明出处或来源，否则不能作为证据使用。

《民事诉讼法》第72条规定，凡是知道案件情况的单位和个人，都有义务出庭作证。有关单位的负责人应当支持证人作证。不能正确表达意思的人，不能作证。

小练习

下列关于证人及证人证言的表述中属于错误的是（　　）。
A．凡是了解案件情况的人都有义务出庭作证
B．当事人申请证人出庭作证应当经人民法院许可
C．与当事人一方有亲戚关系的人不能作为证人
D．无诉讼行为能力的人在一定情况下可以作为证人

（四）当事人陈述

当事人陈述是指当事人在诉讼中就有关案件的事实情况向法院所作的陈述。

当事人陈述作为证据形式最显著的特点就是具有"两重性"，即真实性与虚假性并存。因为当事人对民事法律关系的发生、变更、消灭等事实比他人知道得更为清楚、全面，这就有可能为人民法院提供案件事实的全面情况；但是由于当事人同审判结果有直接的利害关系，彼此之间的利益有对立性，所以对有利于己的事实往往夸大，而对不利于己的事实就加以掩盖、缩小，甚至可能歪曲事实，虚构情节。当事人陈述有"两重性"，其陈述往往真假交织，因此，必须结合其他证据综合分析当事人陈述。诉讼中，如果当事人拒绝陈述案情，不影响人民法院根据其他证据认定案件事实。

（五）鉴定结论

鉴定结论应当采用书面形式，鉴定人应当在鉴定结论上签名，并加盖鉴定人所在单位的公章。

当事人对人民法院委托的鉴定结论有异议权。对于确有理由的异议，人民法院应当准许重新鉴定。重新鉴定应当附送历次鉴定所需的鉴定资料，新鉴定人应独立进行鉴定，不受以前鉴定的影响。最高人民法院《民事诉讼诉证据若干规定》第27条规定："当事人对人民法院委托的鉴定机构作出的鉴定结论有异议申请重新鉴定，提出证据证明存在下列情形之一的，人民法院应予准许：第一，鉴定机构或者鉴定人员不具备相关

的鉴定资格的；第二，鉴定程序严重违法的；第三，鉴定结论明显依据不足的；第四，经过质证认定不能作为证据使用的其他情形。对有缺陷的鉴定结论，可以通过补充鉴定、重新质证或者补充质证等方法解决的，不予重新鉴定。"

（六）勘验笔录

勘验可以由当事人申请进行，也可以由人民法院依职权进行。勘验人员进行勘验时应出示证件。勘验时，应邀请当地基层组织或者当事人所在单位派人参加，当事人或者他的成年家属应到场；拒不到场的，不影响勘验工作的进行。勘验的物品或现场需要保护的，以及勘验工作需要有关单位和个人协助的，有关单位和个人有义务按人民法院的通知，保护现场和协助勘验工作的进行。

勘验笔录以文字、图表等记载的内容来说明一定案件事实，与书证有某种相似性，但它并非书证。它与书证的区别主要体现在以下方面：第一，书证是制作人主观意志的反映，而勘验笔录的文字与图片记载的内容，是对现场和物品的客观描绘；第二，书证有公文书和私文书等形式，并不一定是诉讼文书，而勘验笔录则是勘验人依法制作的诉讼文书；第三，书证一般在案件发生前或者发生过程中制作，在诉讼中不得涂改或者重新制作，而勘验笔录则是案件发生后在诉讼中制作的，若记载有漏误，可以重新勘验。

（七）视听资料

视听资料就是利用录音、录像以及电子计算机储存的资料来证明待证事实的证据。视听资料主要有以下五个特点：（1）较强的真实性和可靠性。它是通过科技手段，反映案件真实情况的原始证据，可以使案件真实得到再现，一般不受主观因素的影响，能客观地反映案件事实。（2）视听资料易于收集、保管和使用。（3）视听资料具有物证所不具备的动态连续性。物证只能反映案件的片断情况，而视听资料可连续地反映案件的动态过程。（4）视听资料具有各种言词证据所不具有的直感性。它能通过再现案件当事人的意思表示、思想感情以及民事法律行为和法律事实的发生、发展变化的过程，含有丰富的信息量。除涉及个人隐私或者商业秘密外，在法庭上，应当庭播放视听资料，质证比较方便。（5）视听资料容易被裁剪或伪造。

小练习

根据我国法律的有关规定，下列（　　）证据不能单独作为认定案件事实的依据。
A. 未成年人所作的与其年龄和智力状况不相当的证言
B. 与一方当事人有亲属关系的证人出具的对该当事人有利的证言
C. 没有其他证据印证并有疑点的视听资料
D. 无法与原件、原物核对的复印件、复制品

本章提要

1. 基本概念

（1）民事纠纷的解决方式有和解、调解、仲裁和诉讼。
（2）诉讼时效分为一般诉讼时效和特殊诉讼时效。
（3）民事诉讼管辖包括级别管辖、地域管辖、专属管辖和协议管辖。
（4）民事诉讼程序包括一审、二审、再审程序和执行程序。
（5）民事诉讼证据包括书证、物证、证人证言、当事人陈述、视听资料、鉴定结论和勘验笔录。

2. 简答题

（1）简答和解和调解的区别。
（2）简答申请民事仲裁裁决执行的条件。
（3）简述诉讼时效的种类和意义。
（4）简答我国民事诉讼法对特殊地域管辖的具体规定。
（5）简述提起民事诉讼的条件。

3. 案例分析题

【案情1】

张某从喜洋洋家具公司购买红木家具1套，价款为4万元，双方签订合同，约定如发生纠纷可向A市仲裁委员会申请仲裁。交付后，张某发现该家具并非红木制成，便向A市仲裁委员会申请仲裁，请求退货。

根据上述案情，回答以下问题：
（1）张某能否向法院起诉喜洋洋家具公司要求退货？为什么？
（2）如果裁决退货，喜洋洋家具公司不服，张某可以以何种方式获得救济？
（3）双方在仲裁过程中约定裁决书不写争议事实和裁决理由是否有效？
（4）如果仲裁过程中喜洋洋家具公司向仲裁委员会提交了双方在交付家具时签订的《补充协议》，该协议约定将纠纷处理方式变更为诉讼，这种情况下仲裁委员会应当如何处理？
（5）如果本案通过仲裁程序处理后，在对仲裁裁决执行的过程中，人民法院裁定对裁决不予执行，在此情况下，张某可以通过什么法律程序解决争议？

【分析提示】

（1）张某不能向人民法院起诉。
（2）向仲裁委员会所在地的中级法院申请撤销仲裁裁决；向执行法院申请裁定不

予执行。

(3) 有效。

(4) 仲裁委员会有权对是否继续仲裁审理作出裁决；仲裁委员会应当裁决驳回仲裁申请，当事人可以向法院起诉。

(5) 张某可以根据双方达成的书面仲裁协议重新申请仲裁，也可以向法院起诉。

【案情 2】

A 市左公司和 B 市右公司在 A 市签订了左公司长期在 B 市内的货物运输合同，双方约定如果出现纠纷则交由北京市仲裁委员会进行仲裁。在合同履行过程中，因为油价、养路费上涨的原因，双方就运输价格发生争议。于是，双方交由北京市仲裁委员会进行仲裁。随后，左公司又向法院提起诉讼，要求与右公司解除合同，并赔偿左公司因此受到的损失。法院在不知其有仲裁条款的情况下进行了审理。庭审过程中，右公司进行了答辩，表示不同意解除合同。一审法院经过审理，判决驳回原告的诉讼请求。原告不服，认为一审判决错误，提出上诉，并称双方当事人之间存在仲裁协议，法院对本案无诉讼管辖权。在二审中，右公司提出反诉，要求左公司支付运输款。二审法院经过对上诉案件的审理，判决驳回上诉，维持原判。

请根据所学仲裁法理论回答以下问题：

(1) 何地法院对本案具有管辖权？为什么？

(2) 假设本案起诉前双方当事人对仲裁协议的效力有争议，可以通过何种途径加以解决？

(3) 原告左公司主张双方之间存在仲裁协议，法院对本案无管辖权的观点是否成立？为什么？

【分析提示】

(1) A、B 两市的法院都没有管辖权。《仲裁法》第 5 条规定，"当事人达成仲裁协议，一方向人民法院起诉的，人民法院不予受理，但仲裁协议无效的除外。"本案中，并没有导致仲裁协议无效的情形，因此，人民法院对此案没有管辖权。

(2) 可以请求仲裁委员会作出决定或者请求人民法院作出裁定。一方请求仲裁委员会作出决定，另一方请求人民法院作出裁定的，由人民法院裁定。

(3) 不成立。当事人一方向法院起诉时未声明有仲裁协议的，人民法院受理后，对方当事人又应诉答辩的，视为该人民法院有管辖权。本案中，右公司作为被告出庭应诉答辩的行为视为放弃了仲裁协议，故人民法院有管辖权，应当继续审理。

【案情 3】

甲省 A 县大力公司与乙省 B 县铁成公司，在丙省 C 县签订煤炭买卖合同，由大力公司向铁成公司出售 3,000 吨煤炭，交货地点为 C 县。双方约定，因合同所生纠纷，由 A 县法院或者 C 县法院管辖。

合同履行中，为便于装船运输，铁成公司电话告知大力公司交货地点改为丁省D县，大力公司同意。大力公司经海运向铁成公司发运2,000吨煤炭，存放于铁成公司在D县码头的货场。大力公司依约要求铁成公司支付已发煤款遭拒，遂决定暂停发运剩余1,000吨煤炭。在与铁成公司协商无果情况下，大力公司向D县法院提起诉讼，要求铁成公司支付货款并请求解除合同。审理中，铁成公司辩称并未收到2,000吨煤炭，要求驳回原告诉讼请求。大力公司向法院提交了铁成公司员工季某（季某是铁成公司业务代表）向大力公司出具的收货确认书，但该确认书是季某以长远公司业务代表名义出具的。经查，长远公司并不存在，季某承认长远公司为其杜撰。据此，一审法院追加季某为被告。经审理，一审法院判决铁成公司向大力公司支付货款，季某对此承担连带责任。

铁成公司不服一审判决提起上诉，要求撤销一审判决中关于责令自己向大力公司支付货款的内容，大力公司、季某均未上诉。经审理，二审法院判决撤销一审判决，驳回原告要求被告支付货款并解除合同的诉讼请求。

二审判决送达后第10天，大力公司负责该业务的黎某在其手机中偶然发现，自己存有与季某关于2,000吨煤炭验收、付款及剩余煤炭发运等事宜的谈话录音，明确记录了季某代表铁成公司负责此项煤炭买卖的有关情况，大力公司遂向法院申请再审，坚持要求铁成公司支付货款并解除合同的请求。

根据上述案情，请回答以下问题：

（1）本案哪个（些）法院有管辖权？为什么？
（2）一审法院在审理中存在什么错误？为什么？
（3）二审法院的判决有何错误？为什么？
（4）大力公司可以向哪个（些）法院申请再审？
（5）法院对大力公司提出的再审请求如何处理？为什么？

【分析提示】

（1）本案乙省B县和丁省D县法院有管辖权。
（2）一审法院追加季某为被告是错误的，因为本案并不是必要共同诉讼；一审法院漏判当事人解除合同的请求是错误的，因为判决应针对当事人请求作出。
（3）二审法院不应直接判决解除合同。因为解除合同是一审法院遗漏的诉讼请求，二审法院应对该诉讼请求进行调解，调解不成的，发回重审。
（4）可以向丁省高院申请再审。
（5）再审法院应当认定其为新证据，进行再审。因为黎某提供的证据符合新证据的规定，当事人申请再审符合法定条件，法院应当再审。法院应当就解除合同的请求进行调解，调解不成的，应当撤销一、二审判决，发回原审法院重审。

4. 教学互动

1. 在班级开展撰写民事起诉状比赛活动。
2. 利用课堂进行经济案件诉讼模拟法庭审判，注重在诉讼中获得更大胜诉权的证据。

参考文献

[1] 张守文. 经济法学 [M]. 北京：北京大学出版社, 2006.
[2] 曹胜亮. 经济法 [M]. 武汉：华中科技大学出版社, 2009.
[3] 徐晓松. 公司法 [M]. 北京：中国政法大学出版社, 2014.
[4] 朱少平.《中华人民共和合伙企业法》释义及实用指南 [M]. 北京：民主法制出版社, 2013.
[5] 刘心稳. 票据法 [M]. 北京：中国政法大学出版社, 2015.
[6] 谢石松. 票据法学 [M]. 北京：中国人民大学出版社, 2009.
[7] 杨紫烜. 经济法 [M]. 北京：北京大学出版社, 2015.
[8] 刘文华. 经济法 [M]. 北京：中国人民大学出版社, 2012.
[9] 葛恒云, 赵伯祥. 经济法 [M]. 北京：机械工业出版社, 2014.
[10] 崔建远. 合同法 [M]. 北京：北京大学出版社, 2013.
[11] 韩世远. 合同法总论 [M]. 北京：法律出版社, 2011.
[12] 杨巧. 知识产权法 [M]. 北京：法律出版社, 2007.
[13] 刘春田. 知识产权法 [M]. 北京：中国人民大学出版社, 2014.
[14] 杜颖. 知识产权法学 [M]. 北京：北京大学出版社, 2015.
[15] 全国人大常委会法制工作委员会社会法室. 劳务派遣制度解读与法律适用 [M]. 中国法制出版社, 2013.
[16] 王胜明, 郝赤勇. 中华人民共和国调解法释义 [M]. 北京：法律出版社, 2010.
[17] 中国注册会计师协会. 经济法 [M]. 北京：中国财政经济出版社, 2015.
[18] 卢真杰. 经济法 [M]. 上海：上海财经大学出版社, 2007.
[19] 找法网. http://china.findlaw.cn.
[20] 110裁判网. http://www.110.com.
[21] 法律快车网. http://www.lawtime.cn.